KB003099

탈핵비판

– 탈핵정책 막아낸 탈핵시대 원전백서

대통령과 국민을 위한 '지부상소(持斧上疏)' 토탈핵격문(討脫核檄文)

탈핵비판 –이룩한 이 vs 없애는 이

지은이 ㅣ 이정훈 외
만든이 ㅣ 최수경
만든곳 ㅣ 글마당
편집디자인 ㅣ 정다희

(등록 제02-1-253호, 1995. 6. 23)

1판 1쇄   ㅣ 2017년 10월 2일
증보 2판 1쇄 ㅣ 2018년 1월   5일
증보 3판 1쇄 ㅣ 2020년 10월 25일

주소 ㅣ 서울시 송파구 송파대로 28길 32
전화 ㅣ 02. 451. 1227
팩스 ㅣ 02. 6280. 9003

홈페이지 ㅣ www. gulmadang.com/글마당.com
페이스북 ㅣ www. facebook/gulmadang
이메일   ㅣ vincent@gulmadang.com

ISBN 979-11-90244-13-8(03300)
CIP 2020043530

문 대통령 사진을 없애며 탈핵시대를 증언한다

『탈핵비판』은 문재인 정부의 서슬이 시퍼렇던 2017년 10월, 3·1 독립선언서를 만든 33인과 똑같이 33인의 필진들이 문 정부의 탈핵선언을 정면으로 비판하며 출간한 것이라 편집할 때부터 책을 잡히지 않으려고 노력했었다. 그럼에도 불구하고 '이룩한 이 vs 없애는 이'를 부제로 한 이 책의 표지에서 문재인 대통령 사진을 없애게 된 것은 2년 여를 끌었던 형사·민사 소송 때문이다.

편집팀은 인터넷에 널리 유포돼 있던 이 사진을 문 대통령의 선거포스터로 알고 사용했다. 배경이 없는 스튜디오 사진으로 보였고, 기호 '1'과 함께 '잘 생긴 대통령'이란 글귀까지 씌어 있었던 탓이다. 출판 여덟 달이 지난 뒤 이 사진을 찍었다는 이로부터 저작권 침해로 형사고발을 당했다. 경찰 조사를 받으며 합의를 시도했다가 거부당했는데, 서울송파경찰서를 통해 원고가 고발을 할 무렵 이 사진 원본을 한국저작권위원회에 저작권 등록을 했다는 사실도 알게 되었 다.

언론사는 출판용(표지) 사진을 통상 10만 원 정도에 판매하고 있다. 그런데 저작권 침해를 주장한 원고는 1억 1천만 원(소송 중 원고가 5천만 원으로 조정)을 배상받아야 한다고 주장했으니 합의는 될 수가 없었다. 배상금액을 매우 높인 것은 합의할 뜻이 없다는 것이라 '올 것이 왔구나'하는 느낌이 들었다. 편집팀은 이 사진을 그대로 쓰지 않았다. 박 대통령 사진이 흑백이었기에 문 대통령 사진도 연필화 느낌이 나는 흑백 캐리커처 형식으로 디자인해 사용했다.

문 대통령은 공인이니 초상권을 주장하기 어려울 수 있다. 그렇더라도 문 대통령을 찍은 이가 그 사진에 대해 저작권을 주장하려면 문 대통령에게 먼저 초상권 사용에 대한 동의를 받았어야 하는 것은 아닌가란 궁금증이 들었다. 문 대통령을 찍은 사진을 오랫동안 인터넷에 올려놓고 방치했다가, 이 사진을 쓴 책이 나온 뒤 저작권을 등록하고 배상을 요구하면 과연 정당한가란 의문도 들었다. 그러나 물은 이미 엎질러진 다음이었다.

출판사는 대통령 선거포스터로 알고 썼다는 것과 함께 이 사진을 그대로 쓰지 않았다는 설명만 겨우 하였다. 그런데 조사를 맡은 서울 송파경찰서는 이 책이 출판되고 여덟 달이 지난 뒤 원고가 저작권 등록을 하고 고발을 했다는 사실을 찾아낸 탓인지 불기소 의견을 냈는데, 송치받은 서울동부지검도 고의성이 없다고 보고 불기소 처분을 했다. 원고는 항고를 했으나 서울고검은 기각을 했다.

원고는 판단의 주체를 바꾸었다. 문재인 정부 출범 후 사법부의 주력이 바뀐 것은 주지의 사실이니 법원은 검찰과 다른 판단을 할 수도 있다고 본 듯, 서울고법에 재정을 신청한 것이다. 그러나 서울고법은 재정 기각을 결정했다. 이러할 때 경향신문이 『탈핵비판』의 표지 사진을 올린 저작권 침해 기획기사를 무려 3번에 걸쳐 실었다. 그때까지의 검찰·법원 결정을 보면 『탈핵비판』 표지의 경우는 고의적으로 저작권을 침해하시 않은 것으로 설명돼야 할 것 같은데, 거꾸로 기사를 만든 것이다. 웃기는 일이 일어난 것이다.

원고는 대법원에 재항고를 하며, 이 기사를 참고증거자료로 대법원에 제출했다. 하지만 대법원도 재항고 기각 결정을 했다. 이것으로 형사 사건은 종결됐는데 끝이 아니었다. 원고 측은 2천만 원을 배상하라는 민사소송을 제기했다. 이렇게 가는 재판에는 뭔가 있다고 볼 수밖에 없다. 그러나 강하게 대항하면 권력에 가까울지도 모를 저들이 '다른 그물'을 던져올 수도 있기에, 준비했던 경향신문 보도에 대한 대응은 자제했다. 법원에는 이상한 판결을 하는 판사들이 제법 있으니 자극하지 않으려고 한 것이다. 그러나 씁쓸한 판결이 나오고 말았다.

검찰은 물론이고 고법과 대법원에서도 기각된 사건인데, 1심 재판부는 『탈핵비판』 표지 전체를 사용하지 말라는 것과 함께 1천만 원 배상을 판결한 것이다. 기존 책을 모두 수거하라는 판결도 덧붙였다. 민사재판은 형사재판과 관점이 다르고 판결은 판사마다 다르다는 것은 알고 있지만, 이렇게 다른 판결이 나올 수 있는가? 형사 때 왜 원고 측이 재정을 신청해 판단 주체를 법원으로 바꿔보려고 했는지 짐작할 수 있었다. 가혹한 판결이 나왔으니 항소심을 신청하고 정면으로 대응하기로 했다. 이 사진에 대한 취재에 나선 것이다.

그리고 뜻밖의 사실을 찾아냈다. 작가는 대개 스튜디오에서 모델과 교감하며 촬영을 한다. 그때 작가는 조명을 조절하고 메이크업을 한 모델은 포즈를 취하고 옷을 바꿔 입어가며 촬영에 응한다. 2심에 제출 된 원고의 준비서면에는 이 사진을 찍기 위해 사용한 카메라와 렌즈, 조리개 값, 노출 시간 등이 표기돼 있어 그렇게 찍은 사진일 줄 알았다. 그런데 싱겁게도 이 사진은 2015년 12월 20일 민주당이 국회의원회관 소회의실에서 열었던 「박근혜 정부 복지후퇴 저지 토크 콘서트」에서 찍은 것으로 확인되었다. 스튜디오 사진이 아닌 현장 사진인 것이다.

이 콘서트에서 문재인 당시 민주당대표는 박원순 서울시장, 이재명 성남시장과 함께 무대에 올라 박근혜 정부의 복지 축소를 비판하는 대담을 했다. 이 콘서트를 사진과 함께 보도한 신문 기사는 여럿 있었고, 민주당 관계자들도 그들의 블로그나 홈페이지에 관련 사진과 글을 올려놓은 것을 다수 찾아낼 수 있었다. 그 즉시 현장 취재를 했던 사진 기자를 찾아내 물어보니, 그는 기억이 난다며 자신이 찍었던 당시 사진을 보여주며 상황을 상세히 설명해 주었다.

덕분에 그날의 소회의실은 너무 붐벼 누구도 세 사람에게 포즈를 취해 달라고 할 수가 없었다. 국회의원회관 소회의실의 조명은 고정돼 있어

V

누구도 조절할 수가 없다. 원고가 준비서면에 밝혀놓은 촬영 사항은 요즘 디지털 카메라 사진에서는 자동으로 뜬다는 것을 알 수 있었다. 민주당 사람들이 운영하는 블로그의 글에서도 문 대표 등 무대에 오른 세 사람에게 포즈를 취해달라고 한 것은 찾아볼 수가 없었으니, 그의 설명은 사실이 분명했다.

그런데 그 기자가 찍은 사진과 원고가 찍은 사진에는 차이가 있었다. 기자의 사진에는 무대가 배경으로 찍혀 있었는데, 원고의 사진에는 배경이 없었다. 원고 사진을 본 기자는 바로 확대를 해보더니, "배경 지우기를 했네"라고 했다. 그리고 더 확대를 해보니 문 대표 얼굴만 나오도록 주변을 도려낸 흔적이 발견되었다. 사진기자들은 촬영한 인물을 두드러지게 하려고 주변을 도려내는 작업을 자주하니 금방 그 사실을 알아챈 것이다. "풋" 하고 웃음이 나왔다. 이러한 사진은 작품 사진이 아니라 현장 사진으로 보아야 하기 때문이다.

취재를 확대하니 이 사진은 이 콘서트를 알린 민주당 쪽 블로그는 물론이고 청와대가 운영하는 '효자동 사진방(http://open.pss.go.kr/)' 그리고 여러 친문 쪽 사이트와 블로그에도 올려져 있는 것이 확인되었다.

2017년 19대 대통령 선거를 전후해서는 선거 포스터처럼 '1. 잘생긴 대통령'이란 글귀를 넣어 수년간 인터넷에 띄워놓은 것도 여러 군데에서 확인됐다. 이처럼 원고는 저작권을 지키기 위해 어떠한 행동도 하지 않았고, 오히려 '유사 대통령선거 포스터'를 만들어 돌린 것이다.

이러한 자료를 내놓자 원고도 나름대로 대응을 했는데, 덕분에 못 보던 것을 알게 되었다. 원고 측 변호인은 문재인 대통령 후보 캠프에서 활동했고 한국에너지정보문화재단 사외이사를 거쳐 한국전력 사외이사로 있다는 사실이었다. 탈핵정책을 추진한 문재인 정부는 원자력을 홍보해온 한국원자력문화재단을 한국에너지정보문화재단으로 바꿔, '에너지에 대한 올바른 이해증진을 도모한다'는 명분으로 탈핵정책을 홍보하게 했다. 지금의 한전은 탈원전을 추구한다. 그렇다면 『탈핵비판』은 탈핵주의자들과 제대로 붙은 것이 된다. 문 대통령을 비롯한 탈핵주의자들과의 일전은 고대했던 것인데, 저들은 그들이 잘 할 것 같은 법적 다툼으로 시비를 걸어온 것이 유감이었다.

법리 다툼은 변호사가 잘 할지 몰라도 사실 취재에서는 기자가 뒤질 이유가 없다. 변호사든 기자든 사실은 부정할 수 없을 것이라는 생각에 오기가 일어나 취재를 강화했다. 그렇게 부딪친 2심에서 서울고등법원은 고의성이 없다는 것을 인정한 듯, 배상금을 없애고 표지에 문 대통령 사진만 사용하지 말라는 기대한 판결을 해주었다.

그리고 원고는 대법원상소를 포기했기에, 『탈핵비판』은 문 대통령 사진을 없앤 표지로 개정판을 낼 수 있게 되었다. 그들이 없애려고 한 대한민국의 원전은 없애지 않게 하고, 없어져도 될 '없애는 이'의 사진은 법원 판결 덕분에 시원하게 없애버리게 된 것이다. 문 대통령 사진을 없앰으로써 생긴 여백은 『탈핵비판』에 걸어준 훈장 같은 느낌으로 다가온다.

먼 길을 가다보면 비도 맞고 눈도 맞을 수밖에 없다. 중요한 것은 이를 피하는 게 아니라, 비를 맞아도 건강하게 뚫고 나오는 힘이 있어야 한다는 점이다. 문재인 정부가 아무리 죽이려 해도 대한민국의 원자력은 팔팔하게 살아 있어야 한다. 누가 나라를 이끌더라도 항상 '벌떡벌떡' 하는 힘으로 대한민국을 살아있게 만드는 것이 세계 제일을 지향하는 대한민국의 원자력이어야 한다.

산업통상지원부와 한국수려원자력은 매년 발가해오던 『원전백서』를 문 정부가 출범한 2017년 이후론 발간하지 못했는데, 이 3년의 공백을 메워준 것이 바로 『탈핵비판』이다. 1판 서문을 '적폐세력이 몰리는 한이 있더라도…'로 삼았던 『탈핵비판』은 저작권 침해나 한 적폐서적이 돼 없어질 뻔 했으나, 문 대통령 사진만 없애고 살아 남았으니 묘한 반전이 아닐 수 없다.

문 정권의 탈핵정책 뒤에는 신재생 산업으로 돈을 벌려는 정치집단이

『탈핵비판』형사·민사 소송 일지

	일 자	결 과
형사재판	2018. 8. 경	서울송파경찰서, 불기소의견 송치
	2018. 9.	서울동부지검, 불기소 결정
	2018. 11.	서울고검, 기각(불기소) 결정
	2019. 1	서울고법, 재정신청 기각 결정
	2019. 2.	경향신문 저작권 침해 기사(첫 번째)
		경향신문 저작권 침해 기사(두 번째)
		경향신문 저작권 침해 기사(세 번째)
	2019. 4.	대법원, 재항고 기각 결정
민사재판	2019. 11.	서울중앙지법, 1천만 원 배상과 표지 사용 금지 판결
	2020. 9.	서울고등법원, 문재인 대통령 사진 쓰지 말라 판결

있다. 때문에 환경을 거론하며 가장 저렴한 에너지원인 원자력 발전을 죽이고 신재생 산업에는 정부지원금이 나가게 하는 정책을 추진했다. 월성원전 1호기 계속운전을 중단하게 한 것은 바로 이 때문인데, 그 수상한 게이트를 감사원이 어느정도 밝혀냈다. 이러한 정치집단 안에 민변 소속의 변호사들이 여럿 참여하고 있다. 때문에 시비를 거는 세력이 있으면 '소송 폭탄'을 날리는 경우가 많다. 우리는 탈핵이 아니라 그 이상의 세력과 맞붙었던 것이다.

사법 정의를 세우는데 앞장섰던 방희선 변호사가 2심 변론을 맡아준 것과 '매의 눈'으로 문제의 사진을 봐준 동아일보 사진부의 전영한 차장, 탈핵권력이 시퍼렇게 살아 있는데도 공정한 판결을 해준 서울고법 재판부에 고마움을 표한다. 문 정권은 박근혜 정부의 복지정책 후퇴를 막으려고 했는데, 값싸고 풍부한 에너지가 없으면 복지는 할 수도 없다. 경제적이고 전략적인 에너지인 원자력을 없애려고 하는 것은 사실상의 이적행위인데, 국익을 위해 일어섰던 우리는 저들이 좋아하는 법리 싸움에서도 치열하게 나투며 살아남았다. 그리고 탈핵시대의 권력은 어떻게 압력을 가했는지 온몸으로 증언할 수 있게 되었다. 문재인 대통령의 사진과 함께 없어져야 할 것은 '탈핵정책'이라는 것을 다시 한번 강조한다.

2020년 10월 15일
이정훈

CONTENTS

08　국산화에 매진한 애국 중소기업들　**289**

09　남한만 탈핵하고 북한 탈핵은 못하겠다면…

탈원전정책이 안전한 원전을 막는다는 것을 아는가?

포항 지진 현장. 대지진이나 전쟁이 일어나면 원전으로 도피하는 것이 오히려 안전하다.

    문재인 정부가 중단시켰던 신고리 5·6호기 공사가 공론화위원회의 결정으로 재개하게 되었다. 2017년 12월 6일엔 한국전력이 영국 무어사이드 원전 사업자인 뉴제너레이션('뉴젠' 으로 약칭)의 지분을 인수하는 사업의 우선협상대상자로 지정됨으로써, 2030년쯤까지 무어 사이드에 280만 킬로와트(2.8기가와트)의 전기를 생산할 원전 두 기를 지을 수 있게 됐다는 소식도 날아왔다.

    뉴젠은 발전소를 짓고 전기를 팔아 돈을 버는 기업이다. 뉴젠은 일본의 도시바(60%)와 프랑스의 엔지(40%)가 100% 지분을 갖고 있는데, 이것을 모두 한국전력에 매각할 예정이다. 뉴젠은 중국 업체의 투자를 받아 영국에 중국산 원전을 짓게 하려는 것을 검토하다 한국으 로 변경했다. 첫 번째 이유는 한국 원전이 중국 원전보다 훨씬 더 안전한 것으로 평가됐고, 두 번째는 한국이 아랍에미리트연방(UAE)에서 예정된 기간에 예정된 비용으로 공사를 마무 리해내고 있기 때문이다.

서방 진영에서 한국과 경쟁할 수 있는 원자력 강국은 프랑스다. 그런데 프랑스는 자국과 핀란드에 짓고 있는 3세대 원전 공사에서 지지부진을 면치 못하고 있다. 기술적인 문제까지 겹쳐졌기에 상당한 적자가 예상되고 있다. 이 공사를 담당한 프랑스의 아레바사는 붕괴 위기에 몰려 있는 것이다. 순수 민간 기업이었으면 벌써 해체됐을 것이라는 분석이 나올 정도다.

한국은 UAE 경쟁에서 아레바를 내세운 프랑스보다 적은 가격에 응찰해 낙찰을 받아냈었다. 그리고 거의 동시에 한국과 UAE에 3세대 원전을 짓게 되었다. 세계는 UAE에 저가 응찰한 한국이 3세대 원전을 약속한 가격에 지어낼 수 있을까 주시했다. 그러나 한국은 기술적인 문제에 직면하지 않았을뿐만 아니라 재정적인 문제에도 부딪히지 않았다.

그 이유는 상당한 부품을 싸게 확보할 수 있었던데 있다. 대한민국은 최근래 가장 활발하게 원전을 운영하고 지어온 나라다. 가동 중인 원전은 정비 시기가 올 때마다 부품을 교체해줘야 한다. 그런데 여러 원전이 돌아가고 있으니 필요로 하는 부품양이 늘어나, 한국의 부품제작사들은 부품 가격을 낮출 수 있었다. 다매(多賣)가 보장되니 박리(薄利)를 하게 된 것이다.

박리다매는 좋은 평가를 들으면서 시장을 지배할 수 있는 최고의 경영술이다. 그런 상황에서 한국은 한국에 네 기(신고리 3·4호기를 먼저 하고 이어 신고리 5·6호기), UAE에 네 기를 동시에 짓게 됐으니, 물량을 보장받은 부품 회사들은 필요한 부품을 싸게 내놓게 되었다. 이어 한국은 신한울 1·2호기와 신한울 3·4호기를 짓고 천지 1·2호기는 더 개량된 3세대 원전(APR+)을 짓는다고 했으니 부품 업체들의 기술개발은 빨라질 수밖에 없다.

이는 supply chain이라고 하는 한국 원전의 '부품 공급망'이 세계 최고 수준으로 살아 있다는 뜻이 된다. 기술개발을 전제로 하고 기술개발을 유도하는 부품 공급망이 살아 있으면, 한국 원전 가격은 성생국에 비해 낮을 수밖에 없다. UAE 랠리에서 프랑스를 재친 한국이 여유 있게 완주하고 있는 비밀은 바로 이것이다. 그래서 한국의 저가 낙찰을 주시했던 세계는 한국의 질주를 두려운 눈으로 바라 보고 있다.

한국이 무어사이드 원전사업의 우선협상자로 선정되자 한 환경단체는 '이 사업은 원전수출보다는 뉴젠에 투자하는 사업'이라고 한 후, '손해를 감수한 위험한 투자'라고 비난했다. 투자사업이라는 이 단체의 주장은 옳다. 그러나 뉴젠에 한전이 투자하면 뉴젠은 한국 원전을 구입할 수밖에 없으니 수출이라고 해도 결코 틀린 말은 아니다. 뉴젠과 계약을 맺어 투자하면 바로 수출이 일어나니, 투자수출이라고 보는 것이 옳을 것이다.

'손해를 감수한 위험한 투자'란 지적은 옳을 수도 있고 틀릴 수도 있다. 뉴젠에 투자한 한전은 21조 원에 이 원전을 지어주고 60년 동안 이 원전에서 생산한 전기를 팔아 수익을 챙겨야 하는데, 60년 사이 이자를 붙인 투자비를 회수할 수 있겠느냐가 관건이다. 영국은 '네가 투자해서 네가 벌어가는데, 가장 안전한 것을 가장 싸게 지어주고 벌어가라'고 했으니, 대한민국은 수지를 맞추지 못할 수 있다고 환경단체는 지적한 것이다.

투자자가 프랑스의 아레바라면 이 지적은 옳을 수 있다. 그러나 한국이라면 달라진다. 한국은 3세대 원전을 프랑스보다 낮은 가격에 이미 완성했기 때문이다(신고리 3·4호기). UAE원전도 계획대로 지어나가고 있다. 때문에 가격 때문에 중국산 원전을 선택하려던 영국은 2017년 여름, 한국을 특별히 초청했다. 처음 이 사업이 시작됐을 때 참여하지 않았던 한전은 느낌이 좋다고 판단해, 프리미엄 없이 도시바 + 엔지 컨소시엄 지분을 인수하는 우선협상대상자로 지정했다.

60년이라는 운영기간이 있으니 이 투자수출이 성공할 지는 누구도 장담하지 못한다. 그러나 적자수출이라는 지적은 옳지 않을 수 있다. 한국은 공급망이 살아 있고, 끊임없는 기술개발로 부품 가격을 계속 낮추고 있기 때문이다. 이미 완성 돼 가동에 들어간 원전이 있으니 축적된 경험을 반영해 보다 나은 설계 개선도 할 수 있다.

이는 영국에서도 박리다매로 승리하겠다는 것인데, 이러한 승부수를 방해하는 최고의 장애가 탈원전 정책이라는 것을 환경단체는 모르는 것 같다. 국내에서 새로운 원전을 짓지 않으면, 부품회사들은 생산량을 줄이고 기술개발도 포기할 것이니, 결국엔 부품 가격이 올라가게 된다. 한국 원전은 가격 경쟁과 기술 경쟁력을 상실하게 되는 것이다.

한국 원전의 영국 진출은 무리한 투자라는 지적을 하고 싶다면, 이 환경단체는 그들의 슬로건이자 문재인 정부의 핵심 정책인 탈원전부터 포기하라고 했어야 한다.

신고리 5·6호기 공사가 재개되고 영국 무어사이드 원전 사업의 우선협상대상자로 확정된 시점에서 때마침 『탈핵비판』 1쇄도 소진되었기에, 신고리 5·6호기 공론화 등 구문(舊聞)이 된 일부 기사는 고치고, 영국 원전 사업 진출과 원자력클러스터 사업을 추진해온 경상북도가 문재인 정부를 대신해 한국 원자력을 견인할 방안을 추가한 내용을 덧붙여 『탈핵비판』 2쇄 겸 2판을 제작하게 되었다.

건방진 말일지 모르지만, 필자는 이 책이 서점에서 1만 부쯤 팔려나간다면 대한민국이 달라질 수 있다고 생각한다. 원자력으로 대표되는 과학기술을 이해하는 국민이 늘어나야 진정한 선진국이 된다고 보기 때문이다. 어렵고 딱딱한 책임에도 1쇄가 소진된 것을 기려 새로운 머리글을 만들어보았다.

1. 뒤끝이 9만 리인 문재인 정부

우리나라의 반핵은 '구조적'이다. 그러한 반핵에 의존한 문재인 정부의 뒤끝은 '9만 리'인 것 같다. 2017년 10월 20일 신고리 5·6호기 공론화위원회는 '건설 재개 59.5%, 공사 중단 40.5%'라는 공론 조사 결과를 발표했다. 문재인 정부는 "공약 사항이기에 공론화위원회의 결정과 관계없이 탈원전을 추진하겠다"고 밝혔었는데도, 공론화위원회에 참여한 시민위원들은 6대 4라는 큰 차이로 신고리 5·6호기의 공사 재개를 지지해준 것이다.

공론화위는 비율 차이는 조사를 거듭할수록 커졌다고 했으니, '원전의 실상을 알면 원전을 지지하는 이들은 늘어난다.'는 말은 허언이 아님이 증명되었다. 그런데도 문재인 정부는 탈원전으로 가려고 한다. 이를 보여주는 자료는 매우 많다.

공론화위원회의 발표가 있고 25일이 지난 11월 15일 포항에서 규모 5.4의 지진이 발생했다. 본격적으로 지진을 관측한 1978년 이래 2016년 9월 12일 규모 5.8이었던 경주 지진에 이어 두 번째로 강한 지진이 발생한 것이다. 규모는 경주 지진이 컸지만 피해는 수능시험을 1주일 연기할 정도로 포항지진이 훨씬 더 컸다(다행히도 사망자는 없었다).

그리고 보름여가 지난 11월 29일 더불어 민주당 의원들이 중심이 된 '탈핵에너지전환국회의원모임(대표 의원 박재호)'이 여론조사기관인 리얼미터에 의뢰해 조사시킨 '포항지진 후 원전의 안전성과 탈원전 정책에 대한 국민인식조사'라는 것을 발표했다.

이 조사에 따르면 자연재난에 대한 국민의 원전 안전성 인식에서는 '안전하지 않다'가 56.8%, '안전하다'가 36.2%로 나왔다. 자연재난으로부터 원전이 안전하지 않다고 보는 사람이 20%가 낮음을 보여준 것이다. 그리고 지진 발생 이후의 원전정책 우선순위는 안전기준의 강화가 38.2%, 노후 원전의 조기폐쇄가 31.9%, 신규 원전의 건설 중단이 14.6%, 현재 상태 유지가 8.2%로 나왔다고도 밝혔다.

그 직후인 12월 1일 여론조사전문기관인 '리서치뷰'도 정기적으로 해오던 조사를 발표했다. 이 조사에 따르면 원자력발전소의 안전성 여부에 대한 질문에 '안전'이라고 답한 이는 45%(매우 안전 11%, 안전한 편 34%), '위험'이라고 밝힌 이는 42%(위험한 편 26%, 매우 위험 15%)로 나왔다. 리얼미터의 조사와는 달리 안전한 편이라고 응답한 비율이 3% 포인트 높게 나온 것이다(응답하지 않은 이의 비율은 14%).

리서치 뷰는 '신고리 5·6호기 공론화위원회의 결정이 있기 전에 포항지진이 발생했다면 어떤 결과가 나왔을 것인가'도 물었는데, '건설 중단 결정을 내렸을 것'이라는 응답이 50%, '그래도 건설 재개를 결정했을 것'이라는 응답이 32%로 나왔다고 밝혔다. 포항지진에도 불구하고 원전을 안전하다고 보는 이가 많았는데, 포항지진 후 공론화위의 결정이 있었다면 공사 중단을 지지하는 이들이 많았을 것이라는 상반된 조사 결과를 내놓은 것이다.

한 진보매체는 이중 하나에만 집중했다. 포항지진에도 불구하고 원전을 안전하다고 보는 이들이 많다는 것은 강조하지 않고, '포항지진 후 공론화의 결정이 있었다면 공사 중단을 지지하는 이들이 많았을 것'이라며 공사 중단을 강조한 기사를 만들었다. 이 매체는 이 기사에 '신고리 5·6호기 공론화위 결정 전(前) 포항 지진 났다면? 리서치뷰 여론조사, 중단 50% 재개 32%··· "재검토 확산될지 주목"이라는 제목을 붙여 놓은 것이다.

이렇게 대한민국에는 원전을 없애야 한다는 세력이 있다. 북한의 핵개발에 대해서는 일언반구도 말하지 않으면서 우리의 에너지원이자 수출자산인 원자력 발전은 기어코 없애야 한다는 세력은 사라지지 않는 것이다. 이러한 의지는 문재인 정부가 만든 신고리 5·6호기 공론화위원회도 감추지 않았다.

공론화위원회는 시민참여단에게 신고리 5·6호기 공사문제와 함께 원자력 발전의 축소·유지·확대도 물었는데 '축소가 53.2%, 유지가 35.5%, 확대가 9.7%로 나왔다'며, 문재인 정부에 대해 "원자력발전을 축소하라"고 권고했다. 신고리 5·6호기 공론화위원회면 신고리 5·6호기 공사에만 집중하면 되는데 원전 정책 전반에 대한 여론도 조사하는 오버를 해, 문 정부의 심기를 맞춰준 것이다.

2. 기우(杞憂)에 빠져 있는 것은 사람들

지진이 일어날 때마다 원전을 두려운 눈으로 쳐다보는 이들이 많다. 영화 「판도라」가 대표적인 경우다. '강력한 지진이 일어났을 때 원전은 위험한가.'란 질문은 '핵폭탄이 원전에 떨어지면 어떻게 되는가.'란 질문과 함께 생각해보는 것이 좋을 듯하다.

먼저 원폭이 원전에 떨어졌을 때의 상황이다. EMP(전자파펄스) 공격을 하려는 원폭은 수십 킬로미터(보통은 30~40킬로미터)의 고(高)고도에서 터져야 한다. 그래야 광범위한 지역을 상대로 전자기펄스 공격을 가할 수 있기 때문이다. 그러나 그러한 고도에서 터진 핵폭탄으로는 지상에 있는 건물을 무너뜨리기 어렵다. 원자로 격납건물(원자로건물)은 1미터 두께가 넘는 철근 콘크리트로 만드니 원자로건물은 끄떡도 하지 않는다. 그렇다면 핵 EMP 공격으로 원전이 터진다는 것은 상상할 필요도 없다. 그러나 원전을 제어하는 각종 전자장비가 오작동하는 것은 생각해보아야 한다.

기술자들은 일반인보다 확실히 신중하다. 그들은 일반인들이 생각하지도 못한 것까지 고려해 대비한다. 사람들은 첨단 장비에는 무조건 첨단 전자장비가 설치되는 것으로 아는데, 꼭 그런 것은 아니다. 원자로에서 사용되는 전자장비는 올드 패션 일색이다. 원자로를 제어하는 주제어실(MCR)에 설치된 전자장비가 구식 일색이 된 이유를 이렇게 비유해 설명하기로 한다.

최첨단 전투기에 설치되는 핵심 컴퓨터는 최신식이 아니라 최(最)구식이다. 최구식이라 함은 전혀 예민하지가 않아 온갖 전자파에도 영향 받지 않는다는 뜻이다. 적진에 들어간 전투기는 적으로부터 추적 레이다파를 비롯해 온갖 전자파 공격을 받는다. 그로 인해 전투기를 구동하는 컴퓨터가 다운되거나 오작동하면 큰일이 일어나니, 최첨단 전투기일수록 전투기 구동에 참여하는 컴퓨터는 어떠한 전자파와 어떠한 충격에도 고장 나지 않는 검증된 구식을 사용한다.

마찬가지로 원자로 주제어실(MCR: Main Control Room)의 전자장비도 구식 일색이다. 원자로건물 안에서 일어나는 최악의 사고는 '노심(爐心)'으로 약칭되는 원자로 안의 핵연료가 녹아 내리는 것이다. 핵연료가 녹으면 고열(高熱)로 인해 원자로도 함께 녹아 구멍이 나 버리니, 녹은 핵연료는 원자로 바닥에 난 구멍을 통해 밖으로 흘러나온다. 그리고 수소를 대량으로 발생시키는데, 그 수소가 원자로건물 안에 있던 산소와 결합해 수소폭발을 일으킨다.

한국에 건설된 모든 원자로건물은 이러한 수소폭발을 견뎌낼 수 있도록 건설됐다. 그러나 일본 후쿠시마 원전의 원자로건물은 얇게 지어졌기에 견디지 못하고 일부가 찢어져 방사성 기체를 대기 중으로 방출하게 되었다. 사고를 낸 것이다.

노심이 녹아 수소폭발이 일어날 지경이 되면 원자로건물 안의 온도는 매우 높아진다. 녹아내린 노심에서는 강력한 전자파이기도 한, 강한 방사선이 나온다. 그 방사선 때문에 원전 구동에 동원되는 전자장비가 오작동하거나 다운되면 사고를 수습할 수가 없게 된다. 따라서 원자로 주제어실(MCR)과 원자로건물에 들어가는 전자장비는 둔감하기 그지없는 구식을 쓴다.

APR-1400 같은 3세대 원전의 운전허가 기간은 60년이다. 폐로를 확정한 고리 1호기 같은 2세대 초기 원전은 30년이었다. 원전에 설치하는 전자장비는 구식 일색인데, 원전은 이러한 장비를 넣은 다음 준공을 한다. 그리고 상당기간 가동을 하니 가동 중인 원전의 전자장비는 최구식이 된다. 준공 30년이 지난 원전이라면 "이러한 장비를 썼어?"란 말이 나올 정도로 구식 장비 일색이 되는 것이다. 따라서 원자로와 원자로를 제어하는 장비는 EMP공격을 받아 다운되는 사태는 일어나지 않을 것으로 보인다.

그런데 원자력발전소 단지 안에는 많은 사무요원들도 근무한다. 그들은 일반인들과 같이 최첨단 컴퓨터와 스마트폰을 사용한다. 따라서 그들이 사용하는 전자장비들은 오작동을 일으키거나 다운될 수 있다. 원전 사무실에서 사용하는 컴퓨터 등이 다운되거나 오작동하면 사람들은 큰 일이 일어날 것처럼 염려하겠지만, 원자로 운영 시스템은 사무 시스템과 '무조건' 분리돼 있으니 염려할 필요는 없다. 원자로 제어시스템은 너무 구식이라 사무 시스템과 연결할래야 할 수도 없다.

다음은 원폭이 원전을 때리는 경우다. 그러나 원폭이 미사일이나 폭탄처럼 원전에 바로 떨어지는 직격(直擊)은 일어나지 않는다. 이 책에서 장종화 박사가 쓴 '핵 경보 울리면 무조건 지하실로 뛰어들라'란 글을 읽어보면 알 수 있듯이, 지상공격을 위한 핵폭탄은 폭발 효과를 극대화하기 위해 지상 500미터쯤 터지기 때문이다.

그때 강력한 폭압과 방사선이 발생하는데, 그 압력은 1미터가 넘는 원자로 격납건물을 부수기 어려울 것이다. 부순다고 해도 후쿠시마 사고처럼 일부를 찢는 정도가 될 것으로 보인다. 그러한 원자로 격납건물 안에 특수강으로 만든 원자로가 있는데, 원자로의 두께는 30센티미터 정도이다. 따라서 지상에서 폭발한 원폭이 원자로건물과 원자로를 모두 부수는 일은 일어나기 어려울 것으로 보인다.

그때 염려해야 할 것은 원자로를 제어하는 각종 장비들이 강력한 폭압에 의해 날아가 원자로를 통제하지 못하게 되는 상황일 것이다. 그러나 최신 원자로에는 원자로를 통제할 수 없는 상황이 되면 아무 조작을 하지 않아도 자동으로 원자로 가동을 멈추게 하고 냉각시키는 시스템이 가동되게 돼 있으니 노심이 녹아내리는 사태는 일어나지 않을 수도 있다.

원폭이 원전 직(直)상공 500미터쯤에서 폭발했다면 원전 파괴로 인한 방사능 누출보다 폭발한 원폭에서 발생한 방사능으로 인한 폐해가 훨씬 더 강력할 것이다. 원전 파괴로 인한 방사능 누출은 '새 발의 피'에 불과하니 애써 살펴볼 필요도 없는 것이다.

그러나 원자로건물이 원폭이 만든 폭압을 견뎌낸다면 이야기는 180도 달라진다. 원폭이 터지면 강력한 폭압과 함께 강한 방사선이 오는데, 폭압을 견뎌낸 1미터 두께의 원자로건물은 이 방사선을 거의 완벽하게 차단할 수 있기 때문이다. 그렇다면 원폭이 발사될 것

같은 조짐이 있는데 깊숙한 지하 방공호로 대피할 수 없다면 원자로건물로 들어가는 것이 가장 나은 선택이 된다. 원자로건물을 지상에 건설된 핵공격에도 견딜 수 있는 최강의 방공호이기 때문이다.

그러나 원자로가 가동되고 있는 원자로건물은 원자력발전소 사람들도 함부로 들어가지 못하니 유사시 일반인들이 대피하는 일은 없을 것이다. 여기에서는 원폭 공격을 받았을 때 지상은 원자로건물이 안전한 방공호가 된다는 것만 알고 넘어가자. 한마디로 원자로 격납건물 안에 들어가 있으면 가장 안전하다는 '역설'은 잊지 말아야 한다.

걱정이 많은 이들은 '큰 유성이 원전으로 떨어지면 어떠하겠는가.'라는 걱정도 한다. 거대한 유성이 대기권을 뚫고 들어와 지구에 떨어진다면 굳이 원전을 맞추지 않아도 엄청난 피해가 일어난다. 원폭이 터진 것보다 더 큰 충격을 줄 것이기 때문이다. 바다에 떨어진다면 거대한 쓰나미를 일으킬 것이고, 대도시에 떨어진다면 그 일대의 생명체와 문명은 절멸한다고 보아야 한다. 그때 원전이 함께 파괴됐다고 해서 피해가 가중되는 일은 없을 것이다.

3. 원폭이 터지고 대지진이 일어나면 원전으로 대피하라!

그렇다면 마지막으로 강력한 지진이 일어나는 경우도 상상해보자. 후쿠시마 사고가 일어나게 한 간접원인인 동일본 대지진은 인류가 관측을 시작한 이래 가장 강력한 지진 중의 하나였다고 한다. 그러나 이 지진이 일어난 날 태평양 쪽에 있던 일본의 다섯 군데 원전들은 사고를 내지 않고 안전하게 정지했다. 설계치보다 강한 지진을 맞았음에도 무너지지 않고 설계한 대로 자동 정지한 것이다.

문제는 그 다음에 일어났다. 해저에서 지진이 일어났으니 태평양 물이 출렁거려, 거대한 파도를 만든 것이다. 그 파도(쓰나미)가 일본의 동부 해안을 덮쳤는데, 유독 후쿠시마 1발전소만 침수돼 버렸다. 후쿠시마 1발전소는 지하에 비상발전기를 설치해놓았는데, 육지로 올라온 물은 비상발전기가 있는 지하실을 가득채워 버린 후 물러났다.

때문에 가동을 멈춘 원자로와 사용후핵연료 저장수조를 냉각시키는 물을 돌리는 펌프를 가동하지 못해 수소폭발을 당하게 되었다. 그러나 나머지 네 군데 원전은 '물폭탄'을 피했기에 비상발전기를 가동해 원자로 등을 정상적으로 냉각시켜 사고를 당하지 않았다. 이러한 설명을 하고 나면 "동일본 대지진보다 두세 배 이상 큰 지진이 일어나면 어떻게 되는가."라고 묻는 사람이 나온다. 이 질문을 받으면 "서울 잠실에 있는 555미터, 123층의 롯데월드타워와 원자력발전소 가운데 어느 것이 더 강할 것으로 보느냐"는 반문을 할 수밖에 없다.

롯데월드타워와 원전은 똑같이 규모 7의 지진을 견딜 수 있도록 설계되었지만, 원자로 건물에 들어간 철근의 밀집도는 롯데월드타워보다 20배가량 높다. 사상 유래가 없는 강력한 지진이 일어난다면 서울을 비롯한 여러 도시에 건설 돼 있는 크고 작은 건물들은 어떻게 될 것인가. 외장을 유리로 처리한 초고층 건물보다는 콘크리트로 밀봉한 원자로건물이 더 잘 견딜 수 밖에 없다.

초고층이든 저층이든 건물 안에는 사람이 있지만 원자로건물에는 거의 없으니, 인명 피해는 원자로건물이 아닌 일반 건물에서 일어나게 된다. 초고층 건물을 무너뜨리는 사상 초유의 대지진이 일어났다면 이는 초대형 유성이 대도시를 덮쳐 그 지역의 생명체와 문명이 절멸시킨 것과 같은 사태를 만든 것이 된다. 그 지역의 인류가 전멸했는데 원전만 살아 있거나, 아니면 원전이 파괴된 것이 무슨 의미가 있겠는가?

이러한 반문을 하는 것은 자연재해로 인한 원전 사고를 걱정하는 것은 기우(杞憂)이거나 기우에 가깝다는 것을 보여주기 위해서이다. 원자로건물은 그 지역의 인류와 문명이 멸절하는 큰 피해를 입을 때 함께 파괴된다는 것을 안다면 자연재해와 핵전쟁에 의한 원전 사고는 생각할 필요가 없다. 차라리 그러한 피해와 핵전쟁을 막는 방법을 연구하는 것이 현명할 것이다.

원전은 일반 국민들이 생각하는 것처럼 그렇게 허술한 시설이 아니다. 최악의 사고에 대비한 건물이니 초대형 지진이나 전쟁이 일어나 많은 것이 무너질 것 같으면, 원자로건물 안으로 들어가는 것이 최고의 선택일 수 있다는 것을 잊지 말아야 한다. 2011년 3월 동일본 대지진이 일어났을 때 일본에서는 실제로 원전으로 사람들이 대피하는 일이 일어났다.

오나가와(女川) 원전은 후쿠시마 원전보다 진앙에 가까이 있어 더 강한 지진과 쓰나미를 맞았다. 그러나 단단하게 지어졌기에 무너지지 않았고, 고지대에 건설됐기에 잠기지도 않았다. 오나가와 원전은 해발 13.8미터에 지어졌는데, 그곳으로 밀려온 쓰나미의 높이는 13미터였다. 불과 80센티미터의 차이로 오나가와 원전은 '물세례'를 받지 않은 것이다.

후쿠시마 1발전소는 해발 10미터에 지어졌는데, 15미터 높이의 '물폭탄'을 맞아 비상발전기가 있는 지하실이 침수되는 '돌이킬 수 없는' 사태를 맞았다. 쓰나미는 오나가와 원전 주변 마을을 초토화했다. 그러나 오나가와 원전은 비상발전기를 돌려 정상적인 상태가 되었기에 살아남은 이재민들을 몇 달간 수용하게 되었다. 오나가와 원전은 동일본대지진 후 이어진 끔찍한 여진으로부터 안전할 수 있는 유일한 지역이 된 것이다.

이러한 사실을 안다면 강력한 지진이 일어나면 원전에서부터 도망을 칠 것이 아니라 오히려 원전을 향해 달려가는 것이 낫다는 것을 깨닫게 된다. 경주 지진이 일어나면 월성원전으로부터 먼 곳으로 도주할 것이 아니라, 월성원전으로 달려가야 한다. 후쿠시마 사고 후 월성원전은 과거보다 훨씬 더 많은 안전시설을 갖춰 놓았으니 과거보다 더 안전한 곳이 되었다.

4. 시행착오를 통해 발전시켜온 기계문명

하나만 알고 둘은 모르고 떠드는 사람이 너무 많다. 강재열 원자력산업회의 부회장은 이런 말을 자주 한다. "에너지를 쓰지 않고 가동하는 장비가 좋다고 하는데, 그러한 장비의 대표가 해시계일 것이다. 해 그림자로 시간을 표시하니 해시계는 동력이 없어도 시간을 표시할 수 있다. 그러나 해시계는 밤이 되면 시간을 알려줄 수가 없다. 해가 구름 속에 들어가도 그러하다. 더 큰 문제는 시간이 정확하지 않다는 것이다. 하지와 동지, 춘·추분 때 해가 뜨는 시간이 다르니 해시계는 정확한 시간을 알려주지 못한다. 보다 정확히 말하면 매일매일 시간이 달라지는 것이 해시계이다.

농사를 짓던 산업화 이전의 세상이라면 해시계를 갖고도 많은 약속을 할 수 있었을 것이다. 그러나 지금은 분(分)도 아니고 초(秒)를 다투는 세상인데, 해시계를 보고 일을 할 수 있겠는가? 동력을 이용해 일정하게 움직이는 정확한 시계를 만들고, 그 시계를 기준으로 움직일 수밖에 없다. 동력을 이용해 정확히 움직이는 시계가 있기에 우리는 현대 문명을 만들어냈다. 풍력과 태양광을 이용한 발전(發電)이 해시계와 같지 않은가? 바람이 불지 않거나 밤이 되면 돌아가지 않는 발전기를 믿고 어떻게 고(高)에너지 사회를 유지해 나갈 수 있겠는가?" 허울 좋은 명분론은 제발 그만 이야기하자.

반핵을 하는 사람들 중 상당수는 애국심과 인류애를 바탕으로 삼고 있다. 대한민국과 지구를 보다 안전한 지역으로 만들기 위해 사고 위험성이 큰 원전을 없애야 한다고 주장하는 것이다. 문재인 대통령도 안전한 나라를 기치로 내건 정치인이다. 그러나 이들은 친핵(親核)을 하는 이들도 절절한 애국심과 인류애를 갖고 있다는 것을 놓치고 있다.

박정희는 분명 애국을 위해 원자력을 한 지도자였다. 수많은 원자력인들이 애국심과 인류애를 기반으로 에너지 문제를 푼다는 소명의식을 갖고 일하고 있다는 것을 그들은 간과하고 있다.

포항지진이 일어났을 땐 원전의 안전성을 묻는 사람들이 적었다. 포항에는 원전이 없기 때문일 것이다. 그러나 포항에는 포스코라고 하는 거대한 공장이 있다. 지진으로 땅이 흔들렸을 때 포스코의 용광로가 파괴됐더라면 우리는 큰 피해를 입지 않았을까. 그러나 환경운동가 가운데 포스코의 용광로가 파괴될 가능성을 제기한 이는 한 사람도 없었다. 그런 점에서 환경운동가들의 한 축인 반핵운동가들은 상당히 이념적이고 자기중심적이다.

초대형 지진이 일어났을 때 먼저 파괴되는 것은 용광로일까 원자로건물일까. 포항지진 때 포스코의 용광로를 걱정하지 않았다면 원전의 안전성을 놓고 더 이상 왈가왈부할 필요는 없다고 본다.

과학기술자들은 100%를 이야기하지 않는다. "99.999%의 확률로 안전하다"는 식으로 설명을 한다. 그러면 반핵운동가들은 "0.001%의 위험성은 있으니 이를 해결하라"고 요구하거나 한 발 더 나아가 "원전은 관계자들도 100% 안전을 자신하지 못한다."고 주장한다. 그때마다 필자는 "당신은 0.001% 확률이 있는 로또에 거액을 걸겠느냐"고 반문한다. "가격이 오를 가능성이 99%인 주식과 1%인 주식이 있다면 어느 쪽에 투자하겠느냐"고 되묻기도 한다. 일상사에는 합리적인 결정을 하면서도 원전에 대해서는 완전성을 요구하는 이유는 무엇일까. 이념 때문이 아니라면 만에 하나 있을지 모를 위험을 피하고자하는 두려움 때문일 것이다. 두려움은 믿지 못하는 것에서 나오는 경우가 많다.

두려움이 있다면, 배신을 염려한다면 큰 개를 키우지 말아야 한다. 큰 개는 사람을 물수도 있기 때문이다. 모든 음식에는 소량의 독이 있으니 먹지도 말아야 한다. 대기 중에는 오염물질이 있으니 호흡도 하지 말아야 한다. 사고 가능성이 있으니 비행기와 배는 물론이고 자동차와 기차도 타지 말아야 한다. 폭발 가능성이 있는 가스는 켜지도 말아야 한다. 물가에는 가지 말고, 아예 집 밖으로도 나가지 말아야 한다. 이렇게 많은 근심으로 싸여 있는 것을 기우(杞憂)라고 한다.

영화 「명량」에서 이순신은 "이 두려움을 용기로 바꿀 수만 있다면…"이라고 말한다. 그리고 용기를 전파시켜 울돌목에서 역사적인 승리를 거둔다. 0.001%의 사고나 실패 가능성에 집중해 100%로 키워내는 것이 두려움이라면, 0.001% 밖에 되지 않는 성공 가능성에 주목해 100%을 일궈내는 것이 용기다. 결정적인 홈런을 친 타자들은 "야구공이 농구공만 하게 보였다"는 말을 종종하는데, 이는 이기는 것에 집중하고 의지에 의지를 내 승리를 만들어낸 경우다.

박정희 시대 우리는 도전적이었기에 빠르게 원자력 기술을 발전시켰다. 그리하여 상당한 기술력을 갖추게 된 지금 기우에 빠져 버렸으니 이를 어찌할 것인가. 그러나 자세히 보면 모든 국민이 아니라 일부만 기우에 빠져 있는 것이 발견된다. 문제는 국가 최고 지도자와 그를 둘러싼 일부 세력들이 그것에 빠졌다는 것이다. 선진 강대국에는 원전은 물론이고 핵무기에 대해서도 자유로운 결정을 내리는 지도자가 있는데, 우리는 원전을 두려워하는 지도자를 갖게 된 것이다. 왜 우리는 이렇게 되었는가?

1903년 미국에서 라이트 형제가 처음으로 비행기를 띄운 후, 채 100년도 지나지 않아 비행기는 가장 보편적인 교통수단이 되었다. 그러나 돌이켜보면 비행기 때문에 수많은 이들이 숨진 것을 알 수 있다. 1, 2차 세계대전을 비롯해 100년 사이에 있었던 여러 전쟁에서 수많은 전투기와 폭격기가 추락했다. 민항기 사고도 부지기수였다. 흥미로운 것은 그러한 사고를 겪을 때마다 항공기 기술은 비약적으로 발전했다는 것이다. 시행착오는 인류를 현명하게 하는 필요악이었다.

원자력은 일본에 대한 원폭 투하로 등장했다. 많은 사람을 희생시키고 세상에 나온 것이다. 그리고 스리마일 섬과 체르노빌, 후쿠시마 사고 등을 거치며 기술을 발전시켜왔다. 과거의 원전이 야생마에 가까웠다면 지금의 원전은 조련된 말에 가까워진 것이다. 그런데 정치 지도자들은 조련된 말을 다루는 기술을 버리라고 하니 참담해지는 것이다. 그 기술 덕분에 저렴하면서도 질 좋은 전기를 생산해 대한민국을 세계최고의 IT 강국으로 만들어놓았는데….

5. 기계경영, 가축경영, 인간경영

동물은 먹은 것만으로도 필요한 에너지의 대부분을 확보한다. 인류가 발달한 문명을 만들어낸 것은 먹는 것 외에도 에너지를 만들어내는 방법을 찾아내는 지혜가 있었기 때문인 것으로 보인다. 사람은 동족을 부리는 유일한 동물이다. 문명이 시작된 신석기 시대부터 사람은 노예, 노비, 종, 농노, 부하, 직원 등 여러 가지 형태로 사람을 부려왔다.

사람을 부리기 위해 조직을 만들었는데 그러한 조직의 대표는 계급장을 달고 다니는 군대일 것이다. 모든 사회는 조직을 갖고 있는데 탄탄한 조직을 가진 사회일수록 오래 생존할 확률이 높다. 이는 사람이 인간경영을 해왔다는 뜻이다. 그리고 가축경영도 했다. 말과 소를 길들여 힘을 이용하고 고기와 젖을 먹어왔다. 동남아에서는 코끼리, 중동에서는 낙타, 고지대에서는 야크 등도 길들여 그 힘과 고기와 젖을 이용해왔다. 에너지를 착취한 것이다.

그리고 지혜를 토대로 기계경영을 해왔다. 제임스 와트가 만든 증기기관 덕분에 산업혁명을 열었는데, 산업화된 사회는 기계경영의 전성기이다. 출퇴근을 도와주는 지하철과 버스, 소통을 해주는 스마트폰 등 현대사회는 수많은 기계 덕분에 돌아간다. 그러한 기계 중의 하나가 원자력발전소일 것이다.

인간과 가축·기계 가운데 오작동이라고 하는 배신 가능성이 가장 적은 것은 무엇일까. 필자는 기계로 본다. 사람은 호르몬 변화가 있거나 감정이 쌓이면 갑자기 폭발한다. 예상치 못한 배신을 하는 것이다. 배신의 정도가 커지면 상당한 살상도 한다. 길들여진 가축이나 애완동물도 호르몬 변화가 있는 발정기가 오면 급변할 수가 있다. 그러나 생각의 양이 적기에 인간만큼 표변(豹變)하는 경우는 드물다.

기계는 같은 조건을 입력하면 항상 같은 결과를 나오게 한다. 오래 사용해 기계 시스템에 문제가 생기지 않았다면, 호르몬 변화 등이 없기에 입력 조건이 같으면 항상 일정한 답을 준다. 원자력발전도 그런 경우다. 후쿠시마와 체르노빌, 스리마일 섬 사고는 입력 조건이 달라졌기에 일어난 사고였다. 그런 점에서 인재로 볼 수 있다. 기계는 가장 정직하게 움직인다.

우리는 부지불식간에 인간경영·가축경영(펫 경영 포함)·기계경영을 하고 있는데, 기계경영 가운데 원전 경영만 유독 무서워하는 것이 반핵운동이다. 같은 조건을 입력하고 제때에 정비했으면 항상 같은 결과를 내는 것이 원자력인데. 사람을 경영하고 애완동물을 키우는 사람이 왜 원자력은 그렇게 무서워하는 것일까. 이념이 아니고는 그 이유를 짐작할 수가 없다.

원자력을 포기하면 대한민국의 에너지 조건은 크게 나빠지니 대한민국은 위기에 봉착한다. 그들은 그러한 상황을 바라고 있는 것이 아닐까. 원자력이 두렵다면 보다 완벽한 기술을 만들도록 해야지 원자력을 버리게 해서는 안 된다. 두려움을 이겨내는 탐험과 도전이 우리의 역사와 문명을 만들어왔다는 것을 직시해야 한다. 극복할 수 있는데도 두려움에 빠져 있는 것은 전형적인 나태다.

6. 문재인 대통령은 '원자력 회군'을 할 수 있을 것인가

2017년 말 현재 여당인 더불어민주당의 원내대표인 우원식 의원을 대표로 한 '탈핵에너지전환국회의원모임' 소속의 국회의원 28명(대부분이 더불어민주당 소속)은 촛불시위 덕에 이 당의 문재인 전 대표가 대통령이 되기 직전인 2017년 4월 11일 그린피스 서울사무소와 함께 "제2의 자원외교 사태를 불러올 수 있다"며 "한전은 뉴젠 지분 인수 경쟁에 참여하지 말라"는 성명서를 냈었다.

2016년부터 대한민국의 경제는 그리 좋지 않았었다. 삼성전자와 SK 하이닉스 등 몇 개 대기업만 좋았고 대부분은 간당간당했다. 그런 가운데 대우조선과 현대중공업을 필두로 한 조선산업이 무너져 일자리가 크게 줄어들었는데, 이들은 해외에서 일자리와 부를 창출하는 사업도 하지 말라고 한 것이다. UAE 사업보다 더 규모가 큰 사업에 도전하지 못하게 했던 것이다.

미국의 웨스팅하우스는 가장 안전한 원자로로 꼽히는 경수로의 세계적인 강자였다. 이 회사가 개발한 3세대 원전이 AP-1000이다. 한국이 AP-1400이라는 3세대 원전을 개발했는데도 웨스팅하우스와 손잡고 자국에 20여 기의 AP-1000을 짓고 있는 중국 회사가 SNPTC(中國國家核電技術公司)이다. 연속된 AP-1000 건설을 통해 SNPTC는 기술 자립을 이뤄갔다.

그런데 미국이 오랫동안 원전을 짓지 않았기에 웨스팅하우스는 위기에 빠졌다. 그러한 웨스팅하우스를 비등수로를 제작해온 일본의 도시바가 경수로 사업에 진출해보기 위해 인수했다. 웨스팅하우스를 거느린 도시바는 뉴젠 사업에 참여함으로써 경수로 사업에 진출할 수 있는 기회를 만들었다. 싸게 건설 해야 하니 웨스팅하우스로부터 기술을 받아온 SNPTC로 하여금 건설하게 하려고 했었다.

그런데 웨스팅하우스가 '적폐(積弊)'로 볼 수밖에 없는 부실 경영 때문에 파산해, 도시바도 어려워져버렸다. 도시바는 뉴젠 사업을 할 수 없는 처지가 된 것이니 손해를 최소화하며 철수하려고 했다. 때문에 한국전력과 SNPTC를 경쟁시켰는데, 뉴젠에 영향력을 발휘할 수 있는 영국 정부가 한국전력을 선호했다. 프랑스의 엔지도 마찬가지였다. 이것이 한국전력이 뉴젠 사업의 우선협상대상자로 선정된 이유이다.

영국은 한국의 눈부신 원전능력을 외면할 수 없었다. 한국은 UAE에 성공적으로 APR-1400을 지어오고 있다. 한국은 영국을 제외한 유럽의 안전 기준 등에 맞춘 EU-APR도 설계했는데, 이 원자로는 2017년 유럽의 인증을 받는데 성공했다. 그리고 미국 기준에 맞춘 설계도를 완성해 2017년 말 현재 인증 직전 단계에 있는데 2018년에는 미국 인증도 받을 것으로 보인다. 이렇게 세계적으로 인증을 받아가며 실제로 완성해 가동시킨 서방진영의 원전은 한국의 APR-1400이 유일하다고 해도 과언이 아니다. 경쟁자였던 프랑스 아레바의 EPR-1600은 핀란드와 프랑스에서의 실패 때문에 아레바를 몰락시켜 가고 있다.

때문에 영국은 한국을 불러들였던 것이다. 영국은 독자적인 인증을 요구하기에 한국은 영국 기준에 맞도록 개량한 APR-1400 설계도를 제출해 인증을 받아야 한다. 그러나 한국과 UAE, 유럽, 미국에서의 승리가 있기에 영국 인증은 빠른 시간내 획득할 것으로 보인다. 도시바는 380만 킬로와트의 전기를 생산하는 원전 세 기를 지으려 했지만 한전은 APR-1400 두 기를 지어 280만 킬로와트의 전기를 공급하려고 한다.

한전의 승리는 탈핵 일변도를 달려온 문재인의 민주당 정권을 괴롭게 한다. 그러나 대한민국에는 참으로 중요한 승리가 아닐 수 없다. 민주당의 유력한 지도자들과 문재인 대통령 자신이 탈원전을 선택한 것은 선거전략으로는 어떤지 몰라도 국가 운영전략으로는 패착인 것이다. 공무원 수를 늘여 일자를 창출하겠다고 하면서 대한민국의 핵심 성장동력을 죽이려 하는 것은 큰 모순이기 때문이다.

문재인 정부는 선택을 해야 한다. 계속 탈원전으로 가겠다는 몽니를 부릴 것이냐, 깨끗이 털고 전환할 것이냐. 과거 박근혜 대통령은 근거도 없는 중국 전승절 행사에 참여하는등 중국 일변도의 외교를 하다 북한의 5차 핵실험 후 중국이 북한을 두둔하는 모습을 보이자 비로소 돌아섰다가, 최순실을 장본인으로 한 촛불시위가 터져 나와 탄핵되었다. 제때에 전환하지 못하는 것은 위기를 초래할 수도 있다.

문재인 정부의 사람들은 이 책에서 무명씨 1이 쓴 「묘한 삼세판」을 꼭 읽어보았으면 한다. 천성산 도롱뇽과 광우병 사건을 겪은 대한민국 국민은 원전이 위험하다는 괴담에 다시 속지 말라는 요지의 글이다. 문재인 정부의 탈원전 정책은 이미 두 번 무너졌다. 신고리 5·6호기 공사 중단을 위한 공론화에 실패했고, 한국전력이 무어사이드 원전 사업을 사실상 수주했기 때문이다. 그런데도 탈원전을 밀어 붙인다면 '묘한 삼세판'이 된다.

문 정부는 세 번째 판에 도전하고 있다. 2022년까지 계속운전을 하기로 돼 있는 월성 1호기를 2018년에 조기 폐로 하겠다고 한 것이다. 이유는 안전하지 않아서가 아니라 문 대통령의 공약이기 때문이란다. 공약이면 법적 근거도 없이 다 실행해야 하는 것인가? 멀쩡히 돌아가는 원전인데, 공약이면 국민과 국가의 재산을 갖다 버려도 되는 것인가. 내리 두 판을 졌으면 회군을 해야 하는데 몽니를 부리는 것이다. 이념과 정치는 과학을 이기지 못한데….

문재인 정부의 '뒤끝'은 그 이상일 수도 있다. 원자력안전위원회(KINS) 같은 규제기관에 반핵인사를 책임자로 임명해 원전 사업에 지속적으로 제동을 거는 것이 한 방법이다. 경주방폐장의 책임자로도 그러한 사람을 임명해 그곳으로 들어오는 방폐물에 대해 자꾸 시비를 걸게 하는 것도 한 방법이 될 것이다. 북한 핵에 대해서는 어쩌지 못하면서 우리의 생명줄은 왜 이렇게 흔들려는 것일까.

공포의 확산과 새로운 일자리와 성장동력 확보 가운데 70%대인 문재인 정부의 지지율을 유지하게 해주는 것은 무엇일까. 포석에 실패하면 그 후 아무리 좋은 묘수를 찾아내도 역전하기 어려워진다. 이념 때문에 반핵을 하는 것이 아니라면, 친북·종북 인사가 아니라면, 북한의 핵 위협에 굴하지 않으면서 세계로 나가는 대한민국을 만드는데 찬성하는 사람이라면, 원자력을 종합적으로 살펴보아야 한다.

그래야만 대한민국을 허물려는 세력을 배제해, 통일을 하며 대한민국을 강국으로 만들어갈 수 있기 때문이다. 그런 뜻에서 석 달여 만에 『탈핵비판』이 재판을 찍게 된 것은 신선한 감동으로 다가온다. 한국 원자력은 국내의 시시한 반대에도 불구하고 세계 최강으로 나가야 한다. 한반도를 통일해 북한에 밝은 빛을 선사하기 위해서라도.

중앙정부가 이를 하지 못한다면 경북도라도 이 일을 했으면 하는 바람을 품어본다.

2017년 12월 11일 이정훈

적폐세력으로 몰리는 한이 있더라도…

남한의 탈핵정치를 추진하다 북한의 지독한 핵도발에 직면한 문재인 대통령이 사드배치에 대한 국민 메시지를 발표하고 2017년 9월 8일 애완견을 끌고 북악산에 올랐다가 등산객들과 사진을 찍었다.

한치 앞을 내다 볼 수 없는 세상이다. 촛불 시위 전에도 그랬다. 새 대통령을 선출한 다음에는 '그래도 나아지겠지' 하는 희망이 있었는데, 오리무중이긴 마찬가지다. 이유는 북한 때문인 것 같다. 실전용 탄도미사일인 화성-12형을 일본 열도를 넘겨 발사한 북한은 증폭핵분열탄 아니면 북한 주장대로 수소탄을 터뜨린 6차 핵실험까지 했으니 한반도는 전쟁 위기로 들어가지 않을 수 없다.

미군은 전 세계와 우주를 군사적으로 관리하기 위해 9대 통합전투사령부를 운영한다. 북한발 위기가 자심해지자 그 중 두 개 사령부의 사령관인 태평양사령관과 전략사령관이 한국에 왔다. 중요한 전쟁 지휘관 두 명이 차례로 한국을 방문하는 것은 흔치 않은 경우다. 미군의 핵전력을 관리하는 전략사령관의 방문은 더욱 드문 경우라 신경이 쓰인다. 미사일방어청장과 태평양해군사령관도 방한했다. 미국은 9대 통합전투사령부만큼이나 중요한 한미연합사령부를 한국에 두고 있는데, 계속 다른 사령관들을 보낸 것이다.

핵전력이 없는 우리는 미국에 의지하며 가용 자산을 사용해 힘겹게 북핵에 대응하고 있다. 종속변수가 된 것인데, 종속변수가 되면 사는 것이 힘들어진다. 실패했을 때의 위험부담이 있긴 하지만, 피할 수 없는 사태라면 독립변수가 되는 것이 차라리 낫다. 주도권을 잡을 수 있기 때문이다. 그래서 정치에서는 주도권 쟁탈전이 자주 일어난다.

그러나 주도권을 잡는 것은 쉽지 않다. 문재인 대통령은 미국을 향해 '한반도 운전자론'을 주장했지만, 김정은이 핵과 미사일 도발을 거듭하는 바람에 한반도 사태에 대한 주도권을 잡지 못했다. 한반도 사태를 조종할 운전석에 트럼프 미국 대통령과 북한의 김정은이 서로 앉으려고 하는 상황을 허용해 버렸다. 뜻대로 되지 않는 것이 세상이다. 힘이 없으면 내 것도 빼앗긴다. 생존이 어려워질 수도 있다.

북한발 위기가 자심해지기 전까지는 문 대통령이 주도권을 장악한 듯했다. 높은 지지율을 바탕으로 국민이 좋아하는 정책을 자주 던졌기 때문이다. 그 중 하나가 2017년 6월 19일 고리 1호기 영구 정지 행사에서 한 탈핵(탈원전) 선언이었다. 이 선언으로 원자력계가 시끄러워졌다. 그러나 그들은 종속변수에 불과했다. 문재인 정부는 사법권과 정책 결정권을 쥐고 있으니 어렵지 않게 탈핵 선언 후의 사태를 주도할 수 있었다. 독립변수가 된 것이다.

사람의 본능 가운데 가장 강력한 것은 살고자 하는 본능이다. 먹는 것도, 사는 것도, 공부하는 것도, 문명을 창출한 것도, 그리고 싸우는 것도 살기 위해서이다. 그러나 영원히 살 수 없다는 것을 알기에 자기를 닮은 후손을 낳아 잘 키우는데 전력을 기울인다. '제2의 자기'가 영원히 존재하며 번성해나갈 수 있도록…. 이러한 생존을 하기 위해 꼭 해야 하는 것이 '도전'이다. 도전은 투쟁과 동의어다.

내 생존을 위협할 적을 제거하는 싸움을 해야 한다. 숙고(熟考)에 숙고를 거듭해 창의적인 아이디어를 찾아내 난제를 돌파하기도 해야 한다. 그러한 도전과 투쟁,

숙고로 찾아낸 문명과 방법이 때론 나를 위협하기도 한다. 칼이 그런 경우다.

주방에 있는 칼은 맛좋은 음식을 만들 수 있게 해주는 요리도구이지만 흉악범이 든 칼은 살인흉기다. 흉악범이 식칼을 들고 범행을 했다고 해서 우리는 모든 칼을 없애자고 할 것인가?

거의 모든 나라가 군대를 운영한다. 대한민국 헌법은 반란을 금지하고 있는데, 대한민국 군대는 5·16과 12·12라는 두 번의 쿠데타를 일으켰다(12·12가 쿠데타인지에 대해서는 의문이 있지만 아무튼 쿠데타로 보자). 국민을 지키고 대한민국을 수호하라며 만들어놓은 군대가 대한민국 헌법을 어기고 정부를 전복한 것이다. 그렇다면 국군을 없애야 하는가?

보수 인사들은 전교조를 매우 불편하게 생각한다. 전교조 교사가 많은 학교가 있어 못마땅하다면, 보수 인사들은 학교를 없애라고 주장할 것인가?

칼을 없애라, 군대를 없애라, 학교를 없애라고 하면 일시적으로는 논쟁의 주도권을 잡을 수 있다. 그러나 그 주도권은 칼과 군대와 학교를 없애는 것까지만 이어지는 경우가 많다. 없앤 다음에 무엇을 어떻게 할 것인지에 대한 계획과 그 계획을 실행할 능력, 그리하여 더 좋은 환경을 만드는 결과를 낳지 못한다면, 그의 주장은 한 가지에만 집중해 "싫다"고 떼를 써 어른들의 얼을 빼놓은 아이와 다를 바 없다고 본다. 문 대통령은 탈핵 후 한국 에너지 문제를 해결할 비전과 자신감, 그리고 그 비전을 성공으로 만들 능력을 갖고 있기에 탈핵을 선언할 것일까.

나는 "아니다"라고 단언한다. 그래서 작심하고 이 책을 만들기로 했다. 지도자가 편벽된 생각을 가진 이들에 둘러싸여 이상한 방향으로 가려고 하면 봉건시대에 있었던 지부(持斧)상소라도 해야 한다고 본다. 지도자의 실패는 박근혜 한 사람으로 충분하다고 보기 때문이다. 박 전 대통령이 최순실이라는 이에게 휘둘렸듯이 문 대통령도 특정 세력에 휘둘리면 정말 곤란하다. 휘둘림의 결과는 국민 모두에게 피해가 되기 때문이다.

원자력은 위험한 존재임이 분명하다. 때문에 탈핵이나 반핵을 주장하는 이들의 심정을 어느 정도는 이해한다. 그러나 '위험한 것을 해내야 내가 존재할 수 있다'는 말을 꼭 하고 싶다. 원자력을 식칼처럼 활용해야 대한민국이 번성하고 내 후손도 잘 살 수 있다고 보는 것이다. 가끔 시골에 가면 농우(農牛)를 보게 된다. 순하다는 것을 알아도 그 힘을 의식하기에 안전거리를 두고 바라본다.

필자의 외숙부는 구십 노인이다. 아직도 농사를 지으시는데 그는 농우를 정말 쉽게 다룬다. 외숙부처럼 원자력을 다룰 수 있어야 한다고 생각한다. 필자같은 비(非)농사꾼은 안전거리 밖에 있고, 농부들은 농우의 힘을 이용해 농사를 지어야 우리는 잘 먹고 살 수가 있다. 원자력을 다뤄야 하는 이들은 완벽한 기술을 갖춰 다루고, 필자와 같은 비전문가들은 안전선 밖에서 머물며 관찰하면 된다.

필자도 필자의 분야에서는 남들이 위험하다고 보는 것을 해내는 전문가이다. 이러한 전문가들이 해낸 것을 공유함으로써 대한민국은 성장해왔다. 식솔을 책임진 가장이라면, 더 큰 조직을 이끌어 갈 '대장'이라면 위험한 것을 능란하게 다루는 능력을 갖춰야 한다. '대장'이 되는 길은 결혼을 해서, 장남이라서, 성적이 가장 좋았기에, 실력이 뛰어났기에, 선거에서 1등을 했기에 등 여러 가지일 수 있지만, 유능함은 반드시 갖춰야 한다. '대장'이 됐다는 이유만으로 사회는 많은 것을 맡기며 해낼 것을 요구하기 때문이다.

대한민국에서 가장 강한 폭력을 가진 집단은 국군이다. 군을 지배한 사령관은 국가 방위를 할 수도 있지만 무력을 이용해 언제든지 국민을 지배할 수 있는 매우 위험한 존재이다. 그래서 대한민국은 대통령을 뽑아 군을 잘 관리하라고 통수권(統帥權)을 부여한다. 그런데 대통령이 군을 야단만 치고 싫어한다면 이상한 사태가 벌어질 수 있다. 두 번 군사반란을 일으켰다고 군을 없앤다면 대한민국은 생존이 불가능한 사태를 맞을 수도 있는 것이다.

에너지가 없으면 대한민국은 생존할 수가 없다. 현대 사회는 '인구가 많은' 에너지 다소비 사회이니, 국가는 필요한 에너지원 확보에 노력해야 한다. 이 일을 맡은 산업통상자원부(산자부)는 대한민국이 필요로 할 에너지의 양을 예측하고, 이를 경제적으로 확보하는 방법을 찾은 다음, 공기업과 민간기업을 통해 확보하게 해야 한다. 군은 국가가 독점적으로 관리하기에 단순하지만, 에너지는 국가와 민간이 함께 마련하기에 복잡하고 복합적인 구조를 갖는다.

에너지 확보는 국가가 독점적으로 하지 않기에 통수권이라는 단어를 사용하지 않지만, 성격은 비슷한 것이다. 전기는 사용하는데 있어서 편리함과 일정한 전압과 전류가 나오는 등의 안정성 때문에 현대 사회를 지탱하는 핵심 에너지가 되었다. 따라서 마련한 에너지원의 상당 부분을 전기로 바꾸는 작업을 한다. 에너지를 전기로 바꾸는 것이 발전인데, 이왕이면 경제적으로 해야 한다. 환경을 가장 적게 오염시키는 방향으로도 해야 한다. 이러한 발전의 한 축을 담당하게 된 것이 원자력발전이다.

그런데 체르노빌과 스리마일 섬, 후쿠시마에서 일어난 사고 때문에 원자력발전을 두렵게 보는 이들이 많아졌다. 정치적인 이유로 반핵을 하는 이들도 늘어나면서 원자력발전은 핵무기를 대신해 '폭풍의 눈'으로 떠올랐다. 나라마다 찬핵과 반핵으로 갈려 싸우게 된 것이다. 이 싸움은 원전을 지을 때와 사용후핵연료 등을 보관할 방폐장을 지으려 할 때마다 격렬해졌다. 그 결과 스위스·오스트리아·벨기에·이탈리아·스웨덴·독일·대만 등 7개국이 탈원전을 결정했다. 미국과 영국 등은 오랫동안 원전을 짓지 않았음에도 탈원전을 하지 않았다.

프랑스는 줄기차게 원자력발전소를 지어왔다. 그러나 주민 저항이 강력했기에 3세대 원전을 지으려는 지금은 경제성에서 실패를 하고 있다. 설계상의 실수인지, 아니면 설계한 대로 제품을 만들어주는 능력이 떨어져서인지, 계획한 대로 3세대 원전을 제대로 건설하지 못하고 있다. 반대하는 주민들을 설득하는데 들어가는 비용도 적지 않아, 프랑스는 적자를 보는 상태에 직면했다.

일본 원자력계는 후쿠시마 사고로 '원전 제로'가 실행되는 절체절명의 위기를 맞았으나, 원자력발전을 하지 않고는 경제적으로 전기를 생산할 수 없다는 것을 깨닫고 조금씩 원자력을 회생시키고 있다. 가장 크게 원자력발전을 했던 미국은 스리마일 섬 사고로 상당기간 원전을 짓지 않아 기술인력과 공장을 상실했다. 때문에 프랑스처럼 3세대 원전을 설계할 능력은 있어도 설계한 대로 성능이 나오는 원전을 경제적으로 만들어줄 업체가 없다. 원전 강국들은 모두 문제에 봉착한 것이다.

그런 가운데 한국은 3세대 경수로 원전을 설계한 대로 성능이 나오게 하면서 경제적으로 지을 수 있는 유일한 나라로 떠올랐다. 한국은 경수로 분야에서 경쟁하고 있는 프랑스와 달리 3세대 원전인 신고리 3·4호기를 계획한 시간과 비용으로 준공했다. 기대한 성능도 내게 했다. 그리고 지금은 아랍에미리트의 바라카 원전과 신고리 5·6호기를 같은 페이스로 지어오고 있다. 그런데 한국의 문재인 대통령은 신고리 5·6호기 공사를 임시 중단시키고 탈원전을 선언했다.

한국에서는 반핵(반원전)을 지지하는 사람이 다수이니, 문 대통령은 정국 주도권을 장악해 국정을 이끌어갈 수 있는 토대를 만든 것이다. 정국 주도권을 잡은 것은 매우 중요한 문제이지만, 정국 주도권을 잡기 위해 선택한 소재가 잘못됐다면 이는 또 다른 문제를 일으킨다.

이는 박정희의 약점과 비슷하다. 박정희는 조국근대화라는 목표를 달성했지만, 조국근대화를 하기 위한 방편으로 일으킨 쿠데타(군사혁명) 때문에 지난 세기까지 거센 비판을 받았다. 목적의 정당성을 이루기 위해 방편의 정당성을 버렸다는 지적을 받은 것인데, 요즘 이 지적은 많이 잠잠해졌다.

탈원전을 통해 정국 주도권을 장악한 후 문 대통령은 대한민국을 비약적으로 발 전시킬 방법을 갖고 있는 것일까? 탈원전을 함으로써 국민을 안심케 하는 것만이 그의 목적이었다면, 이는 너무 안일한 발상이 아닐까. 이렇게 쉬운 정책은 누구라도 할 수가 있기 때문이다. 박근혜를 비롯한 전임 대통령들이 바보였거나 원자력 마피아에 세뇌됐기에 못한 것은 아닐 것이다. 그들은 그 이상을 보았기에 원자력발전소를 지어나갔을 것이다.

탈원전 선언 너머에 있는 진짜 진실을 쉽게 설명해보기 위해 이 책을 만들었다. 책을 낸다는 것은, 그것도 빠른 시간에 만드는 것은 쉽지 않은 일이다. 그런 점에서 일본 전기신문의 기자인 에비 코스케(海老 宏亮) 씨에게 감사의 뜻을 전하고 싶다. 그가 문 대통령의 탈원전 연설에서 잘못된 것을 조목조목 지적하는 글을 보내오지 않았더라면 필자는 움직이지 않았을 것이기 때문이다.

원전 제로 때문에 형편이 어려운 일본에서도 문 대통령 시각에 대한 문제를 제기하는데, 한국 기자가 가만히 있을 수 없다는 생각에 '생존을 위한 도전'을 결심했다. 불이익을 받는 일이 있더라도 탈원전 정책에 맞서보겠다는 생각을 굳힌 것이다. 때마침 원자력계의 여러 원로들이 의견을 밝혀준 것도 큰 힘이 되었다.

시일야방성대곡(是日也放聲大哭)을 제목으로한 1부에서는 에비 코스케 기자의 글과 탈원전을 선언한 문재인 대통령의 연설문, 고리 1호기 기공식과 준공식에서 박정희 당시 대통령이 한 연설문, 그리고 원자력계의 분노를 알리기 위해 1부의 제목을 만들어준 장문희 박사의 글을 실었다. 문재인과 박정희 두 대통령의 연설문은 원자력에 대한 지도자의 판이한 시각 차이를 보여줄 것이다.

이 책의 편집을 위해 원고 청탁을 하자 생각보다 높은 호응이 나왔다. 딱 한 명만 제외하고 전부 집필을 하겠다고 했다. 그러면서도 현직에 있는 이들은 책이 나온 후 있을 지 모를 불이익을 걱정했다. 때문에 그러한 필자는 '무명씨'로 처리했음을 밝혀둔다. 첫 번째 무명씨는 풍자적으로 '묘한 삼세판'을 만들어 주었다. 이어 사단법인 아침의 최수경 사무총장이 쓴 '부산 시민에게 드리는 글'을 실었다. 부산 시민들은 고리 1호기 영구 정지를 만들어냄으로써 문재인 대통령이 탈핵 정치를 할 수 있는 기반을 제공해 주었는데 왜 거기서 멈춰 있냐고 지적한 글이다.

2부 '혁명공약이냐 대통령공약이냐'에서는 공론화 과정을 통해 신고리 5·6호기 공사 여부를 결정하겠다고 한, 문재인 정부의 주장이 적법한 것인지를 묻는다.

이를 위해 원전공사를 중지시켰던 필리핀과 대만 사례를 살펴보았다. 필리핀의 바탄원전 공사 중지를 소개한 강기식 박사는 국제원자력기구(IAEA)에 근무한다. 넓은 시각을 갖고 있는 그는 한국이 왜 필리핀을 따라 가느냐고 반문한다.

주간조선의 이동훈 기자는 룽먼(龍門)원전 공사중단으로 시작된 대만 차이잉원(蔡英文) 정권의 탈핵정책과 그후 일어난 대정전 사태를 발로 뛰어다니며 취재해 좋은 기사를 만들어주었다. '혁명공약과 대통령공약'은 문 대통령이 혁명을 하지 않았음에도 혁명을 한 것처럼 헌법과 법률을 무시하고 탈원전을 밀어붙이는 문제점을 지적한 글이다.

원자력계는 신고리 5·6호기 공사 여부를 공론화를 통해 결정하겠다고 한, 문재인 정부의 결정을 두려운 눈으로 바라본다. 그러나 한국행정연구원의 은재호 박사는 공론화에는 '숙의(熟議)' 과정이 있기 때문에 반드시 포퓰리즘으로 흐르는 것은 아니라고 지적한다. 숙의는 '비용 대 효과를 따져보는 것'인데, 이때 원자력계가 정확한 설명을 한다면 배심원단은 이익이 되는 쪽으로 기울 수 있으니, 원자력계는 걱정만 하지 말고 잘 설명할 준비를 하라고 그는 강조했다.

'김정은의 핵정치 vs 문재인의 탈핵정치'는 필자가 취재해온 국내외 원자력 문제를 정리해본 것이다. 북한의 핵개발은 중국의 핵개발을 벤치마킹한 것이다. 중국은 미국과 소련이 선제공격으로 핵개발을 막으려고 하자 동풍-2 미사일에 핵탄두를 달아 '내부 식민'지인 신강위구르로 발사하며 저항했다. 시험이라는 형태로 자행하긴 했지만, 이는 핵미사일을 진짜로 발사한 유일한 경우였다(미국이나 러시아는 핵탄두를 달지 않은 미사일을 시험 발사했다).

그렇게 저항한 중국은 핵개발에 성공하고 그토록 바라던 미국과의 수교에도 성공했다. 유엔 안보리 상임이사국에 진출하고 지금은 G-2 반열에 올랐다. 그 사이 대만은 고립된 나라로 떨어졌다. 그리고 지금은 탈핵을 결정하고, 군대도 대폭 줄이는 나라가 되었다(대만 차이잉원 정권은 군 복무기간을 단축해 대만 병력을 크게 줄이고 있는데, 여기에서는 그에 대한 설명은 하지 않는다). 그렇다면 북한도 결사적으로 핵개발을 해 미국과 수교하는 평화협정을 맺고, 한국을 대만이나 남베트남 같은 처지로 만들 수 있다.

문재인 대통령이 탈핵정치를 하게 된 이유도 분석했다. 탈핵정지의 일환으로 도입된 공론화는 직접민주주의를 하자는 것인데, 직접민주주의를 하는 것이 과연 현대 민주정치를 하는데 적절하냐는 의문도 제기했다. 인구가 늘어난 현대 사회는 전문가를 중심으로 한, 대의정치를 할 수밖에 없고, 공론화는 대의정치의 부족한 부분을 보완하는 것이어야 한다고 지적한 것이다. 직접민주주의의 한 갈래가 '인민민주주의'일 수도 있다는 경고도 하고 있다.

'정치가 된 핵, 이념이 된 원자력'을 제목으로 한 3부의 꽃은 김영평 고려대 명예교수의 글이다. 갈등 문제 전문가인 김 명예교수께서는 탈원전에 숨어 있는 이념 문제를 예리하게 지적해 냈다. 원자력계의 대 원로인 이종훈 전 한국전력 사장의 대국민 호소문은 무겁게 다가온다. 전력인과 원자력인들이 일어나 국민에게 바른 것을 알려달라는 그의 진정을 원자력인들은 외면하지 말아야 한다.

'따뜻한 공학인'인 황주호 경희대 부총장의 글도 집중해서 읽어야 한다. 최근까지 한국원자력학회를 이끈 그는 독일의 탈원전 정책 실상을 정성을 다해 설명하고 있다. 재미 한국인 한종옥 케이디교역 대표가 쓴 대통령과 우리 국민에 대한 충고는 절절하기까지 하다.

한국은 '광장의 정치'에 익숙해져 가고 있다. 1987년의 6월 사태와 2003년의 부안 사태, 2016년의 촛불시위가 그런 경우다. 2002년 한일월드컵 때의 길거리 응원과 대선 때마다 벌어지는 대규모 유세도 '박수와 갈채의 정치'를 만드는데 일조하고 있다. 숙의를 할 시간을 주지 않고 짧은 시간에 이뤄지는 이러한 정치는 선전선동에 취약하다. 그런 점에서 주목할 것이 2016년에 상영된 영화 '판도라'이다. 500만 명이 넘은 관객을 동원한 판도라의 진실을 두 편의 글로 분석해 보았다. 두 번째 무명씨는 정치사회적인 분석을 했고, 필자는 사실적인 분석을 시도했다.

4부 '우리는 기적을 만들었다'에서는 주한규 서울대 교수와 문주현 동국대 교수, 변준연 전 한국전력 부사장이 원자력의 도입과 국산화 과정 그리고 수출 과정을 정리해 주셨다. 5부부터는 전문적인 글을 실었기에 조금씩 어려워진다.

고리에 열 기 원전이 있어 위험하다는 것에 대한 분석(양재영), 방사선은 무조건 두려워할 것은 아니라는 글(조규성), 반핵 운동의 끝은 사용후핵연료 문제가 되는데 사용후핵연료를 처리할 수 있는 연구가 진척되고 있다는 글(송명재), 환경과 에너지에 대한 글(정범신), 그리고 원전 해체는 큰 사업이 아니라는 것(서수현) 등을 소개했다. 이중 정범진 교수의 글을 읽다보면 신재생에 대한 환상이 '꽝'하고 깨져나가는 것을 느끼게 될 것이다.

6부는 많은 이들이 궁금해 하는 탈원전 이후의 전기요금 문제를 다뤘다. 황일순 서울대 교수는 탈원전을 한 나라의 사례를 분석해 문재인 정부 정책대로 하면 전기요금은 3.3배 오를 것으로 전망했다. 세 번째 무명씨는 문재인 정부가 황급히 만든 8차 전력수급계획의 허술함을 지적한다. 네 번째 무명씨는 시장 원리를 무시한 전력정책의 미래를 전망했다. 다섯 번째 무명씨가 쓴 '원자력과 가스의 불편한 동행'은 환경운동 뒤에 숨어 있는 또 다른 공해 산업을 보라는 고발이다.

7부 '나는 나를 대표한다'에서는 신고리 5·6호기를 지어온 울주군 서생면 지역의 주장과 한국수력원자력 노동조합 그리고 한 중소기업 대표의 주장과 원자력학회의 주장을 주목해 주길 바란다.

에너지경제신문 천근영 편집부국장과 전지성 기자가 정성을 다해 작성한 8부에서는 원전 국산화에 매진해온 중소기업을 집중 소개했다. 대한민국은 경수로 분야에서 서방권에서는 유일하게 완전한 공급망(supply chain)을 갖춰 필요한 부품의 99%를 국산화했기에 서방국가보다도 더 저렴하게 경수로를 지을 수 있다.

이러한 결과를 만들어준 알토란 같은 중소기업들을 도산시키자는 것이 문재인 대통령의 탈원전 정책이다. 8부는 그러한 기업들을 소개한다.

탈핵은 남한이 아니라 북한을 향해야 한다는 취지에서 만든 것이 9부다. 핵질주를 거듭하는 북한에 대해서는 아무 것도 하지 못하겠다면, '북핵 위협으로부터 우리 국민을 지키라'는 최소한의 요구를 하기 위해 작성했다. 첫째가 재래식 탄두를 탑재한 잠수함 발사 탄도미사일(SLBM)을 탑재할 수 있는 공격원잠을 건조하라는 문근식 예비역 해군 대령의 글이다. 다행히도 문재인 정부는 공격원잠 건조에는 관심을 기울이고 있다.

그리고 필요한 것이 북한의 핵공격으로부터 국민을 지키는 훈련과 교육이다. 북한의 핵질주가 심각한 지금 정부가 당장 해야 할 것은 북한의 핵공격이 있었을 때 국민을 피신하게 하는 민방공훈련의 실시다. 한국원자력연구원을 퇴직한 장종화 박사는 원자력발전과 핵무기, 원자력과 우주개발을 함께 연구해온 흔치 않은 학자다. 때문에 여러 국가기관에 자문을 해주고 있는데, 그러한 그가 국민을 위해 아주 쉽고 간단한 '피핵(避核)' 방안을 제시했다. 그가 제시한 여덟 가지 방안은 반드시 기억해 두어야 한다.

대한민국은 신고리 5·6호기 공사 여부를 놓고 공론화에 들어갔다. 북한의 핵 도발로 정신이 없는 가운데 대한민국은 친핵과 반핵으로 나눠 다투는 상황을 맞게 된 것이다. 문 대통령의 성급한 탈원전 선언이 없었더라면 한국은 한 개의 분란만 맞았을 것인데, 두 개의 난제를 동시에 맞게 된 것이다.

왜 우리는 위기를 자초하는가. 북한의 핵개발도 김영삼-김대중-노무현 정권이 허용하고, 이명박-박근혜 정권이 방관함으로써 이뤄진 것이니, 역시 자초한 것이다. 대한민국이 자초한 내우외환(內憂外患)을 어떻게 극복할 것인가.

상황이 어려워지면 극복 방안 중의 하나로 평화를 내거는 이들이 '반드시' 나오게 되는데, 이들이 내건 평화는 굴복인 경우가 많다. 문재인 대통령은 탈핵과 함께 전시 작전통제권 조기 전환도 공약으로 내걸었는데, 이 공약마저 시행한다면 대한민국은 또 어떻게 될 것인가. 대통령의 공약은 무조건 시행해야 하는 것일까.

이 책의 제목을 『탈핵비판』으로 하겠다고 하니 잘못 알아듣고 "탄핵비판?"이라고 되묻는 이들이 많았다. 받침 하나 차이인데 탈핵과 탄핵의 뜻은 극과극이다. 이 책은 탄핵이 아니라 탈핵정책을 비판하기 위해 만들었다. 그러나 속으로는 '토탈핵격문(討脫核檄文)'을 쓴다는 아주 절박한 심정으로 편집을 했다.

하나 밝혀둘 것이 있다. 원전 국산화에 매진해온 중소기업 대표의 호소와 중소기업 소개 기사, 그리고 은재호 박사가 쓴 공론화에 대한 글은 중립적이라는 사실이다. 9부의 원점 건조와 피핵(避核) 방법을 소개한 글도 중립적이다.

공론화를 위한 공청회가 열리면 문재인 정부의 정책에 반하는 의견을 가진 사람들이 나가 설명을 해야 한다. 그런데 친핵을 설명했다는 이유로 그가 일터 등에서 불이익을 받는다면 이는 큰 문제가 된다. 그러한 조짐은 도처에서 발견된다.

한국수력원자력(한수원)은 친핵을 외칠 수 있는 기관인데 정부는 한수원이 운영하는 홈페이지에서 원자력 안전을 소개한 글을 내리게 했다. 한수원 관계자는 원자력 관련 모임에 나가지도 못하게 하고 있다.

지난 정부까지 산자부 공무원들은 원자력을 하자는 입장이었는데, 지금은 반대 의견을 밝히고 있다. "직업 공무원은 국민의 투표로 당선된 대통령이 정한 정책을 집행해야 하니 자기 의견이 없다. 우리는 영혼이 없다"라고 하면서….

공론화위원회가 하는 공론조사 과정에서는 이러한 입막음이 없어야 한다. 그래야 제대로 숙의를 하고 제대로 된 민의를 확인할 수 있다.

탈원전은 확정해놓고 신고리 5·6호기 공사여부를 묻는 공론조사를 하겠다는 것은 '기울어진 운동장'을 만들어 놓고 축구시합을 하자는 격이다. 전혀 공정하지 않은 것이다. 그러나 대안이 없으면 기울어진 운동장에서도 바른 시합을 해야 한다. 역사는 그렇게 해서 뒤집어진 경우가 있었음을 보여준다.

왜 박정희 대통령은 원자력을 하려고 했고, 문재인 대통령은 탈원전을 하려고 하는지 그 차이를 국민들이 알았으면 좋겠다. 쿠데타로 얼룩졌든, 원전으로 도배했든, 촛불로 뒤덮었든, 태극기를 휘날렸든 대한민국은 포기할 수 없는 우리의 땅이기 때문이다.

북핵위기가 자심한 지금 탈핵정치를 하는 것은 정말 어울리지 않는다. 한국에서의 반핵은 원자력의 안전을 강화하기 위해서라도 '어느 정도'는 필요하다. 그러나 모든 원자력발전소를 없애라는 탈핵은 올바른 선택이 아니다. 이는 한국 군대가 2번 쿠데타를 했다고 국군을 없애라고 하는 것과 같기 때문이다. 대한민국의 안전은 대한민국의 탈핵이 아니라 북한을 탈핵시켜야 이뤄질 수 있다. 탈핵은 6차 핵실험을 한 북한을 향해야 한다.

원자력계에 부정과 실수가 있으면 그것을 도려내야지, 적폐로 보고 탈원전(탈핵)으로 달려간다면 이는 너무 심한 '오버'다. 주인 의식을 갖고 박정희와 문재인의 차이를 발견해내는 국민들이 많아지기를 기대하며 삼가 이 책을 국민 앞에 내놓는다.

적폐세력으로 몰리는 한이 있어도 대한민국은 원자력을 해야만 한다고 주장하면서….

2017년 9월 15일 이정훈

01
시일야방성대곡

후쿠시마에서 온 편지

에비 코스케(海老 宏亮) 일본 전기신문 기자

2017년 6월 19일 고리원전 1호기 영구정지 선포식에 참석한
문재인 대통령은 원자력발전을 중지하는 탈원전 선언을 해 파
문을 일으켰다.

편집자 주

일본 전기신문의 기자인 에비 코스케(海老 宏亮) 씨가 2017년 6월 19일 문재인 대
통령이 고리 1호기 영구 정지 행사에서 연설한 탈원전 선언에 놀라 한국을 위한
이메일을 보내왔다. '이정훈의 안보마당(blog. donga.com/milhoon/)' 블로그를 통해
공개됐던 이 편지는 후쿠시마 사고로 1,368명이 사망했다는 문 대통령 연설이
틀렸다는 것을 최초로 지적한 글이었다.
한국어가 가능한 그는 한글로 편지(이메일)를 보내 왔는데, 우리 어법에 맞게 수정
한 다음 그의 동의를 얻어 공개한다.

왜 문 대통령은 실패한 일본을 따라 가려고 하는가

한국의 고리원자력발전소 1호기 영구 정지 기념행사에서 문재인 대통령의 기념사를 들으며 긍정적인 것과 부정적인 것 모두를 생각했다. 문 대통령이 원자력 관계자를 위로하고 한국의 발전에 공헌해온 점에 대해 높이 평가한 것은 신선한 충격을 주었다. 탈원전을 주장해온 일본 정치인들은 원자력 관계자들을 악마인 것처럼 욕하고, 그들의 입장을 배려한 적이 없었기 때문이다.

원자력을 추진하든 탈원전을 하든 전문가의 협력은 필수적이다. 원자력 전문가들을 비판해서는 탈원전도 하기 힘든 것이다. 인권변호사 출신다운 문 대통령의 배려에서 탈원전을 주장하는 일본 정치인에겐 없는 현명함이 느껴졌다. 그러나 아쉬움도 남았다. 문 대통령의 인식엔 중대한 사실 오인이 많았기 때문이다.

대표적인 사례가 "후쿠시마 원전사고로 총 1,368명이 사망했다"고 발표한 것이었다. 이 숫자는 도쿄(東京)신문이 후쿠시마 제1발전소 사고 후 피난을 하게 된 사람 중에서 사망한 이를 독자적으로 집계한 것이었다(후쿠시마에는 1발전소와 2발전소가 있다. 사고를 낸 것은 후쿠시마 1발전소이다. 2발전소는 지진과 쓰나미에도 불구하고 안전하게 정지했다).

피난 생활을 하다 사망한 이를 조사할 때 도쿄신문은 사인을 조사하지 않았다. 따라서 후쿠시마 원전사고로 1,368명이 사망했다고 발표한 것은 정확한 표현이 아닌 것이 된다. 일본 농촌에는 노인 인구가 많은데 당연히 후쿠시마 1발전소의 원전사고를 피해 피난한 사람 중에도 노인들이 많았다. 그러한 분들이 집을 떠나 피난 생활을 하다 돌아가셨으니 사인은 다양할 수밖에 없다.

사고 이전부터 갖고 있던 지병이 피난생활 도중에 악화된 경우도 있었을 것이고, 노쇠로 인해 사망한 경우도 있었을 것이다. 하지만 분명히 말할 수 있는 것은 급성방사선장해로 사망한 사람은 한 명도 없다는 사실이다. 일본 의학계는 후쿠시마 피난자 중에 급성방사선장해를 앓은 사람을 단 한 명도 발견하지 못했다. 당시 일본 의학계는 "사고 이후 방사능으로 인한 사망자나 암 환자 발생 수는 전혀 찾아볼 수 없는 상황이다. 또한 피폭 영향으로 인한 암 발생률의 증가도 확인되지 않았다"고 발표했었다. 이 판단은 일본 정부뿐만 아니라 유엔과학위원회(UNSCEAR)도 인정했다.

후쿠시마(福島)현 당국은 현내(縣內)의 공간선량(후쿠시마 지역의 방사선량)을 일반 가정에서 실제로 먹는 음식까지 일일이 조사해 완벽하게 파악하고 있다. 이것보다 더 중요한 것은 후쿠시마 1발전소에서 수소폭발이 있었을 때 대량으로 피폭된 사람이 있었느냐는 점이다. 이 점에 대해서는 여러 기관이 조사했지만 후쿠시마현에서 대량으로 피폭된 이는 한 사람도 나오지 않았다.

후쿠시마 1발전소 사고로 지역에 살던 많은 이들이 피난하게 된 것은 매우 심각하게 받아들여야 한다. 그러나 피난 중에 사망한 이들을 조사한 언론사의 통계를 한 국가의 정책을 결정하는데 이용한 것은 '매우 비정상'이다. 그 조사는 민영기업이 임의로 한 것이지 일본정부가 공식적으로 실시한 조사 통계가 아니었다.

사실에 근거하지 않은 문 대통령의 말은 후쿠시마에 사는 사람들에게 깊은 상처를 주고 한일 양국 관계에도 영향을 끼친다는 점을 우려한다.

문 대통령 연설에서 더 이해할 수 없었던 것은 지진을 탈핵의 이유로 꼽은 점이었다. 후쿠시마 1발전소의 사고 원인은 지진이 아니라 쓰나미임이 일본에서는 명확히 밝혀져 있다.

일본에서는 정부와 학계는 물론이고 민간에서까지도 다양한 '사고조사위원회'가 조직돼 독립적으로 조사했지만, 쓰나미가 후쿠시마 1발전소의 사고 원인이라고 모두 결론을 내렸다. 지진 대책에만 집중하고 쓰나미 대책을 소홀히 한 것이 문제라고 지적한 것이다.

지난 해(2016년) 경주에서 지진이 일어난 후 한국에서 원전이 사고를 일으키는 것을 가정한 영화 '판도라'가 인기를 끈 사실을 알고 있다. 문 대통령은 후보 시절 그 영화를 보고 탈원전을 결심했다고 한 것으로 들었다. 그러나 강력했던 동일본 대지진이 후쿠시마 1발전소 사고를 낸 주 원인은 아니었다.

일본의 실패를 바탕으로 다양한 위험에 대처하려는 한국의 노력은 이해된다.

그러나 원인에 대한 분석과 이해를 잘못하면 '안전한 대한민국'이 되기 어렵다. 일본의 실패를 바탕으로 다양한 위험을 종합적으로 고려하지 않으면 진정한 의미에서의 '안전한 대한민국'은 실현될 수 없는 것이다.

문 대통령이 '설계수명'이라는 표현을 사용한 것도 고개를 갸웃거리게 한다. 30, 40년이라는 설계수명은 '법적'인 운영시한이지, 안전을 담보한 과학적인 시한이 아니기 때문이다. 원전을 운용하려면 리스크 관리를 잘해야 한다. 그래서 최소한의 리스크 관리로 운영될 수 있는 기간을 '운전기간'이라고 한다.

운전기간이 지났다고 해서 원전 장비가 고장나는 것은 아니다. 부품은 끊임 없이 교체되는 것이라 마지막에 교체된 부품의 수명은 원전의 운전기간보다 더 길수 있다. 원전 리스크는 부품 교체를 통해 관리되므로, 원전은 운전기간보다 더 오래 가동돼도 문제가 없게 된다.

정확한 부품 교체로 늘어나게 된 원전의 전체 수명은 집적된 과학 지식으로 평가해야 한다. 미국은 엄격한 부품 관리를 토대로 한, 평가로 운전기간이 30년이던 원전을 80년까지 사용해도 된다는 과학적 판단을 내리고 있다.

정확하게 부품을 교체한 원전은 사실상 새 원전인데, 그 원전을 지을 때 리스크 관리 차원에서 보장해 준 30년의 설계수명을 넘겼다고 무작정 해체부터 하는 것은 심각한 국가적 손실이다.

설계수명은 공식 용어도 아니다. 설계수명은 '수명(壽命)'이라는 단어 때문에 그 기간을 넘기면 원전이 고장나는 것으로 이해될 수도 있다. 정확히 부품 교체를 해온 원전도 설계수명(운전기간)을 넘기면 '사고를 낼 수 있으니 없애야 한다'는 잘못된 주장이 나오게 되는 것이다.

청와대의 발표보도문에는 설계수명이 정확하게 '법적 운영시한'으로 적혀 있었다. 그런데 문 대통령은 기념사에서 설계수명이라는 용어를 사용했다. 문 대통령이 연설할 때 굳이 설계수명이란 용어를 사용한 이유는 알 수 없지만 편향된 사람의 말에 귀를 기울여서 그렇게 했다면 심각하게 받아들여야 한다.

한국에는 우수한 원자력 행정 전문가가 많다. 문 대통령께 '그들의 말을 귀담아 들어주십사' 정말 간곡하게 권하고 싶다.

에너지의 선택은 그 나라의 주권 문제이다. 따라서 한국 국민의 의사를 존중해야 한다. 하지만 결정은 사실에 따라 판단돼야 정통성이 있다. 한국정부는 국민에게 정확한 정보를 제공해주고 원자력에 대한 시비 논쟁을 하기 바란다. 이는 일본의 에너지와 원자력 문제를 지켜본 사람으로서 보내는 진정한 충고다.

일본을 보라! 후쿠시마 1발전소 사고 후 일본은 '원전 제로 정책'을 세웠다. 태양광발전소로 원전을 대체할 수 있다고 보고 태양광발전소를 많이 짓게 했는데, 그 결과 급격하게 전기요금이 올랐다. 무모한 난개발로 곳곳에서 자연 훼손이 두드러지는 등 많은 부작용이 나타났다. 그런데 왜 한국은 실패한 일본의 길을 따라 걸으려고 하는가. 실패를 경험한 이웃나라 국민의 입장에서 볼 때 매우 안타깝다.

고리 1호기 영구 정지와 탈핵 대통령 연설문

문재인 대한민국 대통령

후보 시절 탈핵을 공약으로 내세운 바 있는 문재인 대통령은 탈핵과 탈원전을 섞어가며 연설을 했다.

편집자 주

'이정훈의 안보마당'이 에비 기자의 편지를 공개한 2017년 6월 22일 일본 외무성은 문 대통령이 고리 1호기 영구 정지 행사에서 후쿠시마 원전사고로 1,368명이 숨졌다고 한데 대해 공식으로 문제를 제기하고 유감이라고 했다. 대한민국은 이를 묵살하고 있다가 6월 27일 일본 언론이 이 사실을 보도하자 그제서야 소란을 피웠다. 대통령의 연설문은 공식적인 기록과 같다. 그러한 대통령 연설문이 사실에 기초하지 않았다는 지적을 타국으로부터 듣게 된 것이다.

누가 대통령 연설문을 틀리게 작성했는가. 대한민국이 정상적인 국가라면 반드시 이 부분을 조사해 책임을 물어야 한다. 문 대통령은 이 연설에서 탈핵과 탈원전을 마구 섞어 썼다. 이는 핵무기를 만드는 것과 원자력발전을 구분하지 못한다는 간접 증거가 될 수 있다. 고리 1호기를 '세월호'에 비유한 것도 특이하다.

2017년 6월 19일 고리 1호기 영구 정지 기념행사 기념사

2017년 6월 19일 0시, 대한민국은 국내 최초의 고리원전 1호기를 영구 정지했습니다. 1977년 완공 이후 40년 만입니다. 지난 세월동안 고리 1호기는 대한민국 경제성장을 뒷받침했습니다. 가동 첫해인 1978년 우리나라 전체 발전설비 용량의 9%를 감당했고, 이후 늘어난 원전으로 우리는 경제발전 과정에서 크게 늘어난 전력수요에 적극적으로 대응할 수 있었습니다.

고리 1호기는 우리나라 경제발전의 역사와 함께 기억될 것입니다. 1971년 착공을 시작으로 지금까지 고리 1호기가 가동되는 동안 많은 분들의 땀과 노력이 있었습니다. 자신의 청춘과 인생을 고리 1호기와 함께 기억하는 분들도 많으실 겁니다.

앞으로 고리 1호기를 해체하는 과정에서도 많은 분들이 땀을 흘리게 될 것입니다. 이 자리를 빌려서 관계자 여러분의 노고를 치하하며, 특히 현장에서 고리 1호기의 관리에 애써 오신 분들께 깊이 감사드립니다.

존경하는 국민 여러분! 고리 1호기의 가동 영구 정지는 탈핵 국가로 가는 출발입니다. 안전한 대한민국으로 가는 대전환입니다. 저는 오늘을 기점으로 우리 사회가 국가 에너지정책에 대한 새로운 합의를 모아 나아가기를 기대합니다.

그동안 우리나라의 에너지정책은 낮은 가격과 효율성을 추구했습니다. 값싼 발전단가를 최고로 여겼고 국민의 생명과 안전은 후순위였습니다. 지속가능한 환경에 대한 고려도 경시되었습니다. 원전은 에너지의 대부분을 수입해야 하는 우리가 개발도상국가 시기에 선택한 에너지정책이었습니다.

그러나 이세는 바꿀 때가 됐습니다. 국가의 경제수준이 달라졌고, 환경의 중요성에 대한 인식도 높아졌습니다. 국민의 생명과 안전이 무엇보다 중요하다는 것이 확고한 사회적 합의로 자리 잡았습니다. 국가의 에너지정책도 이러한 변화에 발맞춰야 합니다.

방향은 분명합니다. 국민의 생명과 안전, 건강을 위협하는 요인들을 제거하고 지속가능한 환경, 지속가능한 성장을 추구해야 합니다. 국민 안전을 최우선으로 하는 청정에너지 시대, 저는 이것이 우리의 에너지정책이 추구할 목표라고 확신합니다.

지난해(2016년) 9월 경주 대지진은 우리에게 큰 충격이었습니다. 진도 5.8, 1978년 기상청 관측 시작 이후 한반도에서 발생한 가장 강한 지진이었습니다. 다행히 사망자는 없었지만 스물세 분이 다쳤고 총 110억 원의 재산 피해가 발생했습니다.

경주 지진의 여진은 지금도 계속되고 있습니다. 엿새 전에도 진도 2.1의 여진이 발생했고, 지금까지 9개월째 총 622회의 여진이 이어지고 있습니다. 우리는 그동안 대한민국은 지진으로부터 안전한 나라라고 믿어 왔습니다. 그러나 이제 대한민국이 더 이상 지진 안전지대가 아님을 인정해야 합니다. 우리는 당면한 위험을 직시해야 합니다. 특히 지진으로 인한 원전사고는 너무나 치명적입니다.

일본은 세계에서 지진에 가장 잘 대비해온 나라로 평가받았습니다. 그러나 2011년 발생한 후쿠시마 원전사고로 2016년 3월 현재 총 1,368명이 사망했고, 피해 복구에 총 220조 원이라는 천문학적인 예산이 들 것이라고 합니다. 사고 이후 방사능 영향으로 인한 사망자나 암환자 발생 수는 파악조차 불가능한 상황입니다. 후쿠시마 원전사고는 원전이 안전하지도 않고 저렴하지도 않으며 친환경적이지도 않다는 사실을 분명히 보여주었습니다.

그 이후 서구 선진 국가들은 빠르게 원전을 줄이면서 탈핵을 선언하고 있습니다. 하지만 우리는 여전히 핵발전소를 늘려왔습니다. 그 결과 우리나라는 전 세계에서 원전이 가장 밀집한 나라가 되었습니다. 국토면적당 원전 설비용량은 물론이고 단지별 밀집도, 반경 30킬로미터 이내 인구 수도 모두 세계 1위입니다. 특히 고리 원전은 반경 30킬로미터 안에 부산 248만 명, 울산 103만 명, 경남 29만 명 등 총 382만 명의 주민이 살고 있습니다. 월성 원전도 130만 명으로 2위에 올라 있습니다.

후쿠시마 원전사고 당시 주민 대피령이 내려진 30킬로미터 안 인구는 17만 명이었습니다. 그러나 우리는 그보다 무려 22배가 넘는 인구가 밀집되어 있습니다.

그럴 가능성이 아주 낮지만 혹시라도 원전사고가 발생한다면 상상할 수 없는 피해로 이어질 수 있습니다.

존경하는 국민 여러분! 저는 지난 대선에서 안전한 대한민국을 약속드렸습니다. 세월호 이전과 이후가 전혀 다른 대한민국을 만들겠다고 약속했습니다. 안전한 대한민국은 세월호 아이들과 맺은 굳은 약속입니다. 새 정부는 원전 안전성 확보를 나라의 존망이 걸린 국가안보문제로 인식하고 대처하겠습니다.

대통령이 직접 점검하고 챙기겠습니다. 원자력안전위원회를 대통령 직속 위원회로 승격하여 위상을 높이고, 다양성과 대표성, 독립성을 강화하겠습니다. 원전 정책도 전면적으로 재검토하겠습니다. 원전 중심의 발전정책을 폐기하고 탈핵시대로 가겠습니다. 준비 중인 신규 원전 건설계획은 전면 백지화하겠습니다. 원전의 설계수명을 연장하지 않겠습니다.

현재 수명을 연장하여 가동 중인 월성 1호기는 전력 수급상황을 고려하여 가급적 빨리 폐쇄하겠습니다. 설계수명이 다한 원전 가동을 연장하는 것은 선박 운항 선령을 연장한 세월호와 같습니다. 지금 건설 중인 신고리 5·6호기는 안전성과 함께 공정률과 투입비용 보상비용 전력설비 예비율 등을 종합 고려하여 빠른 시일 내 사회적 합의를 도출하겠습니다.

원전 안전기준도 대폭 강화하겠습니다. 지금 탈원전을 시작하더라도 현재 가동 중인 원전의 수명이 다할 때까지는 앞으로도 수십 년의 시간이 더 소요될 것입니다. 그때까지 우리 국민의 안전이 끝까지 완벽하게 지켜져야 합니다. 가동 중인 원전들의 내진 설계는 후쿠시마 원전사고 이후 보강되었습니다. 그 보강이 충분한지, 제대로 이루어졌는지 다시 한번 점검하겠습니다.

새 정부 원전정책의 주인은 국민입니다. 원전 운영의 투명성도 대폭 강화하겠습니다. 지금까지 원전 운영과정에서 크고 작은 사고가 있었고, 심지어는 원자로 전원이 끊기는 블랙아웃 사태가 발생하기도 했습니다. 그러나 과거 정부는 이를 국민에게 제대로 알리지 않고 은폐하는 사례도 있었습니다. 새 정부에서는 무슨 일이든지 국민의 안전과 관련되는 일이라면 국민께 투명하게 알리는 것을 원전정책의 기본으로 삼겠습니다.

　탈원전을 둘러싸고 전력수급과 전기료를 걱정하는 산업계의 우려가 있습니다. 막대한 폐쇄비용을 걱정하는 의견도 있습니다. 그러나 탈원전은 거스를 수 없는 시대의 흐름입니다. 수만 년 이 땅에서 살아갈 우리 후손들을 위해 지금 시작해야만 하는 일입니다. 저의 탈핵·탈원전정책은 핵발전소를 긴 세월에 걸쳐 서서히 줄여가는 것이어서 우리 사회가 충분히 감당할 수 있습니다. 국민들께서 안심할 수 있는 탈핵 로드맵을 빠른 시일 내 마련하겠습니다.

　존경하는 국민 여러분! 새 정부는 탈원전과 함께 미래에너지 시대를 열겠습니다. 신재생에너지와 LNG(액화가스) 발전을 비롯한 깨끗하고 안전한 청정에너지 산업을 적극 육성하겠습니다. 4차 산업혁명과 연계하여 에너지 산업이 대한민국의 새로운 성장동력이 되도록 하겠습니다.

　지금 세계는 에너지전쟁을 벌이고 있습니다. 지구 온난화에 따른 이상 고온, 파리기후협정 등 국제환경 변화에 능동적으로 대처해야 합니다. 석유의 나라 사우디아라비아가 '탈석유'를 선언하고 국부펀드를 만들어 태양광 같은 신재생에너지 사업에 힘을 쏟고 있습니다. 애플도 태양광전기 판매를 시작했고 구글도 '구글 에너지'를 설립하고 태양광사업에 뛰어든 지 오래입니다.

　우리도 세계적 추세에 뒤떨어져서는 안 됩니다. 원전과 함께 석탄화력발전을 줄이고 액화가스(LNG) 발전설비 가동률을 늘려가겠습니다. 석탄화력발전소 신규 건설을 전면 중단하겠습니다. 노후된 석탄화력발전소 열 기에 대한 폐쇄 조치도 제 임 기내에 완료하겠습니다. 이미 지난 5월 15일 미세먼지 대책으로 30년 이상 운영된 노후 석탄화력발전소 여덟 기를 일시 중단한 바 있습니다. 석탄화력발전을 줄여가는 첫 걸음을 시작했습니다.

　태양광·해상풍력산업을 적극 육성하고 4차 산업혁명에 대비한 에너지 생태계를 구축해 가겠습니다. 친환경 에너지체제를 합리적으로 정비하고 에너지 고소비 산업구조도 효율적으로 바꾸겠습니다. 산업용 전기요금을 재편하여 산업 부분에서의 전력 과소비를 방지하겠습니다. 산업경쟁력에 피해가 없도록 중장기적으로 추진하고 중소기업은 지원하겠습니다.

존경하는 국민 여러분! 오늘 고리 1호기 영구 정지는 우리에게 또 다른 기회입니다. 원전 해체에 대한 노하우를 축적해 원전 해체산업을 육성할 수 있는 계기가 되기 때문입니다. 원전 해체는 많은 시간과 비용, 첨단 과학기술을 필요로 하는 고난도 작업입니다. 탈원전의 흐름 속에 세계 각국에서 원전 해체 수요가 많이 발생하고 있습니다. 그러나 현재까지 원전 해체 경험이 있는 국가는 미국·독일·일본 뿐입니다.

현재 우리나라의 기술력은 미국 등 선진국의 80% 수준이며, 원전 해체에 필요한 상용화기술 58개 중에 41개를 확보하고 있습니다. 좀 더 서두르겠습니다. 원전 해체 기술력 확보를 위해 동남권 지역에 관련 연구소를 설립하고 적극 지원하겠습니다. 대한민국이 원전 해체산업 선도국가가 될 수 있도록 정부는 노력과 지원을 아끼지 않겠습니다.

존경하는 국민 여러분! 우리는 지금 새로운 도전을 시작하고 있습니다. 익숙한 것과 결별하고 새로운 것을 창조해야 합니다. 국민의 생명과 안전을 지키면서 안정적인 전력공급도 유지해야 합니다. 원전과 석탄화력을 줄여가면서 이를 대체할 신재생에너지를 제때에 값싸게 생산해야 합니다.

국가에너지정책의 대전환, 결코 쉽지 않은 일입니다. 정부와 민간, 산업계, 과학기술계가 함께 해야 합니다. 국민들의 에너지 인식도 바뀌어야 합니다. 탈원전, 탈석탄 로드맵과 함께 친환경 에너지정책을 수립하겠습니다. 많은 어려움이 있을 것입니다. 그러나 분명히 가야 할 길입니다. 건강한 에너지, 안전한 에너지, 깨끗한 에너지 시대로 가겠습니다.

국민의 안전과 생명을 최고의 가치로 생각하는 안전한 대한민국을 만들겠습니다. 감사합니다.

고리 1호기 기공·준공식의 대통령 연설문

박정희 전 대한민국 대통령

국가를 위해 고리 1호기를 건설한 박정희 전 대통령. 그는
핵무기 개발까지도 염두에 두고 원자력발전을 시작한 것이 분
명하다.

편집자 주

문재인 대통령이 고리원전 1호기 영구 정지 행사에서 한 탈원전 선언과 대비되는
것이 박정희 전 대통령이 고리 1호기 기공식과 준공식에서 한 연설이다. 두 지도
자의 연설문을 비교해보면 국가에너지 정책과 원자력에 대한 생각이 극명하게
다름을 알 수 있다. 어느 쪽이 더 옳고 현실적이라고 생각하는가.

박정희 대통령이 고리 1호기 기공식에서 한 연설문에 이어 준공식 때 한 연설문도
공개한다. 고리 1호기 준공식은 고리 3·4호기 기공식과 같이 열렸기 때문이다.

고리 1호기에 이어 우리는 고리 2호기, 월성 1·2호기 그리고 고리 3·4호기를 건설
했다. 그때만 해도 고리와 월성이라는 단지(團地) 이름은 붙이지 않았기에 그냥 순
서대로 호기를 정했다. 따라서 5·6호기는 고리 3·4호기가 된다.

박정희 대통령의 연설문에서는 원자력이 무엇인가 주민에게 설명을 하는 듯한 어
투가 발견된다. 그는 왜 원자력을 설명하려고 한 것일까. 박정희는 의지를 갖고
원전을 건설했다. 핵무장까지 생각했는지도 모른다.

47

1971년 3월 19일 원자력발전소(고리 1호기) 기공식 치사

이 지방 시민 여러분, 안녕하십니까. 20세기 전반기에 우리 인류는 원자력이라는 괴상한 물질을 개발했습니다. 2차 대전 말엽, 당시 미국의 루스벨트 대통령이 저명한 과학자 아인슈타인 박사에게 명령을 해서 만든 것이 원자폭탄이었습니다.

처음에 이 원자력은 여러분이 아시는 바와 마찬가지로, 태평양전쟁 말기에 미국이 일본의 히로시마와 나가사키에 투하해서 가공할 만한 파괴력과 살상력을 발휘했던 것입니다. 그 결과, 당시 군국주의 일본은 연합국에 항복을 하고 인류 역사상 가장 비참한 이 전쟁은 그것으로 일단 종말을 봤던 것입니다.

그러나 전쟁이 끝난 후 세계 여러 나라에서는, 미국을 위시해서 소련이라든지 영국·프랑스 최근에 와서는 중공까지도 원자력을 이용하는 전쟁 무기개발에 모두 열중을 하고 있습니다. 인류가 원자력이라는 물질을 발견을 해 전쟁에 사용해서 굉장히 큰 효과를 거둔 것도 사실이지만, 오늘날과 같이 이것을 전부 전쟁 목적에 사용하기 위해서 원자폭탄이나 수소폭탄을 만들기 시작하면, 자칫하다가는 인류는 자기가 만들어서 스스로 멸망하는 자승자박이 되지 않겠느냐 하는 그러한 여론들이 많이 일어나는 것도 사실입니다.

그래서 1950년대 중반기에 미국의 아이젠하워 대통령이 "이 원자력을 전쟁 목적에만 사용하지 말고, 오히려 평화적인 목적에 사용하는 방법을 연구해 보라"라고 지시해서, 그 뒤에 원자력을 전쟁 목적 외에 우리 인류 복지 향상을 위한 평화적인 목적에 사용하기 위해서도 개발이 진행되고 있습니다.

여러분들이 아시다시피 원자력은 의학 부문에서 상당한 개발을 보고 있습니다. 최근에 암에 걸린 암환자들 치료에는 이것을 사용해서 많은 성과를 올립니다. 또 농업 부문에도 상당한 연구가 진전되고 있습니다. 그 밖에 가장 많이 개발이 촉진되어 왔고 많이 사용하고 있는 것은 원자력을 이용해서 원자 에너지로 전기를 개발해보자 하는 것입니다.

이 원자력발전소가 오늘날 미국을 위시해서 선진국에서 많이 건설 중에 있는 것입니다. 아이젠하워 대통령이 평화 목적을 위한 원자력 개발을 제창한지 14년 만에 우리나라에서 오늘 바로 이 자리에서, 약 60만 킬로와트를 생산해 내는 발전소를 건설하게 되었습니다. 지금 아시아지역에서는 일본을 제외하고 우리나라가 두 번째로 이 원자력발전소를 지금 착수한 것입니다.

원래 이 전력이라는 것은, 처음에는 수력발전 최근에 와서는 화력발전 이렇게 발전되어 오다가, 이 원자력이 발명되고 나서는 원자력을 이용해서 발전소를 만드는 것이 가장 싸게 먹히고, 또 요즘 말썽이 되고 있는 공해문제라는 것이 거의 없다는 이점을 갖고 있습니다.

화력발전은 거의 다 석탄을 원료로 쓴다든지, 또는 기름을 사용해야 되는데, 석탄이라든지 기름이라는 것은 그 자원이 오래 쓰면 제한될 뿐 아니라, 또 먼 거리에서 수송하는데 수송비가 많이 먹힙니다. 원자력은 처음 건설 초기에는 건설 단가가 굉장히 비싸지만 장기적 안목으로 볼 때는 원자력을 사용하면 훨씬 더 발전단가가 싸게 먹는다 하는 그러한 이유 때문에, 대개 선진 각국에서는 지금 원자력발전을 서둘러서 만들고 있습니다.

어떤 학자의 발표에 의하면, "1980년대에 들어가면 전 세계 발전량의 거의 5분의 1정도가 원자력발전으로 전환될 것이다" 하는 이야기를 한 사람이 있습니다. 물론 우리나라에 있어서는 앞으로 화력발전도 계속 만드는 동시에 점차 원자력발전소도 건설해 나가야 되겠습니다. 여러분들이 잘 아시겠지만, 원자력발전소를 만드는 것이 우리에게 어떤 점이 유리하느냐 하면, 내가 본 것을 여러분에게 이야기하겠습니다.

몇 년 전, 우리나라 진해 항구에 미국의 원자력잠수함이 한 척 들어 왔습니다. 이 잠수함에 초대를 받아, 내가 가서 타 본 일이 있어요. 그 잠수함은 물론 핵무기로 무장을 하고 있었습니다. 그런데 그 잠수함이 사용하는 연료가, 옛날 같으면 기름을 싣고 다녀야 되겠는데, 이 잠수함은 연료로 원자력을 사용합니다. 조그만 궤짝만한 원자력 연료를 싣고 다니면 이 배는 한 1년 동안 전 세계를 돌아 다녀도, 어디 딴 데 가서 기름이라든지 석탄이라든지 이런 것을 보급 받을 필요 없이, 그

것만 가지고 사용합니다.

얼마나 편리하고 연료가 절약이 되느냐 하는 것은 대략 여러분들도 짐작이 갈 것입니다. 오늘 여기서 착공을 보게 되는 이 원자력발전소도 앞으로 준공이 되고 나면 여기서 사용하는 것은 다른 화력발전소처럼 원유를 싣고 온다든지, 벙커C유를 쓴다든지, 석탄을 쓴다든지, 이런 것을 쓰지 않고 조그만 원자력 연료 하나만 가지면 1년 이상 쓸 수 있습니다. 아주 싸게 먹힌답니다.

그 대신 처음 건설 초에 있어서는 굉장히 건설단가가 비싸게 먹는 것은 사실입니다. 조금 전에 한전 김(김일환) 사장이 설명했지만, 60만 킬로와트에 약 1억 7,000만 불이 듭니다. 지금 우리나라의 화력발전이라는 것은 보통 1킬로와트 당 약 200불 정도 먹히는데, 60만 킬로와트면 1억 2,000만 불 정도 먹히는 것이 알맞은데, 1억 7,000만 불이 먹힌다는 것은 굉장히 비싸게 먹는다는 이야기입니다.

그러나 긴 장래를 내다 볼 때는 처음에는 돈이 많이 들지만 조그마한 원자력 연료로 사용하기 때문에, 시간이 가면 갈수록 여기서 발전하는 이 전력은 굉장히 싼 전력을 공급할 수 있다는 것입니다.

20세기 후반기에 있어서 이러한 가장 발달된 원자력발전소를 우리나라에도 이제 만들게 되었다는데 대해서, 우리는 대단한 자부와 또한 기쁨을 금할 수 없습니다. 아시는 바와 같이 우리나라에는 지금 경제건설, 기타 모든 국가개발에 가장 많이 소요되는 것이 전력입니다.

공장에도 필요하고 우리 국민들의 문화생활을 위해서 전력의 수요는 나날이 늘어가고 있는 것입니다. 정부는 지금 농촌 전화(電化)사업을 몇 년 전부터 추진을 하고 있습니다. 1964년도만 해도 우리 농촌에 전기가 불과 12%밖에 들어가지 않았습니다. 가령 농가 홋수가 100호라 하면 거기 한 12호 정도밖에 전기의 혜택을 보지 못했습니다. 작년 1970년 말 현재로서는 27% 정도밖에 안 됩니다. 이것이 앞으로 계속 추진되면 3차 5개년 계획이 끝나는 1976년 말에 가서 약 70% 정도의 농촌이 전화가 된다고 내다보고 있는 것입니다.

70%라면 아주 먼 벽지라든지 또는 섬이라든지 낙도 이런데까지는 미치지 못

할지 모르지만, 대부분의 농촌에는 전기가 들어갈 수 있는 것입니다. 1979년에 가면 우리는 농촌이나 어촌이나 100% 완전히 전기가 다 들어갈 것입니다.

이렇게 농촌 전화사업 계획은 지금 추진되고 있습니다. 우리나라는 현재 약 220만 킬로와트 정도의 전력을 생산하고 있는데, 금년 말이면 280만 킬로와트, 3차 5개년 계획이 끝날 무렵에 가면 오늘 여기에 착공을 보게 되는 원자력발전소의 60만 킬로와트를 포함해서 약 600만 킬로와트의 전력을 우리는 가지게 될 것입니다. 그렇게 되면 우리가 비상시에 필요한 모든 전력을 충분히 무제한 송전하고도 상당한 여력을 가지게 될 것입니다.

우리 국민들이 전기를 얼마만큼 쓰느냐, 지금 내 옆에도 여기 전기난로를 하나 갖다 뒀는데, 이 전기를 많이 쓰는 양에 따라서 그 나라의 수준이나 경제발전도를 추정할 수 있는 것입니다.

아직 우리나라에는, 특히 우리 농촌에 있어서는 전력의 혜택을 그다지 많이 받지 못하고 있는데, 우리가 매년 이러한 발전소를 만들고 전력생산을 많이 함으로써, 도시는 물론이요 우리 농촌에까지, 비단 공장이라든지, 가로등 뿐만 아니라 여러분들 가정에서부터 부엌, 온돌에 이르기까지 그 전력이 장차 들어 갈 수 있다 하는 것을 여러분들이 아시면, 전력 개발이라는 것이 얼마만큼 중요하다는 것을 알 수가 있고, 또 이 전력이 개발됨으로써, 우리가 얼마만큼 혜택을 받을 수 있다는 것을 알 수 있을 것입니다. 보다 더 큰 경제발전을 촉진할 수 있고 보다 높은 문화생활을 할 수 있을 것입니다.

오늘 이 원자력발전소 건설에 있어서는, 그 동안 오래 전부터 미국의 수출입은행과 교섭을 해서 차관이 성립되었던 것인데 웨스팅하우스 회사, 또 이번에 지원을 해주는 영국 회사, 우리 한국전력 회사, 상공부 당국 여러 관계관들이 그 동안 이 사업을 추진하는 과정에 있었던 수고에 대해서 감사를 드립니다.

특히 이 지방 주민 여러분들은 앞으로 이 공장이 완공될 때까지는 여러 가지 협조를 많이 해 주어야 될 것입니다. 그 동안 또 여러분들이 협력해 주신 데 대해 감사를 드립니다.

1978년 7월 20일 원자력발전소 제1호기 준공 및 5·6호기 기공식 치사

내외 귀빈 여러분! 그리고 기술진과 건설역군 여러분! 오늘 우리는 20세기 과학의 찬연한 등불이라고 할 수 있는 원자력발전소를 우리 역사상 처음으로 건설하고, 그 제1호기 준공식을 갖게 되었습니다. 참으로 조국근대화와 민족중흥의 도정에서 이룩한 하나의 기념탑이라 할 것입니다. 저 거대한 건물과 각종 장비들은 우리가 세계 최고수준의 기술을 동원하고 막대한 자금과 인력을 투입한 땀과 집념의 결정이며, 현대과학의 정수입니다.

나는 이처럼 규모가 크고 어려운 공사를 마무리 짓기까지 지난 7년 동안 밤새워 일해 온 건설역군과 내외 기술진, 그리고 한국전력을 비롯한 유관기관 임직원 여러분의 노고를 높이 치하하는 바입니다.

이제 우리나라는 본격적인 원자력 시대로 접어들었으며 과학 기술면에서도 커다란 전환점을 이룩하게 되었습니다. 뿐만 아니라 세계에서 스물한 번째로, 동아시아에서는 두 번째로 핵발전국 대열에 참여하여 과학 한국의 모습을 자랑하게 되었습니다.

잘 아는 바와 같이 원자력발전은 공해가 없고 자원이 절약되며 값이 싸고 질이 좋다는 등 많은 장점을 가지고 있습니다. 오늘날 원자력으로 생산된 전기를 '제2의 불'이라고 부르고 있으며, 세계 여러 나라가 여기에 비상한 관심을 기울이고 있습니다. 전력은 인간생활에 있어 한시도 없어서는 안 될 귀중한 자원이며, 전기 없는 생활이나 산업발전은 상상조차 할 수 없습니다. 한 나라의 1인당 전기 사용량이 바로 생활수준의 척도가 된다는 말도 있습니다.

지난 10여 년 동안 우리나라 전력 수요도 국민 경제의 성장과 더불어 연평균 20% 수준으로 크게 늘어나고 있으며, 이 증가 추세는 앞으로도 계속될 것입니다.

이와 같은 장기 전망을 바탕으로 정부는 1986년에 약 2천만 킬로와트, 그리고 2000년에는 약 8천만 킬로와트 규모로 발전설비를 증가시킬 계획으로, 고도 산업국가와 선진 복지사회를 이룩하는데 필요한 전력원 확보에 크게 힘쓰고 있습니다.

지금 이 자리에서 기공하게 된 5·6호기의 공사가 예정대로 완공되고 원자력 발전소 연차 건설계획이 순조롭게 진행되면 우리나라 전력 사정의 전망은 매우 밝다고 말할 수 있습니다.

다만 내가 오늘 이 자리를 빌어 국민 여러분에게 당부하고 싶은 것은, 넉넉한 부존자원을 갖지 못한 우리가 세계의 부강한 나라들과 어깨를 겨루며 살아가기 위해서는 평소에 검소하고 절약하는 생활 기풍을 계속 길러 나가야 한다는 것입니다. 기름 한 방울을 아끼고, 전기 사용에서도 낭비를 삼가는 알뜰한 생활태도를 미풍으로 삼으면서 한편으로는 태양열·조력·풍력 등 새로운 자원을 연구개발하는데에도 더욱 적극적으로 눈을 돌려야 하겠습니다.

이것이 곧 치열한 생존경쟁과 자원난의 시대를 헤쳐 나갈 수 있는 우리의 슬기입니다. 특히 오늘부터 공사가 시작되는 5·6호기의 경우, 일부 특정 기기 외에는 설계·건설·감리·감독 등이 모두 우리 기술진의 손으로 이루어지게 된다는 것을 나는 매우 흐뭇하고 자랑스럽게 생각합니다.

오늘 완공된 1호기의 발전업무에 종사하거나 앞으로 5·6호기 건설 공사에 임하게 될 기술자 여러분은 지난 7년 동안에 익힌 귀중한 지식과 경험을 살려서 각종 기계설비의 국산화율을 높이고, 우리나라 기술을 선진 국제수준으로 끌어 올리는데 한층 분발해 주기 바랍니다.

여러분은 과학 입국의 제 일선에서 몸 바쳐 일하는 선구자라는 긍지와 자부심을 가지고 맡은 바 직책에 최선을 다해 줄 것을 당부합니다. 끝으로 이 거창한 건설공사를 성공적으로 마무리한 건설역군과 내외 기술진 여러분의 노고에 대하여 다시 한번 치하를 보냅니다.

아울러 한국전력 주식회사 임직원 여러분과 관계 공무원의 노고를 위로하며, 이 지방 주민 여러분의 협조에 감사하는 바입니다.

시일야방성대곡

장문희 한국핵물질관리학회 회장, 포스텍 겸임교수

1978년 박정희 대통령이 참석한 가운데 열린 고리 1호기 준공식.
고리 1호기는 가동 40년 만에 강제로 숨을 거뒀다.

편집자 주

우리는 이렇다 할 자본도 강한 기술력도 없었을 때 일제의 식민지가 되었다는 사실을 까맣게 잊어버린 것 같다. 과학기술을 천대한 조선(대한제국)이 일제의 보호국으로 전락한 직후인 1905년 11월 20일 황성신문의 발행인인 장지연이 쓴 사설의 제목이 '시일야방성대곡'이다. 이 신문이 발매된 후 일본인이 발행하던 대한일보는 장지연의 행동을 경거 망동이라고 비난했었다.

북한이 핵과 미사일로 질주를 거듭하는 지금 경거망동을 하는 자는 누구인가. 에너지 없이 강한 대한민국과 통일 대한민국을 만들 수 있다고 생각하는가.

서울대와 MIT에서 원자력을 공부하고 한국원자력연구원 부원장과 한국원자력학회장을 지낸 장문희 박사가 고리 1호기 영구 정지 행사에서 문 대통령이 탈원전 선언을 한다는 것을 알고, 밤잠을 설쳐가며 써서 원자력신문 2017년 6월 18일자에 기고했던 '시일야방성대곡'을 일부 수정해 전재한다.

오늘 나는 울지 않을 수 없다

'是日也放聲大哭(시일야방성대곡)'을 하지 않을 수 없다. 우는 것은 슬플 때나 또는 힘이 모자라 강자에게 밀릴 때 내 상황을 알리고 방어하는 수단이다. 지금 우리가 무슨 힘이 있는가. 탈핵·반핵정치가 엄중하고 위협적이라 나서는 것이 너무 두렵다. 나이 들어 자연사(自然死)를 해도 서러운 법이건만 하물며 건강하게 숨을 쉬고 있는데 '고려장'을 당하니 힘이 없는 처지에 방성대곡(放聲大哭)이라도 하지 않을 수 없다.

40년 전, 이 나라 산업에 생명의 불을 지폈고, 우리 삶을 '윤택의 길'로 들게 해준 고리원자력발전소 1호기가 6월 19일 0시에 강제로 숨을 멈춘다. 고리 1호기는 1978년 4월 전력을 생산하기 시작한 이래 2016년 말까지 원자력 전체 발전량의 4.7%를 생산했다. 2016년 한 해에만 부산시가 주택용으로 1년 간 사용하는 전력을 생산했다. 장년의 나이에 아직도 건강하다. 인공호흡기를 달고 연명하는 환자도 아니다. 그런데 숨을 거두어야 한다.

지난(2017년) 6월 8일 탈핵·반핵 분위기의 두려움에 젖어 '퇴역(退役)'이라는 이름으로 고리 1호기의 영광과 업적을 조촐하게 기념하는 행사를 가졌다. 그러나 아무리 위로해도 퇴역은 아니다. 퇴역이라는 것은 조직과 관련된 모든 사람으로부터 축하를 받는 명예로운 은퇴이기 때문이다.

고리 1호기는 그 업적에 대한 칭송은커녕 아직도 힘찬 숨을 쉬고 있는데도 가마니에 둘둘 말려 고려장을 당하는, 퇴역이 아니라 불명예 제대를 하고 있는 것이다. 평생 국가와 국민을 위해 불철주야 일만 해 왔는데 불명예 제대라니, 방성대곡(放聲大哭)을 하지 않을 수 없다.

탈핵과 반핵을 주장하는 이들은 '중심이 경제에서 환경으로 옮겨졌다'고 했다. 이젠 더 이상 먹을거리 문제는 생각하지 않아도 된다는 뜻일 게다. 한 발 더 나아가 세계 환경지킴이 역할도 할 모양이다. 그들은 세계가 인정하는 최고의 우리 원전 기술 수출을 막으려 하고 있잖은가. 국가의 부를 창출하고 국민의 행복을 증진시키는 정당한 수출을 방해하는 나라가 동서고금에 있었던가. 수출경쟁국인 일본은 우리가 퇴진한다는 소식에 기쁜 속내를 감추려고 갖은 애를 쓰고 있다. 원전수출 반대 행동과 주장은 혹시 그들이 그토록 혐오시 해 온 '친일' 행동은 아닌 것인가?

미세먼지가 온 나라를 휩쓸고 있다. 석탄화력발전소와 경유차를 퇴출시키려고 하고 있다. 이미 여덟 기의 노후 석탄화력발전소에 대해서는 1개월의 한시적인 퇴출을 시행했다. 환경을 더럽히기 때문이란다. 환경부 자료에 따르면(2013년 기준) 발전소의 미세먼지 배출 비중은 14%, 경유차는 11%이다. 공장의 미세먼지 배출은 41%를 차지하고 있다. 그렇다면 공장의 운전을 중지시키고 문을 닫아 걸게 하는 것이 시급한 일이 아닌가. 왜 발전소부터 세우는가?

환경에 유해하다는 원전과 석탄화력발전소를 퇴출시키고 신재생에너지로 가잔다. 2030년까지 신재생에너지의 전력생산 비중을 20%까지 올리겠다고 한다. 이 비중이 풍력과 태양광을 이야기한다면 한 가지 궁금한 것이 있다. 원전보다 훨씬 넓은 땅이 필요하며, 풍차나 태양광집열판이 설치된 주변의 땅은 못 쓰게 되고, 바람과 햇빛이라는 날씨요소에 처분을 맡기며, 햇빛이 반사되고, 저·고주파 발생으로 야기되는 경제와 환경문제는 왜 언급하지 않는가 하는 것이 그것이다.

신재생에너지원이 가동되지 못하는 것에 대비하는 대체발전소를 항상 준비해 놓아야 하는 것엔 왜 또 침묵하고 있는가. 만일 그 20% 비중이 쓰레기를 태운 전력생산을 말한다면(쓰레기 소각 발전도 우리나라에서는 신재생에 포함된다) 그건 정말로 국민 기만이다.

그러한 준비가 부족한데 원전부터 닫고 건설을 중단해 전력이 모자라 공급이 불안징해지고 전기료가 비싸시면 누가 보상해주고 책임을 질 것인가? 누군가가 탈핵·반핵을 하는 사람들에게는 피해가 없을 것이라는 확신적 보장을 해준 것인가?

우리도 일본도 '에너지의 섬'이다. 유럽과는 달리 도움을 줄 이웃이 없다. 우리 스스로 해결해야 한다. 후쿠시마 원전사고로 모든 원전의 운전을 정지했던 일본이 에너지 자원의 무역 역조와 전기료 상승을 못 이겨 원전시대 재개를 선언했다. 2030년까지 전체 전력의 20~22%를 원전이 담당하게 하겠다는 것이다. 원전 제로를 추진하는 독일·스위스·벨기에는 믿는데가 있다. 수력과 갈탄·풍력이 있고, 이웃나라로부터 도움도 받을 수 있다.

유럽에는 24시간 품질 좋은 바람이 분다. 독일은 지난(2017년) 6월 1일 미국이 파리기후협약 탈퇴를 선언하자 협약이행의 목표달성을 위해 미국 없이 협정을 끌고 가겠다고 밝히면서도, 온실가스 배출 주범인 갈탄발전을 늘리고 있다. 2015년 기준으로 독일은 이산화탄소 연간 배출량 세계 6위국이다. 독일이 자랑하는 풍력 같은 신재생이 안정적이라면 과연 이렇게 많은 이산화탄소를 배출하고 있어야 하는 것인가.

세계 10위권 경제대국의 언행에는 무게와 일관성이 있어야 한다. 그래야 남들이 신뢰한다. 제대로 가진 자원도 없이 수출에 의존해야 하는 우리나라의 이야기이다. '무리'라는 국내 산업계의 하소연에도 불구하고 우리나라는 기후변화 대응에 힘을 보태겠다고 약속했다. 때문에 2030년 국가 온실가스 감축목표(BAU 대비 37%) 중 국내 감축분 2억 1,900만 톤(BAU 대비 25.7%)의 55.2%를 발전과 산업부문에서 줄이게 되었다. 이 목표를 이루게 해 줄 수 있는 전원이 바로 원전이다.

그런데 온실가스를 배출하지 않으며 저탄소 시대를 이끌 선봉장인 원전을 닫겠다고 하니 이상하다. 다음엔 석탄발전과 산업을 닫겠다는 것인가. 공장도 문을 닫아야 할 테니 일자리는 더욱 줄어들겠구나. 청년 실업자들이 방성대곡(放聲大哭)을 하겠다.

경주 지진에도 우리 원전은 끄떡없었다. 세계도 우리 원전의 기술과 안전을 인정하는데 탈핵·반핵세력은 우리 원전의 안전을 못 믿겠다고 한다. 그들은 전문가를 믿지 않고 험악한 비난만 한다. 소통을 얘기하면서 귀는 닫고, 입만 열고 있는 것 같다. 그들 생각에 동조하는 이의 말에는 귀를 기울인다. 그게 바로 소통인가 보다.

비상시 전력이 부족해지고 공급이 불안정해져 경제가 위축되고 지속가능한 성장이 무너질 때 누구에게 책임을 물을 것인가. 에너지문제는 국방문제와 동격이다. 그래서 에너지안보라고 하지 않는가. 그런 안보를 누가 책임을 질 것인가.

원자력발전의 역사를 열고 산업발전을 견인한 고리 1호기가 2017년 6월 19일 0시에 숨을 멈추고 졸(卒)한다. 방성대곡(放聲大哭)하면서 애도할 뿐이다. 그동안 정말 수고하고 고생했음을 고마워하면서….

앞으로가 더 걱정이다. 신기한 의술(기술)도, 만병통치약도 원전의 건강 지킴에 도움이 되지 않을 것 같아서다. 탈핵·반핵세력들은 나이가 차는 순서대로 원전을 죽일 테니까. 예측 가능한 원전 운영을 할 수 있게 되어 그들에게 고마워해야 하는 것인가? 때가 되면 이별이 슬퍼 방성대곡(放聲大哭) 하는 것이 우리가 할 수 있는 일의 전부인가 보다.

묘한 삼세판

무명씨 1

도롱뇽 서식지를 지켜야 한다며 단식을 한 지율 스님의 투쟁으로
공사가 중지됐던 KTX 천성산 터널 공사 현장(2003년). 지금은
도롱뇽도 잘 살고 KTX도 잘 다니고 있다.

편집자 주

이름을 대면 원자력계에서는 금방 알 수 있는 중요한 현직 인사가 문재인 대통령
의 탈원전 선언을 비판하는 글을 보내왔다. 문 대통령은 설계수명이 다한 원전
이라며 세월호에 비유했지만, 그는 문 대통령의 탈원전 선언을 도롱뇽 재판과
광우병 파동에 비교했다. 문 대통령은 대한민국을 흔들려는 정치꾼들에 휘둘리지
말라는 것을 위트 있게 표현한 것이다.

그는 도롱뇽 사건과 광우병 소동으로 헛물을 켰으면 과학적 근거가 없는 원전 공
포는 퍼뜨리지 말라고 주문한다. 삼세판이니까.

꼭 갈 데까지 가봐야 아는 것인가

우리말에 또 우리 국민들이 좋아하는 말에 '삼세판'이라는 것이 있다. 가위 바위 보를 해도 세 판을 하고, 음주운전 단속도 삼진 아웃제를 택하고 있다. 그러나 삼진 아웃은 서양에서 먼저 했다. 야구의 기본이 스리아웃이고, 많은 세트 경기가 3판 2선승으로 진행된다. 빙빙 도는 이야기는 그만하고 본론으로 들어가 보자.

첫째 판

2003년 도롱뇽이 원고가 되는 재판이 시작되었다. 천성산 도롱뇽이 살 곳이 없어진다고 소송을 건 것이다. 도롱뇽은 말을 못하는데 소송을 걸었으니 정말 귀신이 곡할 노릇이다. 영물 중의 영물이 아닐 수 없다.

도롱뇽 사건을 재판해주는 우리나라는 인본주의가 아닌 온갖 미물도 평등하다는 생물평등의 생본주의 나라인 것 같다. 다른 OECD 국가들이 대한민국을 따라오려면 적어도 서너 세기는 걸릴 것이다.

그러나 터널이 뚫린 천성산에는 여전히 도롱뇽이 잘 살고 있다. KTX도 다니고 도롱뇽도 번성하게 된 것이다. 터널을 뚫으면 도롱뇽이 죽는다는 주장은 사실이 아님이 밝혀졌다. 도롱뇽 서식지를 직접 파고 들어가지 않는 터널과 도롱뇽 서식이 관계 있다는 주장은 어불성설인데, 왜 그때는 그렇게 많은 이들이 동조했는가.

그러한데도 도롱뇽 소송을 제기했던 이들은 지금도 '그때 내 주장이 틀렸다'는 인정을 하지 않는다. 원 아웃을 당했으면 원 아웃임을 인정해야 하는데 하지 않는 것이다. 이들에게는 심판이 보이지 않는 모양이다. 그래서 대한민국은 바로 가지 못한다.

둘째 판

2008년 우리나라는 엄청난 광우병 파동을 겪었다. 미국산 소고기를 먹으면 광우병에 걸리기 쉽다는 주장 때문에 거대한 시위가 일어났다. 많은 학자와 전문가들이 아무리 이야기해도 소용이 없었다. 그러나 지금은 많은 사람들이 미국산 쇠고기를 잘 먹고 있다. 왜?

그때 반대했던 인사들은 여전히 미국산 쇠고기를 잡숫지 않고 있는지, 비싸고 맛있는 한우만 드시거나 아니면 아예 쇠고기를 안 잡숫는 길로 가셨는지도 모르겠다.

병원마다 수혈용 혈액이 부족하다고 난리이던 작년 말 회사로 헌혈차량이 왔다. 젊은 직원들에게 헌혈을 권유한 필자는 솔선해야겠다는 생각으로 헌혈 장소를 찾았다. 자신만만하게 헌혈하려던 필자는 30년 전 영국에 1년 이상 체류했었다는 이유만으로 헌혈이 불가하다는 판정을 받았다.

2008년 광우병 시위가 한창일 때 정부는 '광우병이 돌았던 영국 등에서 6개월 이상 체류했던 이들은 최장 10년까지 헌혈이나 장기 기증을 할 수 없다'는 지시를 내린 바 있다. 그러한 광우병 파동이 있은 후 나는 "10여 년도 더 전에 영국에 1년 체류했었다"고 밝히고 헌혈하려 했었다. 그런데 '10년이 넘었다는 것'에는 주목하지 않고 '1년긴 영국에 체류했었다는 것'에 주목한 관계자 때문에 헌혈을 하지 못했었다.

그때는 광우병 시위가 대단했으니 10여 년 전에 영국에 체류한 것도 문제가 되는가 보다 하고 넘겼다. 그런데 다시 10년 가까운 세월이 보태진 지금 헌혈을 하려니 30여 년 전 영국에 1년 체류했다는 것 때문에 헌혈을 받을 수 없다고 했다. 광우병 파동 때 10여 년 전 영국에 체류했다고 밝혀 헌혈이 거부됐던 데이터가 남아 있어 헌혈을 받지 않겠다는 것이었다.

'우리는 이렇게 오래 자료를 보관하는구나' 40년 이상 각종 설계 및 부품 데이터를 관리하는 원자력발전소와 거의 동급 수준이라는 생각을 했다. 그러나 '이게 자랑스러운 대한민국인가, 바보 같은 대한민국인가?'란 생각도 들었다.

광우병 공포가 사라진 것이 언제인데 우리나라는 아직도 광우병 공포에 떨고 있다는 것인가. 아니면 절차상으로 처리가 안 되고 있는 후진국인가. 광우병이 돌았던 영국에서도 헌혈은 이뤄진다.

지금 미국산 쇠고기를 먹으면 광우병을 일으킨다고 믿는 이들은 거의 없을 것이다. 그런데 왜 10년 전에는 그렇게 극렬한 시위에 동참했는가. 미국산 쇠고기를 먹으면 죽을 수 있다는 공포 때문일 것이다. 공포가 문제다. 우리 사회에는 공포심을 조장해 국민을 흥분시킴으로써 그들이 원하는 세상을 만들려는 세력이 있다.

탈핵에 동참하는 이들은 영화 '판도라'가 조장한 공포심에 자극받았을 수 있다. 문제는 진실이 밝혀진 다음에 거짓 자료를 토대로 공포심을 조장한 자들을 응징하려는 국민들이 더 소수라는데 있다. 그러하니 선동을 하는 자들은 '아니면 말고' 식으로 다시 다른 곳으로 몰려가 강력하게 공포심을 전파해 버린다. 우리 국민들은 투 아웃을 당했는데도 이를 모른다. 참으로 이상하다.

셋째 판

첫째 판과 둘째 판이 모두 생물체와 관련된 것이었다면 셋째 판은 좀 다르다. 광우병과 도롱뇽 사건의 망령이 원자력발전으로 옮겨 붙었기 때문이다. 과학자와 기술자들이 이야기해도 믿지 않고, 허구를 토대로 한 영화 '판도라'를 전가의 보도처럼 휘두른다. 도롱뇽과 광우병이 원자력발전에 빙의했다고 해도 과언이 아닐 것이다.

판도라라는 영화가 개봉됐고 신고리 5·6호기 공사 중단을 놓고 공론화위원회를 가동하게 되었으니 대한민국은 탈원전을 놓고 또 둘로 갈려 치열하게 다툴 것이다. 앞의 싸움이 그러했듯이 갈 데까지 가봐야 국민들은 진실의 윤곽을 잡을 것이다.

그리하여 원전을 둘러싼 각종 비방이 악성이라는 것을 알게 되면, 부화뇌동했던 국민들이 슬그머니 물러남으로써 사태는 해결된다. 제주 해군기지 건설이 그러했었다. 사드 배치도 그러할 조짐을 보이고 있다. 탈원전 주장으로 국가 에너지체계가 흔들리고 전기요금이 올라 국민 생활이 힘들어진 다음에야 국민들은 깨닫게 되는 것이다.

그때 탈원전을 선동했던 이들도 함께 떠난다. 자신들의 주장이 경박했다는 반성의 소리 없이 슬그머니 빠져 나가는 것이다. 그들에 동조했던 국민들은 머쓱해 그들을 비난하지 않는다. 그 덕에 그들은 또 다른 싸움거리를 찾아 나설 수 있다.

정상적인 사회라면 엉뚱한 주장을 했던 이들은 "그때 나의 판단은 무지의 소치였다" 혹은 "잘못된 정보를 접해 불안했기 때문에 그랬다"라는 식으로라도 사과를 해야 한다. 그러한 사과가 없으니 우리는 누군가가 공포심을 조장하면 과학적인 검증을 믿지 않고 바로 휘말려 버린다.

대한민국은 헐뜯는 이들이 암약하기에 아주 좋은 구조를 갖고 있다. 이것이 대한민국의 특징이라면, 대한민국의 패턴이라면, 우리 국민들이 너무 불쌍하다.

이번에는 정말 삼세판으로 끝냈으면 좋겠다. 이미 두 판을 졌으면, 전문가들과 과학자들을 믿지 않고 떼쓰는 마지막 셋째 판은 할 필요가 없기 때문이다. 그래야 진정한 삼세판이다.

고리 1호기 폐로에만 전념한 부산시민에게 드리는 글

최수경 사)아침 사무총장

2015년 부산지역 시민단체의 초청으로 간 나오토 전 일본 총리(왼쪽)가 한국을 방문해 탈핵·탈원전에 대한 강의를 하고 문재인 전 민주당 대표를 만났다.

시민·환경단체는 과연 이 시대의 희망인가, 선동꾼인가

나는 2015년 고리 1호기 영구 정지를 격렬하게 주장하던 부산지역의 탈핵 시민·환경단체들이 간 나오토(菅直人) 전 일본 총리를 초청해 부산과 울산은 물론이고 국회까지 '모셔가' 문재인 전 의원을 만나게 했을 때 아연실색하였다. 간 나오토가 누구인가? 당시 골든타임을 놓쳐 후쿠시마 원전 사고를 허용한 최고 책임자가 아니던가.

간 나오토는 부산에 와서 원전은 위험하니 탈핵·탈원전을 해야 한다고 선동하였다. 그의 주장대로 원전이 위험하다면 일본은 원전수출부터 중단했어야 하는데, 일본은 우리를 제끼고 터키에 대한 원전수출을 성공시켰다.

간 나오토를 초청했던 시민 단체의 책임자가 고리 1호기 영구 정지 선포식에서 문재인 대통령과 나란히 서있는 모습에 나는 실소를 금치 못하였다. 정신대 문제에 대해선 거품을 품는 진보성향의 이 여성단체가 전직 일본 총리라고 부산시에 최상급 특급호텔 제공을 당당하게 요구하는 것을 보며 '위안부 소녀상'이 피눈물을 흘리는 것을 상상했다.

고리 1호기 폐로, 그 후 2년 부산은…

『발전소는 어떻게 미술관이 되었는가』라는 책이 있다. 이 책은 영국이 산업혁명을 성공적으로 이끌었던 템스강변의 화력발전소를 세계 최고의 현대 미술관으로 바꾼 것을 보여준다. 유럽 나라들은 '산업유산은 창조의 어머니'라며 탄광이나 수력발전소를 다른 문화를 창조하는 공간으로 탈바꿈시켜 향수를 불러 일으키는 관광자원으로 활용하고 있다. 이 책은 산업혁명의 유산을 유네스코 문화유산으로 가꾸고 있는 것을 소개하고 있다.

고리 1호기는 최초로 상업운전을 시작한 이 나라 원자력발전의 산 역사이다. 40년 전 완공되어 부산지역의 신발·목재·조선산업의 부흥은 물론이고 울산 공업단지에 전기를 공급해준 고마운 에너지원이 아니던가. 세계 10위권의 경제대국을 이룬 코리아의 가장 큰 산업원동력의 하나라고 할 수 있다.

그러한 고리 1호기의 폐로 결정을 이끌어낸 부산은 무엇을 챙겼는가. 폐로연구소 하나 확답받지 못했다. 더 나아가 근사한 에너지 박물관 건립 같은 것은 왜 제안조차도 못하는가.

부산 기장군은 3·1운동 이전에 '기장 광복회'가 조직됐던 의로운 고을이다. 영화 '암살'에 나오는 열렬 여성독립운동가인 박차정의 외갓동네이자 일본인들도 존경하는 한글학자 김두봉, 초대 국회부의장인 김약수 그리고 박순천 같은 30여 명이 넘는 걸출한 항일 독립운동가를 배출한 곳이다. 이러한 역사를 '질높은' 동력에너지를 제공한 고리원전에 접목해 스토리텔링을 만들어 간다면 부산국제

영화제와 더불어 멋진 부산의 관광명소를 만들 수 있다.

세계가 한국의 경제부흥을 부러워하는데 그 경제개발의 산실이자 터전인 고리원전 일대를 유네스코 세계문화유산으로 만들지 못하라는 법이 있는가. 일본은 조선인 강제징용의 한이 서린 잔혹한 군함도도 유네스코 세계문화유산에 등재하는 판국인데 말이다.

최근 거제시는 6·25 동족상잔의 가슴아픈 현장인 거제포로수용소 유물을 유네스코 세계문화유산에 등재하려는 노력을 구체화시키고 있다.

부산시의 발상전환을 촉구한다

고리원전을 부산의 혐오시설이자 흉물로만 전락시키는 부산시의 단견이 안타깝다. 지역 시민·환경단체와 이에 가세한 지역 언론의 무지도 매한가지다. 왜 하나만 보고 둘은 볼 줄 모르는가. 부산은 발상의 전환을 하여야만 산다.

대통령과 국회의장을 세 명씩이나 배출하고 LG나 삼성, 롯데 같은 대재벌들이 종잣돈을 마련한 터가 바로 부산이다. 그런데 부산은 전국 광역지자체 17곳 가운데 유일하게 서울에 재경기숙사가 없는 곳이다. 차라리 고리 1호기 영구 정지를 하는 대신 10년을 더 연장해주는 조건으로 한수원에 서울로 유학가는 가난한 부산 출신 꿈나무들을 위해 재경학사관을 지어달라고 했더라면 부산은 명분과 실리를 챙길 수 있지 않았을까. 원전이 있는 다른 지자체들은 그렇게 하고 있지 않은가말이다.

부산시는 지역 시민·환경단체들의 등쌀에 못이겨 신고리 5·6호기 건설 중단을 먼저 요구하고 나섰나. 한술 더 떠서 박원순식 친환경 에너지정책을 벤치마킹하겠다고까지 한다. 왜놈들이 이 땅의 정기를 뺏기 위해 백두대간에 박아 놓은 쇠말뚝을 뽑는다고 요란을 떤 것이 엊그제 같은데 또다시 풍력발전을 한답시고 백두대간과 좁은 이 땅 곳곳에 쇠말뚝을 박겠다는 것인가.

그리고 부산 출신의 우수한 원자력전공 박사들이 숱한데도 경상북도처럼 이들을 활용하여 왜 원자력 클러스터 프로젝트를 추진하지 못하는 걸까. 서병수 부산시장이 소속된 자유한국당은 문재인 정권의 탈핵정책에 맞서 신고리 5·6호기 계속 건설을 요구하며 거리에 나섰던 판국인데 말이다.

이 땅의 원전개척자 김법린, 탈핵 선동 트리오 김·박아무개의 동국대

이승만 대통령은 독실한 가톨릭신자였던 장면을 초대 주미대사에 임명하고 최초의 바티칸특사란 미션도 함께 부여해, 파리에서 열렸던 제3차 유엔총회에서 가톨릭 국가인 프랑스를 움직여 대한민국을 한반도의 유일한 합법정부로 인정 받는데 성공했다.

이승만은 또 불교신자이자 프랑스 유학파인 영향력 있는 국회의원 김법린을 초대 원자력원장에 임명해 우리나라 원자력의 기틀을 마련케도 하였다. 독실한 기독교인인 이승만이 불교 승려(동래 범어사 주지 역임) 이력을 지닌 김법린을 막중한 원자력 원장에 임명한 것은 아이러니가 아닐 수 없다.

종교보다 나라를 먼저 생각한 이승만 대통령의 높은 안목 못지않게 이를 기꺼이 받아들인 김법린의 결단에도 절로 고개가 숙여진다. 김법린 원자력 원장은 이승만의 기대에 부응하듯 원자력을 부정적으로 보는 정치 외압을 잘 막아낸 것은 물론 막대한 예산을 확보하는 등 기대 이상의 성과를 이뤘다.

그후 동국대 총장을 맡은 김법린은 "한국이 살려면 민족정신을 길러야 한다. 민족정신의 정수는 불교에 있으니 동국대를 살려야 한다. 연세대는 선교사인 언더우드가 세웠고, 고려대는 대자본가인 인촌이 세웠지만 동국대는 민족 자체 자본으로 설립된 대학이기 때문에 가장 민족적인 학교"라고 강조하였다. 이런 유구한 역사를 지닌 애국 동국대에 지금 두 탈핵 트리오가 탈원전을 선동하고 있다.

대한민국의 원자력은 이승만의 혜안으로 시작되었고, 3·1독립운동 유공자로 대한민국 건국훈장 독립장을 추서받은 김법린 같은 애국지사가 땀흘려

가꾸어 온 것이다. 동국대를 반듯하게 세우는데 애쓴 선각자 김법린의 귀한 발자취가 동국대에서 계속 이어져 나가야 한다. 그리고 동국대에 원자력 학과가 개설되었듯 원자력 민족주의의 중심대학이 되었으면 한다.

일본은 히로시마와 나가사키 두 곳에 최초로 원자탄 세례를 받았지만 결국 원전을 선택하였기에 전후 빠른 경제복구는 물론 오늘과 같은 세계적인 경제대국 이 될 수 있었다.

1954년 소련은 세계 최초의 상업용 원전을 준공하고 베트남의 호찌민, 북한의 김일성 등을 초청하였다. 그러나 김일성 3대는 핵을 무기화하는 것에만 매진한 탓에 남한보다 훨씬 자원이 풍부한 북한을 지금 아프리카와 같은 경제수준의 꼴 찌국가로 전락시켰다. 또한 베트남은 여전히 원전 건설을 망설이는 빈궁한 국가 로 남아있다. 반면에 대한민국은 이승만이 서둘러 도입한 원자로 불씨로 박정희 의 경제부흥의 용광로를 만들어 냈으니, 대한민국의 두 지도자들이 얼마나 자랑 스러운가.

지금 일본은 전력부족을 메우기 위해 탈핵 시민·환경단체들의 극렬한 반대에 도 불구하고 원전 재가동을 서두르고 있다. 그리고 자국의 원전산업을 성장시켜 해외 원전 수출에 매진하도록 애쓰고 있다. 우리도 정신을 바짝 차리자. 부산시도 세상을 크게 바로 보자.

이제는 생존을 위해서라도 '원자력 민족주의'를 일으켜야 한다. 그 중심에 동국대가 있고, 그 터전이 부산의 고리 1호기가 되어야 한다. 부산시는 이런 자 랑스런 대한민국 원자력의 시발점 고리 1호기를 유네스코 세계문화유산으로 만들 의향은 없는가. 자랑스런 원자력의 시발점 고리 1호기는 없애야 하는 혐 오시설이나 적폐 내상이 결코 아니라 우리의 산업혁명을 대표하는 소중한 역사 적 유산이다.

지금부터라도 부산시나 부산시민·부산지역 언론과 국회의원들은 발상의 전환 을 하자.

02
혁명공약이냐
대통령공약이냐

정치가 결정한 필리핀의 탈원전

강기식 국제원자력기구 원자력발전국 가동원전기술책임자

2조 5천억 원을 투자해 95%의 공사를 완료해놓고도 사고 위험을 주장한 환경론자들 때문에 공사를 중지해버린 필리핀의 바탄원전

국제원자력기구에서 근무하는 원자력 전문가로서 한국의 문재인 정부가 추진하는 탈원전에 대해 의견을 밝혀보기로 한다. 2017년 6월 현재 전 세계에 가동 중인 원자력발전소는 449기, 건설 중인 것은 60기이다. 30개국에서 운전되고 있는 449기는 운영허가가 만료돼도 대부분 20~30년 더 계속운전에 들어간다. 그러나 안전성이나 경제성을 만족시키지 못한 경우에는 영구 정지로 결정된다.

실제로 미국과 스웨덴은 경제성을 만족치 못하는 일부 원전을 영구 정지시킨 바 있다. 독일은 탈원전을 결정한 나라다. 국가정책으로 탈원전을 결정했으니 발전사업자는 정부와 협의해 2022년까지 모든 원전을 정지시켜야 한다.

일반적으로 에너지 확보는 국가에너지기본계획에 따라 국가가 공급해야 할 전력량을 결정함으로써 구체적으로 추진된다. 발전소를 짓기 위한 부지특성을 조사하고 환경영향평가를 받는 것이다. 이것이 기획단계다. 기획단계를 거치면 지역주민 여론 수렴·부지 구매·설계에 대한 안전성 검토·규제기관의 승인을 받은 후 비로소 건설이 시작된다.

준공은 보통 공사 개시 6년 뒤쯤 이뤄진다. 따라서 기획단계에서 발전소가 준공되기까지는 거의 20여 년이 걸린다. 이러한 사실은 국가 지도자가 "지어라"고 해서 한순간에 발전소가 지어지지 않는다는 것을 보여 준다. 섣부르게 탈원전을 했다가 전기가 부족해 발전소를 지으려 하면 또 오랜 시간이 걸린다는 뜻이다. 그래서 경제성장과 인구증가, 국민소득 향상 등을 예측해 미래의 전력 수요를 계산하고 그 계산을 토대로 발전소를 지어나가는 것이 중요하다.

이때 반드시 고려해야 할 사항이 있다. 한 가지 유형의 발전소만 지으면 안 된다는 점이다. 한 가지 유형만 갖고 있다가 그 유형에서 문제가 발생하면 국가 전력체제가 위험에 빠질 수 있기 때문이다. 따라서 수력·화력·원자력·풍력·태양광 등 다양한 발전원(源)을 혼합(mix)해 운용하게 해야 한다. 하나에 문제가 생겨도 다른 것들은 계속 전기를 생산할 수 있도록 순종이 아닌 혼혈 체제를 구축 하는 것이다.

그렇게 지은 발전소의 운영허가 기간이 보통 30~40년이다. 그런데 구조물과 시스템의 안전성을 총체적으로 검사해 문제가 없다는 것이 증명되고 규제기관의 승인을 받으면 계속운전에 들어간다.

계속운전을 준비할 때 많은 종류의 기기들이 새것으로 교체된다. 교체할 수 없는 기기와 계통은 실험과 검사를 통해 안전성을 확인받는다. 미국의 경우 운전 중인 99기 원전 가운데 '미국원자력안전위원회(NRC)'에서 20년 계속운전 허가를 받은 것이 무려 84기다(2017년 6월 기준). 60년 운전을 승인받은 발전소 가운데 일부는 20년을 더한 80년을 운전하기 위해 안전성을 보강해 검사를 받기도 했다.

그런데 고리 1호기는 단지 40년을 운전하고 해체하게 되었다. 고리 1호기는 안전성을 만족하지 못했기 때문인가? 아니다. 아예 검사를 받은 적도 없었다. 고리 1호기는 경제성이 없기 때문에 해체하는가? 아니다. 그것 역시 조사된 바가 없다.

전문기관의 검토 없이 정치인들 사이에서 "영구 정지시켜야 한다"는 말이 먼저 나오고, 사업자인 한국수력원자력이 정부 뜻에 순응해 계속운전 신청을 하지 않음으로써 영구 정지돼 버렸다.

이와 비슷한 경우를 소개한다. 필리핀은 바탄원자력발전소를 건설하기 위해 1986년 기준으로 2조 5,000억 원 이상을 투자했다. 그런데 원자력발전소가 화산대에 가까이 있다는 일부 학자들의 주장이 나와 아키노 대통령은 후보 시절 원전 건설 중단을 공약으로 내걸게 되었다. 그리고 당선되자 공약 이행을 위해 95% 이상 건설된 이 발전소의 건설을 중지시켰다.

그런데 1986년 이후 30년이 지난 오늘까지 그곳에서는 위험하다고 느낄만한 지진이나 화산활동 등은 없었다. 필리핀은 대통령 공약이었다는 이유만으로 95% 이상 건설한 발전소를 돌려보지도 못하고 버린 것이다. 국민 세금으로 마련된 건설비용을 허무하게 매몰한 것이다. 이것이 국가를 위한 정책인가, 국민을 위한 정책인가?

우리는 선조들이 살아왔던 한옥이 오래됐다고 해서 무조건 '노후 한옥'으로 부르며 일정한 기간이 지나면 부숴버리지 않는다. 개선을 해서 사용한다. 연탄 아궁이를 보일러로, 재래식 화장실을 수세식으로, 창문은 단열이 되는 것으로 바꾸면 얼마든지 한옥의 멋과 기능을 즐기며 살 수가 있다.

'발전소가 밀집되면 위험도가 높아진다'며 오래된 발전소를 정지시켜야 한다는 이론이 어디서 나왔는지 궁금하다. 대통령의 공약이었으므로 무조건 탈원전을 해야 한다면 그것은 과연 민주적인가. 대한민국은 법치국가이니 공약일지라도 국민적 공감대를 이룬 후 법을 만들어 추진해야 민주적이지 않은가?

지금 한국이 고민해야 할 것은 난순히 탈원전을 하는 것이 아니라, 미래 에너지원(源)을 어떻게 조화롭게 혼합할 것이냐이다. 대한민국을 번영하는 국가로 존재시키려면 에너지를 경제적으로 안전하게 마련하는 것부터 고민해야 한다. 이는 국가의 앞날을 위한 숙고이고 선택이다.

환경단체가 대한민국의 미래를 결정하는가? 아니다. 대한민국의 주권은 국민에게 있으니 대한민국의 미래는 국민들이 지혜를 모아 결정해 가는 것이 옳다. 대한민국 국민이 에너지원의 적절한 조합을 통해 환경도 보호하고 보다 나은 미래를 후손에 남겨주는 지혜를 만들어가야 하는 것이다.

탈원전을 한다고 해서 당장 전기가 부족해지는 사태는 일어나지 않을 것이다. 지금의 대통령 임기가 만료되고 난 후 나타날 것이다. 산업용 전기요금부터 오르기 시작해 국가의 산업경쟁력이 약화될 것이다. 경제는 어려워지는데 거기다 가정의 전기요금도 오를 것이니 고통은 사방으로 확산된다.

대한민국은 프랑스 등과 더불어 세계 최고인 3세대 원전을 수출한 나라이다. 지금 전 세계 원전의 수출을 주도하고 있는 러시아와 중국은 이제서야 3세대 원자로를 개발하고 있다. 왜 기술력에서 앞서가고 있는 한국이 경제를 성장시킬 수 있는 기회를 포기하려고 하는가.

문재인 대통령이 탈원전을 선언했으니 한국 원자력계는 원전 수출에 나서기 어렵게 되었다. 한국은 원전을 수출했으니 세계가 인정하는 검증된 기술력을 가진 나라다. 이는 다른 나라 보다 매우 우월한 조건인데, 왜 이를 포기하게 만드는 것인가. 대통령의 말 한마디로 한국 원자력에 대한 국제 신뢰도가 추락하는 것을 왜 생각하지 않는 것인가.

한국이 아랍에미리트(UAE)에 수출한 네 기의 3세대 원전은 A-380 비행기 180대를 수출한 것과 같은 효과를 가져온다고 한다. 한국은 수출로 먹고 살아야 하는데 이런 식으로 하나 둘씩 수출을 포기할 것인가. 한국의 문재인 정부는 일자리 창출을 위해 고민한다는데, 세계 최고 수준의 산업을 이렇게 매몰해 버려도 되는 것인가.

대한민국은 일부 환경론자의 대책 없는 탈원전에 동조하기보다는 한국의 원자력산업을 더욱 발전시켜 보다 안전한 원자력발전소를 건설해 적극적으로 수출하게 해야 한다. 그것이 나라 살림을 발전시키고 젊은이들을 위한 일자리를 만드는 길이다. 안전하고 값싼 에너지 공급을 통해 개발도상국의 생활수준을 향상시켜 주는 길도 된다.

홍남기 국무조정실장이 "신고리 5·6호기 건설공사는 문 대통령의 공약 그대로 '건설 중단'하기보다는 사회적 합의를 이끌어내 그 결정에 따르는 것이 바람직하다"며 공론화를 거론했다. 그런데 전문가는 배제하고 시민 배심원으로 결정하게 하겠다고 했다.

이는 환자가 생겼는데 전문가인 의사는 배제하고 일반인들이 모여 수술여부와 방법 등을 결정하겠다는 것과 무엇이 다른가. 정부로부터 공식적으로 건설허가를 받은 5조 원 규모의 초대형 국책사업을 비전문가로 꾸려진 위원회에서 3개월 안에 결정한다고 하니 과연 정상적인 생각을 하는 나라인가?

모두에게 이해되고 예측되는 대한민국의 미래를 만들어 갔으면 정말 좋겠다.

문재인 정부의 '데자뷔' 대만의 차이잉원

이동훈 주간조선 기자

격렬했던 대만의 반핵시위. 대만 민진당의 차이잉원 정부는 '2025 비핵'을 공약으로 내걸고 집권했다가 대정전으로 위기를 맞았다.

2017년 8월 15일 오후 4시 51분쯤 대만 타오위안(桃園) 국제공항 인근의 다탄 (大潭) LNG(액화가스) 발전소. 대만 전체 전력공급의 10%인 438만 킬로와트를 담당하는 이 발전소의 여섯 기 발전기가 스톱되자 대정전(블랙아웃)의 아수라장이 펼쳐졌다. 대만 중앙기상국에 따르면, 전날 낮 12시 44분 타이베이의 최고기온은 38도. 타이베이에서는 10일 연속 낮 최고기온이 36도를 넘는 무더위가 이어졌다.

1897년 이래 120년 만에 찾아온 살인적인 무더위였다. 그날도 에어컨 등 냉방제품 사용의 급증으로 전력예비율이 3.17%로 떨어지는 등 간당간당한 비상단계에 있다가 다탄발전소가 멈춰서자 대정전이 일어났다.

다탄발전소의 가동중단에 이어 전력을 복구하는 과정에서 대만의 국영 전력회사인 대만전력(TPC)은 그날 저녁 6시부터 약 3시간에 걸쳐 예고없이 순환 정전을 단행했다. 대만 전역을 3군데로 나눠서 약 1시간씩 전기를 끊은 것. 첫 번째 237만 가구, 두 번째 195만가구, 세 번째 236만 가구 등 모두 668만 가구(중복 가구 포함)의 불이 차례로 꺼졌다. 대만 전체 가구의 절반 가량이 정전을 겪은 것이다. 타오위안은 물론 타이베이와 그 외곽인 신베이(新北), 사고 발전소와 거리가 있는 중부의 타이중 등도 잠시 정전을 당했다.

타이베이 총통부 주변의 교통신호등이 꺼진 것은 물론이고, 타이베이 시청과 세계금융센터(101빌딩), 세계무역센터가 있는 타이베이의 신시가지인 신이구(信義區)까지 영향권에 들어갔다. 훙하이(鴻海)정밀 등 대만의 간판 전자기업들도 예외가 아니었다.

전력공급이 끊기면서 대만 각지의 고층빌딩과 아파트의 엘리베이터가 멈춰섰다. 신베이시 소방국은 "78건의 사고신고를 접수 받았다"고 밝혔다. 일부 지역의 수돗물 공급도 중단됐고, 정전 와중에 촛불로 조명을 밝히다가 실화(失火)로 지체장애인이 사망한 사고도 터졌다. 고속철(HSR)을 비롯한 국철(일반철도)과 지하철은 예비전력이 가동되면서 철로 위에 멈춰 서는 최악의 사태는 겨우 면할 수 있었다.

대만전력이 전력공급을 재개한 것은 그날 밤 9시 40분쯤이다. 대만전력이 최종집계한 정전 피해 592만 가구에 대해서는 하루치의 전기요금을 감면해 주기로 했다. 총 3억 6000만 대만달러(약 135억 원)에 달하는 금액이었다. 대정전은 LNG 공급을 책임지는 대만중유(中油·CPC) 직원의 기계조작 실수로 발전기가 멈춰 선 '인재(人災)'였다. 사람의 실수가 1999년 7월 29일 '대만대정전' 사태 이후 18년 만에 최악의 블랙아웃을 만들었다.

대만의 민심은 요동쳤다. 8월 15일 저녁 6시 30분쯤 리스광(李世光) 경제부장(장관)은 정전 사고를 낸 당사자인 대만중유와 발전소를 운영하는 대만전력 관계자들을 대동하고 대국민사과를 했다. 리스광 부장은 기자회견에 앞서 국무총리에 해당하는 린취안(林全) 행정원장에게 전화로 사의를 표명했었다.

리스광 경제부장은 2016년 1월 집권한 차이잉원 정부에서 경질된 첫 번째 각

료라는 불명예를 안게 됐다. 대만의 빈과일보는 8월 16일 대만 정부 관계자의 말을 인용해 '큰 사장님(차이잉원)이 대정전사태에 진노(震怒)했고, 그 사람(리스광 경제부장)을 지목해 내보내라고 했다'고 보도했다.

리스광 경제부장은 살인적인 무더위로 대만의 전력예비율이 3~4%의 위험수위를 넘나들때부터 경질론에 직면해 있었다. 그러나 전력예비율이 바닥에 떨어진 것은 집권 민주진보당(민진당)의 '2025 비핵' 공약 탓이 컸다.

낮은 전력예비율 때문에 차이잉원 정부는 '2025 비핵' 목표에도 불구하고 일부 원전의 재가동을 승인했지만, 여전히 전력 소비량이 높았다. 전력예비율은 올라가지 않는 것이다. 그리고 8·15 대정전으로 경제부장이 경질되었다.

민진당 소속 차이잉원 총통은 2016년 1월 총통선거에서 '2025 비핵가원(非核家園)' 공약을 앞세워 국민당의 주리룬(朱立倫) 후보를 꺾고 8년 만의 정권교체에 성공했다. 비핵가원은 2025년까지 대만에서 가동 중인 모든 원전을 중지하고, 신재생에너지의 비중을 4%에서 2025년까지 20%로 끌어올린다는 것이었다.

2017년 1월 11일 대만 국회는 민진당의 주도로 2025년까지 가동 중인 모든 원전을 정지하는 에너지법안을 통과시켰다. 2025년은 가장 최근인 1985년 가동을 시작한 마안산원전 2호기의 운전기간이 40년 되는 시점이다. 차이잉원 정부와 집권 민진당은 "원전 중단에도 불구하고 전력수급에는 문제없다. 나머지는 액화가스(LNG)로 충분히 대체가능하다"고 입버릇처럼 장담해왔다. '2025 비핵'을 위해 경제부장으로 발탁된 사람이 대만대 공대 교수 출신의 '폴리페서' 리스광 경제부장이었다.

이 호언장담에 대해 대정전 사태 두 달 전부터 의문이 제기됐다. 그 전에 차이잉원 정부는 가동 중인 세 곳의 원전 가운데 두 곳을 세웠었다. 마안산(馬鞍山)원전 1호기만 돌리게 했었다. 대만의 원자력 규제기관인 '행정원 원자능(原子能)위원회(AEC)'가 6월 12일, 대만 남부 핑둥(屏東) 현의 '마안산원전' 2호기의 재가동을 승인한 것이다. 그에 앞서 원자능위원회는 6월 9일 타이베이 외곽 신베이시의 '궈성(國聖)원전' 1호기의 재가동도 승인했었다. 원자능위원회는 전력예비율이 떨어지자 차이잉원 정부가 정지시킨 두 기의 원전을 가동시킨 것이다.

그로인해 대만에서는 "2025년은 8년도 채 안 남은 상황인데 비핵 목표가 실현 가능하냐"는 회의론이 급속히 번졌다. 총통부 측은 "2025년 비핵 목표에 변화가 있는 것은 아니다"라며 진화에 나섰지만 역부족이었다.

야당인 국민당은 "차이잉원의 투표사기극"이라며 목소리를 높였다. 민진당과 입장을 같이해온 일부 시민 사회단체들은 배신감에 행정원장과 원자능위원장의 동시 사퇴를 요구하고 나섰다.

지난 8년간의 야당 시절 민진당은 원전과 관련한 시위현장이면 제일 먼저 달려가 '나는 사람이다. 나는 핵에 반대한다(我是人, 我反核)' '사랑으로 전력을 생산한다(用愛發電)'란 감성적 구호로 국민당을 몰아붙였다. 2013년 입법원(의회)에서는 민진당 의원과 국민당 의원들이 원전문제를 놓고 난투극을 벌인 적도 있었다.

2017년 5·9대선으로 집권당이 된 더불어민주당과 '탈핵'을 표방한 시민사회 단체들은 그동안 대만을 모델로 삼아 탈원전 운동을 벌여왔다. 문재인 정부의 '2030년 신재생에너지 20%'는 차이잉원 정부의 '2025년 신재생에너지 20%'를 벤치 마킹한 측면이 크다.

문 정부의 초대 산업부 장관도 교수 출신이다. 한국원자력안전재단은 "한국의 탈핵 진영은 2000년대 초부터 대만과의 연계를 통해 경험 공유, 주민투표 추진, 탈핵 교육, 안전문제의 정치 이슈화 등 유사 전략을 추진했다"고 적시했다.

타이베이에서 동쪽으로 56킬로미터 떨어진 신베이시 동부 해안가에 있는 룽먼(龍門)원전은 1999년 공사를 시작했다. 하지만 민진당과 시민사회단체의 표적이 되면서 15년 넘게 지연되다 2014년 공정률 97.8%에서 대만 정부가 건설 중단을 선언해 공시가 **중단**됐고 현재 흉물로 방치돼 있다.

민진당은 2000년 대만 최초로 정권 교체에 성공한 직후부터 룽먼원전을 표적으로 삼았다. '대만의 아들'로 불린 천수이볜(陳水扁) 총통이 집권과 동시에 내린 결정도 룽먼원전의 건설 중단 지시였다. 천수이볜의 일방통행식 원전 중단 지시는 국민당과 국민당에서 분화된 친민당(親民黨) 등 범(汎) 보수정당이 다수 의석을 장악한 의회에서 강한 반발에 부딪혔다.

국민당 당적을 보유한 행정원장 탕페이(唐飛)는 천수이볜의 '원전 중단' 지시에 반발해 '건강악화'를 이유로 5개월 만에 행정원장직을 사퇴하는 일도 벌였다. 이에 천수이볜은 탕페이 행정원장의 사임을 "길 위의 돌멩이가 치워졌다"고 말해 의회를 자극했다. 야당인 국민당은 의회에 '탕(唐)'이라고 쓴 바윗돌을 들고 오는 항의를 벌이다가 총통 탄핵안까지 들고 나왔다. 극한 충돌로 비화되던 룽먼원전 사태는 사법원(대법원)의 중재로 원전공사를 계속하되, 의회는 탄핵안을 철회하는 선에서 타협점을 찾았다.

잠잠해진 룽먼원전 사태는 2011년 일본 후쿠시마 사고로 다시 불거졌다. 국민당의 마잉주(馬英九) 정권이 민진당의 유력 정치인을 도청한 사실이 밝혀져 지지율이 10% 이하로 추락하는 등 사면초가에 빠져 있을 때였다. 마잉주 정권은 민진당의 반핵시위에 굴복해 '재평가'라는 명목하에 2015년부터 2018년까지 룽먼원전 건설을 동결해 버렸다. 그리고 2016년 대선에서 민진당의 차이잉원 총통이 집권했으니, 2018년 동결 조치 해제는 물건너 가고 룽먼원전은 영원히 흉물로 남을 가능성이 커졌다.

대만과 한국은 앞서거니 뒤서거니 하며 원자력발전을 도입했다. 연구용 원자로 건설은 대만이 1961년, 한국이 1962년이다. 대만이 본격적인 상업용 원전 개발에 착수한 것은 1970~1980년대 장징궈(蔣經國) 총통 집권 때다.

장징궈는 1972년 6월부터 타이베이 북부 외곽의 진산(金山)에서 '제1원전(진산원전)' 건설에 착수했다. 1973년 1차 석유파동(오일쇼크)이 터지자 진산원전 건설은 실업률을 낮추기 위한 대규모 토목공사 프로젝트인 '10대 건설'에 포함돼 전폭적인 지원을 받았다. 1978년부터 상업운전을 시작했는데 한국의 첫 번째 상업용 원전인 고리원전 1호기가 운전을 시작한 해와 같다. 그후 대만은 진산원전 인근에 제2원전인 '궈성원전', 대만 남부 핑둥현에 제3원전인 '마안산원전'을 세워 1981년과 1984년 가동을 시작했다. 이들 원전도 '12대 건설'에 포함돼 대만 정부의 전폭적 지원 속에 건설됐다.

1987년에야 계엄령을 해제했을 정도로 한국보다도 더 권위적인 정권에 의해 추진됐던 대만의 원전정책은 그만큼 강한 반발을 받았다. 1979년 메이리다오(美麗島) 민주화 시위를 계기로 1986년 결성된 민주 진보당(민진당)이 '반핵' '비핵'을 표방한 것도 이 때문이다. 민진당의 상징마크는 '녹색 대만섬'이다[편집자 주: 메이리다오 사건은 1979년 9월 창간한 정치 잡지 '메이리다오(美麗島)' 운영진이 두달 후 '국제인권일' 집회를 신청했다가 당국으로부터 거절 당하자 시위를 일으켜 대만 당국과 충돌한 사건이다]

민진당은 대만 사람들의 원전에 대한 광범위한 우려에 편승한 측면이 있다. 대만은 한국과 달리 '불의 고리'로 불리는 환태평양지진대 위에 있다. 1700년대 이래로 리히터 규모 7.0 이상의 대지진이 26회, 6.0 이상의 지진은 68회 발생했다. 1999년에는 대만 중부 난터우(南投)에서 발생한 대지진(9·21 대지진)으로 2,400여 명이 죽거나 실종되는 대참사가 일어났다.

원전이 인구가 밀집한 대도시에서 지나치게 가까운 곳에 있는 것도 문제다. 대만 제1원전(진산원전)과 제2원전(궈성원전)은 타이베이에서 직선으로 28킬로미터, 22킬로미터 떨어져 있다. 인근에는 진한 유황 냄새와 함께 뜨거운 김이 모락모락 올라오는 활화산인 양밍산(陽明山)이 있다. 진산원전과 궈성원전은 반경 30킬로미터 이내의 인구가 각각 550만 명, 470만 명에 달한다. 한국 원전 가운데 인근 거주 인구가 가장 많은 고리 원전은 167만 명에 그친다(그러나 문재인 대통령은 382만 명이라고 연설했었다).

국토 면적도 남한의 3분의 1에 불과해 핵폐기물을 보관할 곳도 마땅치 않다. 1996년까지는 대만 동부의 란위다오(蘭嶼島) 섬에 방폐장을 조성해 보관했다. 하지만 이내 공간이 부족해져 1997년에는 북한에 6만 배럴 상당의 저준위 핵폐기물을 보내 황해북도 평산의 폐광산에 보관하는 계약을 체결하기도 했다. 2011년 후쿠시마 사고 이후 대만에서 반핵 운동이 광범위한 지지를 얻은 것은 이 때문이다.

대만은 한국과 마찬가지로 석탄·석유·액화가스(LNG) 같은 부존자원이 거의 없다. 1차 에너지의 97.5%를 수입하는 형편이다. 중국이 전 세계에 강요하는 '하나의 중국' 정책으로 수교국은 20개국에 불과하다. '국제사회의 고아(孤兒)'라 불릴 정도이니 유사시 에너지 확보에 극히 취약하다. 한국보다도 무더운 날씨에 산업 구조는 전기전자 위주로 고도화되어 있어 전력수요는 높다. 그런데 국토 면적은 좁아 태양광이나 풍력 같은 신재생에너지로의 전환이 쉽지 않다.

대만은 원전기술 자주화에 적극적이었던 한국에 비해 자체 원전기술 확보에 소홀했다는 평가도 듣는다. 2014년 공정률 97.8%에 중단된 '룽먼원전'은 설계는 미국의 GE, 원자로는 일본 히타치와 도시바, 발전기는 미쓰비시 등 외국 기업 것 일색이었다. 따라서 탈원전을 한다 해도 자국 기업들은 그다지 잃을 것이 없었다.

차이잉원 총통과 민진당은 대선 때 내건 '2025년 비핵' 공약으로 깊은 고민에 빠졌다. 차이잉원 총통의 지지율은 대정전사고 직전 29.8%를 기록해 역대 최저치를 찍었다. 하지만 차이잉원 총통은 '2025 비핵' 정책기조를 바꿀 의사가 없음을 명확히 했다.

차이잉원 총통은 대정전 사고가 터진 날 밤 11시 28분 페이스북에 '정부를 대표해 전국 인민들에게 사과한다'면서도 '현재 정부는 분산식(分散式: 신재생을 의미함) 녹색에너지 발전을 추진 중에 있다. 단일 발전소의 사고가 전국의 전력공급에 영향을 주는 것을 막으려 한다'고 오히려 합리화를 했다. 차이잉원 총통은 "우리의 정책방향은 절대 변하지 않을 것"이라며 "오늘 사건이 우리의 결심을 더욱 굳건하게 했다"고도 밝혔다.

반면 국민당은 "오늘과 같이 황당무계한 사고는 스스로 뺨을 치는 격"이라고 평가절하했다. 차이잉원 정부의 '비핵(非核)'은 문재인 정부 '탈핵(脫核)'의 모델이다. 대만의 대정전 사태는 낯설지 않다. 언젠가 본듯한 기시감(旣視感) '데자뷔(De ja-vu)'를 준다. 앞으로 한국이 겪게 될 대소동을 대만이 미리 보여주고 있는 것만 같다.

혁명공약과 대통령공약

이정훈 동아일보 기자

1961년 5월 16일 서울시청 앞에 선 박정희 소장. 그의 뒤 오른
쪽에 있는 이가 훗날 『5·16혁명실기』를 집필하게 되는 이낙선
소령이다. 박정희 세력은 5·16을 단행한 날 새벽 숙직을 한 KBS
아나운서 박종세 씨로 하여금 혁명공약을 발표하게 했다.

5 · 16

1961년 5월의 대한민국은 지금처럼 혼란스러웠다. 전쟁을 중단한지 8년밖에
지나지 않았지만 "오라 남으로, 가자 북으로" 등 정치성 구호가 난무했다. 그러한
때인 5월 16일 새벽 KBS에서 숙직을 하던 박종세 아나운서는 갑자기 들이닥친
군인들에 의해 방송실로 끌려 가서 나음과 같은 첫 방송을 하였다.

〈친애하는 애국동포 여러분! 은인자중(隱忍自重)하던 군부는 드디어 금조 미명
을 기해서 일제히 행동을 개시하여 국가의 행정·입법·사법의 3권을 완전히 장악
하고 이어 군사혁명위원회를 조직하였습니다.

군부가 궐기한 것은 부패하고 무능한 정권과 기성 정치인들에게 이 이상 더 국

가와 민족의 운명을 맡겨둘 수 없다고 단정하고 백척간두에서 방황하는 조국의 위기를 극복하기 위한 것입니다.

군사혁명위원회는 첫째, 반공을 국시의 제1로 삼고 지금까지 형식적이고 구호에만 그친 반공태세를 재정비 강화할 것입니다. 둘째, 유엔헌장을 준수하고 국제 협약을 충실히 이행할 것이며 미국을 위시한 자유 우방과의 유대를 더욱 공고히 할 것입니다. 셋째, 이 나라 사회의 모든 부패와 구악을 일소하고 퇴폐한 국민도 의와 민족정기를 다시 바로 잡기 위하여 청신한 기풍을 진작할 것입니다. 넷째, 절망과 기아선상에서 허덕이는 민생고를 시급히 해결하고 국가 자주경제 재건에 총력을 경주할 것입니다. 다섯째, 민족적 숙원인 국토통일을 위하여 공산주의와 대결할 수 있는 실력의 배양에 전력을 집중할 것입니다. 여섯째, 이와 같은 우리의 과업이 성취되면 참신하고도 양심적인 정치인들에게 언제든지 정권을 이양하고 우리들 본연의 임무에 복귀할 준비를 갖추겠읍니다.

애국동포 여러분! 여러분은 본 군사혁명위원회를 전폭적으로 신뢰하고 동요 없이 각인의 직장과 생업을 평상과 다름없이 유지하시기 바랍니다. 우리들의 조국은 이 순간부터 우리들의 희망에 의한 새롭고 힘찬 역사가 창조되어가고 있읍니다. 우리들의 조국은 우리들의 단결과 인내와 용기와 전진을 요구하고 있읍니다. 대한민국 만세! 궐기군 만세! 군사혁명위원회 의장 육군 중장 장도영〉

첫째, 둘째… 여섯째로 발표한 것이 바로 박정희 소장의 혁명공약이었다. 군사혁명위원회 의장은 육군 참모총장인 장도영 중장으로 돼 있었지만 쿠데타의 리더는 2군 부사령관으로 있던 박정희 소장이었다.

1961년의 서울은 강북이었다. 몇 시간 전 박 소장은 공수단(지금의 육군 제1특수전 여단)과 해병대 1여단(지금의 해병대 2사단) 등의 병력 6천여 명을 이끌고 노량진에서(한강 철교와 광진교를 제외하면) 유일한 한강의 다리인 한강대교를 건너 서울로 들어왔다. 급보를 받은 장도영 총장은 한강대교로 헌병 한 개 중대를 보내 쿠데타군의 도강을 막게 했으나 중과부적으로 실패했었다.

장 총장은 반(反)쿠데타를 했던 것인데 서울로 들어온 박 소장은 그를 간판으로

83

내세웠다. 그들이 만들어온 혁명공약문을 장도영 군사혁명위원회 의장 명의로 방송하게 한 것이다.

박종세 아나운서는 그 날 숙직을 한 탓에 5·16이 일어났다는 방송을 하고 혁명공약까지 읽게 되었다. 그가 방송을 하던 시각 쿠데타 군은 서울의 주요 건물을 장악하며 대한민국의 헌정(憲政)질서를 중단시켰다. 그리고 그들이 만들어온 혁명공약을 토대로 통치하기 시작했다.

이를 위해 만든 것이 그 유명한 '국가재건최고회의'다. 이는 군인들이 통치를 한 것이니 군정(軍政)이라 불러도 무방할 것이다. 이들은 이 사건을 군사혁명, 줄여서 혁명이라고 했다. 5·16군사혁명 혹은 5·16혁명이라고도 했다. 훗날 이들은 5·16 참여자인 이낙선 씨로 하여금 『5·16혁명실기』라는 방대한 쿠데타 실록을 만들게 했다.

12 · 12

그로부터 18년이 지난 1979년 10월 26일 박정희 대통령이 김재규 중앙정보부장이 쏜 권총에 맞아 절명하는 10·26 사건이 일어났다. 그리고 바로 계엄이 선포됐기에 육군 참모총장인 정승화 대장이 계엄사령관이 되었다.

그러한 정승화 사령관을 의심했던 이가 기무사의 전신인 보안사 사령관 전두환 소장이었다. 김재규 정보부장이 정승화 총장을 현장 근처의 음식점에 불러 놓은 상태에서 박 대통령을 시해했기 때문에 전두환 사령관은 정 총장을 조사하고자 했다.

계엄이 선포되면 군의 정보수사기관인 보안사가 모든 정보수사기관을 통괄할 수 있었다. 10·26 사건이 일어나자 정부는 합동수사본부(합수본부)를 만들었다. 박 대통령을 저격한 것은 중앙정보부 세력이니 중앙정보부는 수사의 대상이 되어야 했다. 보안사령관이 합수본부장이 된 보안사는 10·26 사건의 수사 주체가 돼 중앙정보부와 관련 군인들을 수사했다.

그해 12월 12일 전 사령관은 서울 한남동에 있는 육군 총장 관사로 수사대를 보내 정승화 계엄사령관을 연행해 오게 했다. 정 사령관이 동행을 거부하자 공관을 지키는 병사들과 수사대 사이에 총격전이 벌어졌다. 전 사령관은 친구인 노태우 9사단장에게 부대를 이끌고 서울로 들어오게 했다. 정 사령관은 장태완 수경사령관(지금의 수방사령관)을 호출했다.

장태완 수경사령관은 수경사 부대를 동원해 서울로 들어오는 9사단 병력을 차단하려고 했으나 그러한 일은 일어나지 않았다. 이 놀라운 사태는 전두환·노태우 측의 압승으로 끝난 것이다. 서울로 들어온 전두환 측 부대들은 수경사와 국방부 등으로 진입해 정승화 사령관 세력을 잡아 버렸다.

12·12는 정 사령관을 연행하는 과정에서 일어난 충돌이었기에 권력을 잡은 전두환 세력은 혁명공약을 발표하지 않았다. 그러나 이듬해인 1980년 '서울의 봄' 시위가 일어나자, 이들은 비상계엄(원래는 제주도가 제외돼 있었다)을 전국으로 확대하며 '국가보위비상대책위원회(국보위)'를 만들었다.

형식상 국보위 위원장은 최규하 대통령이 맡았지만 실권은 전두환 중장(그때는 중장으로 진급해 있었다)이 행사했다. 국보위는 박정희의 국가재건최고회의처럼 초헌법적 권한을 휘둘렀지만 '신군부'로 불린 전두환 세력은 군사혁명을 했다고는 주장하지 않았다.

그리고 14년이 지난 1993년 대통령에 취임한 김영삼이 12·12 사태를 쿠데타로 규정하였다. 그에 따라 검찰은 전두환 씨 등을 군사반란 등의 혐의로 조사했으나 그해 10월 '성공한 쿠데타는 처벌할 수 없다'는 설명과 함께 공소시효 만료 등을 이유로 기소유예 결정을 내렸다.

그러자 김영삼 정부는 전두환·노태우 대통령 시절에는 이들에 대한 군사반란 시효를 적용할 수 없다는 여론을 만들어냈다. 그리고 국회에서 '전·노 시절에는 시효가 정지된다'는 5·18특별법을 만들게 한 다음 이들을 기소하게 했는데, 김영삼 대통령은 이러한 노력을 '역사 바로 세우기'라고 주장하였다. 그리고 5·18 특별법에 대한 위헌 시비가 일어났지만 헌법재판소는 합헌결정을 내렸다.

1997년 4월 17일 재판부는 12·12사건은 명백한 군사반란이며 5·17 사건과 5·18 사건은 내란, 내란목적 살인행위였다고 판단하였다. 이로써 성공한 쿠데타도 사법 심판의 대상이 되며 형사 책임을 면할 수 없다는 역사적인 판례가 나오게 되었다. 김영삼 정부는 5·16도 쿠데타로 정의했다.

김영삼 대통령의 이러한 행동은 '헌정을 중단시키는 군사 쿠데타는 불법'이라는 강한 인식을 만들었다. 민주정치를 하려면 선거로 권력을 잡아야지 국가 방위를 위해 마련한 군사력으로 잡아서는 안 된다는 철학을 만든 것이다. 그리고 누가 대통령이 되어도 '헌법과 법률의 테두리 안에서 공약과 정책을 실행해야 한다'는 대 원칙이 만들어졌다.

2017년 5월 9일 치러진 19대 대통령 선거에서 민주당의 문재인 후보가 당선돼 다음날인 10일 취임하였다. 문 대통령은 전두환 정권 말기인 1987년 만든 6공 헌법에 따라 대통령이 된 것이다. 혁명이나 쿠데타로 권력을 잡은 게 아니라 민주적인 절차를 밟아 19대 대통령이 되었다.

이러한 문 대통령이 후보 시절 내놓은 공약 중의 하나가 탈원전이었다. 그렇다면 그는 헌법과 법률이 인정한 범위 내에서 탈원전을 실현해 나가야 한다.

법제처 사이트에 들어가 원자력에 관한 법률을 찾아보면, '원자력 진흥법', '원자력안전법', '원자력안전위원회의 설치 및 운영에 관한 법률', '원전 비리 방지를 위한 원자력발전사업자 등의 관리·감독에 관한 법률', '한국 원자력안전기술원법', '원자력 손해배상법', '원자력 시설 등의 방호 및 방사능 방재 대책법' 등이 발견된다. 그리고 훨씬 더 많은 시행령과 규칙 등이 나와 있다.

이러한 법률과 명령은 원자력을 하자는 것인데, 공통점은 헌법 틀 위에서 만들어졌다는 짐이다. 문 내동령이 공약인 탈원전을 시행하려면, 헌법 질서에 따라 만든 이러한 법을 무력화하는 입법 노력부터 하여야 한다.

'원자력진흥법'처럼 원자력을 하자는 법을 폐지하거나, '탈원전에 관한 특별법' 제정 등 법적 근거를 마련해 놓고 탈원전을 추진하는 것이 헌법 질서에 맞는 행동인 것이다.

대만도 탈원전에 관한 법을 만들어 놓고 탈원전을 추진했다. 그러나 문재인 정부는 이러한 노력은 전혀 하지 않았다. 문 대통령의 공약이 탈원전이었으니 탈원전은 기정사실화 해놓고 그냥 밀어 붙이고 있다.

애매하게 된 것이 공사 중이던 신고리 5·6호기이니, 공사 중단 여부를 묻는 공론화만 하겠다고 했다. 문 정부가 공론화위원회를 만든 것은 공사 결정에 대한 책임을 회피하려는 것으로 보인다. 이러한 행동은 문 대통령의 공약인 탈원전이 헌법에 따라 만들어진 법률보다 위에 있다는 것이 된다. 문 대통령은 초헌법·초법률적으로 행동하겠다는 것인데 이러한 행동은 혁명이나 쿠데타를 했을때나 시행될 수 있다.

문재인 정부는 쿠데타나 혁명으로 집권한 정부인가? 문 정부는 촛불혁명이라는 말을 회자시켰지만, 촛불시위는 박근혜 정부를 탄핵으로 붕괴시키는 역할만 했다. 문재인 대통령은 현행 헌법의 틀 안에서 이뤄진 선거로 당선된 것이다.

그렇다면 그의 탈원전은 헌법과 법률의 테두리 안에서 이뤄져야 한다. 공약은 약속이지 법률이 아닌 것이다. 그러나 그는 국회로 하여금 탈원전 법안을 만들게 할 생각이 없다.

'역사 바로 세우기'를 외쳤던 김영삼 대통령도 헌재로부터는 전두환·노태우 대통령 시절에는 전·노 등 신군부에 대한 공소시효가 정지됐다는 판단을, 국회로부터는 5·18특별법을 제정하게 한 다음에 신군부 세력을 처벌했다는 것을 잊지 말아야 한다.

2017년 초 헌법재판소는 박근혜 당시 대통령에 대한 탄핵 심판 선고에서 '대통령은 헌법과 법률적 질서를 지켜야 한다'는 판단을 내린 바 있다. 이는 대통령일지라도 헌법과 법률은 지켜야 한다는 뜻이다. 문 대통령도 예외일 수는 없다.

문재인 대통령의 탈핵 선언은 대통령공약인가, 혁명공약인가?

공론화, 두려워할 필요가 없다.

은재호 한국행정연구원 선임연구위원

신고리 5·6호기 공론화위원회 홈페이지. 원자력계는 공론화를
두려워 할 필요는 없다. 잘 활용하면 갈등을 줄이며 최고의 해법
을 찾아낼 수 있기 때문이다.

편집자 주

2017년 10월 20일 신고리 5·6호기 공론화위원회는 59.5 대 40.5, 거의 6대 4의
비율로 신고리 5·6호기의 공사 재개를 결정했다.

문재인 대통령의 탈핵선언으로 시끄러워진 문제를 문 대통령 의도와는 다른
방향으로 결론 내린 것이다. 이 글은 신고리 5·6호기 공사재개 결정이 나오기 전
에 공론화 위원회가 어떻게 가동되는지 설명한 것이다. 문재인 정부의 탈핵정치
방향의 일단을 튼 공론화위원회를 알기 위해 그대로 전재한다. 공론화는 대의
제를 대신할 수 없고 보완한다는 말이 눈길을 끈다.

공론화(公論化)는 여럿이 모여 함께 의논하는 것을 뜻한다. 제왕학의 경전이라는 『정관정요(貞觀政要)』의 만기공론(萬機公論)이 의미하듯이 '널리 회의를 열어 많은 사람들의 의견을 묻고, 토론하여 결정하는 것'이다.

조광조는 "언로(言路)의 열리고 막힘은 국가사의 관건이다. 군주는 언로에 힘써 위로는 공경·백집사(公卿·百執事)로부터 아래로는 시정의 민중에 이르기까지 모두 말할 수 있게 해야 한다"고 했다. 이이도 "언로의 열리고 막힘에 나라의 흥망함이 달려있다"고 했다. 말길을 개방하는 일이 공론화고, 요즘 말로는 공청회가 공론화다(장공자 충북대 교수).

하버마스의 표현을 빌리면 '사적 개인과 공적 의제를 매개하는 공론장(公論場)의 형성 과정'이 공론화다. 공론장이란 사회의 주요 현안에 대해 모든 시민들이 자유롭게 숙의(熟議)하며 국민과 정치권, 국민과 정부가 소통할 수 있는 공적 공간(public space)을 가리킨다.

공론화를 통해 사회적 정당성을 획득한 의견을 '공론(公論)'이라고 한다. 특정 사안에 대해 여럿이 논의하고 숙고해, 그 사회의 공적 이익에 가장 잘 부합하는 것으로 인정된 공공의 의견인 것이다. 공익에 가장 부합하는 의견이라는 점에서 공론은 단순히 사회구성원의 의사를 모아놓은 중론(衆論)과 다르다. 중론의 평균치를 낸 여론(與論)과도 다르다. 공론은 한 시대의 정론(正論, true opinion)이고, 공론화는 정론을 만들어 가는 과정이다.

고대 중국에서부터 근대 유럽과 조선에 이르기까지 익숙한 개념이 공론화다. 새로울 것도, 이상할 것도 없는 개념인 것이다. 1999년 호주는 입헌군주제와 공화제를 두고 선택의 기로에 섰을 때, 2007년 EU는 유로 통화체제 구축을 눈앞에 두었을 때 그 선택을 공론에 부쳤다. 2011년 후쿠시마 원전사고를 겪은 일본은 탈원전 여부와 에너지 믹스 등 국가 에너지정책을 국민에게 물었고, 프랑스와 덴마크(2009, 2012, 2015)는 104개국을 대상으로 지구온난화 대응방안을 묻는 국제적 공론화도 진행했다.

국가체제와 에너지정책, 지구온난화 등의 문제는 단일정부에서 다루기 버겁거나 사회적 대타협이 필요한 의제들이다. 공론화를 잘 이용하면 정책의 수용성을 높이는 것은 물론 정치적 갈등이 격화되거나 사회 분열이 심화되는 것을 막을 수 있다.

합의회의, 시민배심원제, 시나리오 워크숍, 규제협상, 공론조사 등 오늘날 공론화에 이용되는 토론 기술은 다양하다. 거의 한 세기에 걸쳐 각국의 고유한 사회적 구조와 맥락 속에서 잉태된 '참여적 의사결정 기법'이 그 근간을 이루고 있다. 어느 기법을 선택하는 것이 좋은지는 공론화의 목적, 이슈의 성격, 참여자의 특성 등에 따라 달라질 수 있다.

공론화라고 해서 한 가지 형태만 있는 것이 아니다. 주어진 조건에 따라 다양한 기법으로 분화될 수 있다. 이해당사자가 동의하면 변형된 기법을 선택할 수도 있다.

원전 공론화의 경우를 보자. 이 공론화는 정부가 신고리 5·6호기의 공사 백지화를 결정하기 전에 전체 국민의 상식적인 판단을 구하기 위해 시작했다. 분쟁 당사자 간의 합의를 형성하는 것이 아니라, 매몰비용을 감수하더라도 공사를 백지화하는 것이 좋을지에 대한 공론(정론) 형성이 목적인 것이다.

그렇다면 '예'와 '아니오'를 정확히 파악하고, 다양한 고려 요소에 대한 숙성된 의견을 파악해 정책결정에 유용한 기초자료를 가능한 많이 획득하는 것이 필요하다. 공론조사와 시민배심원제의 숙의토론을 결합해 '시민참여단'을 구성하는 것도 나쁘지 않은 선택이다.

여기에서 탈원전을 주장하는 환경단체와 지역 주민, 원자력 전문가, 한수원 등 의제와 직접 관련된 이해당사자들의 참여를 배제하는 것도 맞다. 이들은 다음에서 이야기할 '선호(選好) 전환(轉換)의 가능성'이 상대적으로 낮아 갈등만 격화시킬 수 있기 때문이다.

이들은 공론화에 활발하게 참여해 쟁점에 따라 자신의 주장을 시민참여단에게 정확하게 전달함으로써, 양질의 공론을 형성하는데 기여할 수 있다. 탈원전을 천명한 정부 또한 이해당사자의 한 축이 되었으니, 공론화는 중립적 단체에 맡기고

토론에는 간여하지 않는 것이 좋다. 불필요한 공정성 논란을 차단해야 하기 때문이다.

공론화를 통해 정책결정에 필요한 기초자료를 얻은 정부는, 공사 백지화를 현실화할 경우 원전 지역주민들에 대한 보상은 어떻게 하며, 원자력 기술연구와 원자력산업을 위한 대안은 어떻게 준비할 것인지, 에너지 포트폴리오를 어떻게 구성할 것인지 등을 놓고 이해관계자들과 직접 대화에 나설 수 있다.

그 반대의 경우에도 마찬가지다. 직·간접적인 이해관계자들의 의견을 수렴하고 그들과 대화하는 방식은 공론화가 아니라 별도의 논의구조 속에서도 얼마든지 가능한 것이다. 고전적인 정책조정 방법을 쓸 수도 있고, 협상과 조정에 기초하는 대체적 분쟁 해결방법(행정형 ADR)을 쓸 수도 있다.

공론화가 문제를 푸는 만능열쇠는 아니다. 목적에 따라, 사안에 따라 문제해결 방법은 얼마든지 달라질 수 있고, 달라져야 한다.

현대적 의미의 공론화가 과거의 공론화와 차별될 수 있는 것은 두 가지 핵심원리를 고집하기 때문이다. 참여자들 사이의 정치적 평등성과 숙의성이 그것이다. 정치적 평등성이란 참여자들 사이의 관계가 계서화(階序化)돼 있지 않아 자유롭게 토론할 수 있다는 것을 의미한다. 특정인의 의견에 가중치를 두는 것이 아니라 모든 의견을 동일하게 취급함을 뜻한다.

이는 토론과정에서 상대방의 기호와 선호를 있는 그대로 인정할 수 있는 배경을 만들기 위해서다. 대화과정에서 자신의 합리성 등 자신이 가진 판단기준을 내려놓고 대화를 통해 새로운 것을 학습하고 수용할 수 있는 유연성과 자신의 의견을 되돌아보는 성찰성을 높이기 위함이다. 성찰성을 극대화하는 평등성은 선호전환을 용이하게 한다. 합의 형성을 쉽게 이루어지게 하는 공론화의 핵심요소다.

숙의성이란 특정 규범과 규칙을 선호하는 다양한 주체들 사이에 이루어지는 상호작용이다. 선행학습으로 이미 윤리적이고 정치적인 입장을 형성한 개인이 그것을 내려놓고 상대의 말을 경청하고 수용하는 것은 쉬운 일은 아니다. 그러나 타인과의 상호작용을 통해 경험적 성찰과 반성적 사고를 거듭할수록 자신의 오류를 수정하며 의견을 변화시키는 성찰적 변화는 자주 관찰된다.

이러한 성찰적 변화를 이끌어내는 원리 중의 하나가 숙의성이다. 그러나 공론화에 참여하는 참여자의 특성(전문가인가, 일반시민인가)과 숙의 방식(구조화된 토론인가, 자유토론인가), 시간(1회 토론인가, 반복 토론인가) 등에 따라 숙의의 깊이나 방향이 달라질 수 있다는 것은 알고 있어야 한다.

그래서 공론화를 설계할 때는 이해 당사자들이 숙의 과정과 절차에 대한 합의를 먼저 이루어야 한다. 그렇지 않으면 공론화가 끝난 후 어느 한쪽이 공론화를 통해 도출된 공론을 부정하기 위해 과정과 절차의 공정성 시비를 제기하게 된다.

신고리 5·6호기 공사 여부를 국민투표에 붙이자는 의견이 있다. 그러나 국민투표는 위의 두 가지 요소 가운데 숙의성을 충족시키지 못한다. 그래서 국민들의 정제된 의견을 수렴하기 어렵다. 더 큰 문제는 투표 이전보다 이후에 더 큰 사회적 분열이 야기될 수 있다는 사실이다.

다수결에 기초하는 투표는 승자와 패자를 가르며, 패자는 승자에 대한 복수를 다짐한다. 5년마다 되풀이하는 대통령 선거나 중저준위 방폐장 등 비선호시설 입지에 관한 주민투표도 예외가 아니었다. 그래서 스웨덴은 사용후핵연료 영구 처분 시설입지를 결정할 때 주민투표 결과를 참고만 했을 뿐, 그것으로 숙의 과정을 대체하지 않았다(2009). 프랑스는 주민투표 없이 숙의토론만으로 입지를 결정했다(2013).

문제는 포퓰리즘이다. 공론화가 포퓰리즘의 나락으로 떨어지지 않도록 보증하는 핵심요소는 숙의성이다. 포퓰리즘은 형평성이 숙의성과 결합되지 않을 때 나타나기 때문이다. 다수결에 의존하는 투표가 아니라 숙의성에 의존하는 공론화를 통해 우리 사회의 정론을 형성하겠다는 것은 포퓰리즘에 대항하는 공적 이성(理性)의 승리다.

공론화의 장점은 크게 네 가지다. 첫째, 온라인에서든 오프라인에서든 공론화 과정에서는 숙의 토론이 필수적이다. 입장이 아니라 증거에 기초한 숙의와 토론은 경쟁을 조장하기보다 공감을 형성하고 확장시켜 상호이해와 사회적 유대를 증진한다. 둘째, 이 과정에서 타인의 생각을 포용하며 자기 의견을 수정하는 선호전환이 이루어져 합의에 도달할 가능성이 커진다. 셋째, 이때 참여자들의 효능감과 책임감이 높아져 정책의 정당성과 수용성도 높아진다. 넷째 이는 사회적 신뢰를 증진하고 사회구성원들 사이의 협력을 증진시켜, 사회갈등을 예방하고 사회적 거래비용을 낮추는데 기여한다.

참여적 의사결정 기법을 활용한 공론화는 우리 사회에 만연된 불통의 문화를 교정해줄 가능성도 크다. 고도성장의 터널을 빠져나온 우리 사회는 민주화의 진전과 함께 공공갈등의 급속한 증가를 목도하고 있다. 평택 미군기지와 제주해군기지에 이어 사드기지 건설에 이르기까지, 국방과 안보시설이라고 해도 예외는 없었다.

지금은 정책 대상(對象)집단의 동의와 수용 없이 정부가 혼자 기획하고, 집행 해서는 성과를 내기 어려워졌다. 왜 그렇게 되었을까? 필자는 정부가 수행해야 할 중요한 역할 중의 하나를 '중간자 역할' 수행으로 본다. 정부는 갈등하고 경쟁하는 집단 사이에 중간자나 조정자, 중재자로 있어야 한다. 조정과 중재가 공정하지 못하고 어느 한쪽에 편향돼 버리면, 정부는 '못 믿을 존재'가 될 수밖에 없다.

공론화는 이해할 수 있는 언어로 숙의를 통해 서로의 입장을 알아가는 소통과정이자 관계관리의 과정이기도 하다. 이 과정에서 정부는 자신의 편향된 판단에 따라 중재하지 않고 정책 대상집단들이 만족할 수 있는 대안을 모색해 나가게 해야 한다. 그렇게 함으로써 이해관계를 조정해, 그들 사이의 합의를 촉진한다면, 정부는 신뢰까지도 획득할 수 있으니 그야말로 일거양득이다.

공론화를 제도화해 소통을 증진하고 갈등을 예방한 사례는 프랑스가 갖고 있다. 프랑스는 환경·에너지·국토개발과 주요 설비를 설치하는 등의 국책사업을 추진하기 전에 국민의사를 반영할 목적으로 1997년부터 체계적인 공공토론을 조직하고 2002년에는 이를 주관하는 국가공공토론위원회(CNDP)를 독립된 행정위원회로 만들었다. 그리고 만성적인 국책사업 갈등과 그로 인한 정정의 불안정을 한꺼번에 해결하는 효과를 거뒀다.

공론화를 기반으로 소통에 성공한 나라로는 캐나다(퀘벡 공공의견 청취국), 덴마크(기술평가위원회), 영국(시민협의제도, 레드테이프 챌린지 규제 개혁 프로그램), 네덜란드(국민 참여절차), 남아공(몽플레 시나리오), 스웨덴(알메달렌 정치주간), 미국(21세기 타운홀미팅, 챌린지 거브 프로젝트, 국가이슈포럼) 등 헤아릴 수 없이 많다.

참여와 숙의에 기초하는 공론화라는 이 '평범한' 의사결정 수단이 고도로 훈련된 관료제의 효율성에 익숙해진 한국 사회로 오면 세 가지 장벽에 직면한다. 우리 사회는 서구 선진국과 같은 높은 수준의 토론문화가 정착되지 않아 공론화가 어렵다는 회의적 반응이 첫 번째다.

백춘현 한국토론교육연구소장은 "토론은 서양에서 수입한 것이 아니다"라고 했다. 조광조와 이이는 우리나라에서도 토론이 국가 중대사를 결정하는 문제 해결방식이었음을 보여준다. 사실을 자세하게 궁구(窮究)하고 살펴 조사한다는 '상확'과 찬성과 반대를 말하는 '도유우불(都兪吁咈)'이 한국식 토론기법이었다. 근대 이후 우리 사회를 지배하게 된 의사결정의 수직성과 효율성에 경도된 정치·행정 패러다임이 토론을 낯설게 만들었을 뿐이다.

두 번째는 국가의 주요 정책을 다루는 외교·안보·국방이나 과학기술 또는 에너지 정책처럼 정교한 지식과 고도의 전문성을 필요로 하는 분야는 공론화의 대상이 될 수 없다는 주장이다. "바보가 아니고선 전문가가 될 수 없다"는 버나드 쇼의 해학을 빌리면 전문가주의라고 통칭할 수 있는 이 주장이 얼마나 위험한지는 금방 알 수 있다.

전문가의 권위가 종종 권력으로 전환되어 공정한 판단을 내리지 못하게 하는 것만이 문제가 아니다. 전문성을 함양하는데 필요한 '분업(分業)'으로 인해, 상식이 결여된 전문성을 갖게 됨으로써 종합적인 판단을 그르치기 일쑤인 경우가 있었다. 과학기술은 기술 자체에 대한 지식만이 아니라 그 기술에 대한 사회적 수용성을 고려하지 않으면 안 된다.

군국주의 일본이 만든 777부대와 나치 독일의 생체실험, 구소련의 유제니즘(유대인같은 소수민족이나 소수집단에 대한 탄압) 등은 상식을 배반하고 기대를 저버린 과학기술의 대표다. 민주적인 통제를 받지 않고 생명창조를 넘보았던 프랑켄슈타인의 최후가 자신의 피조물에 의해 죽임을 당하는 것이었다고 기억한다면, 과학 기술에 대한 사회적 합의는 선택이 아니라 필수가 된다.

세 번째는 능동적인 시민참여에 기초하는 공론화가 대의(代議)민주주의 체제와 충돌하는 것이 아니냐는 우려다. 공론화는 어느 경우에도 대의민주주의를 대신할 수 없으며 오직 보완적 기제가 될 뿐이다.

의회와 공론장은 근대 민주주의의 시원에서부터 대립적이면서도 상호보완적인 대의제의 양대 기둥이었다. 대의제의 공식적인 제도화가 의회라면, 공론장은 비공식적 제도로 남아 정당과 의회의 공식적 의사결정을 지원하는 역할을 해왔다. 공론화에 드는 비용과 시간이 만만치 않아 모든 것을 공론화로 풀 수도 없을뿐더러 그렇게 형성된 공론을 정책으로 전환하며 매번 대표자를 새로 뽑을 수도 없기 때문이다.

일상적인 문제는 대의제의 틀에서 일상적으로 처리하되, 대의제의 틀에 담아낼 수 없는 이슈는 공론화를 통해 처리하는 것이 민주주의의 시작이었다. 지금도 많은 나라가 그렇게 하고 있다.

공론화 자체를 거부할 필요는 없다. 두려워할 필요도 없다. 공론화 과정에서 시민성을 키우고 공공의식을 함양하며 타협과 합의에 기초하는 정책을 추진하다 보면 미처 몰랐던 국가혁신의 동력을 발견할 수도 있다.

생활현장에 밀착하는 작은 의제들일수록 대의제로는 포착할 수 없는 다양한 해법들을 찾아낼 수 있다. 반대로 선거구 획정, 선거제도와 권력구조 개편 등 정치적 이해관계가 첨예하게 부딪쳐 의회가 제 기능을 하지 못하게 되는 의제일수록 공론화를 통해 대의민주주의의 공백을 메꿀 수 있다. 차제에 국회에 계류 중인 '국가공론화위원회 설치에 관한 법률' 안을 채택해 공론화를 공식적인 의사 결정 공간으로 편입시키는 것도 나쁘지 않다. 공론화는 국가 혁신의 동력이다.

김정은의 핵정치 vs 문재인의 탈핵정치

이정훈 동아일보 기자

원자력에 대해 전혀 다른 생각을 가진 남북한의 지도자

"원자력이 대한민국의 운명과 정치체제를 결정할 지도 모른다"고 하면 무슨말 인가 하는 이들이 많을 것이다. 쉬운 표현으로 바꾸어보자. "원자력이 대한민국의 생존 여부를 결정하고 대한민국의 민주주의 체제를 변경할 수도 있다"라고.

원자력이 대한민국의 생존을 결정한다고 하면, 북한이 개발한 핵무기가 대한 민국의 미래를 협박하는 것으로 받아들이는 사람이 많을 것이다. 옳은 판단이다. 그러나 그 이상을 이야기하고자 한다. 북한은 원자력을 통해 미국과 소통해 평화 협정을 맺을 수도 있다는 것을.

미국과 북한이 평화협정을 맺으면 대한민국은 '낙동강 오리알'이 된다. 외로운 나라로 근근이 버티거나 북한에 흡수통일되는 대상이 될 수도 있는 것이다.

원자력이 대한민국의 정치체제를 바꿔놓을 수도 있다고 한 것은 대의(代議)

민주주의에서 직접(直接)민주주의로의 전환을 의미한다. 대한민국의 헌법은 주권이 국민에게 있음을 밝히고 있다. 그러나 국민들은 직접 정치를 하지 못한다. 국민들이 뽑은 국회의원들이 국민들을 대표해 법을 만들고 행정부가 하는 일을 감시하는 '대의민주주의'를 하고 있다. 직접민주주의의 대표는 공산국가에서 벌어지는 '인민재판'이다. 그러나 공산국가도 '민주집중제'란 이름으로 대의제를 하고 있다.

대의정치에 대비되는 것이 국민이 법을 만들고 행정부를 감시하는 '직접민주주의'다. 직접민주정치를 한 대표적인 나라가 고대 그리스의 아테네다. 마을 공동체 같은 작은 모임이라면 지금도 구성원들이 모든 것을 결정하는 직접민주주의를 할 수가 있다. 그러나 현대 국가는 인구가 많아졌기에 특별한 경우가 아니면 직접민주정치를 하지 못한다.

그럼에도 불구하고 현대 국가는 직접민주주의 요소를 반영하고 있는데, 투표가 그것이다. 이 중 국민투표는 하나 혹은 몇 개의 사안을 놓고 국민 의사를 묻는 것이라, 현대 민주국가가 채택한 직접민주주의의 대표로 볼 수도 있겠다. 그런데 투표에는 많은 비용과 시간이 들어가기에 현대 국가는 모든 문제를 국민투표로 풀어가진 않는다.

현대에는 대의민주주의의 한계를 지적하며 직접민주주의를 하자는 세력이 있다. 직접민주주의가 한 방향으로 쏠리면 '인민민주주의'가 될 수 있다는 것이 문제다. 인민민주주의의 대표가 인민재판이다. 법률 지식을 갖춘 판사나 검사, 변호사 같은 전문가의 판단을 배제하고 다수의 인민이 결정하는 대로 선고하는 것이다. 이러한 인민재판이 보편화되는 것이 좋다고 보는가.

인민이라고 하는 대중은 감정에 휩싸이기 쉽다. 그럴듯한 말로 선동하면 휩쓸릴 수도 있다. 직접민주주의에 집착했던 아테네는 전쟁에 나갈 군사 지휘관도 투표로 뽑았다. 그러다 보니 유능한 사람이 아니라 인기 좋은 이가 선발되었다. 그리고 그 결과는 아테네의 패망으로 이어졌다. 직접민주주의는 포퓰리즘을 부를 가능성이 높은 것이다. 포퓰리즘과 인민민주주의는 종이 한 장 차이도 없는 것 같다.

그래서 고등사회일수록 국가의 주인인 국민을 교육시키는 것을 강조하고, 그것으로도 부족해 전문가를 키운다. 전문가들로 국정을 이끌어가는 관료집단과 국정을 감시할 감시집단을 꾸린다. 그러한 이들로 국회를 구성했음에도 전문성이 떨어진다고 보고 전문가를 국회로 영입하기 위해 비례대표제를 도입해 놓고 있다. 전문성 부족을 느끼면 전문가를 불러 공청회도 갖는다.

전문가들이 부정을 했거나 무능했던 것으로 밝혀지면 바로 직접민주주의가 고개를 든다. 국정농단에 대한 우려를 촉구한 촛불시위를 그런 경우로 볼 수 있겠다. '광장(廣場)민주주의'가 일어나는 것이다. 이러한 현상이 거듭되면 국민들이 직접 결정을 하는 직접민주주의에 대한 요구가 강렬해진다.

원자력은 찬반이 뚜렷한 분야인지라 쉽게 광장의 정치를 만든다. 국민투표나 주민투표로 결정하려는 경향이 일어나는 것이다. 서구의 선진국이라는 스위스와 오스트리아에서는 국민투표를 통해 탈원전을 결정한 바 있다. 그러나 강대국인 미국이나 영국·프랑스·일본 등은 국민투표를 통해 탈원전을 결정하지 않으려 한다. 민주국가이고 국내에 적잖은 반대세력이 있음에도 불구하고 그들은 계속 원자력을 끌고 나가려고 한다.

북한과 대치하고 있는 에너지 빈국(貧國) 한국은 원자력에 대해 어떤 시각을 가져야 하는가. 탈원전 의견이 많이 나올 수 있는 국민투표나 공청회 등 직접민주주의를 통해 결정할 것인가, 전문가 집단으로 하여금 결정하게 할 것인가.

원자력 문제를 공청회 같은 직접민주주의로 결정한 경험은 곧 다른 분야로도 확대될 수가 있다. 극단적으로 흐른다면 군 복무기간도 직접민주주의로 결정할 수도 있다. 그리하여 아테네처럼 군 지휘관마저 '인성 품평회' 성격이 강한 여론을 듣고 임명하게 된다면, 대한민국의 안보는 어떻게 될 것인가. 직접민주주의 요소를 강화하는 것이 대한민국에게는 득인가 실인가.

한국의 안보 지형과 한국의 민주주의 지형에 많은 물음을 던지고 있는 원자력을 안보와 탈핵정치로 나눠 살펴보기로 한다.

1. 북한은 핵과 미사일 개발로 미국과 수교한 중국을 벤치마킹

1994년 이전 우리는 북한이 미국과 통할 수 있는 길을 철저히 봉쇄해왔다. 1953년 정전협정을 맺을 때까지 북한은 유엔을 대표한 미국과 많은 접촉을 했지만, 정전협정이 체결된 다음에는 판문점 군사정전위원회 회의만을 통해서 유엔군 대표인 미군과 접촉했다. 정치 외교적인 접촉은 하지 못하고 군사적인 만남만 가진 것이다.

국가간 만남의 정점은 정치 외교적인 만남이다. 군사적 만남도 그 열도가 강해지면 정치 외교적 만남이 된다. 1951~1953년 간의 정전협상은 군사적 만남이었지만 그 열도가 강했기에 정치 외교적인 만남이 되었다. 김일성은 트루먼을, 트루먼은 김일성과 스탈린·모택동을 의식하며 그 협상을 지시했다.

문화·체육의 만남도 마찬가지다. 1988년 서울올림픽은 한국이 소련·중국과 수교(복교)하는데 중요한 계기가 됐음은 두말할 필요가 없다. 1971년 미국과 중국의 핑퐁외교도 그러했다. 이 외교는 1971년 4월 6일부터 일본 나고야(名古屋)에서 열리기로 한 제31회 세계탁구선수권대회를 계기로 이뤄졌다.

이 시합이 있기 직전 미국은 중국(그때는 중공이라고 불렀다)에 대한 여행금지 조치를 해제했다. 미소를 띈 것이다. 대회가 있기 전 나고야에 도착한 미국선수단은 중국선수단을 만나 "세계 최강인 중국 탁구를 배우고 싶다"며 교류전을 제안했다. 중국 외교부는 미국팀 초청은 시기상조라는 반응을 보였다.

그런데 대회 직전인 4월 4일 뜻밖의 일이 벌어졌다. 미국의 글렌 코완 선수가 중국 대표팀 버스에 잘못 탑승했다(일부로 올라탔을 수도 있다). 그러자 중국의 주앙쩌둥 선수가 중국의 명산(名山)인 황산이 그려진 수건을 선물했다. 버스에서 내린 코완은 이 수건을 펼치고 주앙쩌둥 등과 함께 사진을 찍었는데, 이 사진이 전 세계로 전파되었다.

다음날 코완은 답례로 주앙쩌둥에게 'Let it Be'가 새겨진 티셔츠를 선물했다. 이것을 기자들이 대대적으로 보도해 세계적으로 관심이 높아졌다. 이를 보고 받은 모택동(毛澤東)이 4월 6일 밤 "주앙쩌둥은 훌륭한 탁구 선수일 뿐만 아니라 유능한 외교관"이라며 미국 대표팀을 초청하라는 지시를 내렸다.

대회 폐막일인 4월 7일 이 지시를 받은 중국 대표단이 미국 대표팀 숙소로 찾아가 초청의사를 전했다. 소련이나 북한 같은 공산국가들은 영어로는 surprise라고 하는 '깜짝 쇼'나 '깜짝 선물'을 해 상대를 감동시키는 일을 잘 하는데, 중국 대표단이 그렇게 한 것이다.

미국대표단 관계자는 답을 주기 위해 주일 미국 대사관에 전화를 걸었다. 아민 메이어 대사가 부재중이어서 윌리엄 커닝햄 정치과장이 전화를 받았다. 커닝햄은 즉각 "수락 여부는 여러분들에게 달려 있다"는 말로 승인해주었다. 잠시 뒤 커닝햄의 보고를 받은 메이어 대사가 본국에 알리자 닉슨은 바로 동의했다.

그리하여 미국 탁구대표단 15명과 기자 4명이 4월 10일부터 4월 17일까지 중국을 방문하게 되었다. 이들은 주은래(周恩來) 중국 총리를 만나고 북경·상해·광주 등을 순방하며 중국 선수들과 친선경기를 가졌다. 역사적인 '핑퐁외교'를 한 것이다.

그리고 석 달 뒤인 7월 9일 헨리 키신저 미국 국가안보담당 보좌관이 극비리에 중국과 가까운 파키스탄을 방문해, 파키스탄 대통령 전용기를 타고 비밀리에 북경에 도착해 모택동을 만났다. 그리하여 1972년 2월 리처드 닉슨 미국 대통령이 중국을 방문해 모택동과 정상회담을 갖고 '상하이 공동성명'을 발표했다.

닉슨은 반공(反共)주의자였지만 놀라운 발상의 전환을 한 인물이기도 하다. 그는 케네디와 겨뤘던 1960년 미국 대통령 선거에서 패한 후 정치 일선에서 물러나 변호사 활동을 했다. 그러한 때인 1967년 10월 '포린 어페어'지에 '우리는 중국을 영원히 관심 밖의 나라로 둘 수 없다. 이 작은 행성(지구)에서 10억 인구를 가진 나라를 방치해 두는 것은 곤란하다'는 요지의 글을 게재했다.

그리고 1968년 선거에서 이겨 이듬해 대통령이 되자 프랑스·파키스탄 등을 통해 계속 중국을 두들겼다. 때문에 1970년 2월 중국을 방문하게 된 파키스탄 대통령은 주은래에게 미국의 의사를 분명히 전달하기도 했었다.

대만(그때는 자유중국으로 불렀다)이 정보활동으로 미국의 움직임을 눈치챘다. 19
70년 3월 대만의 장개석(蔣介石) 총통은 '미국이 중국에 접근한다는 것을 알고 우려
한다'는 요지의 친서를 보냈다. 닉슨은 '미국은 대만을 버리지 않는다'는 요지의 답
변을 보내왔다. 다음 달 키신저는 장개석의 장남이자 부총통인 장경국(蔣經國)을
만나 닉슨의 말을 재확인해 주었다.

이러한 바탕이 있었기에 1971년 4월 핑퐁외교가 이뤄진 것이다. 핑퐁외교의
결과로 미중 정상회담이 이뤄지자 일본이 잽싸게 끼어들었다. 1972년 9월 8일 중
국과 전격적으로 수교(復交라는 표현이 더 정확할 듯 싶다)한 것이다.

현대사를 본다면 일중(日中) 수교는 곧 현실화될 것으로 보이는 미중(美中) 수교
보다 더 놀라운 일이었다. 일본과 중국의 수교는 봉합하기 힘든 전쟁의 역사를 꿰
맨 것이기 때문이다.

갑오년인 1894년 봉건제도 타파를 내걸고 일어난 동학(東學) 농민군을 막기 어
려워진 조선 조정이 청나라에 군사력 지원을 요청했다. 그러자 천진(天津)조약을
근거로 일본도 파병했다. 천진조약은 10년 전인 1884년 김옥균이 중심이 돼 일
으켰다가 실패한 갑신정변을 계기로 이듬해인 1885년 일본의 이토 히로부미(伊藤
博文)와 청나라의 이홍장(李鴻章)이 천진에서 맺은 것이다.

이 조약에는 '두 나라 중 어느 한 나라가 조선으로 군대를 보내게 되면, 이를
다른 쪽에 알려준다'는 내용이 있었다. 갑오농민전쟁을 막기 위해 조선에 출병하
게 된 청나라가 이 조약에 따라 일본에 통보하자, 일본도 즉각 군대를 보낸 것이
다. 그러한 일본군이 공주 우금치 전투에서 동학군을 전멸이라고 해도 될 정도로
궤멸시켰다.

그리고 조선에 들어온 청나라 군과 전쟁에 들어갔는데, 이것이 바로 청일전쟁
이다. 이 전쟁에서 이긴 일본은 청나라로부터 조선은 더 이상 청나라의 속국이 아
니라는 것을 확약 받고자 했다. 때문에 시모노세키(下關) 조약 제 1조에는 '조선은
독립국이다'라는 내용이 들어가게 되었다.

우리는 청일(清日)전쟁, 일본은 일청(日清)전쟁으로 부르는 이 전쟁을 중국은 갑

오(甲午)전쟁으로 부른다. 갑오전쟁으로 타결된 시모노세키 조약에 따라 패배한 청나라는 대만과 그 주변의 섬, 그리고 요동반도를 일본에 '할양'하게 되었다(할양은 영토를 내주는 것이다. 영어로는 cession으로 적는다).

일본은 대만을 영토화하는데는 성공했으나 요동반도를 할양받는데는 실패했다. 시모노세키 조약 체결 6일 뒤 러시아 등 3개국이 간섭했기 때문이었다. 청나라가 주기로 한 요동반도를 일본이 할양받지 못한 이 사건을 역사는 '3국 간섭'으로 부른다. 러시아는 청나라의 영토를 지켜준 대가로 요동반도 끝에 있는 여순항과 대련항을 25년간 청나라로부터 '조차(租借. 조차는 일정기간 동안 다른 나라의 영토를 빌려 사용하는 것이다. 영어로는 lease라고 한다)' 받기로 했다.

러시아의 힘때문에 일본은 입에 집어넣었던 요동반도를 러시아에 빼앗긴 꼴이 된 것이다. 그로 인해 일본과 러시아 간에 긴장이 조성됐다. 일본은 1904년 러일전쟁을 일으켜 보복을 했다. 여순(旅順)에 있던 러시아 극동함대를 궤멸시키고 여순에 주둔한 러시아 육군을 항복시킨 뒤, 아프리카를 돌아서 온 발틱함대도 격파한 것이다.

러시아를 깨부숨으로써 일본은 청나라로부터 요동반도를 99년 동안 조차 받는데 성공했다. 중국의 만리장성은 북경 북동쪽에 있는 산해관(山海關)에서 끝난다. 요동반도는 산해관의 동쪽에 있으니 '관동(關東)' 지역으로 부를 수 있다. 일본은 요동반도를 '관동주(關東州)'로 명명하고 관동주를 경영하기 위해 '관동도독부(關東都督府)'를 설치했다. 그리고 그곳을 지키기 위해 일본군을 주둔시켰는데 이들이 바로 '관동군'이다.

청나라는 만주에 있던 만주족(과거에는 여진족이라고 했다)이 내(內)몽골족과 연합해 대륙을 정복하여 들어가 만드는 나라다. 때문에 만주족을 제1, 내몽골족을 제2로 여기며 한족(漢族)을 식민 지배했다. 그러한 청나라가 힘을 잃어가자 신해년인 1911년 한족인 손문(孫文)이 신해혁명을 주도해 청나라 황실을 무너뜨렸다.

그리고 중국은 북양(北洋)정부 등 여러 군벌들이 등장해 다툼을 하며 혼란에 빠져 들어갔다. 그 시기 일본은 만주 철도를 부설하며 만주지역에 대한 영향력을 신장시켰다. 그리고 1931년 9월 18일 사건을 일으켰다. 관동군이 만주철도가 지나는 심양(瀋陽) 근처에 있는 유조호(柳條湖)역 근처에서 철도 폭발사건을 일으킨 후 심양 등을 점령한 것이다.

이어 1908년 3살의 나이로 청나라 황제가 되었다가 1911년 신해혁명으로 황제에서 물러난 청나라의 '마지막 황제' 부의(傅儀)를 데려와 만주국의 황제로 삼았다. 일본의 관동군이 고의로 유조호역 폭파사건을 일으켜 만주국을 세워준 이 사건을 역사는 '만주사변'으로 부른다. 만주사변으로 혼란에 빠져 있던 중국은 만주를 잃게 되었다.

하지만 '만주를 본래부터 중국의 영토가 아니고, 만주족이 살아오던 만주족의 영토였다'고 본다면 전혀 다른 판단이 내려진다. 중국을 잃게 된 만주족은 일본의 힘을 빌려 고향으로 돌아와 자기 나라를 갖게 된 것이기 때문이다. 일본은 내몽골족을 위한 배려도 했다. 1936년 5월 12일 내몽골의 독립 운동가인 뎀치그돈로프(德穆楚克棟魯普)를 앞세워 지금의 중국 내몽골자치구를 중심으로 '몽강국(蒙疆國)'을 세우게 한 것이다.

중국은 만주국은 물론이고 몽강국도 인정하지 않았다. 때문에 중국과 일본 사이에 긴장이 돌았는데 그러한 때인 1937년 7월 7일 '마르코폴로 다리'라고도 하는 북경의 노구교(蘆溝橋)에서 야간 훈련 중이던 일본군 중대에서 총소리가 나고 병사한 명이 실종되는 일이 벌어졌다. 일본군은 근처에 있던 송철원(宋哲元)이 이끄는 중국군 29군이 침입한 것이라며 그 부대를 공격했다.

그리고 잠시 정전을 했다가 일본의 고노에(近衛) 총리가 "이 사건은 중국 측의 계획적인 무력 항일(抗日)"이라면서 3개 사단 동원을 결정함으로써 중일전쟁으로 비화되었다. 이 때문에 대립을 거듭해온 국민당과 공산당이 대결을 중지하고 공동으로 항일전선을 구축했는데, 이를 '2차 국공합작'이라고 한다.

그러나 중국은 일본의 침략을 막아내지 못해 국민당은 수도를 중경(重慶)으로 옮겼고, 공산당 수뇌부는 국민당군에 밀려 숨어 들어가 있던 연안(延安)에서 꼼짝도 하지 못했다(1936년에 마무리 된 연안으로의 피신을 중국 공산당은 장거리 원정이라며 大

長征으로 꾸며놓았다).

이처럼 중국은 일본에 연전연패를 당하고 있다가 1945년 8월 미국이 히로시마와 나가사키에 원폭을 투하해 무조건 일본을 항복시킴으로써 비로소 벗어날 수 있었다. 자력으로는 도저히 일본을 물리칠 수 없었는데 미국 덕분에 몽강국은 물론이고 만주국까지 없애며 영토를 회복한 것이다.

제2차 세계대전에서 승리한 연합국은 일본을 상대로 샌프란시스코 강화협정을 맺었다. 이 협정은 연합국과 일본이 전쟁을 정리하고 다시 평화로운 외교관계로 들어가는 시발점이었다. 그런데 자유중국(대만)은 물론이고 1949년 국민당 군을 몰아내고 대륙을 차지한 공산군(중국=중공)은 이 협상에 참여하지 않았다. 샌프란시스코 강화협정에 서명하지 못한 것이다.

그러나 한반도에서 6·25전쟁이 일어나자 미국의 주선으로 1951년 자유중국(대만)은 일본으로부터 전쟁 배상금을 받지 않고 일본과 1대 1 평화조약을 맺었다. 그러한 일본이 1972년 미중 정상회담이 있자 먼저 중국과 수교한 것이다. 이 일을 주도한 이는 '어둠의 쇼군(將軍)' '컴도저(컴퓨터가 달린 불도저)' 등의 별명을 가진 다나카 가쿠에이(田中角榮) 일본 총리였다(미국은 6년 뒤인 1979년 중국과 정식으로 외교 관계를 회복했다).

다나카는 닉슨의 방중이 있은 후 바로 북경으로 날아가 모택동, 주은래와 회담한 후 외교관계를 회복했다. 일본 처지에서 일중 수교는 일본이 전범국에서 평화국으로 돌아섰다는 것을 보여주는 좋은 증거가 된다. 그때 발표된 공동성명에 일본은 '전쟁을 통하여 중국 국민에게 중대한 손해를 끼친데 대하여 책임을 통감하고, 깊이 반성한다'고 서술하였다. 중국은 대만의 예를 따랐는지 일본에 대한 전쟁배상 요구를 하지 않겠다고 밝혔다.

지금 일본이 국교를 맺지 못한 나라가 바로 북한이다. 북한과 수교를 한다면 일본은 식민지배에 대한 사과를 마무리할 수 있다. 여기에서 주목할 것이 있다. 뒤에서 설명하겠지만 1972년의 중국은 수소폭탄을 가진 나라라는 것이다. 중국은 닉슨의 방중, 그리고 일본과의 수교를 통해 핵무기 보유를 국제적으로 인정받은 것이다. 중국이 핑퐁외교에 응하고 '원수'인 일본과 수교한 것은 속셈이 있었다는 것을 놓치지 말아야 한다. 2017년 9월 3일 수폭 실험을 한 북한도 미국과 협상하고 일본과 수교해 핵보유를 인정받을 수 있다.

중국과 수교하기 위해 일본은 대만과 단교했다. 그러나 일본과 중국은 영토 문제에 대해서는 전혀 논의하지 않았다. 때문에 일본명 센카쿠(尖閣), 중국명 댜오이다오(조어도, 釣魚島)인 섬의 영유권을 놓고 훗날 다투게 되었다.

일설에 따르면 닉슨 정부는 다나카 정부의 발 빠른 수교를 못마땅해 했다고 한다. '길 닦아 놓으니 △△가 먼저 지나간다'며 매우 불쾌해 했다는 것이다. 그래서 록히드 스캔들이 일어나자 그를 보호하지 않고 실각하게 했다는 분석이 있다. 이는 국제정치의 냉엄함을 보여준다. 일본도 필요하면 미국 말을 듣지 않고, 미국도 필요하면 일본 정치에 강한 영향을 끼치는 것이다.

핑퐁외교로 시작된 미중 수교는 훗날 소련 붕괴 성공이란 결과를 낳았다. 미국도 크게 얻은 것이 있는 것이다. 이 문제는 중국의 핵개발로 인한 중소(中蘇) 갈등을 살펴보는 것으로 알아보아야 한다. 미국과 중국 가운데 더 큰 '파이'를 챙긴 쪽은 어디인가. 핑퐁외교 이면에 있는 중국의 핵개발과 미국의 대전략을 살펴보자.

중국의 핵개발은 1955년 전학삼(錢學森, 첸쉐썬) 박사의 귀국과 함께 시작되었다고 해도 과언이 아니다. 상해 교통대학 출신인 전학삼은 일찌감치 도미해 MIT에서 석사, 칼텍에서 수학과 항공공학 박사를 받은 과학자였다. MIT 교수를 거쳐 칼텍 교수로 재직하던 그는 미국의 미사일 개발에 참여했으나 6·25전쟁이 일어난 1950년 매카시즘이 일자 중국 스파이로 몰려 5년간 감금되었다.

6·25전쟁이 끝나자 북한이 잡은 미군 포로와 한국과 유엔군이 생포한 중국군 포로를 교환하게 됐는데, 그도 교환대상이 되어 중국으로 돌아왔다. 그때 중국이 핵무기에 대해 관심을 기울이고 있었다. 6·25전쟁이 한창일 때 중국군이 항미 원조(抗美援朝)란 이름으로 참전하자 맥아더 유엔군 사령관은 만주에 대한 핵폭격을 주장했었다. 이 사건을 계기로 중국은 핵무장 필요성을 느껴 공산 종주국인 소련을 두들겼으나 소련은 적극적인 기술 이전을 하지 않았다.

그러한 양국이 1957년 11월 모스크바에서 열린 세계공산당대회를 계기로 갈등하기 시작했다. 중국은 소련을 사회주의 노선을 따르지 않는 수정주의, 소련은 중국을 국제변화를 보지 않는 교조주의 노선을 걷는다고 비난했다. 이는 1953년 스탈린이 죽고 흐루시초프가 소련을 이끌게 되면서 양국 사이 내재돼 있던 갈등이 터져 나온 것이었다.

1958년 금문도와 마조도에 있는 대만 포병이 대륙에 있는 중국군이 포격을 주고받는 사태가 벌어졌다. 그러자 미국이 개입해 중국을 압박했다. 중국에 핵기술을 지원해주겠다고 하던 소련은 외면했다. 그러한 때인 1959년 티베트에서 독립투쟁이 일어났다. 인도는 티베트를 지원했기에 중인(中印) 갈등이 일어났다. 소련은 이념이 같은 중국이 아니라 인도를 지지한 것이다. 그로 인해 중소갈등이 커져가자 소련은 중국에 보낸 핵과학자들을 철수시켰다.

위기를 느낀 모택동은 "1만 년이 걸려서라도 핵을 개발하라"는 지시를 내렸다고 한다. 중국은 소련이 핵연구 협력을 파기한 날이 1959년 6월이라 이 사업을 '596계획'으로 명명했다. 책임자는 중국 군대 10대 원수(元帥) 중 한 명인 섭영진(聶榮臻)이 맡았다. 전학삼은 전공인 미사일 개발은 물론이고 핵개발에서도 실무를 주도했다.

중국의 핵개발은 1962년부터 본 궤도에 올라, 1964년 10월 16일 신강(新疆)위구르자치구의 뤄부포(羅布泊) 사막에 세운 120미터 철탑 위에서 최초로 원자탄을 터뜨리게 되었다. 중국은 아시아 국가는 물론이고 유색인종 국가로서는 처음으로 핵실험을 한 것이다.

이 실험이 '적'을 뭉치게 했다. 미국은 소련과 협조해 조사에 들어간 것이다. 그 결과 중국이 터뜨린 핵폭탄은 폭격기에도 실을 수 없는 조대형이라는 중요한 사실을 알아냈다. 폭격기에도 실을 수 없는 핵폭탄이라면 실전에서는 사용할 수가 없다. 높은 철탑을 세워놓고 그 위에서 폭발시킨 것은 그 때문이었다.

그래서 잠시 방심을 했는데, 중국이 무서운 질주를 했다. 2년 뒤인 1966년 중거리 탄도미사일(IRBM)이었던 동풍(東風)-2A에 진짜 핵탄두를 달아 신강위구르자치구의 사막으로 발사하는 실험을 한 것이다. 이는 핵폭탄을 소형화해 미사일에 실을 수 있게 됐다는 뜻이다. 미국과 소련은 발칵 뒤집혔다. 그리하여 다시 중국을 선제 타격하는 것을 검토했으나 승산이 적어 결행하지 못했다.

그런데 1년이 지난 1967년 중국이 수소폭탄 실험에 성공했다. 또 다시 경악한 미국과 소련은 중국의 핵시설을 외과 수술하듯이 정밀타격(surgical strike)하는 방안을 검토했다. 1969년 소련이 중국의 핵무기 기지를 습격하려 한다는 정보를 입수한 모택동은 새로운 핵실험으로 대응했다. 소련이 공격하면 중국도 반격하겠다는 의지를 보인 것이다. '핵 대 핵'으로 대응한 것이다. 그러한 때 일어난 것이 1969년 3월의 진보도 사건(러시아명: 다만스키 섬 사건)이다.

진보도(珍寶島)는 만주 동쪽에서 중소 국경을 이루는 우수리 강(중국은 烏蘇里. 오소리 강으로 표기)에 있는 면적 0.74여 제곱킬로미터, 길이 1,700여 미터, 폭 500여 미터의 작은 섬이다. 중국 강안에서는 200여 미터, 소련 강안에서는 300여 미터쯤 떨어져 있다. 1860년 청나라와 제정 러시아는 북경(北京)조약을 맺어 우수리 강을 국경으로 삼았으나, 우수리 강에 있는 섬에 대한 영유권은 정하지 않았기에 분쟁을 겪게 된 것이다.

우수리 강에서 발생한 홍수 때문에 진보도의 국경이 불명확해지자 1969년 3월 2일 오후 4시 12분 양국의 국경수비대원들이 패싸움을 한 것이 시작이었다. 중국 국경수비대원들이 소련 국경수비대에 밀렸는데, 며칠 후 중국은 봉술을 익힌 특수부대원들을 투입해 소련 국경수비대를 공격했다. 국경수비대로 위장한 중국군 특수부대원들의 봉술에 밀린 소련 국경수비대는 총으로 중국 특수부대원들을 사살해 겨우 물리쳤다.

3월 12일, 중국은 3개 소대를 동원해 2개 소대 규모인 소련 국경수비대를 기습했으나 역시 반격을 당해 대패했다. 중국 측에서는 30여 명이 숨겼는데 소련 측은 14명만 사망한 것이다. 3월 15일 소련이 반격에 나섰다. 10대의 T-62 전차와 14대의 장갑차, 그리고 100여 명의 보병으로 이루어진 제병(諸兵)협동부대를 투입해 중국 부대를 공격한 것이다. 중국 측은 85밀리미터 대전차포 등으로 대응했으나 사망자가 100여 명이 넘었다. 소련 측의 공식 사망자는 59명이었다.

이 싸움으로 국경지대에서 소련군 60만과 중국군 80만이 출동 대기했다. 소련의 알렉세이 코시긴 총리는 중국에 대한 핵공격을 포함한 대대적인 군사작전을 준비하라고 지시했다. 모택동은 핵 방공호 건설을 지시하고 수도를 중경(重慶)으로 옮기는 계획을 작성하게 했다. 소련은 양공(佯攻)작전을 펼쳤다. 8월 13일 헬기와 전차부대를 신강(新疆)위구르 자치구로 투입시켰다가 빼낸 것이다.

그러한 때인 1970년 4월 24일 중국이 큰 성과를 거뒀다. '장정(長征)' 발사체를 이용해 '동방홍(東方紅)'으로 이름 지은 작은 인공위성을 지구궤도에 올리는데 성공한 것이다(이와 비슷한 것이 1998년 8월 31일 북한이 대포동을 이용해 광명성-1호라는 인공위성을 올린 것이다). 장정은 지금도 중국의 우주발사체 이름이 되고 있다.

장정 발사체가 동방홍을 쏘아 올리는데 성공함으로써 중국은 소련의 수도인 모스크바를 공격할 수 있는 능력을 갖췄음을 보여주었다. 즉 ICBM(대륙간탄도미사일)을 개발했음을 보여준 것이다. 소련은 물론이고 미국도 주춤할 수밖에 없었다. 북경을 핵공격하면 모스크바와 미국으로도 중국의 ICBM이 날아올 수도 있기 때문이었다.

그때는 적이 쏜 ICBM을 공중에서 요격하는 요격 미사일이나 BMD(탄도미사일방어)체제라는 게 없었다. 상대가 쏘면 나도 쏘는 '너 죽고 나 죽는' 전략으로 적의 핵공격을 억제하던 시기였다. 중국에 대해 보다 적대적이었던 소련은 핵공격 카드를 접었다. 1970년의 일인데, 그 1년 전 중국을 세계무대에 끌어들이자고 한 닉슨이 미국 대통령에 취임해 있었다.

중국은 핵개발과 함께 공격원잠(SSN) 개발에도 노력했다. 그리하여 1974년 내놓게 된 것이 5,500톤인 한(漢)급이다. 그러나 한급 1번함은 대지공격용인 SLBM(잠수함발사 탄도미사일)을 탑재하지 못했다. 후기형에만 SLBM을 실었다. 그리고 한급을 개량해 상(商)급 공격원잠을 보유하게 되었다. 지금은 한급을 확대해 핵탄두를 실은 SLBM을 탑재하는 전략원잠(SSBN)인 하(夏)급 개발에 집중하고 있다. 이로써 중국은 적의 핵공격으로 중국이 전멸해도 전략원잠에서 SLBM을 발사해 공격으로 중국이 전멸해도 전략원잠에서 SLBM을 발사해 상대를 초토화하는 2격(擊) 능력을 갖게 되었다.

2격 능력을 보유하게 되면 상대는 핵공격을 해오기 어렵다. 중국은 안보를 보장받게 되는 것이다. 이러한 2격을 무력화하는 무기가 요즘 주목을 받는 BMD다. 적의 1격, 2격은 물론이고 3격, 4격도 막아내는 BMD체계를 완성한 나라는 마음 놓고 적국을 공격할 수가 있다. 지금 미국은 BMD를 완성해가고 있으나 중국과 러시아는 시작 단계에 있다.

핵과 미사일개발에 전력하던 시기 중국은, 소련은 물론이고 미국의 공격을 받지 않기 위해 모든 외교적 노력을 했다. 이러한 외교적 노력이 닉슨의 주목을 끌어 핑퐁외교를 만든 측면이 있다. 핵개발 시기 중국이 가장 두려워 한 것은 중국의 핵개발을 막기 위한 미국과 소련의 선제공격이었다.

때문에 1966년 동풍-2A 중거리 탄도미사일에 실제 핵탄두를 실어 신강위구르 자치구의 사막으로 쏘는 실험을 한 중국은, "적국이 먼저 핵무기를 사용하지 않는 한 중국은 핵무기를 사용하지 않는다"고 천명했다. 중국은 이 주장을 오랫동안 유지해왔으나 최근 발행된 중국의 『국방백서』에서는 슬쩍 없애버렸다.

중국과 인도는 티베트 문제를 놓고 오래 전부터 대립했다. 티베트는 몽골족이 세운 원나라, 1750년 건륭제가 이끈 만주족의 청나라 지배를 받은 때를 제외하곤 독립국으로 존재했다. 때문에 1911년 손문이 신해혁명을 일으켜 청나라로부터 한족을 독립시키자 이듬해 13대 달라이 라마도 독립을 선언했다. 티베트 족은 한자로 '장족(藏族)'으로 적는다. 중국은 티베트를 서쪽에 있는 장족 지역이라고 해서 '서장(西藏)'으로 표기하고 있다.

티베트족은 역시 독립을 추구하고 있는 몽골족과 연합해 국제사회로부터 독립을 인정받기로 하고 1913년 '몽장(蒙藏)조약'을 체결하였다. 러시아는 몽골, 영국은 티베트를 지원했으나 두 나라의 독립까지는 인정하지 못했다. 중화민국은 티베트의 독립 의지를 꺾기 위해 1918년과 1930년 티베트를 침공했으나 실패했다. 제2차 세계대전이 일어나자 영국은 티베트 지역에 통신기지를 설치했다.

제2차 세계대전에 이어 국공(國共)내전이 끝나 공산당이 중국을 통일한(1949) 이듬해 중국은 티베트를 침공하고 1951년에는 '17조 협의'를 체결해 티베트를 강제로 중국에 합병시켰다.

그러나 1921년 독립을 선포했던 몽골은 중국의 침입을 받지 않았다. 공산주의 종주국인 소련이 보호를 하다가 1924년 몽골의 독립을 인정했기 때문이다. 중국은 마지못해 몽골의 독립을 인정했다. 외몽골지역이 근거지였다. 일본이 만들어 줬던 몽강국은 내몽골을 근거로 했었는데 내몽골은 중국으로 들어가 지금은 내몽고 자치구가 되었다. 소련은 외몽골의 독립을 만들어 주었는데, 외몽골이 지금의 몽골공화국이다.

영국으로부터 독립한 인도는 티베트를 간접 지원했다. 그러한 때인 1954년 6월 28일 주은래는 네루 인도 총리를 만나 티베트 문제를 논의하고 합의문 서문에 △영토 주권의 상호 존중 △상호 불가침 △내정 불간섭 △호혜·평등 △평화적 공존이라는 '평화5원칙'을 집어넣었다. 이러한 평화 5원칙을 제3세계 국가들과 소련이 인정했다. 1955년 4월 열린 아시아·아프리카회의에 참석한 29개국은 이를 바탕으로 '평화10원칙'을 채택했다.

그러한 중국이 1959년 티베트에서 독립운동이 일어나자 유혈 진압하고 핵개발에 전력을 기울여 1964년 핵실험에 성공한 것이다. 중국이 핵개발에 전력을 기울인다는 것을 안 미국이 북한의 핵개발을 막기 위해 6자회담을 가진 것처럼, 중국의 핵개발을 막기 위한 국제 모임이 열렸다. 당시 핵무기를 갖고 있는 나라는 미국·소련·영국·프랑스 네 나라뿐이었다.

NATO 국가들이 무조건 미국의 의견을 따르는 것으로 보는 것은 오해다. 1950년대 NATO 국가들은 핵에 대한 관심이 지대했다. 제2차 세계대전을 일으켰다가 패배한 서독의 아데나워 총리조차도 "오늘날의 힘은 군사력이며, 군사력은 곧 핵력(核力)이다. 핵무장을 하지 못한 서독은 다른 동맹국의 군대를 위해 취사병이나 보내게 될 것이다. 그리고 서독의 운명은 그것으로 결판날 것이다"라고 말했었다.

아데나워는 핵개발을 하기 위해 이 말을 한 것은 아니었다. 서독은 제2차 대전을 일으킨 전범(戰犯)국가이니 핵개발을 하기 어려웠다. 때문에 핵탄두를 탑재한 미국의 준중거리 탄도미사일(MRBM) 등을 서독에 배치해 국방을 하자는 주장이었다. 소련이 동독 등에 핵미사일을 배치했으니 서독도 미국의 핵무기를 배치해야 한다며 이 말을 한 것이었다.

드골이 이끄는 프랑스는 전범국가가 아니었으므로 한 발 더 나아갔다. 자존심이 강한 드골은 프랑스를 미국·영국과 함께 NATO를 이끄는 3강으로 만들어야 한다고 보고 공공연히 핵개발을 주장했다. 미국과 소련은 안보리를 열어 프랑스에게 핵개발을 포기하라는 결의안을 채택했다.

그러나 드골의 의지를 막는데는 역부족이었다. 1960년 2월 프랑스는 식민지인 북아프리카의 알제리에서 최초의 핵실험을 성공시켰다. 그로 인해 프랑스는 미국·소련·영국으로 구성된 국제사회의 강자들로부터 왕따가 되었다. 그런데 중국이 핵개발을 한다고 하니 비상한 관심이 모아진 것이다.

미국·영국·소련은 중국의 핵개발을 주저앉히기 위해 1963년 8월 5일 모스크바에서 훗날 '부분적 핵실험 금지조약(NTBT)'으로 불리게 된 핵실험금지조약에 서명했다. 미국과 소련·영국은 먼저 핵개발을 했기에 대기권 핵실험은 할 필요가 없었다. 이 조약은 지하핵실험은 괜찮지만 1960년 프랑스가 한 것처럼 대기권에서 하는 핵실험을 하지 말라는 것이었다.

그러나 중국의 '핵 질주'는 막지 못했다. 1964년 중국은 신강위구르 자치구의 사막에서 보란 듯이 대기권 핵실험을 한 것이다. 미국과 소련은 항상 한 편이 될 수 없었다. 1962년 10월 쿠바 미사일 위기는 이를 보여주는 대표적인 사건이다. 1957년 소련은 스푸트니크 인공위성을 띄워 미국을 깜짝 놀라게 했다. 당시로서는 불가능했던 ICBM(대륙간탄도미사일) 개발을 소련이 눈앞에 두었다는 의미였기 때문이다.

이에 미국은 이탈리아와 터키에 IRBM(중거리탄도미사일)인 주피터를 배치했다. 터키에 배치된 주피터는 모스크바를 때릴 수 있었다. 그러자 소련은 미국의 턱밑을 겨눠야겠다며 미국과 각을 세우고 있는 쿠바에 R-12 등 핵 미사일을 배치하려고 했다. 이에 대해 미국이 일전불사를 선언하며 막아서면서 세계는 제3차 대전 위기로 빠져들었다. 이러한 쿠바 사태는 소련이 쿠바에 대한 핵미사일 배치를 포기하고, 미국은 이탈리아와 터키에 배치했던 주피터를 철수시키는 것으로 일단락되었다.

이러하니 미국과 소련은 서로를 의심할 수밖에 없었다. 중국의 핵개발을 막아야 한다는데는 동의하지만 일치단결한 행동은 하기 어려웠다. 그런 가운데 중국의 핵실험이 임박했다는 정보가 있자 두 나라는 영국까지 끌어들여 1963년 '부분적 핵실험 금지조약'을 체결해 중국을 압박한 것이다. 세 나라는 세계의 동참을 요구했으나 중국은 물론이고 프랑스는 서명을 거부했다.

중국의 핵실험이 임박했다는 정보가 있는 1964년, 맥나마라 미국 국방장관은 "중국이 핵개발을 계속할 경우 신강위구르에 있는 핵개발 지역은 물론이고 북경에 대한 공중폭격도 불사한다"며 중국을 위협했다. 3차 세계대전 발발 가능성까지 언급한 것인데 중국은 이를 무시하고 그해 10월 핵실험을 강행했다. 그리고 1966년 핵 탄두를 탑재한 동풍-2A 미사일을 실제로 발사하는 실험을 하고 1967년에는 수소폭탄 실험, 1970년에는 장정 발사체를 이용한 인공위성 '동방홍' 발사까지 성공시켰다.

그러한 중국을 환대해준 나라가 드골의 프랑스였다. 미국·소련·영국으로부터 설움을 당했던 프랑스는 중국이 핵실험에 성공하자 바로 그해 중국과 외교관계를 맺었다. 미국의 동맹국인 프랑스가 이탈해버렸으니 중국의 핵무장을 막고자 하는 국제적인 노력은 성공할 수가 없었다.

이러한 국제정세의 변화를 눈여겨 본 이가 야인으로 있던 닉슨이었다. 중국은 1949년 중국 대륙을 차지한 때부터 계속 미국과의 수교를 요구했었다. 닉슨은 핵무장한 중국을 받아들이고, 중소간의 대립을 극대화하자는 생각을 한 것이다. 때문에 대통령이 되자 핑퐁외교를 벌여 중국과 외교관계를 회복하는 길로 갔다. 그 결과 중국은 핵 보유국 지위를 얻고 대만을 밀어내고 유엔 안보리 상임이사국이 되었다. 경제도 성장시켜 지금은 G-2 반열에 올라섰다.

그 시기 중국은 미국에 화답했다. 1971년 11월 26일 중국의 초대 유엔 대표가 된 교관화(喬冠華)는 중국의 핵무장에 대한 미국 등 국제사회의 의심을 불식시키기 위해 잔뜩 몸을 낮추고 이러한 주장을 했다.

"첫째, 중국은 미국·소련과 같은 핵강대국의 대열에 들어가지 않을 것이므로 비핵보유국을 포함해 모든 나라가 참가하는 세계회의에서는 핵무기의 완전 금지와 폐기를 검토하겠다. 둘째, 기존의 핵보유국은 이미 중국이 하고 있는 것처럼 언제 어느 상황에서도 먼저 핵무기를 사용하지 않겠다는 것을 맹세하라. 셋째, 중국은 비핵보유국과 비핵지역, 평화지역으로 설정된 곳에서는 먼저 핵무기를 사용하지 않는다는 것을 보장한다. 넷째, 핵보유국이 다른 나라에 만들어놓은 모든 핵기지는 철거하고 핵부대와 핵무기 그리고 운반수단은 철수시켜라"

중국과 미국이 이룬 이러한 성적표를 보면서 더 큰 승리를 거둔 쪽은 어디인가. 미국은 소련을 붕괴시키는데 주목하겠지만, 북한은 핵개발을 성공시켜 미국과 수교하고 세계적인 강국으로 떠오르면서 경제성장도 이룩한 중국에 주목할 수밖에 없다. 북한은 중국의 성공을 따라가는 것이다. 그러한 역사를 먼저 만든 중국을 상대로 북한의 핵개발을 억제해 달라고 하소연하는 한, 한국 외교는 승리하기 어렵다.

소련을 붕괴시킬 때 서독은 미국과 철저한 '미독(美獨)공조'를 이뤘었다. 영국과 프랑스의 협조도 이끌어냈다. 이러한 공조와 협조가 없었으면 서독은 독일 통일을, 미국은 소련 붕괴를 만들어내지 못했을 것이다. 그렇다면 북한의 핵질주를 막고 남북통일을 이루려면 한미공조와 한일협력은 필수적이 된다.

미국은 핵질주를 하는 중국을 인정해 주고 소련을 붕괴시켰지만, 한국은 핵질주를 하는 북한을 무너뜨려야 하니 더 어려운 상황이다. 문재인 정부에 많이 포진한 '자주파'의 주장대로 간다면 통일은 오히려 멀어지는 것이다.

제2차 세계대전은 핵무기로 끝을 냈다. 그리고 핵은 국제정치를 움직이는 가장 중요한 추동력이 되었다. 그러한 핵을 북한이 무기로 개발했다. 그 핵무기가 한반도는 물론이고 한국의 운명을 결정하는 핵심 요소로 떠오르고 있다. 핵은 한반도와 동북아의 천하대란을 일으키는 요소가 되고 있는 것이다.

그렇다면 핵을 진지하게 보아야 한다. '싫다' '좋다'라는 감정적인 차원이 아니라 사활(死活)을 결정하는 주체로 보아야 한다. 국제 핵정치를 세밀하게 보지 못하면 대한민국의 앞날은 어둡기만 하다. '싫다'는 것에만 집중해 대한민국의 탈핵만 주장하면 우리는 다시 밀려나는 나라가 된다. 중국에 밀린 대만, 북베트남에 흡수 통일된 남베트남과 같은 존재가 될 수 있는 것이다.

중국은 내부 식민지로 볼 수 있는 신강위구르 자치구에서 핵개발과 핵실험을 해왔다. 신강위구르 자치구의 허숴(和碩)현 나인커(那音克)향에 있는 중국의 옛 핵실험지휘본부 건물벽에는 '열심히 노력해 당과 인민에 충실하자!'라는 구호가 붙어 있다고 한다. 북한은 이보다 훨씬 더 강한 구호를 붙여놓고 핵개발을 했다.

중국이 핵개발을 완료한 후 닉슨이 미국 노선을 180도 변경했듯이, 북한이 핵과 미사일 개발을 완료하면 미국은 북한과 평화협정을 맺는 식으로 외교 노선을 전환할 수도 있다. 핵을 개발한 북한을 이용해 중국을 견제하는 것이 낫다고 생각하면 방법을 바꿀 수도 있는 것이다. 이와 반대 결과를 만든 것이 철저한 미독공조로 통일을 이룬 서독이다. 한국은 서독의 길을 갈 것인가, 대만·남베트남의 길을 선택할 것인가.

2017년 6월 19일 문재인 대통령은 탈핵선언을 했으나 북한은 9월 3일 수소폭탄을 터뜨렸다는 6차 핵실험을 했다. 왜 문재인 정부는 북한에 대해 강력히 탈핵을 요구하지 못하면서 대한민국의 탈핵은 강력히 추진하는가.

안전한 대한민국을 만드는 길은 북한 탈핵인가 남한의 탈핵인가, 야권에서는 미군 전술핵을 재배치해야 한다는 주장이 나왔다. 여당에서도 전술핵 재배치에 찬성하는 의원이 늘어나고 있다. 한국은 탈핵을 하자면서 핵무기는 다시 배치하자는 희한한 상황으로 가고 있는 것이다. 그러나 시간은 북한 편인 것 같다.

2. 대한민국의 민주주의를 결정하는 원자력

시각을 국내로 돌려보자. 1991년 남북한 동시 유엔가입은 북한에게 미국과 정치외교적으로 통할 수 있는 기회를 주었다. 북한은 뉴욕에 있는 유엔본부에 대표부를 설치했는데, 주 유엔대표부는 제한적이긴 하지만 북한이 미국과 통할 수 있는 숨구멍 역할을 했다.

그리고 1994년 북한은 1차 핵 위기를 일으켜 미국과 고위급 채널을 갖는데 성공했다. 북한이 핵개발을 하고 있다는 것을 스스로 밝혔으니 미국은 북폭을 논의했다. 그러자 김영삼 대통령이 결사적으로 반대했다. 겁쟁이의 모습을 보인 것이다. 이에 김영삼 씨는 "한반도를 전쟁으로 몰아넣을 수는 없어서 그랬다"고 했지만, 대통령에서 물러난 다음에는 "그때 북폭을 결심하지 못한 것을 후회한다"고 밝혔다.

북한 정권 수립일인 2016년 '구구절(9월 9일)' 북한은 5차 핵실험을 강행했는데, 그때 위력이 10~20킬로톤으로 측정되었다. 히로시마와 나가사키에 떨어진 원폭의 위력이 20킬로톤 내외였으니, 5차 핵실험은 북한이 원폭을 완성했음을 보여준 일대 사건이었다(2017년 9월 3일의 6차 핵실험은 5차보다 최소 3배, 많게는 100배 이상 강한 위력이 나온 것으로 평가되었다).

때문에 '1994년 북한은 핵개발을 완성하지 못했으니 북폭을 했어도 북한은 우리를 핵공격하지 못했을 것'이라는 뒤늦게 평가가 나왔다. 당시 러시아는 소련에서 독립한 직후라 매우 어려웠고, 중국은 지금처럼 경제대국이 아니었다. 만만한 개발도상국이었으니 핵무기 개발을 선언한 북한을 공개적으로 그리고 실질적으로 지원할 여력이 부족했다.

때문에 1994년 북폭을 했더라면 통일을 할 수도 있었을 것이라는 아쉬움이 나오게 된 것이다. 유약하고 우유부단했던 김영삼은 1996년 강릉 잠수함 사건을 당하자 비로소 확실한 보수로 돌아섰다.

김영삼이 군사적 대응에 반대했으니 미국은 대화로 나갔다. 갈루치 미국 국무부 차관보가 강석주 북한 외무성 제1부상과 마주 앉아 북핵 문제를 해결하기 위한 협상에 들어간 것이다. 그리하여 그해 10월 만들어진 것이 유명한 '제네바합의'다.

북한이 핵개발을 동결하는 대가로 미국은 국제사회를 동원해 북한에 두 기의 경수로를 지어주고, 그 대금을 북한은 전기요금을 받아 갚아나가는데, 경수로를 완공할 때까지 미국은 매년 50만 톤의 중유를 북한에 제공한다는 것이 이 합의의 주요 내용이었다. 핵개발 의지를 내비친 것만으로 북한은 공짜로 매년 50만 톤의 중유를 확보하게 된 것이다.

제네바합의가 이행되고 있던 1998년 8월 31일 북한은 광명성-1호라는 인공위성을 올리겠다며 대포동을 발사했다. 대포동은 1단을 일본 쪽 동해에, 2단을 일본을 지난 북태평양에 떨어뜨리고 광명성-1호를 우주로 진입시켰다. 그러나 광명성-1호는 음악을 내보내는 방송을 하며 잠시 지구궤도를 돌다가 우주 미아로 사라졌다.

이로써 북한이 장거리 탄도미사일 개발을 하고 있다는 것이 알려지자 한국은 또다시 공포에 빠졌다. 김영삼 정부를 이어받은 김대중 정부는 대응할 능력도 실력도 없었으니 다시 미국이 나섰다. 북한이 미국과 정치 외교적으로 통할 수 있는 미북 고위급 회담이 또 열리게 된 것이다.

미국은 북한에 대한 경제제재를 완화하겠다는 약속을 해주고 북한으로부터 미사일을 발사하지 않는다는 약속을 받아냈다. 제네바합의에서는 북한이 핵개발을 폐지하는 게 아니라 '동결(중지)'한다고 했었는데, 미북 미사일 협상 역시 미사일개발을 폐지한다가 아니라 미사일 발사를 '유예(중지)'한다는 것을 받아내는데서 끝난 것이다. 이것이 바로 북한의 미사일 발사 유예(미사일 발사 모라토리엄) 조치인데, 이것은 제네바합의만큼 많이 알려져 있지 않다.

그런데 북한은 또 한 가지 조건을 붙이는데도 성공했다. 그해 10월 24일 미북 정치회담이 열리는 기간에만 미사일 발사 실험을 유예하겠다고 한 것이다. 그리고 국제사회의 지원을 받게 되자 이 유예를 연장해갔다. 북한은 미사일 발사의 유예를 연장해 주며 국제사회로부터 돈을 챙기게 된 것이다.

북한이 핵개발을 동결하고 미사일 발사 유예를 연장해주고 있을 때 재빨리 북한과 접촉해 남북정상회담을 성공시킨 이가 김대중 당시 대통령이다. 2000년 6월 15일에 있었던 1차 남북정상회담은 통일이 눈앞에 다가온 것 같은 기대를 만들었기에 많은 국민들은 환호했다. 한국 국민들은 냉혹한 북한의 핵미사일 전략을 읽어내지 못한 것이다. 그리고 김대중 대통령은 노벨평화상을 수상했다.

미국의 클린턴 정부는 어찌됐든 북한의 핵개발과 미사일 발사를 유예시켰으니 이를 확인하고 공식화할 필요가 있었다. 1차 남북정상회담을 통해 한국을 비롯한 국제사회로부터의 지원을 확보하게 된 북한도 더 밀어붙일 필요가 있었을 것이다.

그래서 이뤄진 것이 2000년 10월 9일 북한 2인자인 조선인민군 총정치국장 조명록 차수의 미국 방문이었다. 조명록은 군복을 입고 클린턴 대통령을 만났다. 10월 25일에는 미국 올브라이트 국무장관이 평양을 방문해 김정일 총비서와 대면했다. 가히 북한은 미국과 '준(准)정상회담'을 가진 것이다.

미국이 이러한 결정을 내린 것은 김대중 대통령이 남북정상회담을 갖고 공식적으로는 경제협력, 실질적으로는 경제지원을 북한에 하게 된 것과 무관하지 않다. 때문에 북한은 미사일 발사 유예조치를 계속 연장해갔다. 그렇게 2년이 지나자 일본도 나섰다. 그러나 그때는 북한이 우라늄을 농축한다는 정보가 있었고, 북한의 일본인 납치 등이 문제가 되었기에 국제사회는 북한을 좋게 보지 않았다.

2002년 9월 17일 일본의 고이즈미 준이치로(小泉純一郎) 총리는 평양을 방문해 김정일과 회담을 갖고 △국교정상화 회담 추진, △과거사 반성에 기초한 보상, △유감스런(북한의 일본인 납치 등) 사태의 재발 방지, △핵과 미사일 문제 해결을 위한 신뢰에 기초하는 협력관계 구축 등 4개 항을 담은 '평양선언'을 발표했다.

그리고 한 달 뒤 미국은 북한으로부터 "고농축 우라늄을 농축하고 있다"는 자백을 받고 제네바합의 파기를 선언했다. 한반도의 긴장은 다시 높아진 것이다. 그러한 때인 2004년 5월 22일 고이즈미 총리가 재차 방북해 제2차 일북(日北)정상 회담을 갖고 '평양선언'의 이행을 강조했다. 그러나 납북자 문제 등이 풀리지 않았기에 일본은 더 이상 북한과의 관계를 진척시키지 않았다.

그리고 2년이 지난 2006년 7월 북한은 대포동 2호를 발사했는데, 이는 미사일 발사 유예 조치를 깬 것이었다. 북한의 핵미사일 문제는 원점으로 돌아가버린 것이다. 그렇게 시간을 번 사이 북한은 두 분야의 기술을 은밀하게 발전시켰다.

그러한 때인 2007년 8월 8일 노무현 당시 대통령이 평양을 방문해 2차 남북정상회담을 가졌다. 노무현 정부는 뒷북을 '반대방향'으로 친 것이다. 2차 남북정상의 합의사항은 이듬해 이명박 정부가 출범함으로써 휴지조각이 돼 버렸다.

이명박 정부 시절인 2010년 북한은 천안함-연평도 사건을 일으켰는데, 이는 국제사회의 주목을 받기 위한 도발일 가능성이 높다. 1994년의 1차 북핵 위기에서부터 2006년 7월 대포동 2호 발사 때까지 북한은 호시절을 누렸는데, 그러한 때를 재현하기 위해 계획된 도발인 것으로 추정되었다. 그러나 학습효과 때문인지 통하지 않자 2006년 10월 9일 북한은 1차 핵실험을 했다. 미사일은 더 많이 쏘았다.

이러한 북한의 노력은 문재인 대통령이 취임한 때 결실을 맺게 되었다. 가장 큰 핵실험과 가장 멀리 가는 미사일 발사를 하게 된 것이다. 그런데도 문재인 대통령은 한국의 탈핵을 밀어붙이고 있다.

문 대통령이 미국 CNN과의 회담에서 '핵무장과 전술핵 재배치에 반대한다'고 한 다음날(2017년 9월 15일) 북한은 또 일본 열도를 넘어가는 미사일 발사를 했다. 그런데도 문 대통령은 탈원전 정책과 한반도 비핵화선언을 고수하고 있다. 북한의 핵무장은 전혀 막아내지 못하면서 '송양지인(宋襄之仁)'의 극치를 보인 것이다.

박정희-전두환 시절을 거치면서 한국은 유력한 원전 강국으로 떠올랐다. 때문에 사용후핵연료 저장 문제를 고민하게 됐는데 사용후핵연료를 저장하는 방폐장을 찾는 과정에서 강력한 반핵시위에 봉착했다. 지역갈등, 빈부갈등 등 많은 문제를 안고 있는 한국은 핵갈등이라는 새로운 문제에 직면한 것이다. 그리고 '핵갈등을 풀기 위한 정치'가 일어났다.

시작은 2003년 부안사태였던 것 같다. 부안사태는 부안군 위도에 방폐장을 유치하려고 했던 김종규 당시 부안군수를 지역 주민들이 폭행함으로써 걷잡을 수 없이 커졌다. 정부는 손을 쓰지 못했다. 그러한 때인 2004년 2월 박원순 아름다운재단 이사가 위원장을 맡은 주민투표위원회가 만들어져 찬반을 묻는 주민투표를 실시했다. 이 투표는 법적 근거가 없는 것이었다.

투표자의 91%가 유치에 반대하는 것으로 결과가 나왔다. 정부는 이 투표 결과를 인정하지 않는다고 했지만, 주민 여론이 그러하니 부안에 방폐장을 짓는 것을 포기했다. 이러한 결정을 이끌어낸 박원순 위원장은 "노무현 정부의 최대 실정은 부안 핵폐기장 설립 강행이었다. 참여정부라고 하면서 주민들의 의견을 수렴하고 설득하는 절차가 없었다"고 노무현 당시 대통령을 비난했다.

부안군이 방폐장을 유치한 것은 정확히 법령을 따른 것이었다. 그런데 박 변호사는 "주민들의 의견을 수렴하고 설득하는 절차가 없었다"며 전혀 다른 문제를 제기했다. 불법 유치냐, 적법 유치냐를 따진 게 아니라 '주민 의견 수렴'이라는 새로운 잣대를 내민 것이다. 2011년 박원순 변호사가 서울시장에 당선되자 그는 서울시내 버스에 '원전 하나 줄이기'란 구호를 붙이고 다니게 했다.

서울시장은 서울시 문제에 전력해야 한다. 서울은 세계적인 대도시이므로 원전을 지을 수도 없다. 원자력발전소에서 생산한 전기를 대량으로 소비하는 곳이 서울이다. 서울시장이 시내버스를 통해 '원전 하나 줄이기' 운동에 들어갔는데, 어느 누구 하나 "이것은 서울 시장이 할 일이 아니다"라고 지적하는 이가 없었다. 박 시장이 탈핵을 정치화하는 것에 주목하지 못한 것이다.

박 변호사가 도입한 주민투표가 직접민주주의의 시작이 될 것이라고 예측한 이도 거의 없었다. 지역 문제를 지역의회가 아니라 지역 주민투표로 해결하는 것이 몰고 올 사회변혁을 꿰뚫어 본 이도 거의 없었다. 2015년 11월 경북 영덕군이, 2017년 6월에는 강원 삼척시가 원전 유치 문제를 놓고 법적 근거 없는 주민투표를 실시해 거부 의사를 표시한 다음에도 부안의 주민투표가 초래한 사회변혁을 알아본 이는 적었다.

이러한 주민투표가 있기 전인 2011년 3월 일본에서 후쿠시마 사고가 일어났다.

2013년 한국에서는 원전 시험성적서 위조사건이 일어나 반핵 열기가 높아졌다. 2009년 아랍에미리트에 원전을 수출함으로써 형성된 찬핵 분위기는 사라진 것이다. 그러하니 영덕과 삼척 주민투표에서는 거부 의견이 많이 나올 수밖에 없었다.

2012년 12월 한국은 박근혜와 문재인 후보가 맞붙은 18대 대통령 선거를 해 52대 48의 비율로 박근혜 후보가 승리했다. 52대 48은 한국 정치의 병폐인 지역 구도로 투표할 때마다 나타나는 결과다. 범 영남권이 범 호남권보다 인구가 많으니 지역구도로 선거를 하는 한, 호남을 기반으로 한 정치세력은 영남을 기반으로 한 후보를 이기기 어렵다.

그러나 1997년 15대 대선에서는 김대중 후보가 승리했는데 이는 IMF 외환 위기를 초래한 김영삼 당시 대통령의 실정(失政)과 함께 김대중 후보가 충청의 김종필 씨와 DJP 연대를 이뤘기 때문으로 보아야 한다. 2002년의 16대 대선은 노무현 후보가 정몽준 씨와 막판의 후보 단일화 등을 해내고 '병풍(兵風) 사건'이 있었기에 이회창 후보를 이기고 당선될 수 있었다.

우리나라는 영남인 고리·월성·울진, 호남인 영광에 원전 단지를 두고 있다. 영남에 더 많은 원전이 있는 것이다. 원전 포피아는 지역을 불문한다. 영남인들도 호남인들도 원전을 싫어하는 것이다. 그렇다면 탈원전을 내걸면 영남에서도 지지하는 사람이 나올 수 있다. 18대 대선을 앞두고 문재인 캠프는 이 생각을 하지 못한 것이다.

박근혜 대통령 집권 첫 해인 2013년 원전 시험성적서 조작 사건이 일어났다. 밀양에서는 신고리 3호기가 생산한 전기를 받기 위한 송전탑 건설을 놓고 심각한 반대 투쟁이 일어났다. 이는 탈핵이 보편적인 국민 정서가 되었다는 뜻이다.

이러한 사회 변화를 꿰뚫어본 이들이 있었다. 그 중 한 명인 A씨는 그 후 문재인 대통령의 초대 수석비서관이 되는 정치인에게 '탈핵을 구호로 내걸면 영남에서 이탈표가 나오기 때문에 문재인 후보가 다음 대통령선거에서 승리할 수 있다'는 안을 제공했다.

그리고 국회에서는 야당 의원을 중심으로 '아이들에게 핵없는 세상을 위한 국회의원 연구모임' '탈핵 에너지전환 국회의원 연구모임'이 결성되었다. 민주당(더불어 민주당)은 원전안전특별위원회를, 정의당은 탈핵에너지전환위원회를 만들었다. 지역의 정치로 있던 탈핵이 소리 소문 없이 국회로 입성한 것이다.

A씨는 "선거에서 이기려면 후보는 국민들이 좋아하는 것을 해야 한다. 원전을 싫어하는 국민이 많으면 탈원전을, 군대 가는 것을 싫어하면 군 복무기간 단축을 공약이나 구호로 내걸게 한다. 애완동물 키우는 것을 좋아하는 국민이 많으면 개나 고양이를 예뻐하는 후보자 모습을 노출하고 반대로 주민이 선물한 진돗개를 제대로 키우지 않는 박근혜 대통령을 노출시킨다. 안보를 걱정하는 국민이 많으면 군부대를 자주 방문하게 하는 것이다"라고 말했다.

A씨는 "문재인 캠프는 탈핵을 다음 대선에서 이길 수 있는 비장의 카드로 준비했다"고 말했다. 2016년 9월 9일 북한이 핵무기 개발을 알리는 5차 핵실험을 하고 사흘 뒤인 9월 12일 경주 지진이 일어나자 문재인 전 민주당 대표는 월성원전을 방문해 원전의 안전성을 묻는 질문을 했다. 문 전 대표는 조용히 반핵 이슈를 선점해 간 것이다.

그리고 촛불시위로 박근혜 대통령이 탄핵돼 19대 대통령 선거가 시작되자 민주당은 탈핵을 대통령 공약에 집어넣었다. 탈핵은 대세였기에 자유한국당을 제외한 다른 정당도 공약으로 내걸었다. 그러나 탈핵은 대선 이슈가 되지 못했다. 최순실 씨의 국정 농단이 워낙 큰 문제였기에 탈핵을 강조할 필요가 없었다.

A씨는 "문재인 캠프에서는 탈핵과 애완견 사랑, 보수세력을 달래기 위한 군부대 방문 등 8개 필승 전략을 준비했는데, 촛불 열기 때문에 그리고 보수 세력이 홍준표의 자유한국당과 안철수의 국민의당으로 양분됐으니 하나도 써 먹지 않고 쉽게 당선되었다"고 말했다. 그는 이러한 의견을 피력했다.

"대통령 선거에서 압승했다고 하지만, 홍과 안 후보의 지지율을 합치면 문재인 대통령 지지율보다 높다. 이는 문재인 정부가 정치적으로는 여전히 약세라는 뜻이다. 국회에서는 야당 세력이 많다. 여소야대 정국인 것이다. 이러한 상태에서 정국 주도권을 쥐려면 국민 지지를 받는 것이 중요하다. 때문에 문 대통령에 대한 높은 지지도를 이어가기 위해 탈원전 선언을 하게 된 것으로 안다"

그는 "문 정부 관계자들은 한국의 에너지 문제, 원전의 수출 문제, 원전 포기로 인한 일자리 상실과 신고리 5·6호기의 공사 중단 후 이어질 줄소송 문제 등은 별로 생각하지 않았다. 문재인 정부는 여소야대 정국을 이끌어 갈 수 있는 국민 지지가 더 중요하기 때문이다"는 의견도 덧붙였다. 그는 이러한 의견도 밝혔다.

"우리나라는 대통령 선거 기간이 21일밖에 되지 않는다. 따라서 탈원전을 던지면 군 복무기간을 단축하겠다는 것과 함께 필승 전략이 될 수 있다. 그러나 이 문제에 대한 논의 기간이 길어지면 사회는 많은 것을 검토하기에 여론은 5대 5로 돌아온다. 전기요금이 올라간다, 일자리가 줄어든다, 수출 품목이 사라진다는 것을 알게 된 국민들은 '그래도 필요한 것 아니냐'며 돌아서는 경우가 많기 때문이다. 이는 포퓰리즘 공약은 자승자박이 될 수 있다는 뜻인데, 문재인 정부가 자승자박을 벗어나는 방안까지 마련하고 탈원전 카드를 던졌는지는 나도 매우 궁금하다."

문재인 대통령의 청와대에는 박원순 서울시장의 반핵정치를 돕던 이들이 많이 들어왔다. 그 중 한 명이 서울시발전원장을 한 김수현 사회수석이다. 문 대통령은 2017년 6월 19일 고리 1호기 영구 정지 행사에서 탈핵을 선언했는데, 탈핵을 해야 하는 이유로 후쿠시마 원전 사고로 1,368명이 숨졌다는 잘못된 인용을 했다.

문 대통령 연설문에 후쿠시마 사고로 1,368명이 숨졌다는 것을 넣은 사람은 누구일까. 김수현 사회수석이 장본인이다. 그는 반핵운동가로 유명한 B씨의 도움을 받아 1,368명이 숨졌다는 것을 대통령 연설문에 넣었다. B씨는 2016년 3월 6일자 일본 도쿄(東京)신문 기사를 근거로 1,368명이 숨졌다는 것을 김수석에게 제공했다고 한다.

도쿄신문의 이 기사는 후쿠시마 사고 5주년을 앞두고 취재한 것이었다. 후쿠시마 사고 후 일본은 후쿠시마 발전소 근처에 사는 주민들을 이주시켰다. 피난 생활을 하게 한 것이다. 우리나라도 그렇지만 일본의 시골에도 노인들이 많이 산다. 연로한 그들이 오래 객지생활을 하다 보니 불편한 것이 많았다. 그리고 한 분한 분 돌아가셨다.

　도쿄신문은 후쿠시마 사고로 아직도 피난살이를 하는 이들이 9만 9,000여 명이고, 그때까지 건강이나 질병 악화로 돌아가신 이가 1,368명이라고 적었다. 그러나 1,368명이 방사선 피폭으로 숨졌다고는 적지 않았다. 피난 생활을 하다 숨진 이에 대해서는 자치단체에서 약간의 보상금을 지급하는데, 이를 수령한 이가 1,368명이라고 적은 것이다.

　일본에서도 사망자가 생기면 의사가 검시(檢屍)을 해 사인(死因)을 적시한다. 숨진 1,368명에 대해 '방사능 과다 피폭'으로 사인(死因)을 쓴 의사는 한 사람도 없었다. 이러한 사실을 확인한 필자는 김 수석에게 왜 대통령 연설문에 '2011년 발생한 후쿠시마 원전 사고로 2016년 3월 현재 총 1,368명이 사망했다'는 것이 들어갔는지 물어보았다. 다음은 그와 나눈 일문일답이다.

　－ 고리 1호기 영구 정지 행사에서 문 대통령이 탈핵선언까지 한 이유는 무엇인가.

　"대통령공약이지 않았느냐. 대통령공약에 동의하지 않는 사람이 있다고 해서 공약을 이행하지 않는 것은 옳지 않다고 본다."

　－ 그 연설문은 누가 작성했는가.

　"환경을 담당하는 사회수석실의 기후환경비서관과 경제수석실의 산업정책비서관, 그리고 연설비서관 등이 나와 같이 만들었다."

　－ 연설비서관은 원자력 전문가가 아니니 1,368명이라는 숫자는 몰랐을 것이다. 도쿄신문이 보도한 이 숫자는 누가 제공했는가.

　"우리가 했다. 도쿄신문 보도를 보고 한 것도 맞다. 후쿠시마 관련 사망자라고 했어야 했는데 '관련'이란 글자가 빠지는 바람에 오해가 생겼다. 때문에 청와대 출입 기자들을 상대로 한 간담회에서 '관련'이 빠져 오해가 생겼다고 설명했다."

　대통령 연설문은 공식 기록인데 이를 허위로 기재했다면 처벌을 해야 한다. 그러나 문재인 대통령은 아무런 조치를 취하지 않았다. 그리고 신고리 5·6호기 공사 여부를 묻는 공론화위원회 가동 준비에 들어갔다. 앞에서도 지적했지만 공론화는 부안과 영덕, 삼척의 사례에 따라 직접민주주의를 하겠다는 뜻이다.

이러한 결정은 법적 근거가 미약하다. 대한민국에는 공론화위원회로 문제를 풀라고 한 법률이 아직은 없기 때문이다. 신고리 5·6호기의 공사 여부를 직접민주주의로 결정하려면 차라리 국민투표를 하는 것이 합리적이다.

1992년 세계는 지구 환경 문제를 풀어가기 위해 브라질의 리우에서 환경회의를 가진 바 있다. 그때 에너지와 환경문제는 각국이 공론화를 통해 결정하자는 결의를 했다.

한국의 환경문제 가운데 가장 첨예한 것은 사용후핵연료의 처리이다. 한국은 공론화로 사용후핵연료 문제를 풀어가기 위해 2009년 방사성폐기물관리법을 만들고 이 법을 근거로 2013년 사용후핵연료 중간저장을 묻는 공론화위원회를 운영했다. 이것이 적법한 절차를 받아 공론화를 하는 과정이다.

그렇다면 신고리 5·6호기에 대한 공론조사도 관련법을 만들어 놓고 공사 여부를 묻는 공론화를 해야 한다. 아니면 대만처럼 탈핵에 관한 법률이라도 만들어놓고 해야 한다.

그러나 문재인 정부와 여당은 국회에서 법률을 만들 의사를 전혀 내비치지 않고 있다. 탈핵에 관한 논의가 장기화되면 경제문제 때문이라도 여론이 5대 5로 돌아서 입법을 하는 것이 쉽지 않기 때문이다. 그래서 입법 과정 없이 대통령공약이라는 이유로 탈핵을 집행하고자 한다.

독일과 대만, 필리핀, 오스트리아, 스위스, 스웨덴이 그러했듯이 한국은 원자력 안전에만 집중해 탈핵을 지향하게 된 것이다. 핵은 국제정치를 움직이는 핵심요소이고, 군사력과 경제를 떠받치는 힘이라는 것엔 덜 주목하고, 안전성 여부에만 집중하게 된 것이다.

4강에 둘러싸인 한반도는 위험 요소가 많은 곳이다. 그런데 북한은 핵과 미사일 개발을 완성한 핵질주를 하고 있다. 한국은 NPT(핵확산금지조약) 가입국이기에 원자력발전 등 평화목적으로만 핵개발을 해야 한다. 그런데 문재인 정부와 일부 환경운동가들은 원자력발전으로 대표되는 평화적인 원자력 연구도 중단할 것을 요구한다.

많은 이들이 사용후핵연료에서는 방사선이 수만 년, 수십만 년간 나온다며 위험 시한다. 그러나 이 걱정은 5,000여 년 전 우리는 초기 청동기 사회였고, 1만 여 년 전에는 중기 신석기 시대였다는 것을 떠올리면 갑자기 '초라'해진다. 돌을 다듬어 도구로 쓰던 1만여 년 전의 우리는 단군이 고조선을 세운 5,000여 년 전쯤 청동기를 만들었고, 3,000여 년 전쯤에는 초기 철기를 제작했다. 그리고 100여 년 전쯤 원자력을 이용하는 법을 알았다. 그런데 앞으로 1만 년, 10만여 년 사이에 사용후핵연료를 처리할 방법을 찾지 못한다고 본다면 이는 정말 넌센스다.

문재인 정부의 탈핵정치를 추진해 주는 곳이 산업통상자원부다. 19대 대선이 있기 전까지 적극적으로 원자력발전을 추진해왔던 산자부는 문 정부가 출범하자 180도 돌아섰다. 원전의 비율은 급격히 줄이고 신재생은 크게 늘인 8차 전원(電源) 수급 계획을 발표한 것이다. 산자부는 살짝 바람이 불었는데 '먼저 누워버린 풀이' 된 것이다. '영혼이 없는' 공무원 상을 보여준 것이다.

한국수력원자력은 원전을 운영하는 주체이니 탈원전 정책에 대해 가장 강하게 반발할 수 있다. 그러나 공기업이라는 이유로 수뇌진은 꼼짝도 하지 못하고 있다. 한수원 노조는 반발했다. 그러자 산자부는 장관이 나서서 한수원에게 태양광발전을 할 수 있게 해주겠다고 하며 회유하는 모습을 보였다. 한전과 한수원 관계자들은 정부보조금이 많은 태양광발전을 하는 것이 퇴직 후 돈벌이가 된다는 것을 알고 있기 때문일 것이다.

공무원은 권력에 복종해야 하는가, 국가에 충성해야 하는가. 공무원은 신분이 보장되는 몇 안 되는 직업이다. 범법행위를 하지 않는 한 법에 따라 정년이 보장된다. 봉급도 적지 않다. 이러한 배려는 공무원을 권력이 아니라 국가에 충성하게 하기 위해서 마련해준 것이다.

산자부 공무원들은 정서적으로는 탈원전이었던 것일까? 그래서 탈핵을 표방하는 정권이 들어서자 바로 탈원전 정책을 내놓는 것일까. 한수원 직원들은 또 무엇인가. 그들도 정서적으로는 탈원전인데 생계를 위해 마지못해 친핵을 해온 것인가. 한수원을 이끌어온 수뇌부도 그러했다는 것일까.

생계를 의식해 복지부동하는 공무원과 공기업의 임원이 많을수록 한국 사회는 불건강해진다. '아닌 것'은 아닌 것이다. 탈핵을 주장해온 이들은 어려운 여건 속에서도 줄기차게 자기 주장을 해왔다. 원자력을 해온 이들에게는 그러한 패기가 보이지 않는다. 그들은 '온실 속의 화초'였다.

때문에 북한의 핵개발을 외면하고 핵비확산조약(NPT)에 가입해 원자력발전을 발전시켜온 한국을 '탈원전으로 모는' 정치가 이뤄질 수 있게 되었다. 북한이 핵개발을 완료하고 미국의 전술핵을 재배치하자는 주장까지 나오게 됐다면, 우리는 탈원전을 다시 생각해봐야 하는 것은 아닐까. 우리의 원전이 사고를 일으켜 국민을 해치기 전에 북한 핵이 우리 국민을 먼저 해칠 것이기 때문이다.

한 치 앞도 내다 볼 수 없는 것이 세상일이다. 원자폭탄을 맞고 항복한 일본이 후쿠시마 사고에도 불구하고 다시 원전을 가동하고 그 전에는 미국을 설득해 롯카쇼무라에 사용후핵연료 재처리 공장을 지은 것은 만에 하나 있을지 모를 미래의 위기에 대응하기 위해서일 것이다. 북핵 위협을 심각하게 받고 있는 대한민국에는 왜 에너지와 안보를 진지하게 생각하는 정치인과 국민이 적은 것일까.

대의정치를 해온 대한민국이 원자력발전을 놓고 직접민주주의로 돌아서는 모습을 보이는 것은 유의해서 보아야 할 대목이다. 대한민국을 지키려면 무엇이 가장 좋은 민주주의 제도인지도 곰곰히 생각해보아야 한다.

03

정치가 된 核,
이념이 된 원자력

탈원전은 이념전쟁인가

김영평 고려대학교 행정학과 명예교수, 전 한국행정학회 회장

2003년 부안사태. 부안사태 때 참여했던 반(反)원전 그룹이 문재인 정부에 대거 참여해 탈원전 정책을 펼치고 있다. 이념을 현실화하고 있는 것이다.

　　문재인 대통령이 '탈원전'을 선언했다. '공론화위원회'라는 것을 만들어 신고리 5·6호기의 건설 중단 여부를 결정하겠다고도 했다. 탈원전으로 그는 무엇을 얻겠다는 것인가?

　　원자력발전은 우리나라가 보유한 첨단기술이다. 이승만 대통령 시절부터 시작해서 많은 인걸들이 쌓아 올려온 금자탑이다. 한두 명이 아니라 여럿인 '우리'가 신화 발전시켜온 역작이다. 적잖은 젊은이들이 뒤를 이어가기 위해 지금도 각고의 노력을 하고 있다.

　　원자력 기술에도 장단점은 있다. 문제점이 있음에도 인재들이 뛰어드는 것은 '전력 자원을 안정적으로 마련할 수 있는 가장 믿음직한 방안'이라는 신뢰가 있기 때문이다. 탈원전 선언은 이를 하루아침에 깔아뭉개는 폭거가 아닐 수 없다.

탈원전으로 우리가 얻는 것은 무엇인가. 이에 대해 분명한 답을 내놓지 못하는데도 계속한다면, 이는 '이념전쟁'을 하고 있는 것으로밖에 볼 수 없다. 국민 안위나 국력부강과는 무관하게 자기 신념을 실현하는 투쟁으로 보아야 하는 것이다.

이념전쟁에는 창의력을 존중하는 시장경제를 기반으로 부강한 사회를 만들려는 자유민주주의 체제와 중앙계획경제를 바탕으로 모두가 평등하게 살 수 있게 해주겠다는 공산주의 체제 간의 대결인 동서냉전이 있었다. 공산주의는 자유와 풍요를 무시하고 전체주의 정부를 통해 공산당 신념을 전파했다. '무엇을 얻을 것인가'란 근본적인 문제의식은 도외시하고 자기 신념만 강요한 것이다. 그래서 진보하는 역사 속에 패퇴해 버렸다.

탈원전정책도 내가 보기에는 환경우선주의자들이 신념을 강요하고 있는 꼴이다. 탈원전이 완성되면 어떤 결실을 보게 될 것인가. 전기요금이 오를 것이라는 전망이 많다. 현 정부도 신경 쓰이는 예측이다. 그래서인지 정부 관계자는 "최소 2022년까지는 전기요금이 오르지 않을 것"이라고 했다.

2022년까지는 문재인 정부 시절이니 온갖 수단을 동원해 전기요금 인상을 막을 수 있을 것이다. 그리고 반작용이 일어난다. 2023년 새 정부가 들어서면 눌려 있던 용수철처럼 튀어 오르는 것이다. 그 급격한 인상에 대해 문재인 정부는 일말의 책임도 없다는 것인가.

원전이 없어도 전기는 얼마든지 생산할 수 있다. 수력발전은 양이 미미하니 화력발전의 비중을 높이면 된다. 그러나 화전(火電)은 대부분 수입연료를 사용한다는 것을 기억해야 한다. 세상이 항상 평화로울 것으로 보는가. 어제의 친구가 오늘의 적이 되는 것이 국제정치인데 에너지원(源)을 외국에 의존하는 것은 우리의 명줄을 남에게 맡겨놓고 살겠다는 것과 같다.

화전(火電)의 증가는 환경주의자들이 그토록 반대해온 이산화탄소의 배출을 늘이는 길이기도 하다. 증가한 이산화탄소의 처리와 공급국의 장난으로 연료 값이 올라 전기요금이 상승한다면, 그때 환경론자들은 책임을 질 것인가. 식언할 뜻이 없다면, '파리기후협약'을 준수할 뜻이 없다면, 환경주의자들은 절대 가지 말아야 할 길이다. 정책은 결실이 말해주는 것이지 허망한 말로 하는 것이 아니다.

보다 '순진한' 환경주의자들은 신재생에너지를 늘이면 된다고 한다. 신재생에너지의 주력은 풍력과 태양광이다. 그러나 이 기술은 많이 비싸다. 기술발전의 속도가 빨라서 조만간 화전 수준으로 생산비를 낮출 것이라는 기대가 있다. 그러나 기대는 기대에 불과하다. 기대가 현실이 되기 전까진 전기요금은 올라갈 수 밖에 없다.

현대문명은 풍부하고 안정적이며 경제적인 전기를 기반으로 한다. 풍력은 그러한 전기를 만들지 못한다. 바람이 불어오지 않으면 발전을 하지 못하기 때문이다. 태양광도 밤에는 무용지물이다. 낮에도 날씨가 흐려지면 반 토막이다. 안정적이고 풍부한 전기를 얻고 싶다면 화전과 원전으로 돌아가야 한다. 그런데 화전을 돌리면 이산화탄소의 배출량이 증가한다.

에너지안보도 반드시 살펴보아야 한다. 전기 없는 현대문명은 없다. 하루만 정전이 되어도 엄청난 혼란이 야기된다. 전철과 폰뱅킹과 컴퓨터와 엘리베이터, 냉장고가 가동되지 않는 문명을 상상해본 적이 있는가. 안보도 흔들린다. 전기가 없으면 레이더도 돌리지 못한다.

에너지안보는 다각도에서 점검해야 한다. 북한 때문에 우리나라는 전기를 수입할 수 없는 섬나라가 되었다. 먼저 탈원전을 추진한 독일은 프랑스 등으로부터 전기를 사올 수 있지만, 우리는 원천적으로 불가능하다. 그렇다면 전기를 만들 에너지원을 수입하지 못하는 상황에도 대비해야 한다.

1997년 말 IMF외환위기가 닥쳤을 때 환율이 다락같이 올랐다. 원유와 액화가스, 석탄 값이 두 배 가량 뛴 것이다. 그러나 원전은 핵연료의 장전 주기가 길어 당장 핵연료를 필요로 하지 않았는데다, 저장해둔 핵연료도 있어 환율 인상의 영향을 전혀 받지 않았다. 같은 가격으로 발전을 해준 것이다.

원전이 없었더라면 우리는 환율 인상에 따른 전기요금 상승이라는 거대한 복병에 직면했을 것이다. 그와 비슷한 위기가 문재인 정부 이후 찾아 오지 말라는 법이 있는가? 현명한 이는 비바람 칠 때를 대비해 평상시에 집을 고쳐 둔다. 집도 그러할진대 하물며 나라를 마구잡이로 운영할 것인가.

어떤 이들은 원자력 기술이 너무 위험하다고 주장한다. 위험은 주관적인 것이기에 느끼는 정도가 사람마다 다르다. 그래서 과학적인 통계를 인용해야 믿을 만해진다.

우리나라에서는 매년 5,000여 명 정도가 자동차 사고로 사망한다. 부상자는 더 많다. 전 세계적으로는 100만 명 정도가 자동차 사고로 희생된다는 보고도 나와 있다. 이렇게 많은 사람이 죽고 있지만, 자동차를 없애자는 주장을 하는 이는 거의 없다.

1978년 원자력발전을 시작한 이래 우리나라에서 원자력발전 사고로 사망한 사람은 한 명도 없었다. 혹자는 "체르노빌과 후쿠시마 사고를 보지 않았느냐"고 되물을 것이다. 체르노빌 사고 희생자는 사고가 일어난 후 타계한 이를 합쳐도 2,000명을 넘기 어렵다는게 국제원자력기구의 보고이다. 후쿠시마에서는 방사선 피폭으로 사망한 이는 한 명도 없다는 것이 일본 정부의 공식발표다. 원자력발전은 반세기 이상 상당히 안전하게 운용돼온 기술인 것이다. 위험은 경험적인 것이지만 확률적인 개념이기도 하다는 것을 잊지 말아야 한다.

원자력이 위험하다는 주장은 민간 기술인 원자력발전과 군사기술인 원자폭탄을 혼동하는데서 기인한다. 환경주의자들이 원자력발전을 '핵발전'으로 부르는 것은 둘을 혼동시키려는 의도로 보인다. 탈원전 대신 탈핵이라 하는 것도 같은 맥락이다. 문 대통령은 고리 1호기 영구 정지 행사에서 탈핵과 탈원전을 섞어가며 연설을 했다. 그러니 문재인 정부의 탈원전 선언은 이념전쟁 성격을 갖게 된다.

탈원전을 하면 누가 어떤 이익을 보게 되는가. 에너지안보상 극히 불리해지고 전기요금도 가파르게 올라가는데 이익을 보는 사람이 있기나 한 것일까? 환경 우선주의자들은 "한 건 했다"며 자축할런지도 모른다. 그러나 인상된 전기요금을 계속 지불하다보면 그들도 속생각은 달라질 수 있을 것이다.

그렇다면 탈원전으로 누가 어떤 손해를 볼 것인가? 국민 모두다. 전기요금 인상도 문제이지만 취약해진 에너지안보는 국민에게 엄청난 부담으로 다가올 것이기 때문이다. 잠깐의 부담이 아니라 지속되는 고통의 형태로 덮쳐온다. 산업 경쟁력과 대외 경쟁력의 약화도 불가피해진다. 한계기업들은 도산하게 되고 적잖은 근로자들이 직장을 잃게 된다.

더 처참한 광경은 최빈곤층에서 나타난다. 과거에는 전기의 힘으로 난방하고 빨래했지만, 이제는 전기요금이 무서워 추위는 옷과 이불로 막고 찬물에 손빨래를 해야 한다. 우리는 다시 가난했던 과거로 돌아가는 것이다. 화력발전소의 증가로 대기의 질은 더 나빠질 것이다. 그리하여 가속화된 지구온난화로 기상이변이 잦아지면, 빈곤층들은 그 피해를 집중적으로 받게 될 것이다.

전기요금 상승은 사회 갈등을 증폭시킬 것이다. 사회 갈등의 고조가 탈원전을 주장하는 이들이 노리는 목표인가? 그것이 아니라면 뻔한 결론을 보면서도 탈원전을 추진하는 것은 무슨 의도인가? 우리나라를 퇴보시키겠다는 것인가? 어려운 사람들을 더 어렵게 만들 것이 눈에 보이듯 뻔한 탈원전이 윤리적으로 과연 합당한 정책 선택인지 물어보고 싶다.

원전기술은 첨단기술인데 '우리는 공공재(公共財)처럼 갖고 있다'는 사실을 기억하자. 원전기술을 공공재처럼 확보하고 있는 나라는 열 손가락으로 셀 수 있을 정도로 적은데, 우리가 그 안에 들어가 있다. 그래서 수출도 할 수 있었다.

산유국인 아랍에미리트가 우리 원전을 도입한 이유를 생각해보라. 사우디아라비아도 원전건설을 검토하고 있다고 한다. 산유국에게도 보다 안전하고 편리한 공공재는 필요한 것이다.

혹자는 "선진국은 원자력발전을 폐지하려고 한다"고 말하는데, 이는 편파적인 주장이다. 세계의 주요 강대국들은 원자력기술을 통해 발전량을 늘리려고 하고 있기 때문이다. 미국·프랑스·영국·일본·중국·러시아 등 열강은 원전을 포기할 의사가 전혀 없다. 일부 국민의 반대 때문에 쉬어간 적은 있어도 버린 적은 없다. 원전기술은 계속 발전하고 확장될 터이니 이들은 포기하지 않는다. 예외적인 나라인 독일이나 스웨덴만 보는 것은 너무나 편협하다.

문 대통령은 청와대에 일자리수석을 둘 정도로 일자리 창출에 큰 비중을 두었다. 원자력계에서는 오래전부터 인적자원 부족을 거론해 왔다. 원전기술은 원자력공학만이 아니라 다른 공학도 접목해야 하는 종합과학기술이기 때문이다. 이제는 인문사회과학 전공자들도 끌어당기고 있다.

원전 한 기를 수출하면 양질의 전문인력 수천 명이 동원된다. 문재인 정부의 최대 공약인 일자리 늘이기에 가장 적합한 부분이 원자력기술의 선진화인데, 이 공약을 실현해 줄 우군을 왜 죽이려고 하는가? 탈원전 선언을 이념전쟁으로 보는 이유가 바로 여기에 있다.

탈원전 정책으로는 이념전쟁에서 결코 승리하지 못한다. 원자력발전은 우리에게 꼭 필요한 것이기 때문이다. '필요'는 없애자고 한다고 해서 없어지는 것이 아니다. 지금의 문 정권 보다 그 이후에 원전은 더 필요하게 될 것이다. 하루가 다르게 인류의 문명은 달라지고 있기 때문이다.

원전의 필요를 없애는 유일한 조건은 핵분열을 하는 지금의 원전기술보다 더 발전된 핵융합발전 기술을 실현하는 것이다. '필요'의 가치를 절대 우습게 보지 말라. 죽었다가도 순식간에 소생케 하는 것이 '필요의 힘'이다.

실패할 정책을 밀어붙이는 정권은 성공한 정부가 될 수 없다. 국력을 불필요하게 낭비하는 것은 그들만의 불행으로 끝나지 않는다. 국민 모두에게 고통을 안겨준다는 것을 명심해야 한다.

실패의 그림자는 탈원전이라는 목표설정에서뿐만 아니라, 그것을 추진하는 방식에서도 발견된다. 문 정부는 신고리 5·6호기의 공사 여부를 공론화위원회에 맡기겠다고 했다. 에너지정책의 대강은 물론이고, 신고리 5·6호기의 건설 여부는 대중(大衆)의 공론으로 결정할 것이 아니다. 국가 백년대계와 관련된 사안이므로 예지(叡智)를 가진 최고 지성들이 용의주도하게 토론하고 깊이 숙고해 결정해야 한다. 민주주의는 포퓰리즘이 아니다.

공론화위원회는 정책결정권자가 정책실패의 책임을 피하기 위해 동원하는 교묘한 술책에 불과하다. 민주주의 국가가 모든 국가정책을 국민투표로 결정하지 않고, 의회를 통해 결정하게 한 것은 '동원 가능한 인간의 지성'을 면밀하게 활용하기 위해서이다. 그래서 의회(議會)조차도 어려운 문제에 직면하면 청문회나 세미나를 열어 많은 공부를 한 뒤 결론을 도출한다.

다시 한번 강조하지만 탈원전이나 원전건설 중단은 대통령과 그 주변 몇몇 사람들의 신념에 따라 결정해야 하는 사안이 아니다. 그렇게 한다면 그 정책은 정권에 따라 춤을 추게 될 것이기 때문이다.

이 정부 관계자들에게 간곡히 하고 싶은 말이 있다. 당신들의 정권이 끝난 뒤에도 오랫동안 역사의 죄인이 되고 싶지 않다면, 자기 신념이 아니라 국가 백년대계를 보라는 것이다.

승리하지 못할 이념전쟁에 몰두하는 것은 참으로 불쌍한 선택이다. 인간 삶의 양상은 '필요'에 의해 유도되고 진화한다는 것을 잊지 말라. 이념으로 더 나은 미래를 만들어낸 역사는 없다.

국민과 전력인, 원자력인에게 대한 호소

이종훈 전 한국전력 사장

2017년 9월 9일 울산 태화강변에서 한수원 노조가 주최한 신고리 5·6호기 공사 중단 반대 집회, 1만여 명이 참석했다.

우리나라는 부존자원이 적다. 지난날엔 땔감이 없어 산은 헐벗고 겨울은 고통스러웠다. 산업화를 시작한 1960년대 무연탄 증산정책을 펼쳤으나 공급이 달려 연탄파동을 치렀다. 대체에너지로 수입하기 시작한 석유는 1973년 1차 석유파동을 맞아 국가 산업발전을 위태롭게 하였다.

이러한 에너지 문제를 해결하기 위해 1978년 가동시킨 것이 고리원전 1호기였다. 지난 40년간 우리는 고리 1호기를 성공적으로 운영하며 많은 공전(空前)의 기록을 남겼다. 한국 원자력발전 기술을 세계 최고 수준으로 끌어올렸다. 그러한 고리 1호기의 퇴역 기념식에서 문재인 대통령이 탈원전정책을 표명했다. 탈원전을 기조로 에너지정책의 대전환을 시도하겠다고 한 것이다.

새 원전 건설은 일체 중단시키고, 공정이 30% 진척된 신고리 5·6호기 건설을 임시 중단시키며 공론화위원회를 만들어 공사 여부를 묻겠다고 하였다. 신재생에너지와 가스발전으로 미래의 전력수요에 대응할 수 있다는 주장을 펼쳤다. 그러나 좁은 국토에서 태양광발전을 확장하는데는 한계가 있다. 또한 풍력발전은 소음을 발생시키고 레이더를 교란시킨다.

원전 사업을 추진함에 있어 안전과 국민수용은 새의 두 날개와 같다. 원자력 기술이 우수하고 운영이 완벽해도 국민이 수용해주지 않으면 원전사업은 계속할 수 없기 때문이다. 지난 날 원전업무를 맡았던 한국전력은 국민수용을 위해 원전 안전 홍보에 정성을 기울였다. 1984년부터 고리원전을 개방해 국민들이 견학할 수 있게 하였다. 이러한 노력은 반(反)원전 단체의 활동 확산을 저지하는데 크게 기여했다.

1986년 영광원전 3·4호기 원자로의 국제입찰 결과에 대한 시비로 원자력 기술의 자립이 수포로 돌아갈 위기를 맞았다. 한국전력은 정치권 설득에 나서야 했는데, 그러한 때인 1987년 말 1노3김이 맞붙은 13대 대통령선거가 치러져, 여당의 노태우 후보가 대통령에 당선되었다. 그러나 민주화에 대한 열망은 막을 수 없어 1988년 4월 26일 치러진 13대 총선에서는 여소야대가 만들어졌다. 그러자 앞서 국제 입찰에서 탈락한 업체가 야당으로 하여금 계약 파기를 요구하게 하였다.

한전은 국회 국정감사와 감사원 특별감사는 물론이고, 야당의 고발로 검찰 수사까지 받게 되었다. 검찰은 3개월에 걸쳐 수사관을 총 동원해 150명을 조사했으나 결국 무혐의 처분을 내리고 말았다. 그때 수사를 지휘한 검사가 "한국에 이처럼 깨끗한 조직이 있다는 사실에 놀랐다"란 말을 하였다.

야당이던 평화민주당은 반핵의 입장이었다. 때문에 반핵 핵심인물을 비례대표로 13대 국회에 입성시켜 동력자원위원회에 배치한 다음 철저한 조사와 검토를 하게 했다. 그러한 그가 한전 기술진과 끝없는 논쟁과 토론을 거듭한 끝에, '원자력의 불가피성'을 인정하게 되었다. 그리고 김대중 평민당 총재에게 보고하며 원전의 불가피성을 설득했다고 한다. 때문에 1989년 11월 김대중 총재가 목포에서 "우리나라는 원자력 건설이 불가피하다"는 소신을 밝히게 되었다.

후광(김대중 전 대통령의 아호)의 '목포선언'은 반원전 세력을 잠재우는 중요한 계기가 되었다. 이를 계기로 원전 기술자립을 위한 개발 연구가 계속되었다.

그 결과 원전 국산화가 완성돼 1994년 제네바합의에 따라 만들어진 한반도에너지개발기구(KEDO)는 북한의 핵개발을 저지하기 위해 제공하는 경수로로 한국의 KSNP(한국표준형원전)를 선정하게 되었다. 이 성과는 북한이 핵개발을 재개함으로써 파기됐지만, 북한에 원전을 공급하려고 한 경험이 2009년 아랍에미리트에 원전 네 기를 수출하는데 좋은 밑거름이 되었다.

2016년 12월 20일 우리는 우리가 개발한 제3세대 원전인 APR-1400을 채택한 신고리 3호기의 역사적인 상업운전을 시작하였다. APR-1400은 아랍에미리트에 수출한 것과 같은 노형이다. 세계는 최초로 제3세대의 원전 상업운전을 시작한 한국을 경이의 눈으로 바라보게 되었고, 아랍에미리트는 한국을 신뢰하게 되었다. 덕분에 올해(2017)엔 영국이 우리에게 원전 국제입찰에 참여해달라는 초청장을 보내왔다. 내년에는 '미국원자력안전위원회'로부터 설계인증(DC)을 받아내 미국으로 원전을 수출할 수 있는 자격을 확보할 것으로 보인다. 한국 원자력계는 가히 세계 최고 수준을 달리게 된 것이다.

그런데 안타깝게도 2011년 일본 후쿠시마 원전사고로 국민들은 원전에 대한 불안감과 공포심을 갖게 되었다. 촛불시위가 일어난 2016년 지진으로 원자로가 폭발한다는, 말도 안 되는 일을 모티브로 한 영화 '판도라'가 개봉돼 원자력 사고에 대한 불안감을 키웠다.

원자력계는 '우리 원전은 사고를 낸 일본 원전과는 노형이 다르다는 것'을 설명하는데 실패했다. 쓰나미로 2만 명이 넘는 사망자가 발생했으나 방사선 피폭으로 사망한 이는 단 한 사람도 없다는 것을 알리는데도 성공하지 못했다.

그리고 촛불시위로 집권한 세력이 정치적으로 공포심을 이용하게 되었다. 국민 안전을 명분으로 탈원전정책을 내놓은 것인데, 이는 국민 지지를 이어가기 위한 술책으로 보인다. 거짓된 정보를 토대로 일으킨 국민 공포심을 이용해 권력을 공고히 해 나가려는 것이다.

돌이켜 보면 현 정권은 2001년 전력산업 구조개편을 통해 한국수력원자력을 한국전력에서 분할시킨 정권을 모태로 한다. 그러한 정권에 뿌리를 둔 세력이 탈원전을 추진한다. 그러한 점에서 전력인과 원자력인들은 2001년 발전사업자를 분할시키는 것을 막았어야 한다고 생각한다. 쪼개질수록 전력계와 원자력계는 단합하기 힘들어지기 때문이다.

지금 세계는 기후변화로 인한 재앙을 막아내기 위해 '파리기후협약'에 동의하고 2030년까지 이산화탄소 저감을 위해 노력하기로 했다. 신재생에너지원은 이산화탄소를 배출하지 않지만, 신재생에너지의 생산은 매우 불안정하고 생산단가가 아주 비싸다.

반면 원자력발전은 이산화탄소를 배출하지 않으면서도 품질 좋은 전기를 안정적으로 저렴하게 공급할 수 있다. 모든 국민이 에너지를 풍족하게 쓰는 '보편적 복지'를 하기 위해서는 원자력발전의 발전(發展)이 절실히 필요한 것이다.

우리가 탈원전을 강행한다면, 우리가 진출해야 할 세계의 원전시장은 러시아와 중국이 독점하게 될 것이다. 해외에 대한 에너지 의존도는 더욱 높아져 에너지 안보도 흔들리게 된다. 에너지 없는 안보는 없다. 경쟁력 있는 에너지 체제를 갖춤으로써 에너지 안보를 튼튼히 하고 보편적 에너지 복지를 실현하려면 우리는 보다 안전한 원자력발전 기술을 개발하는데 매진해야 한다.

필요는 발명의 어머니다. 안전을 넘어선 안심 요구는 무리한 것일 수 있는데, 안심을 실현시키는 것이 결국은 기술발전이다. 세계 최고 수준에 있는 한국 원자력이 국민 안심을 이룰 수 있도록 계속 발전시키는 것이 바른 길이다. 원자력인들은 자부심을 잃지 말고 국민 앞에 나서서 당당히 우리 원자력을 설명해야 한다. 달핵을 할 대상은 우리가 아니라 북한이라는 것도 분명히 알려드려야 한다.

문재인 대통령은 사드 배치에 대한 의견을 바꾼 바 있다. 국가 지도자가 되면 정치인 시절에는 보지 못했던 것을 보며 의견을 바꾸게 된다. 김대중 총재도 목포 선언을 통해 원자력에 대한 입장을 바꾼 바 있다. 전력인과 원자력인들은 우리 지도자가 바른 에너지정책을 선택하게 하는데 최선의 노력을 기울여야 한다.

행동하지 않는 지식은 산 지식이 아니다

황주호 경희대학교 부총장(원자력공학), 전 한국원자력학회 회장

스마트폰앱인 'electricity map'에는 유럽 등 주요국가의 발전 상
황과 이산화탄소 배출이 실시간으로 나온다.

2012년 대선때부터 탈원전이 일부 정당의 공약으로 등장했습니다. 강도의 차
이는 있지만 이번 대선에서는 대부분의 정당이 탈원전을 내걸었습니다. 하지만
원자력계는 '국민들이 흔들리겠어'하며 외면했습니다. 국민이 안심하도록 이끌지
도 못하면서 말입니다.

원자력계의 잘못이 많습니다. 기술적인 안전성에 자만했고 지역과 소통하지
못했으며, 국민이 원하는 답을 제대로 주지도 못했습니다. 저는 40년 가까이 원자
력 전문가로 살아오면서, 학생들을 가르치고 전문연구나 실험을 하면서 훌륭한
논문이나 발표하면 된다고 생각했습니다. 학문은 저들의 영역이 아니니까 '원자
력 마피아'라고 해도 신경 쓰지 않았습니다.

원자력 덕분에 무슨 부귀영화를 누렸는지 모르겠지만, 이젠 마피아를 넘어 '적

폐세력'이 돼 버렸습니다. 허탈합니다. 동료 교수들도 자다가 벌떡벌떡 깬다고 합니다. 원자력발전소 현장에서 수십 년을 지켜온 분들의 가슴이 시커멓게 탔을 것입니다.

올해(2017)는 장마가 길어진 느낌입니다. 폭우가 지역을 바꿔가며 내렸습니다. 문득 '해가 안 나오고 바람 없는 날이 오래되면 독일처럼 태양광과 풍력을 많이 설치한 나라들은 어떻게 버티나' 하는 생각이 들었습니다.

자료를 찾아봤더니 13세기 초 영국에서는 155일 동안 비가 내린 적이 있었습니다. 전 유럽이 기후변화에 직면한 것인데, 그때 독일과 프랑스·네덜란드 등에서는 7년간 대기근이 이어지더니 그 후 흑사병이 돌아 유럽 인구의 3분의 1이 숨졌다고 합니다. 당시엔 곡식을 말릴 시설도 에너지도 없었으니, 흐린 날씨에 수확한 곡식들은 다 썩혀 버렸을 것입니다. 먹지 못하면 면역력이 떨어져 쉽게 감염됩니다. 이 이야기는 뒤에 다시 하겠습니다.

6·25 전쟁 후의 우리나라도 대기근을 겪은 13세기 유럽과 비슷하지 않았을까요. 먹고 사는데 가장 필요한 것은 원조 밀가루나 분유, 석유가 아니라 내가 만들고 생산할 수 있는 에너지라는 생각을 한 지도자가 있었다는 게 다행이라는 생각입니다.

우리나라는 1957년 수립한 전원개발 5개년계획에서 수력과 화력으로 90% 이상을, 그리고 작지만 5만 킬로와트 원자력발전소를 지어 전기를 공급하겠다고 했습니다. 이에 민간이 호응하여 한양대학교가 처음으로 정원 160명의 원자력공학과를 설립하였습니다. 정부는 원자력연구소를 만들고 200여 명을 국비로 유학을 보냈습니다.

1960년대 말에는 원자력발전소 선설계획을 세웠습니다. 1970년대 초 정부 예산은 5,000여억 원이고 1인당 국민소득이 250달러 정도였습니다. 그런데 고리 1호기 건설비는 자그마치 1,500여억 원.

최초로 원자력공학과를 설립하고 10년이 된 즈음에 건설을 시작해 20년 즈음 고리 1호기를 준공하였습니다. 비슷한 시기에 미국의 원조로 연구용 원자로를 건설했던 동남아국가들은 아직도 그 연구로만 운영하고 있답니다.

우리는 총 25기의 원전을 가동시켜 총 3조 5,000억 킬로와트의 전력을 생산하게 되었습니다(그러나 고리 1호기 영구 정지로 가동 중인 원전은 24기임). 그 사이 소비자물가는 약 280% 상승했지만 전기요금은 50% 정도만 올랐습니다. 생뚱한 이야기일 수도 있지만 35만 명의 생명도 구해냈습니다. 이만한 전력을 석탄화력으로 생산하였다면 분진과 질소산화물과 황산화물로 그 정도의 인명이 희생되었을 것이기 때문입니다.

원자력발전은 IMF 외환위기를 이겨내는데 도움을 주었고, 반도체같은 정밀공업이 일어나는데도 일조하였습니다. 동일본 대지진 이후에는 안정적이고 경제적인 전기를 찾는 많은 외국 기업들이 우리나라에 둥지를 틀게 된 계기도 제공했습니다.

그러나 값싼 전기의 대량 공급으로 에너지 가격과 소비행태를 왜곡시키고 환경 유해물질을 내뿜는 외국기업이 우리나라에 둥지를 틀게 했다는 비난도 받게 되었습니다. 에너지 가격과 소비행태의 왜곡을 원자력 마피아가 책임져야 하나요? 그것은 정부의 일이 아닌가요?

농촌에서 고추건조기까지 전기로 운전하게 된 것은 정부의 정책을 넘어선 부분입니다. 원자력을 질타하든 질타하지 않든 정치인들이 만들어 놓은 작품입니다. 원자력계가 한 것과 정부가 한 일, 정치인들이 벌여놓은 일을 혼동하지 말아 주십시오.

원자력의 경제성은 에너지 밀도가 비교할 수 없을 정도로 높다는데서부터 시작합니다. 우라늄 1그램은 석유 2톤, 석탄 3톤의 에너지를 낼 수 있습니다. 높은 밀도의 에너지가 나오니 이를 조절하고 방사능 누출을 막기 위해 안전도 높은 시설 투자가 필요합니다. 그러나 운영단계에서 필요한 연료비는 발전단가의 10% 안쪽입니다. 반면 가스와 석탄화력발전소는 초기 투자비는 작아도 연료비가 높습니다.

원전은 폐로와 사용후핵연료 관리 같은 사후처리를 위해 2년마다 적정 금액을 산정해 그 비용을 충당하거나 적립해오고 있습니다. 이 비용이 발전단가에 포함됩니다. 그런데도 원전 연료비는 발전단가의 10% 이내입니다. 그러니 30년 이상 운전하면 경제성에서 타 전원을 앞선답니다.

탈원전과 탈석탄 정책이 전기요금을 상승시킨다는 것에 대해 그렇지 않다는 발표가 있어 혼란스럽습니다. 분명한 것은 탈원전과 탈석탄으로 비게 된 공간을 기술개발에 시간이 걸리는 신재생은 채우지 못한다는 사실입니다. 그 공간은 가스(LNG)발전이 채우게 될 것입니다. 가스발전의 단가가 얼마나 비싼지 아십니까?

LNG는 대개 재벌기업들이 수입하고 있습니다. 모 재벌 소속의 경제연구원은 가정용 전기요금이 2030년에 월평균 5,000원 정도 상승할 것이라고 했습니다. 과연 그럴까요? 확실하게 말하려면 독일을 보아야 합니다.

2000년대 초부터 강력히 신재생을 추진해온 독일의 전기요금은 유럽 최고 수준입니다. 지난 십여 년간 50% 이상 상승해 왔습니다. 월 5만 원을 내던 집은 5,000원이 아니라 2만5,000원을 더 내게 되었습니다. 요즘 월 1만 원의 전기요금을 내는 집은 거의 없다는 것은 잘 알고 계시지요.

예측을 믿지 말고 현실을 보십시오. 가장 크게 널뛰는 것이 LNG(액화가스) 가격입니다. 요즘(2017)의 LNG 가격은 2012년의 반 정도에 불과합니다. 그런데도 가스발전의 단가는 원전단가보다 높습니다.

몇몇 국내 언론은 미국 에너지부의 에너지정보국(EIA)이 '2022년 풍력과 태양광 발전의 단가가 원자력보다 낮을 것으로 전망했다고' 대서특필하였습니다. 이 보고서를 자세히 읽어보면, 태양광과 풍력의 이용률을 우리나라의 두 배 가량인 25%와 41%로 잡아 놓은 것이 발견됩니다. 우리나라에서는 모하비사막에서 하는 태양광발전과 네바다황야에서 하는 풍력발전을 따라갈 수가 없습니다.

미국같이 볼모지에서 하는 발전은 땅값 계산을 할 필요가 없습니다. 그러나 우리처럼 국토가 좁은 나라에서는 반드시 토지비용을 계산해야 합니다. 그러니 그런 결과가 나오는 것입니다. 한국에서는 일어나지 않을 일을 믿지 마십시오.

신고리 5·6호기는 아랍에미리트에 수출한 원전과 같습니다. 가장 최신형이고 다양한 안전장치를 갖추었습니다. 1960년대 나온 자동차들은 기술의 한계 때문에 안전 여유도를 부여하여 만들었습니다만, 요즘 자동차는 안전장치를 다양하게 갖춰 생산됩니다. 그와 비슷한 기술발전이 신고리 5·6호기에 투영된 것입니다.

한 후보의 대선캠프에 참여해 공약 수립에 기여하였다는 모 의대 교수가 우리나라 원전의 사고 확률을 30%라고 주장했습니다. 그의 계산 방식을 월드컵축구에 적용하면 아시아 47개국이 우승할 확률은 85%, 독일과 브라질이 우승할 확률은 7.5%라는 웃지 못할 결과가 나옵니다. 그는 일본산 어류는 300년간 먹으면 안 된다고도 했습니다. 그러나 후쿠시마 현 사람들은 오늘도 회를 잘 먹고 있습니다.

지난 십여 년 간 전력수요 예측에 실패해 발생한 전력 부족을 메우기 위해 우리는 LNG(액화가스)발전소를 많이 건설했습니다. 그러한 LNG발전소가 최근 수년간 낮은 가동률로 적자를 면치 못하게 되었습니다. 그리고 2016년 국회 산업통상자원위원회는 전기사업법을 개정해 '경제급전(給電)' 원칙을 '환경급전' 원칙으로 변경하게 하였습니다.

LNG발전소를 위한 배려를 한 것인데, 왜 이런 배려를 하게 됐는지는 짐작하실 것입니다. 그러나 LNG발전소가 발생시키는 미세먼지는 석탄화력발전소에 못지않고, 이산화탄소의 발생량도 석탄화력발전소의 60%에 달한다는 것을 아셔야 합니다. LNG발전은 결코 친환경 발전이 아닙니다.

우리나라는 1970년대 두 차례의 오일쇼크를 겪으면서 계획경제처럼 에너지를 섞는 정책(에너지믹스)을 채택하게 되었습니다. 2000년대 들어서는 민간기업의 제안을 받아들여 이들도 발전사업에 참여하는, 계획과 시장경제를 섞은 형태를 만들게 되었습니다. 때문에 가스발전을 하는 기업과 태양광이나 풍력발전을 하는 개인 사업자들의 요구가 더 커지게 되었습니다.

경제와 안보를 중시하던 시절에 채택한 것이 에너지믹스(mix)인데, 환경과 민간기업도 중시해야 하는 믹스를 하게 됐으니 혼란이 일어나는 것입니다. 우리는 '민간이 하고 있는 가스와 태양광, 풍력발전이 과연 경제적이냐'라는데 주목해야 합니다. 그쪽은 경제적이지 않습니다. 그러나 민주화를 중시하는 시대를 맞았으니 이들은 자신들에 대한 배려를 요구합니다.

이 요구를 과도하게 받아들이면 우리나라의 에너지믹스에 왜곡이 일어납니다. 에너지믹스의 왜곡은 서민을 위한 '보편적 복지'에서 문제를 일으킵니다. 이익을 위해 발전하는 이들이 발전단가를 낮추는데 동의한다는 것은 있을 수 없는 일이기 때문이다. 이들은 친환경을 명분으로 내세우지만 결코 친환경은 아닙니다.

제발 명분에 속지 말고 현실을 봐주십시오. 보편적 복지를 유지하는 것이 민주적인가요, 소수의 이익을 보장해주는 것이 민주적인가요?

스마트폰에 'electricity map'이란 앱을 설치해 보십시오. 유럽을 무대로 이산화탄소 배출이 많은 나라와 그렇지 않은 나라가 선명히 나타날 것입니다. 각각의 나라를 터치하면 그 나라의 발전 상황과 전기의 수출입 현황을 시간 단위로 보여주기도 합니다. 놀랍게도 이 앱에서 독일과 영국은 이산화탄소를 많이 배출하는 나라로 나옵니다.

독일은 우리보다 20% 정도 많은 650테라와트의 전력을 생산합니다. 2015년 독일은 80테라와트의 전기를 수출하고 30테라와트를 수입해 50테라와트의 순수출량을 기록했습니다. 그런데 태양광과 풍력의 이용률이 10.7과 19.5%로 낮게 나왔습니다. 물론 날씨에 따라 전기 생산량은 들쑥 날쑥입니다.

들쑥날쑥의 문제가 어떤 것인지 2016년 3월 20일 독일에서 일어난 개기일식 사건이 잘 보여줍니다. 그날 독일에서는 태양을 가린 달 그림자가 90여분 간 지나가게 되었습니다. 독일의 여러 지역은 차례로 90여분 간 태양광발전을 하지 못하게 된 것입니다. 대낮에는 태양광발전소들이 계속 전기를 생산해줘야 하는데, 그렇지 못한 상황이 벌어진 것입니다.

다행인 것은 개기일식은 예측되었고, 그에 따른 태양광발전의 부족분도 미리 계산되었다는 점이었습니다. 독일 전 지역에서 90여분 간 이어진 개기일식은 원전 여섯 기를 세우는 것과 같다는 전망이 나왔습니다. 때문에 독일은 프랑스 등 인접국가에서 전기를 수입하고, 대체로 준비해둔 석탄화력발전소를 가동해 전기 부족사태를 막았습니다. 다행이지요. 독일 전역에서 90여 분 간만 태양이 사라졌기에 그래도 대처할 수 있었던 것입니다.

그러나 13세기 초 영국에서 그랬던 것처럼 독일 전역이 수십일 간 장마에 젖는다면 과도하게 신재생으로 달려간 독일은 과연 대처할 수 있을까요. 아직 태양광 발전으로 생산한 전기를 오랫동안 저장해두는 장치('ESS, 전력 저장장치')는 개발되지 못했습니다. 상당한 시간이 지나도 대용량을 장기간 저장하는 장치를 개발하기 어려울 것입니다.

신재생을 하겠다며 원전을 없애고 있는 독일이 40%대를 차지하는 석탄화력발전소를 유지하고 있는 것은 신재생 발전량이 떨어졌을 때에 대비하기 위해서입니다. 독일의 신재생은 정부 보조금으로 버티고 있다고 해도 과언이 아닙니다. 독일의 탈원전은 공해가 많은 석탄화력발전소 증가를 초래하고 있는 것입니다.

독일은 매년 신재생에너지 보조를 위해 25억 유로를 집행하는데, 이중 23억 유로는 가정의 전기요금으로 부담하고 있습니다. 독일은 산업경쟁력 유지를 위해 기업에 대해서는 이 부담을 면해주고 있습니다. 그러하니 가정의 전기요금이 다락같이 높아졌습니다. 우리처럼 고추를 말리는데도 전기를 쓰는 것은 상상도 할 수 없습니다. 전기 난방도 없으니 독일의 겨울은 춥습니다.

신재생의 벽에 부딪친 영국은 역(逆)으로 가고 있습니다. 이산화탄소 발생량을 줄이기 위해 2025년까지 석탄화력발전소를 폐쇄하고 해상풍력을 대규모로 건설한다고 했었으나 전기요금 인상 때문에 국민들이 반대하자, 원전 건설로 회귀한 것입니다. 여덟 군데를 신규 원전건설부지로 정하고 최근 우리나라에도 입찰에 참여해 달라는 요청을 하였습니다. 정말 세계의 움직임을 똑바로 봐야 합니다.

우리나라는 원자력발전소의 건설과 운영에는 많은 투자를 하였지만 방사선 안전과 사후처리 대비에는 부족했던 것 같습니다. 때문에 1980년대 중반 시작한 중저준위 방폐장 확보에 20여 년이 걸렸고 확보 이후에도 여러 문제가 발생해 10년 만에 완공을 하였습니다. 그 사이에 쌓인 오해와 불신이 발전 분야로 확장돼, 원자력발전소를 운영하다 보면 당연히 발생하는 고장을 사고로 인식하는 이들이 늘어났습니다. 방사선에 대한 오해는 무뇌아 사건과 갑상선암 증가라는 이상한 결과를 낳기도 하였습니다. 동일본 대지진과 후쿠시마 원전사고도 국민들에게 불안감을 심어 주기에 충분했습니다.

그런데 우리의 발전회사와 규제 당국이 취한 조치는 불안감 해소와는 거리가 면 공학적인 판단만을 근거로 했습니다. 불안감은 감정인지라 안심이라는 감성으로 풀어야 하는데, 수치를 근거로 '안전하다'는 이성적 과학만 제시했으니 국민의 마음을 얻지 못했습니다.

2013년 드러난 원전부품비리 사건은 원자력사업자를 마피아 집단으로 몰고가는 계기가 되었습니다. 이 사건은 원전 부품을 국산화했기 때문에 발생했습니다. 국산화한 부품을 납품하려면 많은 비용을 요구하는 외국 기관에서 인증을 받아와야 하는데, 중소기업들은 이것이 부담스러웠기에 시험성적서를 위조해 납품했던 것입니다.

우리가 인증기관을 만들었으면 일어나지 않았을 일입니다. 이제야 정부와 발전사업자, 부품 공급자들은 인증 체계를 갖추고 있습니다. 그러나 원자력계가 청렴하다는 평가를 받으려면 시간은 더 걸릴 것입니다.

사후처리 가운데 가장 어렵고 중요한 것이 사용후핵연료 관리입니다. 우리 정부의 문제는 사용후핵연료 처리에 대한 방침이 없다는 것입니다. 때문에 사용후핵연료를 연구개발의 대상으로 보는 부서와 사후처리를 중시하는 부서가 공존하게 됐습니다. 사용후핵연료 관리에 대한 방침도 결정하지 못했습니다. 2015년 산업통상자원부는 공론화 과정을 통해 사용후핵연료의 임시저장, 중간저장, 영구처분의 일정과 중간저장 부지의 선정 방식 등과 관련된 법안을 국회에 제출했으나 통과시키지는 못했습니다.

문재인 정부는 환경단체의 의견을 받아들여 사용후핵연료에 대한 공론화를 다시 할 것으로 보입니다. 지난 정부가 한 공론화의 결과물인 '고준위방사성 폐기물 관리절차 법안'에 어떤 하자가 있는지는 밝히지 않고 말입니다. 이런 식으로 공론화만 거듭하면 사회적 결론을 내리기 어려워집니다.

태양광과 풍력은 개인이 전기사업자가 되는 것이니 '에너지의 민주화'로 볼 수 있습니다. 거대한 집단이 하고 있는 원자력발전은 '독재적'으로 보일 것입니다. 국민은 '자신이 만든 것'이라야 고마워하고 귀하게 여깁니다. 원전처럼 거대한 집단이 만들어준 전기는 풍족하고 저렴해도 '그런가 보다' 할 뿐입니다.

태양광발전 판매사업자가 된 '사장님'이 9,000명을 넘었다고 합니다. 독일은 500여만 명이라고 하니, 이 정부에서도 '사장님' 숫자는 기하급수적으로 늘어날 것입니다. 이 숫자가 만들어낼 여론과 압력을 정부가 임명한 사장이 이끄는 한국수력원자력이 당해낼 수 있을까요? 값싸고 질좋은 전기를 풍부하게 제공하는 원자력발전은 점점 어려워질 것입니다.

지역에 많은 지원금을 제공하고도 배척을 받는 것이 한수원입니다. 그러한 체제를 차단하려면 발상의 전환을 해야 합니다. 우리가 필요로 하는 것은 값싸고 질좋고 풍부한 전기를 국민의 사랑을 받아가며 생산하게 하는 것이지, 한수원을 공기업 체제로 운영하는 것은 아닙니다. 원자력계도 역발상을 해서 살 길을 모색해 봅시다.

한수원을 한전이 단독 주주인 회사로 두지 말고, 원전이 있는 지역주민을 필두로 관련 업체와 국민들이 주주가 될 수 있는 회사로 바꿔야 합니다. 네 개 원전단지를 토대로 분사(分社)를 해 경쟁하게 한다면, 그리고 그 과실을 주식을 가진 지역주민이 나눠 갖게 한다면, 지역주민들은 원전을 나가라고 하지 않고 아껴줄 수도 있을 것입니다.

이 정부에서 에너지문제는 난상 토론의 대상이 될 것입니다. 공론화를 신고리 5·6호기 건설 여부로 국한한다고 해도 불안한 마음에 눈은 더 먼 곳에 있을 것으로 보이는 뭔가를 찾아 두리번거릴 뿐입니다. 정부는 기울어진 운동장이 아니라 '뒤집어진 운동장'을 만드는 것이 아닌가 하는 의심이 들기도 합니다.

원자력 회사한테 원자력 홍보를 중단하라고 해놓고 정부의 공보물에는 탈원전의 필요성을 강조하고 있으니 슬픈 마음이 일어납니다. 어제까지 열을 올리며 원자력발전의 강점을 설명하던 공무원들이 이제는 원자력의 폐해를 강조하는 설명을 맥없이 하게 되었습니다. '바람이 불기 전에 먼저 눕는 풀이 있다'는 것을 실제로 보게 된 것입니다.

모든 상황이 녹록치 않기에 원자력학계는 정정당당하게 나가야 합니다. 서울대학교 환경대학원의 전상인 교수께서 국가 인프라 문제를 어떻게 보아야 하는가와 공론화에 대해 좋은 글을 기고하셨기에 인용하겠습니다.

〈무릇 인프라 정책은 깊게 들여다보고 멀리 내다보아야 한다. 로마의 역사가 웅변하듯이 그것은 국가의 원초적 존재 이유를 묻고 답하기 때문이다.… 로마문명의 후예인 서구의 선진국들이 에너지정책을 놓고 수십 년째 고민하는 것은 이 때문이다. 서구문명을 잉태한 유럽의 하천들이 자연과 인공의 조화를 통해 토목과학을 넘어 토건예술의 경지를 보여주는 것도 이 때문이다.

강을 본래 모습으로 되돌린다는 말에 사람들은 순간적으로 감동할지 모른다. 장밋빛 에너지 민주주의론에 사람들은 일시적으로 솔깃할지 모른다.… 중요한 것은 전문가의 목소리가 묻히지 않도록 키우는 일이다. 또한 정부가 뒤로 숨지 않고 전면에 나서는 일이다. 국책 인프라를 시류에 맡길 수는 없다〉

학계는 국가의 산업정책이 올바른 방향을 찾지 못하거나 부패하려고 하면 과감하게 호루라기를 불어야 합니다. 행동하지 않는 지식은 산 지식이 아닙니다. 원자력 전문가를 자처하면서 원자력발전을 국민에게 제대로 알리지 못한 책임을 통감하며 글을 마치겠습니다. 감사합니다.

대통령과 국민께 드리는 한 재미 한국인의 충고

한종옥 케이디교역 대표

라스베가스 근교의 태양광집열판

우리나라 최초의 원자력발전소인 고리 1호기의 영구 정지는 부산지역 시민 단체를 비롯한 반원전 그룹이 주축이 되어 거론되기 시작했다. 정치권이 가세 함으로써 2016년 정부시책으로 결정되고, 19대 대통령 선거 때는 강도의 차이는 있지만 대부분의 후보들이 원자력발전에 반대한다는 취지의 선거 공약을 내밀 었다.

40여 년간 원자력발전 관련 일을 해온 나로서는 이해가 되지 않았지만, 표를 의식한 대통령 후보들의 행위임이 분명해 보였다. 집권해서 현실 이야기를 들은 후에는 과거 정권이 그러했듯이 생각을 바꿀 수도 있을 것이라고 위안하며 지나 갔다.

대통령선거가 끝나고 국정기획위원회 위원들이 신고리 현장을 돌며 선거공약

실천에 관한 현실 조사를 할 때만해도 마음의 여유는 있었다. 미세먼지 대책으로 오래된 석탄화력발전소을 일시 중단시키고 공정률이 얼마 되지 않은 신규 석탄화력발전소 건설을 취소시키며, 계획 중인 원자력발전소 네 기의 설계를 중단시킬 때는 설마했었다.

하지만 6월 19일 고리 원전 1호기 영구 정지 기념사에서 탈원전 선언을 하는 것을 듣고는 내 귀를 의심하며 의아해 하지 않을 수 없었다. 후쿠시마 사고로 인한 사망자가 1,368명이라는 것과 설계수명이 다한 원전의 가동을 연장하는 것은 선박운항 선령을 연장한 세월호와 같다는 설명에 이르러서는 무언가 잘못됐다는 의심이 들기 시작했다. 때문에 평소 생각하던 것을 정리하여 보았다.

체르노빌 사고는 과학자와 발전 사업자가 합작한 인재로 알고 있다. 원자로를 정지시킨 상태에서 터빈-발전기 부하와 원자로와의 관계를 실험하다가 원자로를 조절할 수 없는 상태로 만든 것이 사고로 이어졌다. 정상적인 운전 절차에는 없는 시험을 하다가 수많은 사람에게 정신적·경제적 손해를 입힌 것이다.

운전 절차서를 생명으로 여기는 국내 발전소에서 메뉴얼에도 없는 과학적 실험을 한다는 것은 꿈에도 생각할 수 없다. 우리가 채택하고 있는 가압 경수로와 달리 러시아의 원자력발전소는 원자로건물이 없는 관계로 폭발된 방사선 물질이 바로 대기 중으로 방출되었다.

후쿠시마 사고는 지진때문에 일어나지 않았다. 바다 속에서 일어난 지진은 설계치를 넘는 것이었지만 발전소는 정상적으로 정지되었고 후속 냉각 절차도 수행됐다. 그런데 쓰나미가 닥치면서 사건이 일어났다. 이 쓰나미가 비상 운전 중이던 디젤발전기의 유류탱크를 휩쓸어 버리고 디젤발전기를 물에 잠기게 하면서 냉각기능을 상실시켜 수소 폭발이 일어났다.

우리와의 관계만 따져 보자. 후쿠시마 지진의 크기는 원전의 설계치보다 높았지만, 원전은 정상적으로 정지했다. 지진으로 인한 직접적인 피해는 없었던 것이다. 우리나라에서도 같은 결과가 나오리라고 본다. 최대 쓰나미의 가상 높이인 10미터를 못 맞춘 곳이 고리 1호기이기에 발전소 주위에 담을 쌓았다. 그렇다면 우리는 쓰나미에 대한 대비를 갖추었다고 보아야 한다.

문재인 정부는 석탄화력발전소와 원자력발전소를 대폭 줄이고, LNG발전과 신재생에너지로 교체하겠다고 했다. 이유는 국민의 안전과 건강을 위해서라고 했다. 맞는 말이다. 삶에 여유가 생겼으니 참아왔던 미세 먼지와 원전 불안감에서 벗어날 필요가 있다. 초창기 석탄화력발전소를 지을 때 탈질(脫窒)·탈황(脫黃) 설비를 갖춰야 한다는 것을 알면서도 경제적 이유로 설치 하지 못했었다. 하지만 요즘 짓고 있는 석탄화력발전소는 신기술을 적용해 배출 가스를 엄청 줄이고 있다.

노후 발전소는 서서히 폐쇄시키는 것이 옳다. 하지만, 신재생에너지원을 짓기 위하여 이미 착수한 석탄화력발전소 건설을 취소한다면 식당에 가서 김치찌개를 시켰다가 된장찌개로 바꾸는 격이 된다. 두 개의 음식을 만들어야 하는 것이다. 두 발전소는 부지 조건, 설계 변경 및 그에 따른 구매 변경, 송전선 건설 등이 다르기에 고려해야 될 사항이 많기 때문이다.

탈원전의 경우도 마찬가지다. 설계 중이던 신한울 3·4호기와 준비 중이던 천지 1·2호기 설계를 중단시킨 것은 나름 이해가 간다. 시작하지 않았기 때문이다. 하지만 종합 공정률이 28% 가까이 진행된 신고리 5·6호기 공사를 잠정 중단시키고 공론화하겠다는 것은 너무나 무책임한 행동이다.

2022년이 되면 원자력과 태양광발전의 가격이 같아진다는 것과 원자력을 짓지 않아도 임기 내 전력 수급에 문제가 없고 전기료의 추가 인상도 없다는 홍보는 그 속이 훤히 들여다 보인다. 한반도의 H형 개발 계획을 발표하고, 독일에 가서는 러시아와의 철도 및 가스관 연결 사업 계획을 발표한 것도 이상하다. 북방경제협력위원회를 구성하고, 동방경제포럼에 참석해 푸틴 대통령과 가스관 연결을 협의했다는 소식도 수상하다.

'노무현 대통령 때 시도하려다 못한 정책을 다시 하려고 하는구나. LNG(액화가스)발전을 늘리려는 것이구나'. 그러나 LNG발전을 늘리려면 지구 온난화 방지를 위한 이산화탄소 감축의무를 지킬 수 없다. 질소산화물과 황산화물의 양은 줄어들지 모르지만 이산화탄소 발생은 줄이지 못한다.

가스관 사업이 잘되어 북한을 통과하는 파이프라인을 지었다고 상상해보자. 유럽이 당했듯이 러시아가 일방적으로 가스 값을 올리거나 수출량을 마음대로 감소시키면 어찌될까? 남북 관계가 평화적으로 정립되지 않아 북에서 가스 밸브를 잠그면 또 어떻게 될 것인가(PNG 가스).

북한을 통과하는 파이프라인을 건설하면 북한에 매년 통과세를 내야 되는데, 이는 북한에 대한 경제교류를 금지한 유엔 제재와 상충하지 않는가?

2015년 로스엔젤레스에서 라스베가스까지 운전하다가 라스베가스에 도착하기 전 수 마일 앞에서 뭔가 번쩍이는 것이 솟아 오르는 것을 보았다. 무엇일까? 궁금하여 가까이 가서 살펴보니 태양광집열판이었다. 황무지의 사막이라면 일조량이 많을 테니 태양열발전을 할 수도 있다. 모하비사막에 끝없이 펼쳐진 태양광발전소를 보면 입이 쩍 벌어질 정도다. 그러나 한국은 다르다.

김천 근처의 산속에 9홀짜리 퍼블릭골프장이 있어 라운딩을 갔다. 저 멀리 산속에 나무를 베고 언덕에 세워진 태양광집열판이 보였다. 한국 기준으로는 상당히 넓어 보이지만 미국에서 본 태양광집열판 넓이에 비하면 1%도 되지 않았다.

현재 기여도가 5% 미만인 신재생에너지에서 태양광발전이 차지하는 비중은 1%도 안 된다. 석탄과 원자력발전량을 줄이고, 신재생에너지를 20%까지 늘린다고 하면 태양광발전은 최소 열 배 이상 더 지어야 한다. 그렇게 하면 대한민국의 산야가 남아 나겠는가. 문전옥답마저 다 태양광집열판으로 덮혀야 한다.

최근 미국 노스캐롤라이나 주에서 웨스팅하우스사가 V. C. 서머라는 원자력발전소를 짓다가 말았다. 웨스팅하우스가 파산한 것도 이유였지만, 값싼 셰일 가스가 쏟아지니 계속 지을 필요가 없었던 것이다. 이러한 미국의 사정을 한국에 적용해 2022년에는 원자력발전 단가가 태양광발전 단가보다 높아진다고 하는 것은 넌센스다. 이런 계산은 땅값이 싸고 일조량이 풍부한 사막지역에 대규모로 태양광발전소를 세울 수 있고, 원자력발전소 건설비용은 우리보다 두 배 이상 비싼 미국에서나 통하는 이야기다.

풍력발전도 비슷한 상황이다. 태양광이든 풍력이든 한국의 자연 조건은 효율이 떨어지는 것이 사실이다. 신재생에너지를 늘리면 대체발전소도 그만큼 지어야 한다. 이중으로 설비를 갖추는 것은 경제적인 부담이 될 수밖에 없다. 탈원전을 선택한 독일의 경우가 좋은 예가 된다.

미국의 경우, 원자력발전소는 설계수명보다 20년 정도 더 운전하는 것이 보통이다. 평소에 유지 보수를 철저히 해 안전성에 문제가 없으면 인허가 과정을 거쳐서 운전기간을 연장해준다. 캐나다의 경우도 마찬가지다.

한때 고리 1호기 운전기간을 연장할 때, 환경 단체에서 미국의 쌍둥이 발전소는 폐쇄하는데 우리는 왜 10년이나 연장하느냐고 한 적이 있다. 이 원전은 위스콘신에 있는 키와니 원자력발전소인데, 운전기간 연장을 받아 놓고도 경제성이 떨어진다며 전력 회사가 스스로 문을 닫은 경우였다. 안전성에 문제가 있어서 닫은 것이 아니었다.

월성 1호기 운전기간을 연장할 때도 환경 단체에서는 캐나다는 수명 연장을 안 하는데 왜 월성 1호기는 수명 연장을 해 주느냐고 주장했다. 이것도 사실을 모르고 하는 소리다. 월성과 동일한 발전소가 캐나다에는 두 기가 있는데, 한 곳은 비용문제로 운전기간 연장을 신청하지 않았고, 다른 한 곳은 운전기간을 연장하여 계속운전 중에 있다.

문 대통령은 운전기간이 다한 원전 가동을 연장하는 것은 선박운항 선령을 연장한 세월호와 같다고 이야기하였다. 수백 명의 안전을 다루는 선박의 관리와 전 국민의 안전을 다루는 원자력발전소의 관리를 동일 선상에서 취급한다면 큰 오산이다. 그런 논리라면 선진국의 원자력발전소 운전기간 연장은 어떻게 설명해야 될까?

외국에 살면서 보고 느낀 것인데, 외국의 경우 대부분의 부자들은 보증기간이 지나도 차를 고쳐가며 몇년 씩을 더 운행한다. 비유가 될지 모르지만 미국은 부유해도 원자력발전소를 20년 씩 운전기간을 연장하여 쓰고, 한국은 '조금 살만 하여졌다'고 법적인 운전기간만 되면 바로 바로 영구 정지시키는 것 같다. 부속품만 바꿔도 새 차처럼 쓸 수 있는데도 말이다.

국가의 전원 믹스는 가변적이어야 한다. 절대선은 없기 때문이다. 우리 현실에 맞는 에너지 믹스는 객관적인 자료에 입각하여 선정하여야 한다. 편향된 시각을 갖고 전원 계획을 짜면 3, 4년까지는 문제가 나타나지 않을지 모르지만 그 후에는 문제가 일어난다. 신재생을 앞세우고 탈원전을 했다가 원자력발전 대신 화력발전을 늘려 전기값이 오르는 것은 물론이고 파리기후협약조차 지킬 수 없는 상황을 맞을 수 있다.

에너지 믹스를 생각할 때 반드시 고려해야 될 사항이 장기적인 측면이다. 전기자동차 출현이 가시화되고 4차산업이 본격화될 때 어떤 형태의 에너지믹스가 적합할까 생각해야 한다. 분단국이라는 사실도 염두에 두어야 한다. 4, 5년이 걸리는 발전소 건설기간을 생각하면 갑작스런 통일이 오는 경우 전력부족으로 허우적댈 것이 눈에 선하다.

통일이 되었을 때 북쪽의 부족한 전기를 어떻게 공급할 것인가. 이런 경우까지 대비한다면 값싸고 안전한 원자력발전을 늘리는 것이 옳다. 이것이 너무나 사치스러운 공상이 아니기를 바란다.

대한민국은 어떻게 '판도라'에 빙의되었는가

무명씨 2

원자력을 소재로 한 영화 중 하나인 '미션 임파서블'

2016년 12월 개봉한 박정우 감독의 영화 '판도라' 얘기부터 해보자.

원전 주변지역 주민: "원전이 들어오기 전에는 가난하기는 해도 살기 좋은 동네였단 말이다. 근데 지금 어떻노? 고기도 못잡고, 공사도 못하고, 관광객도 끊기고, 개발도 못하고, 마을 사람들은 패 갈라서 싸움판이다."

원전 운영회사 내부: "원전의 ABC도 모르는 양반을 본부장 자리에 앉혀놓고 정비도 다 안 끝난 원자로를 가동시킨 거 보라고."

정치권: "정부가 마땅히 해야 할 일은 이런 걸로 시간 허비하는 게 아니고 경제를 살리는 것입니다. 이럴 때 원전 1호기 저놈이 멈춰서 있으면 되겠어요?"

영화 '판도라'는 2016년 9월 12일 일어난 경주지진과 맞물려 이렇게 원전사고에 대한 공포감을 고조시켰다.

영화는 우리의 다양한 삶에 대한 간접적인 경험을 제공하는 매력적인 매체다. 디지털기술의 발달로 가능해진 컴퓨터그래픽 덕택에 관객은 무한한 환상의 세상을 경험하게 된다.

영화를 보는 시각은 다양하다. 유명배우 중심으로, 대사 중심으로, 멋진 영상이나 그래픽을 위주로 보기도 한다. 줄거리 중심으로 보는 사람도 있고 얼마나 많은 사람이 보았는가 하는 유명"세를 기준으로 삼는 사람도 있다. 배경음악이나 음향효과에 집중해 보기도 한다.

'판도라'는 스토리가 중심이 된 영화다. 스토리 기준으로 보면 '판도라'처럼 원자력을 소재로 한 영화는 생각보다 많다. 원자력을 소재로 한 영화만 모아 놓은 책이 나올 정도로 원자력은 좋은 영화의 소재가 되고 있다. 원자력은 블록버스터의 소재로서는 놓칠 수 없는 매력을 갖고 있기 때문이다.

원자력의 한 갈래인 핵무기는 따로 '핵무기'로 분류할 수 있을 정도로 자주 영화의 소재가 된다. 핵무기는 영화 속에서 홀로코스트나 지구 종말, 테러, 유전자 변형 등으로 표현된다. 공포, 악마, 위험, 패닉, 혼돈, 어두움, 재앙, 잿더미 등 부정적인 이미지로 등장하는 것이다. '백악관 최후의 날', '더 울버린', '다크 나이트 라이즈', '미션임파서블: 고스트 프로토콜', '스파이드맨 2' 등이 그런 영화다.

원전을 소재로 한 영화 중에는 흥행에 성공한 것들이 많다. '다이하드: 굿 데이 투 다이'는 체르노빌 원전을 영화 배경으로 삼았다. 구소련의 우크라이나 공화국 체르노빌 원전에서 우라늄 농축을 하다 사고가 났다는 설정을 하고, 배경으로 체르노빌 원전이 있는 프리피야트 시를 펼쳐놓았다.

'트랜스포머 3'에서는 외계 로봇 디셉티콘이 인류의 눈을 피하기 위해 출입이 통제돼 있는 체르노빌 원전을 실험실로 이용한다. '엑스맨 탄생: 울버린'에서는 여러 돌연변이 능력을 한 몸으로 합치는 연구실험로 1979년 3월 28일 사고가 일어난 미국의 스리마일 섬(TMI) 원전을 선택하였다.

방사선으로 인한 돌연변이 소재 영화도 적지 않다. 1945년 처음 나온 괴수영화의 전형인 '고질라'는 비슷한 형태로 2014년 다시 등장하였다. 그리고 60여 년의 간극 동안 20여 편에 이르는 변형 버전이 생겼다. 그러나 방사선은 항상 참여한다. '헐크'는 실험 중 감마선에 노출됨으로써 슈퍼 히어로와 몬스터라는 두 개의 얼굴로 살아가게 된 녹색괴물이다. 후속편이 계속 나오고 있는 '어벤저스'의 멤버이기도 하다.

영화에 나오는 원자폭탄과 원전, 방사성물질은 공통적으로 방사선을 방출한다. 이 셋에서 나오는 방사선은 같은 것이다. 폭탄은 방사선이 최대한 많이 나오게 하고, 원전에서는 최대한 시설 밖으로 나오지 못하게 막으며, 병원에서는 적정량이 나오게 한다는 차이만 있는 것이다.

같은 방사선인데 어떤 경우에는 살상에, 어떤 경우에는 사람을 살리는데 이용되는 것이다. 이는 힌두교에서 '창조의 신'인 브라흐마나와 '유지(維持)'의 신'인 비쉬누, '파괴의 신'인 쉬바가 하나인 것과 같다. 원전과 핵무기를 구별하기 어려운 이유가 바로 여기에 있다.

우리는 영화에서 얻은 정보로 상식을 채우는 경우가 많다. 그리고 일상생활에서 그것을 적극적으로 전파한다. 핵무기에 대한 이미지를 원전으로 이전시키고 핵무기가 주는 두려움을 원전에 적용시켜 원전에 대한 두려움과 공포를 불러 일으킨다.

원자력은 객관적인 리스크와 주관적인 리스크 간의 편차가 굉장히 큰 영역으로 알려져 있다. 수학으로 계산하는 객관적인 리스크는 크지 않은데 사람들이 느끼는 주관적 리스크는 한정없이 올라간다. 핵무기에서 나오는 방사선과 의료기기에서 나오는 방사선, 원전에서 나오는 방사선 사이에는 하늘과 땅만큼의 차이가 있는데, 이를 구분하지 못하게 되는 것이다.

'자라보고 놀란 가슴 솥뚜껑 보고 놀라는' 사람이 되고 마는 것이다. 그러한 불안이 '살아야 한다'는 본능을 자극해 강한 적개심과 투쟁심을 일으킨다.

신화(神話)는 영생불사(永生不死)하는 신과 때가 되면 죽어야 하는 사람, 그리고 신과 사람 사이에 존재하는 신인(神人)들에 관한 이야기다. 그리스 신화에서는 신이 인간을 만들었다. 흙을 이겨 신의 형상과 비슷한 인간을 빚고 7일 동안 햇볕에

말린 다음 생명을 불어넣었다.

신화는 그 의미를 알려고 애쓰지 않는 사람에게는 존재하기 어렵다. 신화를 받아들이려면 상상력이 필요하다. 상상력은 구름과 같아서 한 번 일어나면 무궁무진하게 커지고 변화한다. 한 순간에 사라지기도 한다. 영화는 그러한 상상력을 마음껏 활용한다.

현실은 모순임에도 불구하고 유토피아를 제공해 줌으로써, 영화는 사람을 안도케 하는 작용을 한다. 허구와 상상의 세계를 보여줌으로써 개인의 정체성을 형성해준다. 대중을 매개해 주며, 사회적 생활양식도 만들어 준다. 그런 점에서 영화는 사회적 행위를 하는 출발점이 된다.

영화는 타인이나 세계를 이해하고 사회와의 관계를 형성하는 도구도 된다. 영화는 사회적 분위기 속에서 만들어지기에, 사람들은 영화를 통해 가치관과 생각 감정 등을 타인과 교류할 수 있다. 영화는 개인의 정체성은 물론이고 집단의 정체성을 형성하는 유력한 수단이 될 수 있는 것이다.

사람들이 원전 영화를 통해 원전의 위험성을 인식하게 되면, 이는 사회 전반적으로 광범위한 영향을 미치게 된다. 영화는 영화일 뿐인데 허구는 허구에서 그치지 않고 운동이나 철학, 이념을 만드는 것이다.

지난 40여 년 동안 우리나라는 원전을 이용해왔다. 그럼에도 불구하고 원전을 당장 없애야 할 절대악인 것처럼 매도하고 있다. 전력공급의 안정성과 경제성을 중시하던 체제에서 안전성과 환경성을 강조하는 체제로 사회의 성격이 바뀌면서, '탈원전'으로 가자고 아우성인 것이다.

우리 사회는 탈원전에 '빙의'돼 있는 것처럼 보인다. 탈원전이라는 종교는 가히 '국교(國敎)'가 돼 버린 것이다. 그런데 국교가 만들어진 과정이 너무너무 단순하다. 영화라는 감성적 예술 장르가 사람을 압도한 결과다. 후쿠시마 원전사고와 경주지진이라는 현실에 상상력을 가미한 한 편의 영화가 우리를 지배하게 된 것이다. '판도라'가 나오기 전에도 우리는 원전과 함께 살아왔는데, 이는 우리가 악(惡)과 함께 살아왔다는 말인가?

영화는 스토리 전개상 '반드시' 인간의 생존본능을 자극한다. 주인공이 목숨을 걸고 생존투쟁을 하는 줄거리를 만들어야 하는 것이다. '판도라'에서도 주인공은 처절한 생존투쟁을 한다. 자신을 위해서가 아니라 '모두를 위해서'.

그러한 헌신이 관객의 오감, 육감을 잡아채 버린다. 관객은 영화에 빙의돼 버리는 것이다.

사고를 막기 위해 분투하는 주인공과 자신을 일치시킴으로써 사람들은 영화를 통해 간접 경험한 것을 자신이 직접 겪은 것처럼 느끼게 된다. 현실과 신화, 감성과 이성이 뒤섞여 버리게 되는 것이다. 그리하여 '진영(陣營)논리'에 파묻힌다면, 원전은 바로 타도해야 할 대상이 돼 버린다.

영화가 만들어낸 신화적 스토리와 현실을 혼동한 결과로 원자력을 버리고 신재생으로 달려갔을 때 겪게 되는 혼란은 누가 책임을 질 것인가? 이제는 '판도라'의 빙의에서 벗어날 때다. 신화와 현실을 구분하지 못하면 혼돈 속에서 헤매며 어렵게 살게 될 것이기 때문이다. 신화는 신화가 주는 메시지만 활용하면 된다.

'판도라'는 안전한 원전을 만들어야 한다는 메시지를 주는 것뿐이다. 구름처럼 피어났다가 구름처럼 사라지는 신화를 현실과 혼동하지 말고 정신을 차리고 깨어나야 한다.

탈핵 단초 만든 영화 '판도라' 분석

이정훈 동아일보 기자

한국 경제의 견인차인 원자력발전을 무력화한 영화 '판도라'의
포스터. 이 영화는 허술한 상상력으로 원전에 대한 막연한
공포감을 조장했다.

2016년 개봉한 박정우 감독의 재난 블록버스터 '판도라'가 히트를 쳤다. 개봉
3일 만에 50만 명을 돌파하며 500여 만 명이 관람한 것이다. 고리 1호기를 상징한
가상 원전인 한별 1호기가 지진을 당해 수소폭발한다는 것이 모티브였다. 그런데
내용을 보니 쓰나미(津波)가 빠진 일본 후쿠시마 1발전소가 중심 소재다.

이 영화를 보다가 실소를 금지 못했다. 창작의 자유를 인정해준다고 하더라도
너무 많은 '뻥'과 왜곡을 갖다 붙였기 때문이다. 이 영화는 미약한 근거를 토대로
공포를 극대화해 관객의 눈과 귀를 사로 잡으려 했다. 한별 1호기가 당한 지진의
규모는 6.1인데, 그 지진으로 원전이 수소폭발했다는 설정이 제일 우스웠다. '가

랑비가 내렸는데 한강이 넘쳤다'고 한 것과 같기 때문이었다.

후쿠시마 1발전소 사고를 낸 동일본 대지진의 진앙지 규모는 사상 최대인 9.0이었다. 지진의 위력은 규모가 1이 커질 때마다 에너지는 32배 늘어난다고 하니, 규모 9.0은 6.1보다 2만 9,491배(32×32×32×0.9) 강한 지진이 된다. 영화 판도라는 규모 6.1을 9.0인 것처럼 묘사해 놓았다.

그러나 후쿠시마 1발전소는 9.0의 지진으로 인해 사고를 낸 것이 아니다. 그날 일본에 가동되고 있던 모든 원전은 그 지진을 이겨냈다. 문제는 그 다음에 닥친 쓰나미였다. 쓰나미 때문에 비상발전기가 가동되지 못해 후쿠시마 1발전소에서는 수소폭발이 일어났다. 영화 판도라가 보다 사실에 가까우려면 6.1의 지진이 아니라 비상발전기를 비롯한 모든 전원이 나가는 블랙아웃을 상정했어야 했다.

과학자들은 바보가 아니다. 규모 6.1의 지진은 일어날 수 있으니, 그 정도는 견딜 수 있게 원전을 설계한다. 우리나라 원전은 규모 6.5 이상의 지진이 일어나야 자동으로 멈추도록 설계돼 있다. 규모 6.5 정도의 지진에서는 자동정지할 뿐이지 무너지는 등의 위기를 맞는 것은 전혀 아니다.

2016년 9월의 경주지진은 5.8에 불과했기에, 국내의 어떤 원전도 자동정지하지 않았다. 그러나 워낙 많은 국민이 놀랐기에 수동으로 정지시키고 점검해 이상이 없음을 확인한 후 재가동했다. 그런데 문재인 전 더민주당 대표가 대선주자로서는 제일 먼저 고리와 월성원전을 방문했다(9월 13일). 이는 더민주당의 세가 약한 TK의 민심을 잡기 위한 행보였다.

지진 다발국가에서 6.1의 지진은 가끔 경험하는 것이다. 일본과 미국의 서부 해안이 대표적인데, 그 곳의 원전들은 6.1 정도의 지진에서는 정상 가동을 한다. 무시하고 정상가동을 계속하는 것이다. 강진만으로는 원자로와 원자로건물은 깨지지 않는다.

2011년 일본 본토 동해안에는 하마오카(3기), 도카이(1), 후쿠시마 2발전소(4), 후쿠시마 1발전소(6), 오나가와(3), 히가시도리(1)의 6개 사이트에 18기의 원전이 있었지만, 그 어떤 원전도 원자로와 원자로건물이 깨지지 않았다. 제어봉이 자동으로 원자로로 들어가 핵분열만 중지했을 뿐이다.

이 영화 제작을 알았더라면 필자는 박 감독에게, "9.0의 지진이 있은 후 초대형 쓰나미가 닥쳐와 비상발전기도 가동되지 못하는 상황을 만들라"고 충고했을 것이다. 그래야 원전은 제대로 사고를 맞기 때문이다.

원전을 가동하려면 외부에서 전기를 가져와 원자로를 돌려줘야 한다. 비유해서 설명하면, 원전은 외부에서 1의 전기를 가져와 1,000의 전기를 생산하는 곳이다. 외부에서 끌어온 1의 전기는 원자로에 들어가는 냉각수를 순환시키는 모터를 돌리는데 사용된다.

원자력발전은 원자로를 채운 핵연료에 중성자를 쏴줌으로써 시작한다. 중성자가 들어가면 핵연료는 분열을 시작해 막대한 열을 낸다. 그때 모터를 돌려 원자로 안으로 냉각수를 넣어주면, 그 물이 분열에 들어간 핵연료가 낸 높은 열을 받아 빠져나온다.

그 물은 매우 온도가 높기에 증기발생기로 들어가 강력한 증기를 일으키는데, 그 증기로 터빈을 돌려 발전한다. 그래서 원전에서는 냉각수를 원자로 안으로 넣었다가 증기발생기로 나오게 하는 순환이 중요하다. 이러한 순환을 하려면 모터가 필요한데, 이 모터를 돌리는 전기가 바로 외부에서 들여오는 1의 전원이다.

강진으로 송전탑 등이 쓰러져 외부 전원이 끊어지면 모터를 돌리지 못할 수 있다. 그때 원자로에서는 자동으로 제어봉이 들어가 핵연료의 핵분열을 멈추게 한다. 핵분열을 멈췄어도 핵연료는 여전히 고온 상태에 있기에 계속 냉각수를 주입해 열을 빼줘야 한다. 그런데 외부전원이 끊어져 모터를 돌리지 못하면, 핵연료의 온도는 점점 올라가 마침내 핵연료를 둘러싼 피복재를 녹인다.

피복재는 핵분열 시 나오는 강한 방사능을 견뎌야 하기에 '지르코늄'이라는 특수 금속으로 만든다. 이 지르코늄이 녹으면서 수소가 발생한다. 과열된 핵연료는 원자로까지 녹이는데, 그렇게 되면 녹은 지르코늄에서 발생한 수소가 원자로를 둘러 싸고 있는 거대한 원자로건물 안에 축적된다.

그리하여 수소의 농도가 10% 정도에 이르면 격렬한 폭발이 일어나는데, 이를 '수소폭발'이라고 한다. 원자로건물이 단단하면 이 폭발을 막아내지만, 약하면 뚫리게 된다. 후쿠시마 1발전소의 원자로건물은 얇았기에 찢어졌다.

외부전원 상실은 이렇게 수소폭발로 이어질 수 있기에 모든 원전에는 디젤 등으로 가동하는 비상발전기를 설치해 놓았다. 9.0의 지진은 송전탑을 쓰러뜨렸기에 후쿠시마 1발전소는 외부전원을 상실했다. 그러나 바로 비상발전기가 가동됐기에 자동정지한 원자로를 계속 냉각시킬 수 있었다. 하지만 수십 분 뒤 예상치 못한 일이 닥쳐왔다. 거대한 '물더미'를 맞은 것이다.

'불행히'도 후쿠시마 1발전소는 비상발전기를 지하에 설치해 놓았다. '부푼 바다'는 후쿠시마 1발전소를 할퀴고 바다로 돌아갔다. 그러나 지하로 들어간 물은 돌아가지 못했다. 비상발전기는 물속에 갇혀 버린 것.

비상발전기를 돌리려면 그 물을 퍼내야 하는데, 모든 전원을 상실했으니 이 물을 퍼내는 펌프를 돌릴 수 없었다. 소방차의 모터로도 불가능했다. 우왕좌왕하며 25시간을 보내자, 후쿠시마 1발전소의 1호기가 수소폭발을 했다. 그러나 일본 동해안의 5대 사이트에서는 비상발전기가 돌아가 정상적인 대처를 했다.

한국 원전은 비상발전기를 모두 지상에 설치해 놓았다. 이는 쓰나미를 의식한 것이 아닌 우연한 선택이었다. 따라서 쓰나미를 맞아도 물이 빠져 나가면 수리해 비상발전기를 돌릴 수 있다. 한국은 초대형 쓰나미를 맞을 가능성도 적지만 맞아도 대처할 수 있는 것이다.

후쿠시마 사고 후 한국은 또 하나의 안전망을 덧붙였다. 비상발전기를 실은 트레일러를 추가한 것이다. 대형 지진이 있은 후 쓰나미가 몰려오면 이 트레일러는 바로 인근에 있는 언덕으로 올라간다(이 도로는 지진이 일어나도 트레일러가 갈 수 있도록 해놓았다). 그리고 쓰나미가 물러나면 돌아와 비상발전기를 돌리는 것이다.

영화 판도라에는 쓰나미 등으로 인해 비상발전기가 돌아가지 않게 된 상황 설정이 없었다. 그냥 한별 1호기의 원자로건물이 터져나가는 장면만 있으니 비현실적인 것이다. 이는 '어린 아이가 던진 조약돌을 맞고 동물원의 숫사자가 죽었다'

란 이야기와 비슷한 창의력 부족이다. 그럴듯하지 않은 상황을 만들어 공포감만 극대화한 것이다.

박 감독은 6.1의 지진으로는 원전사고가 나지 않는다는 것과 원전에는 비상 발전기가 있어 외부전원이 끊어져도 대응할 수 있다는 것을 안 것같다. 때문에 지진으로 냉각수가 흐르는 관이 깨져 냉각수가 누설되는 상황을 설정했다. 그러나 과학자를 그러한 상황도 예상 못하는 바보로 알았다면 이는 더 큰 착각이다.

냉각수 관이 깨지는 것은 최악의 상황이기에, 과학자들은 그 관을 가장 단단하게 설계하였다. 그리고 일정한 기간이 지나면 무조건 신품으로 교체하도록 해 놓았다. 원전 종사자들도 '자기 죽을 짓'은 하지 않는다. 냉각수가 흐르는 관이 새면 큰 사고가 일어나기에 매뉴얼대로 교체하고, 2중~3중으로 검사를 받는다. 냉각수 관만큼은 부식되는 상황을 용납하지 않는 것이다.

냉각수 관 관리는 매우 중요하기에 원전 회사는 물론이고 정부기관인 원자력안전위원회와 전문 연구조사기관인 원자력안전기술원(KINS)도 나와 검사를 한다. 원전사고는 그 피해를 세계로 확산시키기에 국제원자력기구(IAEA)도 이 부분에 대해서는 감독을 한다.

그럼에도 냉각수가 샐 수 있지만 냉각수가 샜다고 해서 바로 수소폭발이 일어나는 것은 아니다. 원자로가 녹아 수소가 발생하더라도 전원이 살아 있으면 원자로건물에 물을 넣음으로써 수소폭발은 얼마든지 막아낼 수 있다.

박 감독은 9.0의 강진에도 불구하고 후쿠시마를 비롯한 일본의 원전에서는 냉각수가 새는 사태가 일어나지 않았다는 것에 주목했어야 한다. 사상 최고의 지진이 일어났어도 냉각수가 흐르는 관은 끄떡없도록 하는 기계적 조치는 이미 완성돼 있는 것이다. 그래서 원전사고를 가정하려면 쓰나미 등이 일어나 모든 전원이 차단되는 상황을 만들라고 충고하겠다는 것이다.

박 감독은 수소폭발에 대해서도 제대로 알아야 한다. 1979년 미국 스리마일 섬(TMI) 2호기는 수소폭발을 당했지만 원자로건물은 깨지지 않았다. 원자로건물의 두께가 60센티미터였기 때문이다. 때문에 사망자와 부상자는커녕 자연방사선

이상으로 방사선을 쬔 사람도 전혀 나오지 않았다. 원자로건물이 수소폭발을 막아 냈으니 방사성 물질은 밖으로 나갈 수 없었던 탓이다.

1986년 구소련의 체르노빌 4호기는 원자로건물이 없었다. 일반 공장의 지붕 같은 것만 쓰고 있었기에 제대로 수소폭발을 당했다. 후쿠시마 1발전소의 원자로건물은 수소폭발 증기가 나갈 정도로 좁게 찢어졌기에, 그 안에서 일어난 수소폭발은 방사성 물질을 원자로건물 밖으로 마구 날려 보내지 못했다. 새나가게만 한 것이다. 그러나 체르노빌 4호기는 원자로건물이 없었기에 수소폭발로 인해 방사성 물질이 마구마구 날아갔다.

체르노빌에서 60여만 명이 죽었다고 하는 것은 완전 오보다. 체르노빌 일대에는 그렇게 많은 사람이 살지도 않는다. 체르노빌에서는 출동한 소방대원과 원전 직원 59명이 숨졌다(피폭으로 투병하다 2005년까지 숨진 사람 포함).

후쿠시마 1발전소의 원자로들은 16센티미터 두께의 원자로건물을 갖고 있었다. 그럼에도 찢어지기만 했다는 것에 주목해야 한다. 우리나라에서 가장 오래된 고리 1호기의 원자로건물 두께는 65센티미터이다. 최근 원전은 120센티미터에 이른다. 미국 스리마일 섬(TMI) 원전이 견뎌낸 것을 보면 우리 원전의 원자로건물은 수소 폭발을 모두 견딜 수 있다.

영화 판도라에서 한별 1호기의 원자로건물은 항아리처럼 터져나가는데, 그러한 일은 일어날 수가 없는 것이다. 한국 원전의 원자로건물은 추락하는 비행기에 정통으로 맞아도 붕괴되지 않는다고 한다.

수소폭발을 없애는 방법도 개발되었다. 물(H_2O)을 전기분해 하면 수소($2H_2$)와 산소(O_2)로 나눠지는 것은 잘 알려진 사실이다. 그렇다면 거꾸로 수소 분자 두 개에 산소 분자를 한 개를 더해 물을 만들 수도 있다.

핵연료가 녹으면서 발생시킨 수소를 없애려면, 그 수소에 산소를 결합시켜 물을 만드는 장비를 넣어두면 된다. 이 장비를 '피동형 수소 재(再)결합기'라고 하는데, 후쿠시마 사고 후 우리 원전에는 모두 이 장비를 집어 넣었다. 후쿠시마 사고는 우리에게 반면교사인 것이다.

의도한 것은 아니겠지만 영화 판도라는 원전 근무자들을 모욕하고 있다. 원전 회사가 근로자들을 버리는 모습을 보여주고 있는 것이다. 그러나 일본과 미국은 물론이고 구소련에서도 사고 후 회사가 대부분 근무자를 버린 사태는 일어나지 않았다. 가장 큰 이유는 원전은 무인(無人)으로 돌아가고 있기 때문이다. 사람은 안전한 곳에서 안전한 상황이었을 때만 투입하니, 사고가 나도 방사능 차단을 위해 작업하던 이들을 위험한 곳에 가둬둘 이유가 없다.

수소폭발이 있은 후 사고 처리를 위해 사람을 투입해야 할 필요가 있었을 때 일본의 도쿄전력은 자원자를 받았다. 그때 원전 종사자들은 서로 가겠다고 손을 들었다. 도쿄전력은 피폭 시간을 고려해 일정시간만 작업하고 나오게 하는 식으로 그들을 교대했다. 그것이 원전 종사자들의 의식이다. 군인에게 전우애가 있듯이 원자력장이에게도 동료애가 있다.

영화 판도라에는 수소폭발이 있기 전에 달려온 전(前) 소장이 본부장의 반대를 무릅쓰고 바닷물을 주입하라고 지시하는 장면이 있다. 이는 후쿠시마 사고 때 요시다(吉田) 1발전소장이 수소폭발이 있기 전 본사의 허가를 받지 않고 독단적으로 소방차의 펌프를 이용해 바닷물을 넣으라고 지시한 것과 흡사하다. 그리고 보고를 하니 도쿄전력 본사는 총리에게 보고를 했다.

이에 간 나오토(管直人) 총리가 우왕좌왕하며 "왜 해수를 넣었느냐?"고 반문하자, 본사는 요시다 소장에게 해수 주입을 중지하라는 지시를 내렸다. 바닷물이 들어 간 원전은 더 이상 사용할 수가 없다. 때문에 자사 이익을 극단으로 생각하는 이들은 최악의 순간에도 해수 주입을 피하려 할 수 있다. 도쿄전력 책임자들은 총리의 반문을 이용해 후쿠시마 1발전소의 원자로를 못 쓰게 하는 조치를 피해보려고 한 것이다.

그날 일본에서는 관료주의와 자사 이기주의, 무소신주의의 극치가 드러났던 것이다. 그러나 요시다 소장은 이 지시를 무시하고 계속 해수를 넣게 했는데, 그것조차도 늦은 행동이었기에, 1호기는 수소폭발을 하고 말았다.

그러나 이 영화는 우리 대통령만큼은 욕되게 하고 싶지 않았는지, 대통령이 진실을 요구하고 이어 전 소장에게 전화를 걸어 직접 해수주입을 지시하도록 하는 장면이 나온다. 이는 전 소장이 최선을 다하는 것과 더불어 '판도라'에서 발견되는 유이(唯二)한 애국적 장면이다. 영화 속의 이 대통령은 누구를 염두에 둔 것일까?

문제는 그 다음에 있다. 해수 주입을 결정하자 소방헬기들이 바닷물을 실어와 원자로건물 안으로 퍼부으려고 하는데, 이는 아주 잘못된 묘사다. 원자로건물 안으로 물을 넣으려면 소방헬기는 수소폭발로 깨진 원자로건물 바로 위에서 물을 투하해야 한다. 그런데 그곳은 가장 강한 방사선이 올라오는 곳이라, 헬기 조종사는 바로 피폭된다. 일본도 그것 때문에 고민했다.

일본은 자위대 헬기 등을 이용해 바닷물을 넣었는데, 그때 헬기 조종사를 보호하기 위해 방사능을 막아주는 납판을 헬기 바닥에 붙이고 비행하게 했다. 체르노빌은 그러한 방호없이 소방대원과 현장요원을 동원했기에 59명이 숨진 것이다. 장이들은 작업을 할 때 안전을 생각한다. 영화 판도라는 소방헬기 대원들의 안전을 생각하는 묘사를 담았어야 한다.

수소폭발로 원자로건물이 깨져 방사능이 누출됐을 때 주민들이 밖으로 나와 이동하는 것은 더 위험하다. 방사능은 빗물과 같으니 일단은 피할 수 있는 곳으로 숨어들어가야 한다. 강한 방사성 물질일수록 반감기는 몇 시간 혹은 며칠로 짧은 편이니, 반감기가 지나갈 때까지 옥내 대피를 해야 한다. 차를 몰고 나왔다가 길이 막혀 오도가도 못 하게 되면 오히려 피폭 가능성이 높아진다.

영화는 실내경기장으로 대피해 있던 주민들이 원전이 폭발했다는 것을 듣고 도로로 쏟아져 나오는 장면을 보여준다. 주민이 떼를 지어 피신하는 장면은 스리마일 섬(TMI) 사고 때 나타난 현상이다. 그때는 원자로건물이 깨지지 않았으니 주민들이 대로로 나와도 위험하지 않았다.

원자로건물이 깨졌다면 원전 가까이 있는 주민들은 안으로 들어가는 것이 낫다. 영화 '판도라'는 주민 대피를 제대로 알려주지 않고 군중심리에 의한 공포감만 확산시켰다.

주민을 대피시키려면 원자로건물이 깨지기 전에 해야 한다. 원자로건물이 깨질 가능성이 있을때 주민을 대피시키기 위해 정부는 여러 방안을 마련해놓고 있다. 이 일을 전문으로 하는 곳이 원자력안전위원회이다.

소방방재청과 경찰청도 대비를 하고 있다. 국군화생방방호사령부처럼 화생방 부대를 거느린 군도 참여할 수 있다. 영화 판도라는 '대한민국이 위험하다,' '대책이 없다'고 해놓았지만 실제로는 그렇지 않은 것이다.

원안위의 능력과 준비가 부족한 것은 질타할 수 있어도 대책이 없다고 한 것은 원안위는 물론이고 목숨을 걸고 사고를 진압해야 하는 현장직원과 소방대원들에 대한 모독이다.

이 영화 제작팀은 찍을 수 없는 장면은 CG(컴퓨터 그래픽)로 처리했음을 밝히고 있다. CG작업을 하려면 컴퓨터를 구동시키는 전기가 필요한데, 한국에서 사용되는 전기의 3분의 1은 원전에서 생산된다. 전기가 없으면 영화는 제작도, 상영도 할 수 없다. 원전으로 생산한 전기를 이용한 예술의 대표가 영화인데, 영화 판도라는 원전을 반대한다.

유전은 물론이고 이렇다 할 석탄 광산도 없는 우리나라에서 반핵의 기치를 올리는 것은 서민 생활을 어렵게 만들라는 강요다. '소가 사람을 받았다'고 모든 소를 없애면, 농민은 먹고 사는 것이 매우 힘들어진다. 원전이 위험하다고 판단되면 안전장치를 강화해야지 아예 원전을 없애라는 것은 어리석기 그지없다.

박 감독은 "선동을 하려는 것이 아니고 원전사고에 대한 관심을 갖게 하려고 영화를 만들었다"고 밝혔다. 박 감독이 생각하는 걱정 이상을 원전 종사자와 과학자들이 하고 있다.

관심은 양날의 검이다. 잘하는 것까지는 몰라도 그런대로 하고 있는데, '관심이 있다'는 이유로 자꾸 면박을 주고 사기를 죽이면 진짜로 사고가 일어난다. 반면 긍정적인 관심은 불가능한 일을 성공시키는 기적을 낳기도 한다.

박 감독이 생각한 관심은 어떤 관심인가. 원자력은 박 감독이 우려하는 것보다 훨씬 많은 기여를 우리 사회에 했다는 것을 간과하고 있다. '만약에' '만약에'를 거듭하는 것으로 자신의 행동을 정당화하려고 한다면 우리는 비행기도 타지 말고 운전도 하지 말아야 한다. '만약에' '만약에'라는 우려가 있는 곳을 많은 전문가들이 지키고 있다는 것을 우리는 알아야 한다. 그래서 전문가를 키우는 것이다. 기우(杞憂)가 판을 치는 사회는 바른 사회가 되기 어렵다. 어렵고 힘든 일을 해 내는 이들이 많고 그들이 존중 받아야 사회는 발전한다.

영화 판도라를 보고 문 대통령이 탈원전 의지를 굳혔다고 한다. 박 감독을 도와준 이들 가운데 일부가 문 대통령의 탈원전 연설을 하는데에도 관여했다. 이런 점에서 문 대통령의 탈원전 선언과 2016년의 영화 '판도라' 상영은 일맥상통한다.

영화 판도라를 만드는데 기여한 이가 문 대통령의 탈원전 연설문을 작성하는 것에 기여했다는 '판도라의 상자'가 열리면 큰 혼란이 일 것이다.

대책도 없고 우리 사회가 관심도 기울지 않고 있는 진짜 '위험'이 북한의 핵개발이다. 북한 영변의 핵연구소 등은 IAEA도 사찰하지 못하니 어떻게 운영되는지 아는 사람이 없다. 우리가 염려해야 할 것은 북한이 핵미사일을 완성해 발사하는 것과 함께 북한의 핵무기연구소나 오래된 연구용 원자로가 폭발하는 것이다.

박 감독은 북한 핵을 소재로 한 블록버스터를 제대로 만들 수는 없는 것일까. 진짜로 판도라 상자가 열리는 것을 막으려면….

04
우리는 기적을 만들었다

우리는 '신의 불'을 훔쳤다. 그리고…

주한규 서울대학교 에너지시스템공학부 교수

영화 프로메테우스의 포스터. '신의 불'을 사용할 수 있게 되었
기에 현대의 우리는 많은 인구를 먹여 살리게 되었다.

그리스 신화에 따르면 프로메테우스는 제우스가 감추어 둔 불을 훔쳐다 인간
에게 주었고, 그로부터 인류의 문명이 시작되었다고 한다. 불 덕택에 인간은 익힌
음식을 먹고, 추위를 이기며 살게 된 것이다. 청동기와 철기를 만들어 쓰게 되
었으며, 증기기관을 만들어 동력으로 사용하며 문명을 발전시켜 왔다. 불은 에
너지를 대표하며 에너지는 문명을 지탱하는 필수 요소이다.

프로메테우스가 가져온 불은 화학반응의 일종인 연소반응의 산물로 가연성
물질이 산소와 반응해 열과 빛을 내는 형태로 발생한다. 불은 인공적으로 에너
지를 발생시킬 수 있는 가장 기본적인 방식 중의 하나이다. 또 다른 인공적인 에
너지 형태 중의 하나인 전기는 대개 불로 발생된 에너지를 변환시켜 생성한다.

지난 세기 초반까지 수백만 년 동안 인류는 주로 불로써 에너지를 발생시켜 왔다. 수차나 풍차는 보조적인 수단이었다. 1905년 아인슈타인이 특수상대성 이론을 발표하며 질량과 에너지의 등가성을 세상에 알렸다. 그후 현대 물리학이 비약적으로 발전해 핵반응 과정에서 감소한 질량이 막대한 에너지로 변환될 수 있음이 밝혀졌다. 바야흐로 원자력이 탄생한 것이다.

1942년 12월 2일 페르미는 '시카고 파일'이라는 원자로를 이용해 연쇄 핵반응을 일으키는데 성공해 원자력 시대를 열었다. 그로부터 3년도 안 된 1945년 7월 16일 미국은 '트리니티'라는 별명을 붙인 플루토늄탄을 실험하는데 성공했다. 인류는 원자력이라는 새로운 불(에너지)을 갖게 된 것인데, 그 불의 힘은 막강했다.

원자력은 무기로서 세상의 주목을 받았지만 1953년 아이젠하워 대통령이 유엔 연설에서 '평화를 위한 원자력(Atoms for Peace)'을 주창한 후 곧 민간 발전원으로 실용화되었다. 미국에서는 1957년 건설된 시핑포트 원자력발전소가 최초로 전력망에 전기를 공급하였지만, 소련은 그보다 앞선 1954년에 오브닌스크 원전을 가동하였고, 영국에서는 1956년에 콜더홀 원전이 돌아가기 시작했다.

그후 지금까지 60여 년간 전 세계 34개국에서 610여 기의 원전이 지어졌고 누적 가동 연수(年數)는 1만 7,300여 년에 달하게 되었다. 원자력은 세계 여러 나라에서 중요한 에너지원으로 활용된 것이다. 우리나라에서는 1978년 고리 1호기가 가동 된 이래 지난 40년 동안 누적 원자로 가동연수 490년을 기록하며, 우리나라가 '보편적 전력 복지'를 달성하게 하는 근간이 되어 왔다.

막강한 무기로서의 위력과 값싸고 깨끗한 첨단 에너지원이라는 양면성을 갖는 원자력은 신이 고이 감추어 둔 또 다른 불이라고 부를 수 있다. 이는 그 에너지의 막대함에서 비롯된다. 어떻게 원자력이 어떻게 그렇게 불릴 수 있는지 살펴보고 그 편익과 지속가능한 이용을 위한 요건을 알아보자.

원자력이 20세기 중반에서야 세상에 나타난 것은 그 에너지의 발생과정에 오묘한 비밀이 숨겨져 있고 그 비밀을 찾는데 오랜 시간이 걸렸기 때문이다. 더 쪼갤 수 없는 가장 기본적인 요소라고 생각돼서 '아톰'이라고 이름 지어졌던 원자는 원자핵과 전자로 구성된다. 원자핵은 양성자와 중성자라는 핵자로 구성되어 있는데, 그 핵자들을 '핵력'이 단단히 결합시켜 주고 있다.

핵자 한 개당의 평균 핵력은 원자가 커질수록 작아진다. 따라서 원자핵을 쪼개면 핵자를 단단히 결합시키고 있던 에너지(핵력)의 일부가 외부로 방출돼 원자핵의 총질량은 감소한다. 이러한 비밀을 인류는 20세기 초에야 알아차린 것이다. 이 분야를 탐구하는 것이 양자역학의 세계다.

원자핵이 쪼개지는 것을 '핵분열'이라고 한다. 핵분열을 일으키기 위해서는 중성자를 우라늄 같은 무거운 원자핵에 흡수시켜, 원자핵을 동요시켜버리는 과정이 필요하다. 동요된 원자핵은 분열 과정을 통해 두 개의 가벼운 핵으로 쪼개지면서 질량이 감소한다. 그때 감소된 질량 m이 $E=mc^2$ 의 공식에 따라 에너지로 방출된다.

질량 감소를 수반하는 핵반응에서 발생하는 에너지는 화학반응의 수백만 배가 될 만큼 막대하다. 우라늄 1그램을 핵분열시키면 석탄 3톤을 연소시킬 때 얻는 에너지가 발생한다. 그래서 원자력은 고밀도 에너지원으로 꼽힌다.

고밀도성 때문에 원자력은 막강한 파괴력을 가질 수 있지만 핵반응 속도를 완만히 하면 효율적이고 유용한 에너지원이 될 수도 있다. 그러나 원자력에는 중요한 단점이 하나 있다. 핵반응 과정에서 생성되는 부산물이 방사능을 띤다는 사실이다.

방사능은 열을 발생시키고 인체와 환경에 위해를 끼칠 수 있다. 대부분의 핵반응 부산물은 반감기가 수일 이내로 짧아 곧 소멸하지만, 초기 소멸 시간 동안에는 고열을 발생시키므로, 핵반응이 정지된 원자로일지라도 열을 식히기 위해 계속 냉각시켜 주어야 한다. 원자로를 정지시킨 후에도 발생하는 이 열을 '잔열'이라고 한다.

원자로를 정지시킨 직후에 나오는 잔열은 정격 출력의 7% 정도이다. 한 시간 뒤에는 2%, 8시간 뒤에는 1% 수준으로 감소한다. 한 달 뒤에는 0.1% 정도가 돼 계속 이어진다. 수치로 보면 매우 낮은 것 같지만 원자력의 정격출력이 매우 높기에

0.1%의 잔열도 대단한 것이 된다. 때문에 원자로에서 꺼낸 사용후핵연료는 계속 냉각시키는 '관리'를 해야 한다.

일부 핵반응 부산물은 반감기가 길어 위협이 된다. 반감기가 긴 부산물은 방사성 붕괴를 하며 오래 동안 방사선을 방출한다. 수천 년의 반감기를 가진 부산물은 우리 후손에게 위해를 가할 수도 있다. 고밀도 에너지원이라는 유용성에도 불구하고 원자력은 잔열과 방사능의 위험성 때문에 '신이 감춰둔 불'인 셈이다.

원자로는 핵반응 속도를 완만하게 하여 급격한 에너지 방출이 원천적으로 되지 않도록 만든 장치이다. 핵반응 속도를 완만하게 해주는 기본적인 수단은 저농축 우라늄의 사용이다. 우라늄 중에는 핵분열이 쉬운 우라늄 235와 그렇지 않은 우라늄 238이 있는데, 우라늄 235는 자연 상태에서는 0.7%만 존재한다.

우라늄 235가 핵반응 속도를 일정 수준이상 달성하기 위해서는 농축시켜 연료물질로 사용해야 한다. 원자폭탄에 사용하는 우라늄은 농축도가 90% 이상인 반면, 원자로에 사용되는 우라늄은 농축도가 5% 미만이다. 우라늄의 농축도가 낮아짐에 따라 연료의 반응성은 급감하지만 농축도 조절만으로는 핵반응 속도를 충분히 완만하게 하지 못한다. 그래서 핵연료는 그 외 물질과의 조성비와 형상을 조절하고, 원자로가 비(非)정상 상태에서도 핵반응 속도를 충분히 완만하게 할 수 있도록 설계한다. 원자로는 고유의 안전성을 갖도록 설계하는 것이다.

설계가 잘 된 원자로는 고유의 안전성을 갖는다. 고유의 안전성이란 외부적 변동 요인이 일어났을 때 자동으로 출력을 감소시키는 것이다. 외부적 변동 요인이 일어나면 조치를 취하지 못할 수도 있는데, 조치를 취하지 않아도 원자로 스스로가 핵반응을 억제해 출력을 감소시키게 하는 것이 고유의 안전성이다.

서방에서 설계된 원자로는 안전성을 최우선으로 고려했다. 반면 사상 최악의 원전 사고를 낸 체르노빌 원전의 원자로는 고유 안전성을 무시된 채로 설계되었다. 이는 소련이 원자로의 고유 안전성 확보 보다는 원자폭탄의 원료가 되는 플루토늄 생성이 많아지도록 원자로를 설계했기 때문이다.

이른바 '흑연 감속 수냉각(水冷却) 관형(管形) 원자로'인데 국제적으로는 RBMK

로 약칭된다. RBMK는 저농축한 우라늄으로 만든 핵연료다발을 원자로에 장전한다. 이 핵연료다발은 원자로에 장전되는 시간이 경수로용 핵연료에 비해 매우 짧다. 장전했다 꺼낸 사용후핵연료에는 고순도의 플루토늄이 많이 생성돼 있다. 소련은 이 플루토늄을 추출해 핵무기를 만들 수 있었던 것이다.

RBMK는 냉각수의 온도가 상승하면 원자로의 반응성도 빨라져 출력이 급증하는 문제점이 있다. 외부적 변동 요인이 발생하면 자동으로 출력이 줄어드는 고유의 안정성이 있어야 하는데, 이를 갖추지 못한 것이다. 이러한 설계 실수가 체르노빌 사고를 확대시킨 중요한 요인이 되었다.

서방 원자로는 고유의 안전성 외에도 추가로 여러 개의 원자로 정지 수단이 설치 되어있다. 따라서 지진 같은 외부적 변동 요인이 발생하면 원자로는 신속하고 확실하게 정지한다. 가장 기본적인 정지 수단은 제어봉이다. 외부적 변동요인이 발생하면 제어봉은 자유낙하 원리로 원자로로 들어가 핵분열을 즉각적으로 감쇠시키다 정지시켜 버린다.

동일본 대지진을 당한 후쿠시마 원전에서는 제어봉이 자동으로 삽입돼 핵반응을 멈춰 세우게 했다. 그러나 핵반응 부산물에서 나오는 잔열은 계속 발생했기에 지속적인 냉각은 필요했다.

후쿠시마의 원자로는 비등수형이기에 냉각수가 원자로 안에서 끓어 바로 증기가 된다. 이 증기가 원자로 밖으로 나가 터빈을 돌리고, 다시 물이 돼 원자로로 들어와 핵연료를 냉각시키고 열을 받아 다시 증기가 돼 원자로 밖으로 나가 터빈을 돌리는 순환을 거듭한다.

비등수형은 정상 가동 중일 때는 열효율이 높아 우수한 성능을 보인다. 그러나 비상 시에는 허점이 노출된다. 비등수형의 냉각수는 핵연료와 접촉하기에 방사능 물질로 오염될 수 있는데, 이 물이 원자로 밖으로 나가 터빈을 돌리고 돌아오다 보니 외부적 변동 요인이 강하게 개입하면 누설될 수도 있다. 냉각수가 누설되면 잔열 처리가 어려워진다. 후쿠시마 원전은 비상발전기가 가동되지 않아 냉각수가 공급되지 않음으로써 잔열처리를 못해 사고가 일어났다.

현재 세계에서 가장 많이 가동되는 원자로는 가압수형 원자로인데, 그 숫자는 338기로서 전체 가동 원자로 449기의 76%에 이른다. 가압수형 원자로는 원자로를 순환하는 냉각수의 압력이 150기압 이상이기에 온도가 325도에 이르러도 끓지 않는다. 이러한 냉각수가 증기발생기라는 일종의 열교환기를 지나면서 1기압 상태에 있는 또 다른 물을 끓여 증기로 바꾸어 준다. 두 물은 관을 사이에 두고 있기에 절대로 섞이지 않는다.

가압수형 원자로는 증기발생기를 추가했기에 비등수형보다 계통이 복잡하고 압력이 높다. 하지만 원자로가 작아도 되는 장점이 있고 방사화된 물질의 순환 유로가 그렇지 않은 물이 흐르는 유로와 완전 분리돼 있어 방사능 물질이 유출될 가능성이 매우 적다는 장점이 있다. 2차 냉각유로를 통해 장기 비상냉각을 할 수 있다는 특징도 있다.

원자로와 증기발생기를 외부의 충격으로부터 안전하게 보호하고 내부에서 발생한 방사성 물질의 유출을 차단할 수 있는 1.2미터 두께의 견고한 원자로 격납 건물도 갖고 있어 안전성도 매우 높다.

338기의 가압수형 원자로가 지금까지 약 1만 500여 년의 누적가동연수를 기록하는 동안 원자로가 녹는 중대 사고는 단 한 번 일어났다. 1979년 원전 역사상 최초로 일어난 중대 사고인 미국 스리마일 섬(TMI) 2호기 사고가 그것이다.

이 사고에서는 원자로의 하부가 녹아 원전 자체가 폐쇄되었지만 아무런 인명 피해가 없었다. 원자로 격납건물이 안전하게 유지되어 방사성 물질을 누출하지 않은 것이다. 그래서 바로 옆에 있는 1호기는 지금까지도 정상 가동하고 있다.

그러나 TMI 사고는 가압수형 원자로에서도 중대사고가 일어날 수 있음을 보여 주었다. 원전 운전원들에게는 원전의 상태를 오판하지 않게 하는 훈련의 중요성을 일깨워 주었다. 때문에 이 사고 후 원전에는 다중의 안전장치가 추가되었다. 전원을 상실한 상태에서도 작동하는 피동형 안전설비 등이 보강된 것이다.

그리하여 기존 원전보다 원자로 손상 확률이 10분의 1이하로 줄어든 3세대 원전이 개발되었다. 그 대표가 우리나라의 APR-1400이다. 신고리 3호기는 세계 최초로 가동에 성공한 3세대 원전이다. 건설 중에 있다가 공사 계속 여부를 묻는 공론화 과정에 들어 갔었던 신고리 5·6호기 역시 APR-1400이다.

2016년 9월 12일 발생한 경주지진으로 인해 국내에서도 지진 위험성에 대한 우려가 높아졌다. 그러나 우리는 1만 7,300여 년의 원전 누적가동연수를 기록했으나 지진으로 인해 원전에서 치명적인 피해가 발생한 적이 한 번도 없었다는 것에 주목해야 한다.

원전은 내진 설계 기준보다 더 큰 지진이 오더라도 강건하게 버텨낸 사례가 많았다. 이는 원전의 내진 설계와 시공이 '매우 보수적'으로 되어 있기 때문이다. 규모 9의 동일본 대지진 당시 일본 동해안 5개 부지에 있던 원전들은 다 안전하게 정지되고 관리되었다.

후쿠시마 1발전소에 있던 원전들만 지진 40여 분 뒤에 덮친 쓰나미로 비상발전기가 침수돼 대형 사고로 확대되는 비운을 맞았다. 많은 사람들은 후쿠시마 사고가 지진 때문에 일어났다고 믿고 있는데 이는 사실이 아니다. 쓰나미가 원인이다.

경주지진은 동일본 대지진에 비하면 매우 작았기에 우리 원전들은 자동 정지도 하지 않았었다. 우리나라는 지진 후 원전에 큰 위협을 줄 쓰나미가 발생할 확률이 매우 낮으니, 자연재해로 인한 원전 사고에 대해서는 지나친 걱정을 하지 않아도 된다.

원자력의 최고 장점은 싸고 품질좋은 전력을 안정적으로 공급할 수 있다는 점이다. 원전의 발전단가는 킬로와트 당 50원 선으로 70원 선인 석탄발전보다 저렴하고 140원 대인 가스발전이나 180원 대인 신재생에너지 발전보다는 훨씬 싸다.

이렇게 낮은 발전단가는 원전의 고(高)에너지 밀도성에서 기인한다. 원전은 한 번 연료를 장전하여 1년 동안 쉬지 않고 가동할 수 있다. 연료양이 적고 핵연료의 가격이 낮으므로, 연료비의 비율은 발전원가의 10% 정도에 지나지 않는다. 이 덕택에 우리나라는 전기료를 낮게 유지해 산업 경쟁력을 갖출 수 있었고 국민에게는 보편적인 전력복지를 제공하였다.

지난 5년간 우리나라는 연평균 1,626억 달러(국민 1인당 370만 원 상당)의 에너지연료를 수입했는데 이 중 원전 연료인 우라늄의 수입은 0.5% 정도인 8억 2,000여만 달러(1인당 2만 원)에 불과했다. 이 0.5%의 연료 수입액으로 우리나라 전력의 약 30%를 공급해 왔다. 이는 원자력이 무역수지 개선에 엄청난 기여를 한 '준 국산에너지원'이란 뜻이 된다.

탈원자력·탈석탄 발전정책에 따라 우리 전력의 30%를 가스발전으로 대체하면 연간 19조 원의 LNG를 더 수입해야 한다. 수출 이익률을 5%로 잡는다면 19조 원은 380조 원을 수출해야 만회할 수 있는 금액이다.

원전에서 소요되는 연료량이 적다는 점은 에너지 안보에도 크게 유리하다. 31평 아파트 정도의 면적(85㎡)만 있으면 100만 킬로와트 짜리 원전용 핵연료 25년치를 저장할 수 있다. 반면 가스발전소는 매달 10만 톤짜리 LNG선 한 척에 가득 실린 가스를 필요로 한다.

원자력의 두 번째 장점은 온실가스나 미세먼지를 발생시키지 않는다는 점이다. 국제기후변화패널(IPCC)의 2014년 보고서는 킬로와트 당 전주기(全週期) 이산화탄소 생성양은 석탄·가스·태양광·원자력을 820, 490, 48, 12그램으로 밝혀 놓았다. 원자력의 이산화탄소 발생량은 태양광 발전보다도 적은 것이다.

반핵론자들은 사용후핵연료가 수만 년 이상 방사성 독성을 끼친다며 환경친화적이지 못하다고 주장한다. 그러나 생산되는 전력량 당 발생되는 부산물과 폐기물의 양을 고려하면, 원자력의 환경친화성은 오히려 두드러진다. 원전은 소모하는 연료의 양이 적기 때문에 발생되는 사용후핵연료의 양도 절대적으로 적다.

그래서 지금껏 발생한 사용후핵연료를 각 발전소 부지 안에 안전하게 저장해올 수 있었다. 현재 연구되고 있는 핵변환 기술이 실용화되면 장수명 방사성 핵종의 반감기가 대폭으로 줄어들어 관리 기간도 크게 줄 것으로 보인다. 처분해야 하는 양이 상당히 줄어들 것이니 고준위폐기물이 후대에 큰 부담을 준다고 말할 수 없게 되는 것이다.

우리에게 중요한 이는 수천, 수만 년 뒤의 후손이 아니라, 30년 뒤의 자식이라는 것을 분명히 알아야 한다. 수만 년 전은 구석기 시대였으니 앞으로 수만 년이 지나면 과학기술은 더욱 발전해 있을 것이기 때문이다. 구석기 시대의 인류 대부분은 현생 인류의 조상이 아니라는 것도 알고 있어야 한다.

　인류가 신의 불을 찾아내 활용하게 된 것은 과학과 기술의 발전 때문이었다. 과학과 기술을 발전시키는 것이 신의 불을 더 안전하게 사용하는 법을 찾아가는 길이다. 신의 불을 회피하지 말고 우려 없이 사용할 수 있는 기술을 찾아내는데 전력을 기울여야 한다.

40년 '수직성장' 이룬 한국 원자력

문주현 동국대학교 원자력공학과 교수

문재인 정부가 공사를 중단시킨 신고리 5·6호기 현장. 문재인 정부는 국민안전을 이유로 공사를 중단시키고 공론화에 붙였다.

우리나라의 첫 원전은 1978년 상업운전을 시작한 고리 1호기다. 1962년부터 시행된 경제개발 5개년계획에 따라 늘어나는 전력을 안정적으로 공급하기 위해서였다. 1970년대는 국내 기술수준과 산업기반이 크게 뒤떨어졌기에, 고리 1호기 건설은 외국기술에 100% 의존하지 않을 수 없었다. 때문에 많은 외화가 유출되었고, 기술 없는 설움도 톡톡히 겪었다. 특히 1970년대 두 차례의 오일 쇼크를 겪으면서 에너지 기술자립 필요성을 절감했다.

고리 1호기 도입 후 원전 운영기술이 쌓이고 연구 및 산업 역량도 향상되면서, 원전기술 자립의 열망도 커져갔다. 1984년 7월 정부는 한국표준형 원전사업의 출발점이라 할 수 있는 '원전건설기술자립계획'을 수립하였다. 그리고 원자력 기술인력을 양성하기 위해 많은 엔지니어와 연구자를 미국·프랑스 등 원전 선진국에 파견하였다. 이런 노력 덕분에 1987년 '중수로 핵연료 국산화'를 필두로, 1990년 '경수로 핵연료 국산화', 1990년대 중반 '한국표준형 원전개발'을 잇달아 성공시켰다.

'한국표준형원전(KSNP, Korean Standard Nuclear Power Plant)'은 1,000메가와트(MWe)급인 한빛 3·4호기를 참조하고, 국내 원전 설계·건설·운영 경험과 해외 기술개발 사례 등을 적용해 표준화한 우리의 원전이다. 한국표준형원전으로 건설된 국내 최초의 원전은 1998년 상업운전을 시작한 한울 3호기다. 그리고 2005년, 수출을 위해서는 해외시장에서 통용될 수 있는 브랜드가 필요하다는 인식 하에 '최적의 경수로'라는 의미를 담은 OPR(Optimized Power Reactor)-1000으로 개명하였다.

이어 발전용량을 1400 메가와트로 증가시킨 신형경수로(Advanced Power Reactor, APR-1400)를 1992년부터 개발하였다. APR-1400은 입증된 기술을 바탕으로 신형 경수로 설계 기본요건을 만족시킨 최신 원자로이다. APR-1400은 신고리 3·4호기와 신울진 1·2호기 건설에 적용되었다. 2009년 12월 27일 우리나라 컨소시엄은 프랑스의 아레바, 미국의 GE⁺ 일본의 히타치 컨소시엄 등을 제치고 아랍에미리트에 APR-1400을 수출하는데 성공하였다.

2007년부터는 원전 수출경쟁력 향상을 위해 '원전기술발전방안(Nu-Tech 2012)'을 수립했다. 그리하여 피동형 안전설비와 항공기 충돌 대응요건 등을 추가하여 안전성을 크게 강화한 한국형 토종(土種) 원전(APR⁺)개발을 시작해, 2014년 8월 표준설계인가를 취득하였다. 이러한 우리나라의 원전 기술자립 과정을 아래 그림에 요약하였다.

제1단계(기술도입 축적기)	
○ 외국 계약자 일괄 도급계약 　국내 업체 하도급 참여	고리 1호기, 월성 1호기
○ 외국 업체에 분할 발주 　국내 업체 하도급 참여	고리 3·4호기, 한빛 1·2호기 한울 1·2호기

⇩

제2단계(기술 자립기)	
o 국내업체 주도 계약 　외국 업체 하도급 계약	한빛 3~6호기, 월성 2~4호기 한울 3~6호기

⇩

제3단계(기술 선진화기)	
o OPR-1000 개발	신고리 1·2호기, 신월성 1·2호기
o APR-1400 개발	신고리 3~6호기, 신한울 1~4호기

⇩

제4단계(원천기술 확보기, 진행 중)
o APR⁺ 개발(2014년 표준설계인가 취득)
o 3대 핵심 미자립 기술(RCP, MMIS, 원전설계코드) 개발
o 고리 1호기 영구 정지에 대비한 해체기술 자립 추진

OPR-1000 원자로

우리 정부는 한빛 3·4호기 건설을 통해 원전기술 자립율 95%를 달성한다는 목표를 세웠었다. 1300메가와트(MWe)급인 미국 ABB-CE(컴버스천 엔지니어링)사의 시스템80 원자로를 참조해, 우리 실정에 맞게 1,000메가와트로 줄인 한빛 3·4호기를 개발하기로 한 것이다. 그렇게 개발된 한빛 3호기가 1995년, 4호기가 1996년에 상업운전을 시작하였다.

이를 참조형으로 삼아 100% 국내 기술로 만들어낸 것이 한국표준형원자로(KSNP)다. 한국표준형원자로로 최초 건설된 원전은 1998년과 1999년에 각각 상업운전에 들어간 한울 3·4호기이다. 그때 제네바합의에 따라 한반도에너지개발기구(KEDO)를 통한 북한 경수로 사업이 논의됐는데, 그 대상기종으로 한국표준형원자로가 결정되기도 했다.

그리고 해외 진출을 모색하다 2005년 '한국을 탈색한 브랜드'가 필요하다는 판단에 한국표준형원자로를 OPR-1000으로 개명하였다. 이러한 OPR-1000은 반복적으로 건설되었기에 종합적인 설계개선을 할 수 있었다.

30여 년의 원전 건설과 운영경험을 토대로 설계개선 1·2단계 사업을 시행해 일체형 원자로 상부 구조물, 복합건물 등 97개의 개선사항을 반영하였다. 안전성과 경제성과 운전 편의성을 높이고 원전 종사자의 방사선 피폭 저감을 도모하였다. 원자로 냉각재 계통의 자동용접 등 신공법을 적용해 건설공기도 단축하게 되었다.

그렇게 해서 탄생한 것이 개선형 OPR-1000(Improved OPR-1000)이다. 개선형 OPR-1000은 신고리 1·2호기, 신월성 1·2호기에 적용되었다. 우리나라는 한빛 3·4호기부터 신월성 원전 1·2호기까지 OPR-1000 계열의 원전 12기를 설계하고 반복 건설한 실적을 확보하게 되었다.

OPR-1000은 종심(縱深) 방어 개념에 입각해, 안전성 관련 설비의 다중성, 다양성, 독립성과 고장 시 안전작동 원칙을 적용해 사고예방 및 완화에 노력을 기울인 것이 특징이다. 스리마일 섬(TMI) 사고 후 미국이 마련한 후속조치 요건을 모두 반영하였다. 때문에 발전소의 안전성을 나타내는 대표적인 척도인 노심손상(爐心損傷) 방출확률은 선진국이 개발하던 신형 원자로에 버금가는 수준에 도달하였다.

오른쪽의 표는 2세대(GEN-II)인 OPR-1000과 그보다 안전성을 끌어 올린 3세대(GEN-III)급 국내외 원자로를 설계특성을 정리한 것이다.

OPR-1000은 운영실적면에서도 우수성을 입증하였다. 1998년에 가동된 한울 3호기는 초기 1년간 이용률이 무려 103.7%에 도달했다. 한 해 동안 고장이나 정지한 적이 없었기에, 한 주기(週期) 무고장 운전에서 세계적 수준을 기록한 것이다.

OPR-1000은 세계 최초로 디지털화된 발전소 보호계통과 공학적 안전설비 작동계통을 채택했기에 신뢰도 측면에서도 탁월한 실적을 보여주고 있다.

국내외 원자로 설계특성 비교

국가		한국	한국	미국	프랑스
항목		OPR-1000	APR-1400	AP-1000	US-EPR
등급		Gen-II⁺	Gen-III	Gen-III⁺	Gen-III
용량	노심출력	2,815 MWth	3,983 MWth	3,400 MWth	4,500 MWte
	전기출력	1,000 MWe	1,400 MWe	1,117 MWe	1,600 MWe
설계수명		40년	60년	60년	60년
안전성 안전정지 지진(SSE)		0.2g	0.3g	0.25g	0.3g
노심 손상빈도		$8.3×10^{-6}$/RY	$6.22×^{-6}$/RY	$5.0×10^{-7}$/RY	$5.9×10^{-6}$/RY
대량 조기방출확률		$<10^{-5}$/RY	$2.84×10^{-7}$/RY	$6.0×10^{-8}$/RY	$2.6×10^{-7}$/RY

* 출처: 한국수력원자력 자료

APR-1400 원자로

APR-1400은 OPR-1000을 기반으로 개발한 차세대 원자로이다. 이 원자로의 개발은 1992년 12월부터 2001년 12월까지 국가 선도(先導)기술개발인 G-7 과제로 추진되었다. 한국수력원자력이 총괄하는 가운데 산·학·연이 참여하여 기술개발을 담당했다. 핵심기술은 한국원자력연구원과 한국과학기술원 신형로(新型爐) 연구센터가, 종합설계와 원자로설계는 한국전력기술이 맡았다. 초기노심 및 연료집합체 설계는 한전원자력연료, 주기 설계는 두산중공업이 담당했다.

APR-1400도 표준설계로 개발되어 2002년 5월 규제기관으로부터 표준설계 인가를 획득하였다. APR-1400은 발전용량을 1,400메가와트로 키우고, 운영 허가 기간을 40년에서 60년으로 늘렸다. 출력과 운영허가기간을 늘렸으니 APR-1400 두 기는 OPR-1000 세 기보다 유용해진다. 국외의 3세대 원전과 경쟁하기 위해 최첨단 제어실을 채택했고 운전편의성도 높였다.

APR-1400은 노심손상 등 중대사고 발생을 예방하고 대량의 방사능 방출이 일어나지 않도록 다양한 안전설비를 갖추고 있다. 대형 냉각재 상실사고 시 안전주입수(水)를 효율적으로 넣을 수 있도록 비상노심냉각수 유량조절장치를 채택하였다. 이 장치는 능동적 구동장치에 의해 조작되지 않고 피동적으로 작동하도록 설계돼 있어, 운전원이나 다른 기기의 개입이 없어도 자동으로 작동된다.

이 장치 덕분에 APR-1400의 노심 손상빈도는 크게 낮아졌다. 최악의 상황에서도 방사능이 외부로 방출되는 것을 차단할 수 있도록 노외(爐外) 냉각설비, 원자로 공동 침수계통, 피동형 수소재결합기 등을 채택했다.

포괄 부지 개념에 따라 0.3g의 내진(耐震) 요건도 만족하도록 설계하였다. 보조건물의 4분면 배치 설계방식을 도입해 화재와 홍수, 지진 같은 외부 충격에 대한 대처능력도 한차원 강화하였다. 원전운영의 핵심인 주제어실은 디지털 기술을 접목해 컴퓨터 화면으로 감시와 제어를 할 수 있게 하였다.

APR-1400은 환경 보호를 위한 설계도 갖췄다. 복수기를 위한 냉각수는 외부 수원에서 취수하는데, 우리나라 원전은 바다에서 취수를 한다. APR-1400은 수중 취수터널과 수중 배수터널을 판 다음, 해안에서 멀리 떨어진 깊은 바다에서 바닷물을 끌어들이고 내보내는 방식을 채택했다. 수중 취수는 해안선을 살려주고, 수중 배수는 해수면 온도 상승을 막을 수 있는 장점이 있다.

APR-1400 표준설계는 신고리 3·4호기 건설에 적용됐는데, 신고리 3·4호기가 운영허가 심사를 받던 중 후쿠시마 원전사고가 발생하였다. 이에 정부는 안전성 증진사항을 마련하였고, 이를 신고리 원전 3·4호기에 반영케 했다. 때문에 신고리 3·4호기의 안전성은 강화되었다. 신고리 3·4호기의 뒤를 이은 신한울 1·2호기는 2018년부터 상업운전에 들어간다. 그리고 신고리 5·6호기를 건설하게 됐는데, 문재인 정부의 탈원전정책 때문에 2017년 8월 공사가 중단되었다.

APR-1400은 2009년 아랍에미리트에 수출한 BNPP(바라카) 1~4호기에도 적용돼 현재 건설 중에 있다. 아랍에미리트 수출 성공 후 우리는 국제경쟁력 강화를 위해 '미국 원자력안전위원회'로부터 설계인증을 받는 도전에 나섰다. 설계인증은 규제기관으로부터 특정 노형의 표준설계에 대한 안전성 인증을 미리 받아두는 것이다.

2015년 3월 '미국원자력안전위원회'의 설계인증 사전심사를 통과해 본 심사에 들어간 APR-1400은 2017년 8월 현재 1차 평가에서 2,200여 개 항목 중 2,000여 개를 만족시켰다. 따라서 보완 조치를 하면 2018년 9월쯤 인증을 마칠 것으로 예상되고 있다. 설계인증이 완료되면 APR-1400은 미국에 수출할 수 있는 자격을 갖게 된다. 원전의 고향인 미국에 원전을 수출한다는 것은 세계 제패로 가는 지름길이 될 것이다.

2017년 12월 우리나라는 중국을 제치고 영국 무어사이드 원전사업자인 영국 뉴제너레이션사의 지분 100% 인수를 위한 배타적 협상권을 확보하였다. 무어 사이드 원전사업은 영국 북서부에 사업비 21조 원을 들여 신규 원전 두 기를 건설하는 프로젝트다. 이로써 우리나라는 APR-1400을 영국에 수출할 수 있는 기회를 갖게 되었다.

2006년 12월 정부는 '원전기술발전방안(Nu-Tech 2012)'을 수립하고, 독자적인 해외수출을 하기 위해 원자로 냉각재펌프, 원전계측제어설비, 제3자 제한 코드라는 3대 미(未)자립 핵심기술과 이 기술을 접목시킨 1,500메가와트급 원자로(APR⁺)를 개발하기로 했다. 3대 미자립 기술을 채택한 APR⁺가 있으면 우리는 단독으로 해외 수출에 나설 수 있다고 판단한 것이다.

APR⁺ 개발에는 후쿠시마 사고로 채택한 항공기 충돌 등 강화된 규제요건을 모두 포함시켰다. 안전성을 강화한 것이다. 2007년 8월 개발에 들어간 APR⁺는 7년이 지난 2014년 8월 원자력안전위원회로부터 표준설계인가를 취득하였다.

그리고 2015년 8월 확정된 제7차 전력수급기본계획에 따라 천지 1·2호기와 후속 원전의 건설 노형으로 확정되었다. 그러나 2017년 6월 문재인 정부가 탈원전 정책을 밝힘에 따라 건설여부가 불투명해져 버렸다.

고리 1호기 상업운전 후 40여 년이 흐른 지금 우리나라는 독자적으로 원전을 설계, 건설, 운영할 수 있는 세계 최고 수준의 원전 강국이 되었다. 에너지 자립의 필요성을 절감한 정부의 과감한 결단과 전폭적인 지원, 원자력 기술인들의 헌신적 노력이 더해져 이룬 결과이다. 부존자원이 없는 우리나라로서는 어쩔 수 없는 선택이기도 했다. 이렇게 창출한 세계 최고의 원전기술이 문재인 정부의 탈원전 정책으로 사장될 위기에 처했다.

이래도 되는 것인가. 후손을 위한 가치창조를 이렇게 버려도 되는 것일까. 숱한 위험을 통제할 수 있는 기술을 마련했는데, 일개 영화가 만든 공포에 젖어 '손안에 든 보물(寶物)'을 내줘버리는 우(愚)를 범하지 않았으면 정말 좋겠다. 정치인들은 우리의 원자력을 제대로 알아야 한다.

경쟁국에게 '神의 선물'이 된 문재인의 탈원전

변준연 비전파워 회장, 전 한국전력 부사장

단군이래 최대의 플랜트 수출인 아랍에미리트 바라카원전 건설 현장.

국가를 지탱하는 안보에는 다섯 가지가 있다. 군사안보·외교안보·식량안보·환경안보·에너지안보가 그것이다. 이중 가장 중요한 것이 에너지안보다. 에너지가 없으면 군사안보도 할 수가 없기 때문이다.

옛날에는 정치·외교적으로 독립된 나라를 독립국가로 불렀지만, 지금은 에너지가 독립돼야 독립국가가 된다. 그렇지 못하면 피(被)식민국가다. 대한민국은 에너지 최빈곤국 중의 하나다. 이러한 대한민국을 진정한 독립국가로 볼 수 있는가? 에너지 피식민국가이자 에너지 종속국가가 아닌가.

대한민국은 자연에서 공급되는 1차 에너지의 97%를 수입한다. 그런데도 지난 40년간 초고속으로 성장한 것은 원자력이 있었기 때문이다. 1982년부터 2010년까지의 29년간 우리의 소비자물가는 240% 상승했으나, 전기요금은 18.5%만 오른 비밀이 바로 원자력발전에 있다. 원전으로 생산한 값싸고 품질 좋은 전기가 없었더라면 삼성전자와 LG전자·현대자동차·포스코 같은 초일류 글로벌 기업들은 탄생할 수 없었을 것이다.

1978년 3월, 고리 1호기를 가동한 우리는 40년 간 쌓아온 기술력과 노하우를 바탕으로 2009년 12월 아랍에미리트에 원전을 수출하였다. 원전 수입국에서 원전 수출국으로, 세계 5대 원전 강국으로 뛰어오른 것이다. 원전은 단순한 플랜트가 아니다. 경제·외교적으로 국가의 이미지와 위상을 제고시키는 산업이다. 또한 전후방 산업에도 막대한 영향을 끼친다.

에너지를 지배하는 나라가 세계를 지배한다. 대한민국은 수출입을 합한 무역 규모가 1조 달러를 돌파한 세계 아홉 번째 국가다. 하지만 국민이 피땀 흘려 수출로 번돈의 3분의 1(약 1,700억 달러)을 1차 에너지를 수입하는데 사용하는 '에너지 최빈국'이기도 하다. 원자력발전소가 없었더라면 우리는 추가로 연 300억 달러를 더 지불해야 한다. 그렇다면 원자력은 우리에게 원유와 같은 존재가 된다. 원전 수출은 우리가 산유국이 되었다는 의미이기도 한 것이다.

대한민국이 세계 5대 강국에 들어가 있는 분야가 자동차와 조선·IT·원자력의 4개 분야다. 유엔가입 193개국 가운데 원전을 한 기라도 보유·운영하는 나라는 31개국에 불과하다. 이 31개국 중에서 독자적인 모델을 갖고 있어 해외수출이 가능한 나라는 미국·프랑스·일본·러시아·한국·중국의 여섯 개 나라뿐이다. 최고 선진국이라는 독일과 영국도 이 대열에는 끼지 못한다.

전 세계가 인정하는 초일류 원자력을 포기하자는 것이 이른바 탈원전정책이다. 대한민국이 5대 자동차 생산국인데, 자동차가 이산화탄소를 많이 배출한다고 하여 자동차 생산을 중단케 하는 것과 같은 처사인 것이다. 이산화탄소를 배출하지 않는 친환경 수송수단의 대표가 지게와 수레다. 탈원전은 지게와 수레 시절로 돌아가자는 것이다. 그러나 수레를 끄는 소와 말도 이산화탄소를 배출한다.

환경을 위한다는 미명하에, 그러나 진정으로 환경을 위하지도 못하면서 하는 행동이 탈원전이다. 우리는 무엇이 진정한 애국인지 깊이 생각해 봐야 한다.

'백문(百聞)이 불여일견(不如一見)'에서 나온 '백화(百火)가 불여일원(不如一原)'이란 말이 있다. 국민적 관심과 사업규모, 국제적 이해관계 측면에서 볼 때 화력발전소 100기가 원자력발전소 1기에 미치지 못한다는 것을 풍자한 말이다. 원자력발전소는 최첨단 과학기술의 집합체이기에 국내 산업에 끼치는 파급 효과가 막대하다.

아랍에미리트에 대한 원전 수출은 소나타 자동차 100만 대를 수출한 것과 비슷한, 단군 이래 최대의 플랜트 수출이었다. 선배 근로자들이 피땀 흘려 일했던 열사(熱砂)의 땅에 대한민국은 최첨단 플랜트를 수출하게 된 것이다. 1인당 국민소득 300달러 수준에서 고리 1호기를 건설한 대한민국은 2만 6,000달러에 이른 시점에 한국형 독자모델의 원전을 수출하게 된 것이다. "인간은 역사를 만들지만 신은 기적을 만든다"고 하였는데, 아랍에미리트의 모하메드 왕세자는 한국 모델을 선택한 것을 바로 신의 뜻이라고 말하였다.

'전쟁에서 2등은 죽음을 뜻하고 경쟁에서 2등은 파산을 뜻한다'라는 말이 있다. '아랍에미리트 랠리'에서의 승리는 원전산업계의 열정과 염원, 투지가 만들어낸 것이지 신의 뜻도 기적도 아니었다. 석유 한 방울 나지 않는 대한민국은 인재를 키워 두뇌에서 에너지를 캐내게 된 것이다. 그러한 인재를 몰아내자는 것이 문재인 정권의 탈원전정책이다.

국내 원전 건설을 중단하면 수출 동력이 상실된다. 각종 요소기술인 설계와 기자재 제작, 시공분야의 핵심능력을 잃어갈 것이기 때문이다. 그뿐만이 아니다. 신규 원전건설을 중단한다면 기존 원전을 돌리는 발전소 운영과 유지보수 기술만 보유하게 되는데, 이 기술 역시 점차 소멸될 것이다. 그리하여 전반적인 기술 공급망(Supply chain) 붕괴 현상이 나타난다.

신규 원전 건설은 많은 부품을 필요로 하므로 복잡한 공급망이 형성되는데, 그 과정에서 기존 원전을 유지하는 공급망도 매우 경제적으로 형성된다. 신규 원전 건설 중단은 기존 원전에 대한 공급망도 부실화시켜 버린다. 그렇게 된다면 우리는 원전용 부품들을 수입해야 한다.

스물 네기인 기존 원전을 돌리기 위해, 원전대국을 지향하고 있는 이웃나라 중국에서 부품 및 자재를 사오는 비극적인 사태를 맞게 되는 것이다. 한국 원자력이 중국에 의존하는 '그 끔찍한 상황'을 탈원전주의자들은 상상이나 해 봤는가? 우리의 탈원전이 경쟁국에는 바로 '신의 선물이 된다'는 것을 그들은 생각이나 해 봤느냐는 것이다.

초강대국은 모두 원자력 강국이다. 이들은 원자력을 다양하게 활용한다. 원자력발전과 핵무기는 물론이고 강력하면서 지속적인 동력을 필요로 하는 우주개발과 잠수함함정 건조에 적극 활용하고 있다. 핵추진 잠수함과 핵추진 항공모함에 이어 핵추진 쇄빙선, 핵추진 컨테이너선을 건조하려고 하는 것은 잘 알려진 이야기다.

1977년 8월 20일 미국 플로리다 주 케이프커내버럴 공군기지에서 타이탄-3 발사체에 실려 발사된 우주선 '보이저-2호'는 1979년 7월 9일 목성, 1981년 8월 25일 토성, 1986년 1월 24일 천왕성, 1989년 8월 24일 해왕성을 통과한 후 태양계 밖으로 날아가고 있다. 특별한 문제가 없기에 보이저-2호는 2025년까지는 지구와 교신할 것으로 보인다. 항성이나 별똥별과 충돌하는 사고만 당하지 않는다면 26만 년 이상 항행할 수 있을 것으로 추정된다.

이러한 보이저-2호가 태양광을 받아서 만든 에너지로 항행한다고 보면 큰 오산이다. 보이저-2호는 태양계에서 자꾸 멀어지고 있으니 태양으로부터 점점 약한 에너지를 받는다. 때문에 미국 GE가 만든 원자력 축전기인 RTG를 탑재했다. 이 RTG의 힘으로 보이저-2호는 무한 항행을 하고 있는 것이다. 우주개발을 하려면 원자력기술을 갖춰야 한다.

미래에는 우주에서 태양광발전을 하고 지하자원을 가져올 수 있을 것으로 보이는데, 우주를 개발하려면 원자력이라는 힘을 가져야 한다. 이러한 미래를 과감히 포기하자는 것이 탈원전 선언이다. 원전이 일으킬 수 있는 막연한 사고에 대한 두려움 때문에 우리의 미래를 꺾어버리자는 것이 탈원전 정책이다.

우주로 가는 원자력을 만들기 위해서는 먼저 해외로 가는 원자력을 만들어야

한다. 수출되는 원자력을 만들려면 국내에서 새로운 원전을 개발하며 지어나가야
한다. 자전거는 달려야 서 있고, 멈추면 쓰러진다. 원자력기술도 달리는 자전거와
같다. 넘어지지 않으면서 성장으로 가는 길을 왜 우리는 회피하려고 하는가.

KEDO 경험이 UAE 원전 수출 기적을 만들었다

UAE 원전은 단군 이래 최대의 해외 단일공사 입찰사업이었다. 대한민국은
원전을 수입한 지 40년 만에 처음으로 국제입찰 설명회에 초청받게 되었는데, 첫
입찰에서 원전강국들을 누르고 수주에 성공했다. 월드컵에 처음으로 출전해 우승컵
을 안은 것과 같은 기적을 만든 것이다.

당시 한국전력은 중동에 지사가 없었다. 해외 영업활동비도 전혀 없었다. 입찰
설명회가 열리는 아부다비 최고급인 팰리스 호텔이 비싸, 멀리 떨어진 값싼 호텔
에 묵으면서 새벽 같이 택시를 타고 달려와 6성급 호텔에 묵은 척 하며 회의에 참석
했다.

UAE 원전 수주의 최고 기여자는 바로 북한 신포에 경수로를 공급하는 KEDO
(한반도에너지기구) 사업에 참여했던 경험이었다. 미국·EU·일본·한국 네 나라가 이사
국으로 관여했기에 KEDO 사업의 모든 절차서와 기술자료, 제안서, 협상자료는 100%
영어로 작성되었다.

KEDO사업은 10억 달러 손실을 발생시킨 후 중단되었지만 우리는 국제사업을
해 본 중요한 경험을 쌓을 수 있었다. 이 경험이 200억 달러의 공사에 도전하는데 큰
밑거름이 되었다.

2017년 12월 6일 한국전력은 영국 무어사이드에 원전을 짓기로 한 뉴제너레이션
지분인수 경쟁에서 우선 협상대상자로 지명되었다. 한국은 APR-1400 원전 두 기
를 영국에 수출할 수 있는 기회를 사실상 확보한 것이다. 2009년 UAE원전 수주 8년
만에 한국 원자력은 다시 해외로 나가는 기회를 잡았다.

한국의 원자력은 세계 최고를 인정받아 수출되고 있는데 권력을 가진 이들은
이를 막으려고 한다. 왜 그럴까?

05
원전을 왜
두려워하기만 하는가

고리 원전의 다수 호기가 걱정되시나요?

양재영 한국전력국제원자력대학원대학교 교수

미국 샌디아 국립연구소가 각종 안전 실험을 하기 위해 지은 원자로 격납건물(왼쪽). 이 건물과 같은 강도의 시설물을 짓고 팬텀기 (F-4)를 충돌시켜본 시험(오른쪽). 팬텀기가 박아도 끄덕 없었다.

후쿠시마 원전사고 이후 SNS에서는 조작된 정보가 넘쳐났다. 공포마케팅, 사스의 공포는 저리가라다. 원전에 대한 잘못된 공포는 광속으로 퍼져나갔다. "거짓과 진실의 배합이 100% 거짓보다 더 큰 효과를 낸다" 나치스의 선전상(공보장관) 요제프 괴벨스의 말이다. 하지만 그가 몰랐던 게 있다. 시간은 항상 진실의 편이라는 것. 그는 시간 속에 묻히고 그의 기만은 이 말과 함께 드러났다.

2017년 6월 19일 고리 1호기 영구 정지 기념식에서 문재인 대통령이 탈원전 선언을 함으로써 지구온난화로 아열대의 열기로 달궈진 우리의 여름이 갈등의 소용돌이에 휩싸였다. 대통령 연설에 담긴 잘못된 후쿠시마 1발전소 원전사고 사망자 언급에 일본 정부가 항의하니 청와대가 실수를 인정하지 않을 수 없었다. 하지만 성찰의 시간을 갖기는커녕 신고리 5·6호기 건설 중단을 정당화하려고 법에도 없는 공론화위원회를 동원했다. 그러더니 또 한 번의 사단이 벌어졌다.

공론화위원회는 시민배심원단에 의한 건설 중단 결정은 하지 않겠다고 발표했는데, 바로 다음날 뒤집어진 것이다. 공론화위원회는 출범부터 오락가락 했으니 그 중립성에 대한 의심만 증폭되었다. 3개월이라는 짧은 시간에 2년마다 개정되는 전력수급계획의 골간을 흔드는 신고리 5·6호기 건설 중단 여부를 고작 9명의 위원과, 시민배심원들로 하여금 결정하게 하는 건 애초부터 무리수였다. 그들이 알아야 할 사실이 너무 많기 때문이다.

그 중 하나가 고리원전 부지에 있는 다수(多數) 호기의 안전성 문제다. 탈핵단체들은 신고리 5·6호기가 건설되면 고리부지에는 총 열 기의 원전이 들어서게 돼 세계 유례가 없는 원전 밀집단지가 되고, 원전 하나에서 사고가 일어나면 연쇄 폭발이 일어난다고 주장했었다.

후쿠시마 1발전소의 사고와 영화 '판도라'에서 폭발장면을 본 우리 국민들은 우리 원전도 폭발할 수 있다고 연상한다. 그러나 그것은 '후쿠시마 꽈배기'에 100% 허구인 판도라를 결합시킨 망상이다. 우리 원전이 폭발한다는 것은 쉽게 표현하자면 알코올 농도가 4%인 맥주에 불이 붙는다는 소리나 다름없기 때문이다.

핵폭탄에는 순도 90% 이상의 우라늄(U 235)이나 플루토늄(Pu 239)이 사용되지만, 우리 원전의 핵연료에는 순도 4%짜리가 들어간다. 때문에 수백 명의 핵물리학자들이 덤벼들어도 핵폭발을 일으킬 수 없다.

후쿠시마 폭발은 원자로에서 새어나온 수소가스가 원자로 격납건물 상부의 핵연료 취급공간에 모여 있다가 점화되면서 일어났다. 수소폭발인데 '비비꼬아서' 원자로 폭발로 만들어버린 것이다. 우리 원전에서는 이러한 폭발이 일어날 수 없다. 우리 원전에서 핵연료건물은 원자로 격납건물 옆에 있으니, 공기보다 가벼운 수소가 원자로 격납건물보다 지붕이 낮은 핵연료건물에 모일 까닭이 없는 것이다. 설사 수소가 모여 있다가 폭발을 일으킨다고 해도 그 힘으로는 1.2미터 두께의 철근 콘크리트로 된 돔형의 원자로 격납건물을 깨뜨리지 못한다.

탈핵단체인 그린피스가 후원하고, 금호고등학교에서 황당 강의를 했던 장본인 김모 교수가 감수한 영화가 '판도라'다. 이런 허구를 사실인 양 감수를 할 정도로 원자력 문외한인 김모 교수가 현 문재인 정부의 국가대계인 에너지정책을 자문하고 있다는 사실을 우린 어떻게 받아들여야 하는가.

미국의 샌디아국립연구소는 30년 가까이 원자로 격납건물의 안전성을 연구했다. 그 중 하나가 원자로 격납건물 안의 압력이 높아지면 이 건물이 폭발할 수 있는지였다. 실험 결과는 '불가능하다'였다. 이유는 원자로 격납건물은 압력이 높아지면 관통부의 밀폐체가 찢어지면서 공기가 새버리기 때문이었다. "칙칙" 증기를 내뿜는 압력솥에 구멍이 생기면 증기가 더 많이 빠져나가 폭발하지 않는 것과 같은 이치다.

이러한 결과를 얻은 연구소는 시험설비를 완전히 밀폐시키고 모형의 97%를 물로 채워 파괴될 때까지 압력을 높여 보았다. 파괴는 됐는데 그 압력은 약 15기압으로 나왔다. 이러한 조건은 실제 원자로 격납건물에서는 만들 수 없으니, 원자로 격납건물은 폭발할 수가 없다는 결론은 그대로 유지되었다. 원자로 격납건물은 팬텀 전투기가 충돌해도 끄떡없다.

그렇다면 원자로 격납건물에 모인 수소가 폭발하면 어떻게 될까? 수소제거기가 있으니 걱정은 스톱! 원자로 격납건물 안에 수소가 모여 일어나는 수소폭발을 피하고 싶다면 수소를 제거하면 된다. 따라서 수소제거기를 설치하면 되는 것이다. 수소제거기에는 수소가 증가해 폭발 가능한 농도에 이르면 전기 점화를 일으켜 국부적으로 수소를 태워 없애는 수소발화기와 촉매를 사용한 피동형 수소제거기(수소 재결합기)가 있다. 발화기는 우리 원전 건설 초기부터 사용해왔다. 피동형 수소제거기는 1998년부터 4년간 수행된 한국표준형원전(KSNP) 설계개선사업에서 검토되어 신고리 1·2호기부터 추가로 설치했다.

고리 1호기에는 후쿠시마 사고 1년 전인 2010년 설치됐고, 나머지 가동 원전들은 2014년까지 추가를 완료하였다. 신고리 5·6호기에는 30대의 피동형 수소제거기와 10대의 수소발화기가 있으니 수소폭발 걱정일랑 붙들어 매자.

상업용 원전에서 원자로가 녹는 중대사고는 1979년 미국 스리마일 섬(TMI) 2호기에서 최초로 발생했다. 원자로의 절반 이상이 녹고 원자로 격납건물 내 방사능 준위는 평소의 1,000배 이상으로 치솟았지만, 인근 주민에 대한 방사선 영향은 없었다.

TMI-2호기는 우리 원전과 같은 가압경수로형이었다. 후쿠시마 원자로보다 5배 이상 두께를 가진 든든한 철근콘크리트 원자로 격납건물을 갖고 있었기에, 수소 폭발을 견뎌내며 방사성물질의 누출을 막아낸 것이다. 때문에 바로 옆에 있는 TMI-1호기는 오늘도 안전하게 운전되고 있다.

다수 호기의 안전성은 아랍에미리트에 수출된 APR-1400 원자로를 개발하던 1990년대 초에도 중요한 고려 사항이었다. APR-1400은 미국이 요구하는 신형 경수로 조건을 만족시킨다는 목표를 갖고 개발하게 된 제 3세대 원전이다. 그러하니 세계에서 가장 안전한 원전을 목표로 할 수밖에 없었다.

구체적으로 설명하면 2세대 원전보다 사고 확률을 10분의 1이하로 줄여, 열 기를 한 곳에 지었더라도 2세대 원전이 한 기 있는 것보다 더 안전하게 하자는 것이었다. 이러한 안전성 추진 때문에 원전 선진국이라는 프랑스와 미국·일본을 제치고 우리는 수주에 성공했다. 아랍에미리트가 고용한 국제검증단도 APR-1400의 안전성을 확인한 바 있다.

세계는 열사(熱砂)의 땅에서 계획 공정과 예산을 정확히 지켜내며 공사하고 있는 우리를 경이로운 시선으로 바라보고 있다. 서방세계에서는 최고의 가성비를 가진 원전이라고 평하기에 인색하지 않다.

그러한 APR-1400에 후쿠시마 사고 이후 강화된 안전성 증진사항을 반영해 건설에 들어간 것이 신고리 5·6호기다. 때문에 신고리 5·6호기는 고리 1호기보다 70배 이상 안전하다는 확률론적 안전성평가(PSA)를 받기도 했다.

세계 최대의 원전 밀집지대가 되는 게 걱정이 된다면 다음의 구글어스 위성사진 두 장을 살펴보자. 다음 사진의 붉은 원으로 표시된 곳이 고리원전 부지다. 이 작은 땅에서 우리나라 총발전량의 8.5%를 생산한다니 경이롭지 않은가? 원자력 발전은 '두뇌에서 캐내는 에너지'라는 표현이 전혀 어색하지 않다.

부산광역시와 고리부지의 위성사진(왼쪽). 고리 4호기와 신고리 1호기간 직선거리는 약 800m인데 그 사이에 해발 125m 높이의 봉대산이 있다. 신고리 2호기와 신고리 3호기는 약 1.4km 떨어져 있다(오른쪽).

이 사진을 확대한 오른쪽 사진에서 왼쪽부터 고리 1·2·3·4호기와 신고리 1·2·3·4호기가 있다(파란 원). 빨간 원은 건설 중인 신고리 5·6호기다. 도합 열 기가 있는데 이렇게 많은 호기가 모여 있으면 '한 원전이 사고를 내게 되면 연쇄사고가 일어나지는 않을까, 그리하여 더 큰 재앙이 덮치지는 않을까' 하는 걱정이 나올 수밖에 없다. 확률계산을 통해 이 문제를 검토해보자.

원전에서 가장 큰 사고인 원자로가 녹는 경우부터 살펴보자. 두 기의 원자로가 동시에 녹는 일이 일어날 확률은 각 호기의 사고확률을 곱하면 된다. 고리부지에서 사고 확률이 가장 높은 고리 1·2호기를 이용해 계산해보자.

고리 1호기와 2호기의 사고 확률은 각각 1만 년당 1.77회와 1.7회이니, 1·2호기가 동시에 녹는 확률은 1억 년에 3회가 된다($\frac{1.77}{10,000} \times \frac{1.7}{10,000} = \frac{3.009}{100,000,000}$).

같은 식으로 고리 1~4호기의 동시 사고 확률을 계산하면 1경 년에 1.3회가 된다. 1경 년은 불경에서나 나오는 시간이다. 5천 년의 우리 역사도 따라가기 힘든데 1경 년을 걱정할 것인가. 그렇다면 열 기가 동시에 녹는 사고는 계산할 필요도 없을 것이다.

다수 호기 안전성 문제는 한 호기의 사고가 이웃 호기로 옮겨갈 수 있느냐는 것과 후쿠시마처럼 지진해일(쓰나미)이나 지진 같은 공통원인으로 다수 호기에서 동시에 사고가 나는 경우다. 이 문제도 짚어보자.

앞의 위성사진에서 보듯 고리부지는 세 개의 작은 원전 부지들이 모인 형태다. 고리 4호기와 신고리 1호기간 거리는 약 800미터, 그 사이에 해발 125미터 높이의 봉대산이 있다. 신고리 2호기와 3호기간 거리는 약 1.4킬로미터. 이러한 산과 거리가 있다면 한 부지의 사고가 이웃 부지에 영향을 줄 수 없다는 게 확연해진다.

원전 밀집으로 인한 사고 전파를 걱정한다면 캐나다의 피커링과 브루스 원전처럼 조밀하게 배치돼 공유설비를 가진 원전단지를 걱정할 일이다. 피커링은 여덟 기, 브루스는 2개 부지에 네 기씩 여덟 기가 몰려있다. 일본의 가시와자키 가리와 원전도 일곱 기가 조밀하게 모여 있다. 이들에 비하면 고리·신고리(≒새울) 단지는 상당히 넉넉하다.

후쿠시마 사고에서는 4호기와 3호기가 공유하고 있는 원자로 격납건물의 배기관 때문에 3호기에서 발생된 수소가 4호기로 흘러들어 폭발을 일으켰다는 것이 확인돼, 공유설비 문제가 재조명되었다. 하지만 이것도 우려할 사항은 아니었다. 이와 관련된 논의는 1980년대 초 미국원자력안전위원회에 의해 매듭지어졌기

캐나다 피커링 원전(좌). 여덟 기의 원전이 조밀하게 배치되어있다. 캐나다 브루스 원전(우). 네 기씩 한 단위 로 2개 부지에 여덟 기가 배치돼 있다.

때문이다.

미국원자력안전위원회는 '안전에 중요한 구조물, 계통과 기기는 (공유하는 경우) 한 원전의 사고가 이웃한 원전의 안전기능에 심각한 영향을 주지 않음을 보이지 못하면 인접 호기간에는 공유하지 않아야 한다'라는 원전 일반 설계기준을 만들었다.

우리 원전들은 건설 초기부터 안전관련 설비는 공유하지 않도록 함으로써 아예 논란의 소지를 없애 버렸다. 따라서 한 호기의 사고가 인접 호기로 파급되면 어쩌나 하는 걱정은 접어둬도 좋다.

규모 9.0의 동일본대지진이 일어난 뒤 후쿠시마를 포함한 일본 동해안(태평양 쪽)의 원전들은 안전하게 정지했지만 뒤이어 들이닥친 대형 쓰나미에 의해 후쿠시마 원전의 전력계통이 침수되면서 원자로가 녹는 것으로 사고가 확대되었다.

그러나 진앙에 더 가까웠던 오나가와 원전은 충분히 높은 해안방벽을 설치했기에 후쿠시마보다 더 높은 쓰나미를 맞고도 침수되지 않았다. 그뿐만이 아니다. 오나가와 원전은 쓰나미로 집을 잃은 주민들이 3개월간 숙식한 대피소가 되었다. 후쿠시마는 대비가 약했고 오나가와는 제대로 했던 것인데, 이 것이 두 곳의 운명을 극적으로 갈라버렸다.

우리나라는 후쿠시마 사고 이후 고리 1~4호기 부지의 해안방벽을 10미터로 높였다. 예상되는 최대 파고 8.2미터의 쓰나미에 대비한 것이다. 그리고 지상에 있는 비상발전기실에는 방수문을 설치했다. 침수로 인해 비상발전기가 가동되지 못하는 상황을 막기로 한 것이다.

신고리 1~6호기는 부지가 해발 10미터 이상으로 충분히 높기에 해안방벽을 증축할 필요가 없었다. 그렇지만 이동식 발전차량을 배치하고 비상전원인 배터리의 용량도 3배로 늘렸다. 3중 4중의 안전장치를 한 것이니, 쓰나미 대비는 충분하다고 할 수 있겠다.

규모 5.0 이상의 지진이 연평균 100회 이상 일어나는 일본과 달리 우리나라에서는 지난 40년간 고작 4회밖에 없었다. 때문에 2016년 9월 12일 계기 지진관측

사상 최대인 규모 5.8의 경주지진은 충격이었다. 그리고 탈핵단체 그린피스가 후원한 영화 '판도라'의 왜곡으로 증폭된 원전 지진 안전성 논란은 정치권마저 집어삼켰다.

지난 50년간 전 세계에서는 580여 기의 원전이 가동되었다. 그러나 지진으로 인해 원전에서 치명적인 사고가 발생한 적은 없었다. 일본의 가시와자키 가리와 원전과 미국의 노스아나 원전은 설계기준 최대지반 가속도를 2배 이상 초과한 지진을 맞았음에도 안전하게 정지하였다. 동일본 대지진에서 후쿠시마와 오나가와 원전도 설계기준을 초과하는 지진을 당했지만 안전정지에는 문제가 없었다. 이는 지진에 대해서는 지나칠 만큼 엄격하게 원전 설계를 해온 결과였다.

우리는 신고리 3·4호기부터는 규모 7에 버금가는 최대지반 가속도 0.3g, 그 이전의 원전은 규모 6.5인 0.2g에 대해 충분히 안전하도록 원전을 설계해 왔다. 경주지진 이후엔 국내 전 원전이 0.3g 이상에도 안전하도록 보강작업을 하게 되었다.

경주지진 때 진앙에서 제일 가까웠던 월성원전의 최대지반 가속도는 0.12g, 고리에서는 0.038g으로 측정되었는데, 이 정도는 기존의 설계로도 충분히 안전할 수 있다. 국내에서 0.3g을 초과하는 지진이 올 확률은 2만 5천분의 1이하지만 보강작업을 하게 된 것은 국민을 안심시키기 위해서였다.

123층에 555미터의 높이를 가진 서울 잠실 롯데월드가 규모 7.5의 지진을 견딘다고 한다. 신고리 5·6호기의 격납건물은 높이가 81미터, 두께는 120센티미터이고, 원자로 격납건물의 철근 밀집도는 롯데월드의 20배인데도 규모 7의 지진에 안전하다고 하고 있다. 이는 참으로 지나친 겸손이 아닐까 싶다.

다수 호기의 동시사고 연구는 국제적으로 진행되고 있다. 연구의 핵심은 공통원인 사고와 연쇄사고를 고려한 다수 호기의 확률론적 안전성 평가 방법론 개발과 대중의 위험도 평가에 집중돼 있다.

참여국 중 미국은 공유설비가 많고 2~3개 호기를 한 곳에서 운영하는 경우가 대부분이라 가장 보수적으로 평가하는 방법을 제시하는 정도에 그치고 있다.

그러나 공유설비가 없는 우리나라는 연쇄사고 확률이 0에 가까워 미국 방법론을 적용하는 것이 비현실적이다. 하지만 다수 호기 문제가 안전성 현안이 되어 있어 가장 적극적으로 현실적 방법론 연구를 리드하고 있다.

현재까지의 평가는 설계기준을 초과하는 지진 발생 시 일어날 수 있는 사고는 다수 호기의 사고가 아니라 단일 호기의 사고다. 다수 호기의 사고확률은 호기 수 증가에 따라 급격히 낮아지기 때문이다. 다수 호기가 동시에 사고를 내는 지진이 일어날 확률은 더욱 작으니, 다수 호기의 동시 사고 가능성은 염려하지 않는 편이 낫다.

일반적으로 한 부지에서 예상되는 사고발생빈도(예상빈도)는 부지에서 운영되는 원전 수에 비례한다. 동일한 원전이 한 부지에 열 기가 운영되면 한 기만 운영 되는 경우보다 예상빈도는 10배로 늘어난다. 하지만 고리원전 부지의 종합 안전은 아래 <그림>처럼 시계열 평가가 필요하다.

2017년 현재 고리 1~4호기와 신고리 1~4호기가 가동 중인 고리 부지의 노심 손상사고 예상빈도는 1만 년에 5회 정도. 이 중 2세대 원전인 고리 1~4호기가 차지하는 빈도가 전체의 95%이다.

그런데 2017년 6월 19일 고리 1호기가 영구 정지되었으니 부지사고 예상빈도는 1만 년 당 3.23회로 줄어버렸다. 2023년과 2024년에 신고리 5·6 호기가 가동되면 예상빈도는 0.052회 씩 늘어 도합 3.32회가 된다. 그러나 이 수치는 여전히

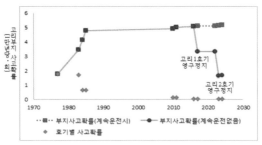

<그림> 고리원전 부지의 노심손상사고확률: 고리 1호기 영구 정지에 따라 부지 전체의 사고확률은 정지 전의 66%로 감소되었다(5→3.23). 2023년 고리 2호기가 운전기간 연장없이 영구 정지되면 신고리 5호기가 가동되어도 부지 전체의 사고확률은 2017년 6월 이전의 33%로 감소된다(5→1.62).

고리 1호기 정지 전의 예상빈도 5회보다 현저히 낮다.

신고리 5·6호기와 관련한 다수 호기의 안전성 평가결과는 국내법과 IAEA 안전기준을 모두 만족하고 있는 것이다. 원전 열 기를 모두 가동해도 제한구역경계에서 연간 방사선 유효선량은 법적 제한치의 66.4%, 갑상선 등가(等價)선량은 39.8%로 충분히 작다.

2023년 운전기간이 만료되는 고리 2호기를 계속운전하지 않는다면 부지사고의 예상빈도는 1.62회로 더 낮아진다. 그렇다면 부지의 다수 호기 안전성을 고려하더라도 신고리 5·6호기를 건설하지 않을 이유는 전혀 없는 것이 된다.

인간은 완전하지 않다. 완전하지 않기에 사고가 나고, 그 사고로부터 교훈을 얻는다. 그리고 기술을 발전시켜 사고가 재발되지 않게 한다. 인류가 걸어온 위험관리와 기술발전의 대장정이 이러했는데, 이 장정을 포기하면 미래를 포기하는 것이 된다.

원전은 국토가 좁고 자원빈국인 우리나라의 생명줄임이 분명하다. 우리 원전은 지난 40년간 단 한 건의 인명 사고도 없이 안전하게 운전되었다. 덕분에 우리는 성장을 거듭해 세계 11위권의 경제강국이 되었고, 우리의 원전기술은 세계 최고에 올라섰다.

보다 더 안전한 나라를 만드는 것을 누가 마다하겠는가. 하지만 에너지의 섬인 우리나라에서는 에너지안보가 생명만큼 중요한 안전 축이라는 것도 인정해야 한다. 성장을 멈추고 싶지 않다면 다수 호기 문제는 국토가 좁은 우리에게는 불가피한 선택이다. 다수 호기 문제는 오래된 원전을 보다 더 안전한 원전으로 바꿔나가는 것으로 풀어나가면 된다. 그것이 우리가 해야 할 바른 선택이라고 말하고 싶다.

우리는 방사선의 바다 속에 살고 있다

조규성 한국과학기술원 원자력 및 양자공학 교수

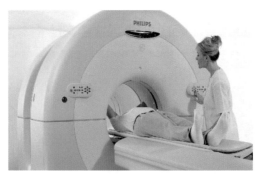

CT촬영 시 많으면 20밀리시버트의 방사선에 쬐이게 된다. 환자
들도 맞는 이 방사선을 일반인들이 두려워 한다.

방사선은 위험하다. 높은 선량의 방사선에 노출되면 인체는 여러 가지 반응을
보인다. 일시적인 불임이나 백내장·폐렴·피부괴사·탈모 등을 일으킬 수 있다. 전
신에 조사(照射)된다면 골수가 감소해 백혈병에 걸릴 수도 있다. 아주 많은 양에 조
사되면 위점막 세포의 괴사로 구토와 설사를 일으키다가 사망할 수 있다. 설사 치
료가 되더라도 수년 후에 암에 걸릴 수 있다. 아주 많은 양에 피폭되면 발작과 함
께 운동 및 인지 기능장애를 일으키며 즉시 사망할 수도 있다.

방사선이 인체에 미치는 영향은 히로시마 원폭 생존자들이나 방사선 피폭 사
고 기록들에 대한 광범위하고 치밀한 연구를 통해 많이 알려지게 되었다. 피폭이
증가하면 어떤 증세가 일어나는지 피폭량과 증세(症勢) 사이의 상관관계는 상당부
분 알려지게 된 것이다.

단기적 증세의 발단 선량은 500밀리시버트(mSv)정도이고, 장기적 증세인 발암 가능성의 발단 선량은 100밀리시버트로 알려져 있다. 100밀리시버트를 쪼였다고 무조건 암이 발생하는 것은 아니다. 암이 일어날 수 있는 최소의 방사선량이 100밀리시버트라는 이야기다. 건강한 사람은 500밀리시버트를 쪼여도 별 문제가 없다. 100밀리시버트 이상에서는 방사선 피폭에 의한 암 사망률이 100밀리시버트마다 0.5%씩 증가한다. 1,000명 당 5명 혹은 200명 당 1명 꼴로 늘어나는 것이다. 높다고 생각하면 높은 확률이다.

논란이 되는 것은 100밀리시버트 이하의 저선량에 대한 효과이다. 1950년대 초파리 등 하등동물을 대상으로 방사선 효과를 연구했던 일부 유전학자들은 방사선량이 0이 될때까지 인간에 대한 발암 효과는 문턱값 없이 선형적으로 비례 감소할 것이라고 주장하였다. 때문에 일부 환경론자들은 이 비례관계를 이용해 체르노빌과 후쿠시마 사고에서의 암사망자 수를 산출하여야 한다고 주장한다.

그러나 100밀리시버트 이하로 피폭된 사례에서 암 발병률이나 암 사망률을 관측하는 것은 불가능하다. 그 이유는 확률이 낮고 사람에게는 예상 외로 높은 자연적인 암 발병률이 존재하기 때문이다. 자연암이란 방사선 이외의 원인으로 발생하는 암이다. 국제보건기구(WHO)에 의하면 현재 전세계인의 평균 **생애암** 발병 확률은 25% 정도이다. 장수명(長壽命) 국가에서는 암 발병 확률이 이보다 높게 나타나고 있다. 오래 사니 암에 걸릴 확률이 높아지는 것이다.

암에 의해 사망할 확률은 20%정도인데, 암 진단 기술과 치료 기술의 발전으로 의료 시설이 좋은 나라에서는 사망확률이 갈수록 낮아지는 추세에 있다.

평균적으로 세계인은 1,000명 당 250명이 암에 걸리며 200명이 사망하는데, 시대와 장소에 따라 오차는 십여 명 이상이 되고 있다. 따라서 위에서 언급한 1,000명 당 5명 혹은 그 이하인 경우 추가 사망자 수는 백그라운드 사망자 수의 오차 범위에 해당한다. 그런데 암은 원인이 발생한 수년 뒤에 발생하기 때문에, 그 발병 원인을 알아내는 것이 거의 불가능하다.

국제방사선방호위원회(ICRP)는 히로시마 데이터를 기준으로 방사선 작업자의 연간 선량 제한기준치는 급성장해(急性障害) 문턱치인 500밀리시버트의 10분의 1인 50밀리시버트로, 일반인의 연간 선량제한치는 발암효과의 관측 제한치인 100밀리시버트의 1%인 1밀리시버트로 권고하고, 각국은 국가 특성에 맞게 기준치를 결정해 관리하라고 권고하고 있다.

이에 따라 음식물에 포함된 방사성물질 오염 기준치와 주거공간의 라돈 농도 그리고 방사선구역의 토지 오염 농도와 공간선량률의 기준치가 정해졌다. 일반인 선량 제한치 1밀리시버트는 우리나라 사람들의 연평균 선량치인 3밀리시버트나 전세계 인구의 자연 선량 피폭 평균치인 2.4밀리시버트보다 낮은 값이다.

따라서 이 값이 지켜지는 한, 일반 국민은 방사선 피폭에 의한 건강 영향을 전혀 걱정할 필요가 없다. 그럼에도 불구하고 방사선에 대한 대중의 막연한 공포심이 증폭되는데는 다른 요인이 작용한다. 첫째 방사선은 눈에 보이지 않고 느낄 수 없기 때문이다. 우리가 매일 사용하는 휴대전화에서 발생하는 전자파나 태양 빛, 전등 빛 등 모든 빛도 방사선의 일종이다. 방사선은 지구 자체와 우주에서도 날아온다. 방사선은 공기처럼 우리 주변에 늘 존재하는 것이다. 방사선에 대한 확실한 이해가 있으면 막연한 공포심을 줄일 수 있다.

지구를 구성한 물질 중에는 미량이지만 토륨 232(Th 232, 반감기 139억 년), 우라늄 238(U 238, 45억 년), 칼륨 40(K 40, 12.8억 년)처럼 반감기가 아주 긴 장반감기(長半減期) 방사성 핵종이 존재한다. 지구 내부에 존재하는 이 원소들과 그 자(子) 핵종들이 붕괴하면서 내는 에너지는 지구 지열 44.2테라와트의 50%가 될 정도로 어마어마 하다. 이들은 45억 년 전 지구가 탄생하려고 할 때 초기 원시 태양계에서 '성간(星間) 물질'로 있다가 지구가 형성될 때 지구로 흡수된 물질들이다.

원자력발전의 연료로 사용되는 우라늄 235(반감기 7.1억 년)가 천연 우라늄에서 차지하는 농도비가 0.7%인 이유는 우라늄 238보다 짧은 반감기에 있다. 45억 년 전 둘은 비슷한 양으로 존재했는데 45억 년이 지나는 동안 상대적으로 짧은 반감기 때문에 우라늄 235가 더 빨리 줄어들었기에, 현재의 우라늄 235의 비율은 0.7%가 되었다. 화강암 1킬로그램에는 칼륨 40이 500~1600베크렐(Bq), 우라늄 238과 토륨

232가 20~200베크렐이 들어 있다. 1베크렐은 초당 1개가 붕괴하는 동위원소의 양을 나타낸다. 이 물질들은 세 가지 경로로 우리를 피폭시키고 있다.

첫째가 라돈가스 호흡에 의한 것이다. 우리가 연평균 받고 있는 자연방사선 3밀리시버트 피폭치의 절반에 가까운 1.4밀리시버트는 라돈가스를 호흡함으로써 발생한다. 폐에 침착하는 라돈과 라돈이 붕괴하여 생기는 폴로늄(Polonium)이나 납과 같은 자핵종에서 발생한 방사선에 의한 피폭량이 그 정도인 것이다. 라돈은 공기보다 무겁기 때문에 깊은 지하에서 일하거나 거주하게 되면 지상에서 생활하는 것보다 더 많은 피폭을 받게 된다.

두 번째 경로는 토양이나 시멘트 등 건축물로부터 늘 1.0밀리시버트 정도의 감마선을 받는 것이다. 세 번째 경로는 음식물에 의한 피폭인데, 우리나라 사람의 연평균치는 0.24밀리시버트이다. 이는 칼륨 40의 영향이 가장 크다. 모든 생명체에는 일정량의 칼륨이 들어 있는데, 이 칼륨의 0.012%가 방사성 칼륨이다. 칼륨 40이 많은 음식으로는 콩과 감자, 마늘, 바나나, 어류 등을 꼽을 수 있다. 150그램의 바나나에는 15베크렐의 칼륨 40이 들어 있으니, 바나나 하나를 먹으면 1만 분의 1밀리시버트를 받게 된다.

담배 농사를 지을때 비료를 많이 주는데, 비료의 주요 성분이 칼륨이다. 살포한 비료 중 일부는 담뱃잎에 붙어 있게 되는데, 그러한 담뱃잎을 말려 담배를 만들고, 그 담배를 하루 1갑씩 피운다면 연간 0.3밀리시버트 정도 추가 피폭을 받게 된다. 칼륨 40의 생물학적 반감기는 40일이다.

후쿠시마 사고 후 음식물 내 세슘 137(반감기 30년)의 유통 허가 기준 방사선 농도는 킬로그램 당 100베크렐로 강화되었다. 현재까지 동해나 서해에서 포획된 생선들의 세슘 137 농도는 1베크렐 이하이거나 검출이 되지 않는 정도이니 세슘 137을 걱정할 필요는 전혀 없다. 참고로 60킬로그램인 사람의 몸에는 이미 4,000베크렐의 칼륨 40과 2,500베크렐의 탄소 14가 들어있다. 방사성 탄소연대 측정에 사용되는 탄소 14는 반감기가 5,700년 정도이지만 우주선 (우주에서 오는 방사선)에 의해 지구 대기 중에서 계속 생성되고 있다. 음식물을 통해 받는 0.24밀리시버트

중의 일부는 같이 거주하는 타인으로부터 받는 것이다.

지구 외부에는 두 가지 우주방사선이 존재한다. 태양 방사선 및 우주 방사선이다. 태양 방사선은 90%의 저에너지 양성자와 10%의 알파선으로 구성되는데, 다행히 이들은 지구 자기장에 의해 차단된다. 그러나 은하로부터 날아오는 우주 방사선은 에너지가 매우 높은 양성자와 헬륨 및 중이온들이기에 대부분 지구 자기장층을 통과한다. 따라서 지표면에 사는 생명체는 고에너지 1차 우주 방사선이 지구 대기와 충돌하여 만들어낸 감마선, 중성자, 뮤온 등 2차 우주 방사선에 피폭된다.

이 2차 우주 방사선이 해수면 높이에서 전 세계 평균 연 0.35밀리시버트 정도의 피폭을 일으킨다. 이 방사선은 높이 올라갈수록 강하게 받는다. 해발 4킬로미터쯤에서는 4배, 10킬로미터 높이에서는 100배 정도 받게 된다. 따라서 알프스나 에베레스트 산을 1주일간 등반한다면 0.026밀리시버트를 추가로 받게 되고, 해발 10킬로미터 상공을 10시간 정도 비행하는 여객기를 한 번 탄다면 엑스선 흉부 촬영을 한 번 한 것과 비슷한 0.07밀리시버트를 받게 된다.

350킬로미터 고도에서 매일 지구를 16바퀴씩 돌고 있는 국제우주정거장(ISS)에 거주하는 승무원이라면 연간 80밀리시버트를 받는다. 지구 밖으로 나가 달에 거주하게 된다면, 태양 흑점 주기 11년을 주기로 연간 110~380밀리시버트를 받고, 흑점 폭발 시에는 순간적으로 1시버트 이상을 받기도 한다. 우주를 여행하게 되면 하루 1밀리시버트 이상을 받게 되므로 반드시 차폐를 해야 한다. 우주는 방사선의 바다인 것이다.

우리는 지구 자체가 방사선이나 우주 방사선에 의해 매년 3밀리시버트 정도 피폭되고 있다는 것을 알아야 한다. 이는 초당 3만개 이상의 전리방사선을 받는다는 뜻인데 우리는 전혀 느끼지 못하고 있다. 우리가 방사선을 인지하게 되는 것은 의료진단이나 치료를 받을 때 정도이다. 우리는 1년에 1번 정도 건강검진을 받으며 흉부 엑스선을 찍고 있다. 가끔은 CT도 찍는다.

흉부 엑스선을 찍으면 0.07밀리시버트 정도 피폭된다. CT를 찍으면 적게는

3밀리시버트 많게는 20밀리시버트를 피폭된다. 전 세계 CT 검사의 평균 피폭량은 7.4밀리시버트 정도이다. 감마카메라나 양성자단층촬영장치(PET)의 경우도 비슷하다. 방사선 치료를 받을 경우 백혈병 환자가 가장 낮은 16,000밀리시버트, 전립선 환자는 67,000밀리시버트를 국부적으로 받게 된다.

이러한 방사선 조사(照射)를 통해 암세포는 사멸시키지만 정상세포에 대한 영향은 최소화하도록 기술이 발달되고 있다. 음식물이나 수술용 도구에 방사선을 조사해 멸균할 경우, 국제보건기구나 세계식량기구가 제한하는 기준치는 1,000만 밀리시버트이다. 그러나 대개는 100만 밀리시버트 정도에서 조사되고 있다. 이 기준치 이상 조사하여도 2차 방사선이 생기지 않으며 음식물의 영양가는 파괴되지 않으므로 방사선 조사 식품은 그 어떤 식품보다도 안심하고 먹을 수 있다.

방사선을 조사한 무균식품은 중환자 식단이나 우주 식단으로 활용되기도 한다. 방사선은 또한 타이어나 특수 전선에 조사하여 내마모성을 높이는데 사용되기도 한다. 방사선은 우리 주변에 늘 존재하며 의학적으로나 산업적으로 널리 사용되고 있는 것이다. 따라서 방사선 작업종사자는 방사선에 친근감을 가지고 있다. 물론 안전 수칙을 철저히 지켜야만 방사선 사고를 방지할 수 있다.

방사선에 대해 우리가 느끼는 공포심의 두 번째 요인은 체르노빌과 후쿠시마 사고에서 기인한다. 이 두 사고에서 발생한 수소폭발을 보면서 히로시마나 나가사키에 투하된 원폭 폭발을 연상하기 때문이다. 히로시마 원폭투하로 10만여 명이 사망했는데, 15%가 방사선에 의한 사망이었다. 체르노빌 원전사고에서는 방사선 피폭 사망자가 50여 명에 지나지 않았으며 후쿠시마 원전사고에서는 방사선 피폭 사망자는 없었다.

원폭과 원전의 차이는 다이너마이트와 파라핀(양초)의 차이와 비슷하다. 다이너마이트와 원폭은 모든 에너지를 수만 분의 1초 이내에 발산하지만 파라핀과 핵연료는 아주 천천히 녹아내린다. 원폭은 바로 방사선을 배출하지만 원전에는 원자로 격납건물이 있어 방사성 물질의 누출을 막는다. 스리마일 섬 사고 때처럼 원자로 격납건물이 수소폭발을 견뎌내고 신속히 냉각수가 투입되면 방사성

물질의 누출은 발생하지 않는다.

체르노빌은 튼튼한 원자로 격납건물이 없어서 수소폭발로 뚫린 건물 구멍을 통해 방사성 물질이 사방으로 날아가 사고를 키운 첫째 이유였다. 원자로건물의 발화를 진화하는데 10일 이상 걸렸으니 진화에 참여 한 이들이 많이 피폭될 수밖에 없었다. 후쿠시마 역시 즉각적 대처를 하지 못하여 일주일 정도가 지난 다음 냉각수를 투입했다. 그 사이 3기의 원자로에서 수소폭발이 일어났는데, 역시 원자로 건물이 취약해 일부가 파손되면서 방사성 물질이 누출되었다. 그러나 건물 자체는 건재했기에 방사성 물질의 누출량은 체르노빌의 7~10분의 1정도였다. 때문에 방사선 피폭 사망자는 발생하지 않았다.

노심 용융사고가 나면 맨먼저 불활성 기체류의 방사성물질이 방출된다. 이들은 대기중으로 확산되지만 반감기가 매우 짧아 인체에 끼치는 영향은 거의 없다. 문제는 반감기가 8일인 요오드(I) 131과 반감기가 30년인 세슘 137이다. 단기적으로는 방사성 요오드의 인체 흡입 경로를 막아야 한다.

유엔과학위원회(UNSCEAR) 보고서에 의하면 체르노빌 사고 후 구소련은 방사성 요오드에 오염된 풀을 먹은 소들로부터 생산된 우유의 출하를 막지 못해, 수천 명의 소아 갑상선암 환자가 발생하였다. 그러나 이들은 대부분 치료가 됐고 15명 정도의 아이만 사고일로부터 5~15년 내 사망하였다. 이 경험때문에 후쿠시마의 경우에는 3개월 간의 우유 출하를 금지하였다.

원전사고의 가장 큰 문제인 세슘 137은 휘발성과 흡착성을 지니고 있어 바람을 타고 널리 퍼져가다가 습도가 높거나 비가 오면 토양과 식물 표면에 흡착된다. 세슘 137은 반감기가 30년이니 장기간 피폭을 유발할 수 있다. 때문에 토지오염 농도가 제곱미터당 37킬로베크렐 이상이거나 거주시 연간 피폭량이 1밀리시버트 이상이면 오염지역으로 분류되어 거주가 제한된다. 오염이 심한 지역은 영구적으로 거주를 제한한다.

체르노빌 사고의 경우 2005년까지 누적 피폭선량 평균치가 사고 후 5년간 오염 제거 작업자 53만 명의 경우 117밀리시버트, 사고 당시 이주민 117만 명의 경우

31밀리시버트였다. 벨라루시와 러시아연방 및 우크라이나의 오염지역(세슘 137 농도 ㎡당 37킬로베크렐 이상) 주민 640여만 명은 9밀리시버트, 3개국의 전체 주민인 1억 명은 1.3밀리시버트, 그리고 유럽인 5억 명은 0.3밀리시버트로 평가되었다. 일부 오염 제거작업자를 제외하고 일반 주민의 경우 모두 100밀리시버트 이하로 평가된 것이다.

100밀리시버트가 넘는 오염제거 작업자들의 경우 추가 발암 가능성 및 사망 확률은 존재하기에 이에 대한 조사는 계속하고 있다. 후쿠시마 사고의 경우 2013년 유엔과학위원회 보고서에 의하면 16만 명이 대피하였으며 이들의 평균 피폭량은 10밀리시버트 이하였다. 2011년부터 오염이 심한 지역의 주민을 대상으로 매년 역학 조사를 하고 있다.

이처럼 원전사고로 인한 실제적인 방사선 피폭 피해자는 과장된 소문들과는 달리 매우 적다. 방사성 물질이 전파되는데 시간이 걸리니 신속히 대피하면 방사선에 의한 인명피해는 거의 발생하지 않는다. 그러나 체르노빌과 후쿠시마 주민들이 받은 정신적 충격과 미래에 대한 불안감, 스트레스는 다른 피해를 낳는다.

피폭에 대한 과다한 공포심 때문에 체르노빌에서 멀리 떨어진 독일 등에서 수천 건에 달하는 낙태가 진행되었다. 후쿠시마 사고 후 많은 사람들이 일본 방문을 꺼렸고, 일본에 거주하던 외국인 다수가 일본을 떠나기도 했다. 우리나라에서는 휴교령이 내리기도 했으며, 일본의 8개 현(縣) 해산물 수입금지 조치를 내리기도 했다. 그러나 이러한 것들은 불필요한 비 과학적 태도였다.

전문가가 평가한 정확한 방사선량 및 그에 상응하는 대응조치를 믿고 그에 따라 행동하는 것이 옳다. 방사선 자체보다 방사선에 대한 공포, '라디오포비아'가 문제인 것이다. 라디오포비아란 '과도한 방사선 공포증'이란 뜻을 가진 말이다. 1903년 엑스선 진단과 관련하여 로스앤젤레스 한 학회에서 솔랜드 박사가 처음 사용하고, 체르노빌 사고 시 유럽에서 크게 유행됐다. 일반인들은 방송으로 본 후쿠시마 원전의 수소폭발 장면을 원자폭탄 폭발과 동일시 함으로써 '라디오포비아'를 갖게 되었다.

원전사고는 있어서는 안 되지만, 원자로 격납건물이 튼튼하면 스리마일 섬 원전사고처럼 방사성 물질의 누출은 일어나지 않는다. 우리 원전은 안전하다는 것을 믿고 보다 안전한 원전 개발을 추진하는 것이야말로 지구 환경을 보호하면서 동시에 우리 민족이 잘 살 수 있는 길이라고 보아야 한다.

일반 국민들은 태양은 아주 환경적으로 무결점인 에너지로 알고 있지만, 사실은 태양은 핵융합 반응에 의하여 계속 무한 에너지를 방출하고 있으며 여기에서도 방사선이 발생하여 온 우주를 돌아다니며 그 중 일부는 지구에도 온다.

사용후핵연료 재처리 없이 처분할 수 있다

송명재 한양대학교 원자력공학과 겸임교수, 전 원자력환경공단 이사장

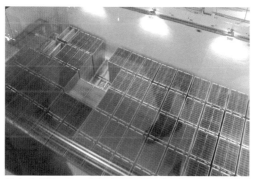

물이 담겨있는 수조 안에 넣어져 냉각 관리되고 있는 사용후핵연료.

38세라는 젊은 나이에 노벨물리학상을 받은 엔리코 페르미(1901~1954)는 미국으로 건너갔다. 그리고 아인슈타인의 '절친'인 유대인 물리학자 레오 질라드와 핵반응 연구를 하던 중 원자로 개념을 생각해냈다. 공동으로 원자로에 대한 특허를 출원한 그들은 우라늄 연쇄 핵반응을 입증할 수 있는 원자로를 시카고대학 미식축구장의 한 구석에 있는 건물 안에 만들었다.

'시카고 파일(Chicago Pile)'이라고 불리는 원형의 이 원자로는 지름이 7미터, 높이도 거의 7미터였다. 여기에 6톤의 우라늄과 50톤의 산화우라늄, 400톤의 흑연벽돌을 층층이 쌓아 넣었다. 감속재 역할을 할 흑연벽돌을 57층으로 쌓아 올렸기에, 이 원자로에 '파일(pile)'이라는 이름을 붙였다.

연쇄 핵반응을 일으킬 중성자의 수를 조절하기 위해서는 특수 금속인 카드뮴

을 사용했다. 카드뮴 막대기를 줄에 매달아 원자로 속으로 넣었다 꺼냈다 하면서 연쇄 핵반응의 속도를 조절하기로 한 것이다. 1942년 12월 2일 실험은 성공적으로 이루어졌다. 페르미는 이 원자로를 0.5와트의 출력으로 약 28분 동안 가동시킨 후 실험을 끝냈다. 페르미는 누구보다도 기뻐했지만, 그때 사용후핵연료가 사상 최초로 만들어졌다는 것까지는 인식하지 못했다.

그리고 미국의 알곤연구소가 출력 100킬로와트의 두 번째 원자로를 만들어 워싱턴 주 동쪽에 있는 핸포드에 설치했는데, 이 원자로가 원자폭탄용 플루토늄을 생산하는 세계 최초의 원자로가 되었다. 제2차 세계대전이 끝나자 미국이 맨해튼 프로젝트를 통해 핵무기를 개발한 사실이 알려졌다. 그리고 원자력을 평화적으로 이용하는 방안을 찾게 되면서, 전기를 생산하는 원자로 제작에 나서게 되었다.

1954년 6월 소련이 전력생산보다는 연구용에 가까운 오브닌스크(Obninsk) 원자력발전소를 가동한 것이 시작이었다. 1956년 10월 영국이 서방 세계 최초의 상업용 원자력발전소인 콜더 홀(Calder Hall) 원자력발전소를 가동시키고, 1957년 12월에는 미국이 가압경수형인 시핑포트(Shippingport) 원자력발전소 운영에 들어갔다. 상업적인 전력생산이 본격화된 것이다.

원자력발전은 제1차 석유위기가 발생한 1973년까지만 해도 전 세계에 147기가 건설될 만큼 각광을 받았으나, 1979년 미국 스리마일 섬(TMI) 원자력발전소 사고와 1986년 소련의 체르노빌 원자력발전소 사고, 2011년 일본의 후쿠시마 원자력발전소 사고 등을 당하며 강력한 반핵운동에 직면해 주춤거리기 시작했다. 덕분에 멈춰 서게 된 원자력 사회는 그간의 현안을 돌이켜보는 시간을 갖게 되었다. 원자력발전에 대한 사회 논쟁을 재검토하게 된 것이다.

이 논쟁에서 어떠한 결론이 나오더라도 우리가 반드시 처리해야 할 문제가 있다. 이미 가동시킨 원자로에서 나온 사용후핵연료 등 방사성폐기물의 처리·처분이 그것이다. '페르미의 시카고 파일에서 나온 사용후핵연료는 어떻게 되었을까'가 이 글의 주제다. 사용후핵연료 처리방법을 찾아내면 우리는 원자력을 두려워할 이유를 상당부분 상실한다.

사용후핵연료는 새 핵연료와 외관상 차이는 별로 없으나 성질은 판이하게 다르다. 새 핵연료는 우라늄으로 만들어져 있어도 방사선은 거의 나오지 않으니 맨손으로 만져도 된다. 금속 그 자체인지라 기온을 반영한 온도만 느껴진다. 그러나 사용후핵연료에서는 강한 방사선과 함께 높은 열이 나와 만질 수가 없다. 만지기도 전에 죽을 것이다. 따라서 장기간 관리하면서 나오는 열과 방사선을 처리해줘야 한다.

사용후핵연료는 다른 특성도 갖고 있다. 농축으로 얻는 우라늄 235처럼 핵분열을 일으키는 플루토늄을 품고 있는 것이다. 강대국들은 대개 사용후핵연료에서 추출한 플루토늄으로 원폭을 만들어 왔다. 사용후핵연료 안에 있는 덜 탄 우라늄도 재활용할 수 있다. 그러하니 사용후핵연료는 그냥 버릴 수 없는 것이다. 그런데 기술을 제공해준 미국을 비롯한 강대국들은 플루토늄을 추출하는 재처리는 하지 말라고 하니, 사용후핵연료에 손을 대는 것이 어려워졌다.

원자력은 고밀도 에너지 자원이기에 발생하는 원자력발전소에서 나오는 사용후핵연료의 양은 석탄화력발전소나 가스발전소에서 생기는 폐기물의 양에 비하면 새 발의 피다. 100만 킬로와트급 석탄화력발전소는 매년 220만 톤, LNG발전소에서는 연간 110만 톤의 연료를 소비하는데, 원자력발전소는 겨우 30톤의 연료만 사용한다. 그러하니 발생하는 폐기물의 양도 화전(火電)에 비해 극히 적다.

문제는 다른데 있다. 화전에서 나온 폐기물은 바로 우리를 위협하지 않으나 원전에서 나온 사용후핵연료는 강하게 위협하는 것이다. 사용후핵연료를 완전 격리해 장기 관리하는 일을 처분이라고 하는데, 그 일을 하는 곳이 바로 처분장이다. 사용후핵연료를 영구 처분하는 곳을 고준위 방사성폐기물 처분장이라고도 하는데 아직 세계는 건설한 바 없다. 그러나 상대적으로 방사선이 약한 중저준위 방사성폐기물 처분장은 우리나라를 비롯하여 여러 나라가 건설해 운영하고 있다. 사용후핵연료는 무덤으로 보내는 처분은 하지 못하고 관리만 하고 있는 것이다.

원자력발전소에서 나온 사용후핵연료는 현재 발전소 안에 마련한 수조(水槽,

pool)에 넣어두는 것으로 관리되고 있다. 수조 안의 물은 방사선을 차폐하고 높은 열을 식히는데 아주 효과적이기 때문이다. 그런데 수조가 깨지는 등의 사고가 일어나 물이 줄어들면, 사용후핵연료는 열을 식히지 못해 급격히 뜨거워지다 녹아 내린다. 이때 수소가 발생해 폭발을 일으킨 것이 후쿠시마 4호기의 사고였다. 그래서 수조의 물 관리는 특별한 주의가 요구된다.

어느 정도 열이 식을 때까지 사용후핵연료는 원자력발전소 안의 수조 안에 있다가 플루토늄 등을 긁어내는 재처리를 하지 않겠다고 결정되면 '무덤'으로 옮기는 처분을 하여야 한다. 어느 정도 식었다고 하지만 여전히 강한 열과 방사선이 나오니, 사용후핵연료는 생물이 살지 않은 지하 수백 미터의 암반지대에 넣어 만년 이상 관리하게 해야 한다.

그러나 세계 어느 나라도 이러한 처분장을 짓지 않았다. 원전에 딸린 수조나 원전 외부에 보다 큰 수조를 만들어 여러 원전에서 발생한 사용후핵연료를 관리하는 중간저장소만 운용하고 있다. 그런데 주민들은 중간저장소를 짓는 것도 반대하고 있어 일본을 제외하고는 중간저장소 건설을 준비하는 나라가 없다.

그만큼 사람들은 사용후핵연료에는 예민해 한다. 가동되는 원전은 겹겹의 안전장치가 있어 오히려 안전하지만 사용후핵연료는 관리하는데 수십만 년이라는 어마어마한 시간을 요구하기에 반핵을 하는 핵심 동기가 된다.

국제원자력기구(IAEA)에 따르면 2017년 2월 현재 세계적으로 449기의 원자력발전소가 운전 중에 있고, 160기의 원자력발전소가 영구 정지되었다. 우리나라에서는 고리 1호기가 영구 정지에 들어가 현재 24기의 원자력발전소가 운영되고 있다. 2016년 6월 현재 여기에서 발생한 사용후핵연료의 양은 1만 4,808톤에 달한다. 세계적으로는 2014년 말 기준으로 34만여 톤이라고 한다.

많은 양의 사용후핵연료가 쌓이는데 영구처분장은 언제 확보될지 모르니, 원자력발전소 안에 있는 수조만 가득 차고 있다. 그런데 중간저장소 등을 지어 옮기는 것은 쉽지 않으니, 원전 사업자들은 머리를 맞대고 고민하지 않을 수 없다. 그리하여 다시 검토하게 된 것이 플루토늄을 꺼낼 수도 있는 재처리였다.

사용후핵연료를 분해하면 플루토늄뿐만 아니라 아주 오래 지독한 방사선을 내뿜는 물질도 긁어낼 수 있다. 그러한 물질을 모아 처리하면 방사선을 크게 줄일 수 있다. 그리고 그것들만 따로 처분한다면 광대한 암반을 깊이 팔 이유가 줄어든다. 처리를 한 그들의 독성이 중저준위 수준이라면 기존의 중저준위 방폐물 처분장으로 보내 관리하면 그만이기 때문이다.

강한 방사선이 나오는 물질을 보다 약한 방사선이 나오게 바꾸는 것을 '핵변환'이라고 한다. '핵변환'은 대단한 기술인데 문제는 이것을 할 때 플루토늄도 긁어낼 수 있다는 것이 문제이다. 플루토늄은 추출하지 못하게 하면서 독한 핵물질만 뽑아낼 수 있다면 인류는 난제 중의 난제인 사용후핵연료 처리 방법을 찾아내게 된다. 수천, 수만, 수십만 년을 이어갈 후손에 대한 걱정을 덜 수 있는 것이다.

그리하여 찾아낸 것이 토륨이다. 우라늄은 농축을 해야 핵분열을 일으키지만, 토륨은 농축을 해서 핵분열시키지 않는다. 약간의 변화를 주면 핵연료로 쓸 수 있는 물질로 변한다. 우라늄은 편재돼 있으나 토륨은 우리나라를 비롯하여 세계 곳곳에 널리 분포하고 있다. 한 번의 변환을 거쳐야 핵분열을 하는 토륨에서는 플루토늄이 생성되지 않는다.

이 기술의 창시자는 1984년 노벨 물리학상을 받은 이탈리아의 루비아(C. Rubia) 박사다. 그는 토륨을 이용한 '에너지 증폭 미임계(未臨界)' 원자로 개념을 제시했다. 이는 가속기를 원자로에 연계시키는 것이었다. 그리고 미국을 비롯한 주요 국가에서 연구가 시작됐는데, 이 원자로는 다음과 같은 특징을 갖는다.

첫째, 토륨은 우리나라를 비롯해 세계 여러 곳에 고루 분포해 있어 연료 확보에 걱정이 없다. 둘째, 이 원자로는 플루토늄을 만들어 내지 않으니 핵개발을 걱정할 이유가 없다. 사고가 나더라도 가속기를 멈추면 되기에 대형 사고가 일어나지 않는다. 셋째, 반감기가 매우 긴 방사성 물질이 생성되지 않을뿐더러 반감기가 짧은 물질로 변환시키는 것이 쉽다.

미국은 사용후핵연료를 재활용하지 않고 깊이 묻어버리는 고준위 방폐물처분장인 유카마운틴 처분장을 지으려다 취소했었다. 그리고 '블루리본 위원회'를 만들어 대책을 강구했는데, 이 위원회는 고준위 방사성폐기물 처리기술의 혁신이 필요하다고 지적하였다. 이 위원회가 요구한 기술혁신이 바로 가속기와 연계된 토륨(미임계) 원자로의 기술 개발이었다.

미국에서는 텍사스 A&M 대학이 이를 열심히 연구하고 있다. 일본은 오메가(OMEGA) 프로젝트를 착수해 4년 전에는 토륨을 장전하는 실험을 해보기도 했다. 중국도 미임계 원자로를 이용한 고준위 방사성폐기물의 핵변환을 지속가능한 원자력 에너지 활용방안의 핵심으로 보고 있다. 때문에 수천 명의 과학 기술자를 투입해 20년 안에 사용할 수 있는 기술을 내놓겠다는 목표를 수립하였다. 2035년까지 가속기와 연계된 원자로 실증시설을 건설하고 실규모의 상업적 활용도 한다는 과학기술 개발 로드맵을 세웠다.

이를 위해 중국이 세우려고 하는 원자로가 VENUS-1이다. 이 원자로를 만들기 전 중국은 토륨에 변화를 줘 핵연료로 쓸 수 있는 방안을 찾아냈다. 그리고 가속기와 연계된 VENUS-1을 건설하면, 이 핵연료를 장전해 에너지를 생산해보겠다는 것이다. 그리고 일정기간이 지나면 이 연료(사용후핵연료)를 꺼내 그 곳에 있는 독한 방사성 물질을 순한 방사성 물질로 바꾸는 핵변환 연구에 착수한다.

핵변환 기술이 개발되면 원자로에서 나온 방사성폐기물의 관리기간은 수백 년으로 줄어들 것으로 보인다. 그런데 이 고준위 폐기물은 곧 '순화'가 되기에 중저준위 수준의 방사선을 내뿜는다. 그렇다면 수백 미터의 암반을 파서 묻을 이유가 없다. 경주방폐장 같은 중저준위처분장에 보내 처분하면 그만인 것이다.

난제(難題) 중의 난제를 푸는 마법과 지혜가 나오는 곳이 바로 과학기술이다. 원자력을 두려워하며 피하기만 한다면 우리는 난제를 풀어내는 과학기술을 발전시키지 못한다. 현새 우리가, 아니 선 세계가 당면하고 있는 난제 중의 난제인 사용후핵연료의 완벽한 해법을 위하여 과감한 기술개발을 추진해야 한다. 사용후핵연료 문제는 미국에서도 혁신적인 기술개발로 극복하려고 하고 있다. 문재인 정부가 과감한 과학기술 개발로 이 문제를 해결하면 후세들에게 역사적인 성과를 자랑하게 될 것이다.

환경이 에너지를 지배하는 것이 좋은 세상인가

정범진 경희대학교 원자력공학과 교수

신재생을 홍보하는 정부 광고물. 환경만 보다가 에너지를 놓치는 것은 더 어리석은 길이다.

원자력에 대한 호불호는 뚜렷하게 나뉜다. 좋아하지 않지만 필요악 정도로 여기는 이가 있다. 관심은 없지만 입장은 반대인 사람도 있다. 원자력의 위험을 주장하려면 원자력에 대해 제대로 알아야 한다. 대중매체를 통해 알게 된 원전사고만 보고 실체적인 진실을 안다고 할 수는 없다.

무엇이 친환경적인가. 도로나 고속철도를 깔지 않고 발전소와 고층건물을 짓지 않고 사는 것인가? 비료와 농약살포 그리고 유전자 조작식품은 나쁘기만 한 것인가? 이러한 질문에 대해 '잘 알지는 못하지만 의견은 있다'는 식으로 대응하는 것은 민주주의의 적이 될 수도 있다고 본다.

환경은 '둘러칠 환(環)'에 '지경 경(境)'이 합쳐진 것이다. 무언가를 둘러싸고 있는 것이다. 영어의 Environment도 같은 뜻이다. 내부에 주체가 있는데 그 주체를 둘러싼 객체가 환경이다. 내부에 주체가 없는 환경은 참 환경이라고 하기 어렵다.

환경 논의를 보고 있으면, 현재 상태를 그대로 보존하는 것을 친환경적이라고 하는 것 같다. 그런데 현실은 반대이다. 개발을 많이 하지 못한 국가의 환경이 개발을 많이 한 선진국보다 좋지 못하기 때문이다. 경제가 성장해야 환경을 둘러볼 여유가 생긴다.

환경이 나빠지고 있다고 하는데 사람의 수명은 늘고 있다. 환경이 나빠진다면 이러한 일은 일어나기 어려운데, 왜 이에 대해서는 일언반구도 없는 것일까. 원시적인 화덕에서 장작을 태워서 하는 요리가 얼마나 많은 에너지를 낭비하고 있는지 아는가. 그때 배출되는 연기가 요리를 하는 이와 먹고 있는 사람에게 좋은 영향을 준다고 보는가?

버려질 자원을 재순환시켜 만든 친환경제품을 높은 값을 주고 사 쓰는 이가 있다. 값비싼 것이 친환경적인가? 동일한 재화를 생산하는데 비용이 많이 들어간 것은 자원 투입이 많다는 뜻이다. 자원이 많이 들어갔다면 더 많은 에너지를 쓴 것이니 친환경적이 될 수가 없다. 버려지는 것을 재료로 다시 사용했다고 해서 친환경적이라고 하면 넌센스이다.

자정작용(自淨作用)이라는 것이 있다. 상류에서 본 소변이 하류로 내려가며 정화되는 것이 그것이다. 환경오염은 자정능력을 초과한 오염배출로 봐야 한다. 산업시설의 공해배출을 규제하는 기준을 설정할 때도 자정능력을 고려한다. 방사성 물질의 방출도 마찬가지이다. 사람은 연간 0.3밀리시버트 정도의 자연방사선을 받고 산다. 의료용 X선 등에 노출되는 경우도 많다. 그렇다면 그것의 수십 분의 1 수준인 방사선에 노출되는 것에 민감할 필요는 없다.

우리는 배우지 않아도 위험한 것을 구별해 내는데, 이는 경험 때문이다. 경험이 축적되면서 판단능력이 생기니, 감각적으로 위험을 감지한다. 그러나 경험이 없거나 인식이 없는 분야에서는 감지하지 못할 수도 있다. 그러한 분야에서 느끼는 위험은 오류일 수 있다. 감각으로 느낄 수 없어 위험판단이 안 되는 영역의 위험은 수치로 판단해야 한다. 과학으로 잡아내는 것이다.

소멸과 생성이라는 순환적 우주 개념에서 항상성(恒常性)이 유지되는 것을 지속가능성(Sustainability)으로 본다. 없어진 만큼 생성돼 채워주는 것이 그것이다. 그런데 그것이 늘 그렇게 되어 왔는가. 우주의 엔트로피(Entropy)는 증가하고 있는데. 이는 지속가능성이나 항상성이 원래부터 유지돼온 것은 아니라는 얘기다.

형성되는데 오랜 시간이 걸린 화석연료를 빠른 시간에 빼내 쓰고, 숲을 밀어버리는 것은 인구증가 때문이다. 그렇다면 인간이라는 골칫거리를 해결하지 못하면 지속가능성의 달성은 원천적으로 불가능하다.

자원이나 환경이 지속가능 하기를 바란다면, 어느 시점이 지속되기를 원하는가도 생각해보야 한다. 자원과 환경은 시간에 따라서 변하는데 어느 시점이 최적이고, 그것을 유지할 수 있는가도 생각해 보아야 한다.

지속가능성을 논할 비용 대 효과분석을 해본 적이 있는가. 하지 않고 추진했다면 그것은 '이념'이다. 지속가능성은 개념적인 항상성의 틀 안에서만 발견되는 것은 아니기 때문이다. 돌이 사라져 석기시대를 끝낸 것이 아니듯이, 석탄이 무진장 남아있는 상태에서 석유를 사용했고, 석유가 남아있는 상태에서 원자력 시대를 열었다. 왜 그렇게 했는가.

기계론적 항상성에 따른다면 인류와 세계는 구석기시대에 머물러 있어야 한다. 그러나 우리는 그 시절로 돌아갈 수가 없다. 이는 지속가능성이 철학과 이념 단계에 머물러 있음을 보여준다. 실천과 이행을 할 수 있는 수준까지의 구체안은 내놓지 못하고 있는 것이다. 그렇다면 지속가능성은 항상성의 유지보다는 늘어난 인구와 이들의 욕구를 감당할 만한 희생을 치루고 공급할 수 있는 '기술이 있느냐'의 여부로 결정된다고 보아야 한다.

우리는 지속가능성의 잣대로 현실을 판단하는 모순에 빠졌다. 지속 가능성을 찾는 것은 막연한 상상일 뿐인데 그것으로 현실을 재단하고 있는 것이다. 이는 '상상속의 용'과 '현실세계의 호랑이'를 대결시키는 것과 같다. 둘을 싸우게 할 수가 없는데, 자꾸 비교하며 '용이 이긴다' '호랑이가 이긴다' '막상 막하다'라는 의견과 주장을 만들고 있는 셈이다.

지구온난화에 대처하기 위한 이산화탄소 배출 감축이 온 인류의 과제가 되었다. 기후변화를 막을 수는 없지만 기온을 2도만 증가하게 하는 것으로 기후변화를 억제해보자는 것이 '파리기후협약'의 목표이다. 이를 위해서 2030년까지 온실가스 배출량을, 배출전망치(BAU) 대비 37%로 줄일 것을 약속하였다.

이산화탄소는 발전부문에서 약 40%, 교통부문에서 약 40%가 발생한다. 교통부문에서 이산화탄소 발생을 줄이기 위해 나온 것이 전기자동차와 수소자동차이다. 전기자동차는 전기를 연료로 사용하니 이산화탄소를 배출하지 않는다. 수소자동차는 수소를 연료로 사용하니 수증기만 방출한다. 그런데 대전제가 있다. 이들이 사용하는 전기와 수소는 이산화탄소를 배출하지 않고 생산되어야 하는 것이다.

석탄발전으로 생산한 전기로 전기자동차를 움직인다면, 그리고 메탄가스(액화가스)를 개질(改質)해 수소를 생산한다면, 이는 이산화탄소를 발생시키며 전기와 수소를 생산한 것이 된다. 그렇다면 이산화탄소 배출을 줄이기 위해 전기차와 수소차를 개발할 이유가 없다.

신재생에너지를 공짜로 얻는 것으로 아는 이들이 많은데, 공짜는 연료에 해당하는 바람과 태양광뿐이다. 신재생에너지원은 건설비와 운영 유지비가 매우 많이 들어간다. 다음의 표는 2014년 기준으로 한국전력공사가 제시한 전력 1킬로와트를 생산하는데 소요되는 발전원별 비용이다.

〈표 1〉 발전원별 생산단가 (원/kWh)

가격	원자력	유연탄	LNG	유류	수력	풍력	태양광
원/kWh	54.96	65.79	156.13	221.32	168.66	~120.00	237.29

태양광발전의 발전단가가 원자력발전의 5배 가까이 나오고 있는데, 이는 건설비와 운영유지비가 매우 높기 때문이다.

휘발유의 리터당 가격이 1,500원 인데, 친환경휘발유가 7,500원으로 나왔다면 우리는 친환경휘발유를 쓸 것인가? 친환경휘발유는 그냥 휘발유를 생산할 때보다 더 많은 공정을 거쳤고, 그 과정 에서 더 많은 오염을 배출했다는 것은 왜 생각하지 않는가.

전력 수요는 시간에 따라 변화한다. 전력 수요가 늘어나면 멈춰있는 발전소에 급전(給電)지시를 해 전기 생산을 늘린다. 급전지시를 내렸을 때 따르지 않는 것을 '급전불응(Undispatchable)'이라고 한다. 풍력은 급전지시를 받아도 바람이 불지 않으면 전력을 생산하지 못한다. 햇빛이 없다면 태양광발전기도 전력을 생산하지 못한다. 그래서 신재생에너지원이 많으면 '대체발전소(Backup generator)'를 건설해 두어야 한다.

제2차 에너지기본계획에서 신재생에너지 발전비율을 11%로 늘리겠다고 했을 때, 국민들은 석탄이나 원자력 등을 이용하는 기존 발전은 89%만 설비하면 된다고 생각했을 것이다. 그러나 현실은 100%여야 한다. 신재생에너지원은 급전불응이 될 수 있기에 그 11%를 채우는 대체발전소를 지어놓아야 하기 때문이다.

신재생에너지원을 11% 늘이는 것은, 필요하지 않는데 추가로 11%를 더 준비해놓은 것과 흡사한 것이다. 그래서 신재생에너지원이 많아지면 전기요금은 올라간다. 태양광발전의 이용률은 17%, 풍력발전의 이용률은 22% 정도다. 그렇다면 대체발전소를 돌려야 하는 비율은 83%와 78%가 되어야 한다.

석탄과 원자력발전소의 이용률이 80%를 조금 넘는다. 대체발전소 가동률은 일반 발전소 가동률에 못지 않은 것이다. 현실이 이렇다면 '거꾸로' 보아야 한다. 대체발전소를 가동하지 못할 때 긴급 가동시키는 것을 신재생에너지원으로 보아야 한다. 그래서 신재생에너지원을 11% 늘이는 것은 필요하지 않는데 추가로 11%를 더 준비해놓은 것과 같다고 한 것이다.

환경을 생각한다면 대체발전소도 친환경적이어야 한다. 그러나 현실은 반대이다. 탈원전을 하며 신재생에너지원의 비율을 높이고 있는 독일은 대체발전소로 갈탄발전소를 건설했다. 갈탄은 석탄 중에서도 가장 많은 공해를 배출한다. 독일의 신재생에너지 확대 정책은 한마디로 웃기는 것이다.

독일의 전력당국은 일기변화에 신경을 곤두세우고 있다. 일기예보를 주시하고 있다가 태양광발전이나 풍력발전이 떨어질 것 같으면, 갈탄발전소에 급전지시를 내려야 하기 때문이다. 대체발전소를 돌리는데도 시간이 필요하기 때문이다. 갈탄발전소도 예열을 해야 가동된다.

대체발전소를 돌리지 못할 정도로 다급할 때는 망(網)이 연결돼 있는 프랑스로부터 황급히 전기를 수입한다. 물론 많은 돈을 주고서.

반대로 신재생에너지원이 생산한 전기가 남아돌면 헐값이 아니라 '독일이 돈을 주고' 프랑스와 폴란드·체코 등에 수출한다. 그런데 주변국은 돈을 받고 독일의 전기를 사주는 것을 그리 좋아하지 않는다. 갑작스럽게 독일에서 전기가 넘어오면 전력망의 안정성이 흔들리기 때문이다.

출력이 일정하지 않은 신재생에너지로 발전할 때는 이들이 생산한 전기를 저장했다가 일정하게 보내주는 '전력저장장치(ESS)'를 갖춰야 한다. 이를 갖추는 비용이 매우 비싸다. 최근 많이 하락했다고 하지만 1기가와트의 전력저장장치를 구비하는데 약 1조 원 정도가 들어간다.

전력생산을 할 때는 반드시 예비율을 계산해야 한다. 신재생에너지의 비율이 예비율보다 조금 낮을 때까지는 예비율 유지를 위한 발전소를 지을 필요는 없다. 그러나 육박하거나 커진다면 '반드시' 지어야 한다. 현실이 이렇다면 신재생에너지원의 비율은 5% 이하가 되도록 하는 것이 현명한 선택이 된다. 신재생에너지원 확충에 열을 올리는 것은 국가적인 낭비다.

태양광과 풍력발전은 에너지의 밀도가 낮다. 동일한 에너지를 얻기 위해 더 많은 땅을 요구하는 것이다. 같은 양의 전기를 생산하는데 태양광발전은 원전의 70배, 풍력발전은 350배의 땅이 있어야 한다. 우리에게 이러한 땅이 있는가. 산을 밀어 만든다면 그것이야말로 환경 파괴가 아닌가.

문재인 정부는 신재생에너지는 무조건 좋은 것으로 정해놓고 이를 확대하려고 한다. 일정규모(5% 정도) 이상으로 신재생에너지원을 증가시키면 대체발전소도 동일하게 증가시켜야 한다는 것은 쏙 빼놓고 말이다. 이를 지적하면 그제서야

가스발전 등으로 채워 넣겠다고 한다. 가스발전이 얼마나 비싼지는 앞의 표가 이미 보여주고 있다.

원전은 신재생에너지원보다도 이산화탄소 배출이 적다. 그렇다면 미래의 에너지원은 여전히 원전이 돼야 한다. 원전을 더 지으면 쉽게 풀 수 있는 문제를 신재생을 육성해 어렵게 대처하려는 것이 문재인 정부의 에너지정책이다.

신재생에너지 분야가 성장하려면 하루빨리 '정책전원'의 지위를 벗어날 수 있어야 한다. 그렇지 않으면 경제성을 갖추지 못해 사라지거나 특별한 경우에만 사용하는 보조적 수단에 머무를 수밖에 없다.

지금은 원자력발전이란 말이 익숙하지만, 100년 전에는 원자력발전이라는 말 자체가 없었다. 이는 신기술이라는 뜻이다. 우리는 신기술에 대한 거부감을 극복하지 못하고 있는 것 같다.

에너지의 발전(發展)은 항상 혁명적이었다. 풀이나 나무를 태워서 에너지를 얻던 것에서 석탄을 때기 시작한 것이 혁명이다. '돌(석탄)'이 연소하여 열을 낸다는 사실이 얼마나 놀라웠을 것인가? 석탄의 사용은 산업혁명을 이끌어냈고 그 시기에 과학과 기술이 혁신적으로 발전하였다.

석유와 액화가스(LNG)로 이어지는 과정도 혁신적이었다. 그리고 화석연료에 의한 오염과 이산화탄소 배출 걱정을 본격적으로 하기 전에 원자력을 발견했다. 연소가 아니라 핵분열로 막대한 에너지를 얻게 된 것이다. 원자력발전은 들어가는 연료가 적으니 폐기물도 적다. 수 년치 연료를 비축하는 것도 간단해진다.

불행인 것은 이 기술이 원자폭탄으로 먼저 모습을 보였다는 점이다. 하지만 전쟁 시 개발한 무기였기에, 경제성을 따지지 않는 기술투자가 이뤄져 단기간에 엄청난 기술적 진보를 이루어졌다는 점도 함께 보아야 한다. 그 덕분에 우리는 짧은 시간에 원자력발전 기술을 손에 넣게 되었다.

우리나라에는 압도적으로 경수로가 많다. 지금까지 원자로가 녹는 중대 사고가 세 번 일어났는데 그 중 주변에 전혀 피해를 끼치지 않은 것이 경수로로 건설된 미국의 스리마일 섬(TMI)-2호기 사고였다.

사고를 통해 인류는 원전의 안전성을 비약적으로 발전시키게 되었다. 이제는 그 이상을 생각해야 한다. 원전의 안전성에 대해 이야기할 때 사람들은 사고 상황만 상상한다. 그러나 발전소의 안전성은 사고 시는 물론이고 정상운전 상황에서도 일어난다고 생각해보아야 하는 것이다.

석탄과 석유, LNG발전소는 정상운전 중에 폐질환을 유발할 수 있는 이산화탄소 등 오염물질을 배출하기 때문이다. 석탄이나 석유를 채굴하는 과정에서도 사고가 날 수 있다. 그래서 발전원의 위험성을 평가할 때는 전주기(全週期) 안전성을 평가하는 것이 옳다.

〈표 2〉 에너지원별 사망률

에너지원	사망률(사망자 수 / 1 조 kWh)
석탄 – 세계 평균	100,000 (세계 전력의 41%)
석탄 – 중국	170,000 (중국 전력의 75%)
석탄 – 미국	10,000 (미국 전력의 32%)
석유	36,000 (에너지의 33%, 전력의 8%)
천연가스	4,000 (세계 전력의 22%)
바이오매스	24,000 (세계 전력의 21%)
태양광(지붕)	440 (세계 전력의 1% 이내)
풍력	150 (세계 전력의 2%)
수력 – 세계 평균	1,400 (세계 전력의 16%)
수력 – 미국	5 (미국 전력의 6%)
원자력 – 세계 평균	90 (세계전력의 11%, 체르노빌 등)
원자력 – 미국	0.1 (미국전력의 19%)

위의 〈표 2〉는 제임스 콘카(James Conca)가 포브스지에 게재한 '에너지원별 전력생산 사망자 수(How deadly your kilowatt? We rank the killer energy source)'이다. 1조 킬로와트의 전기를 생산할 때 발전원별 전 주기 사망자 수를 정리한 것이다.

1위는 석탄발전으로 1조 킬로와트를 생산하는데 10만 명이 사망하는 것으로 평가되었다. 중국은 특히 많아서 17만 명이 사망한다. 그러나 안전규제가 많은 미국에서는 1만 명 수준으로 떨어진다. 가장 적은 것이 90명의 원자력발전인데, 90명은 체르노빌 사고가 끼친 바가 매우 크다. 미국만의 통계로는 0.1명만 사망했다. 미국 원전에서는 사람이 희생된 적이 없으니 이 0.1명은 우라늄을 캐거나 정련하는 과정에서 숨진 사람의 비율일 것으로 보인다.

원전을 가동하고 나면 중저준위 방사성폐기물과 사용후핵연료의 처리·처분과 원전해체 문제가 남는데, 이때 상당한 비용이 들어간다. 이 세 비용을 사후처리충당금이라고 한다. 원전의 경제성을 폄하하려는 사람들은 원전 발전단가에 사후처리충당금이 반영되지 않았다고 주장해 왔는데 이는 사실이 아니다. 사실이 아닌 것이 알려지자 이제는 사후처리충당금이 충분하지 않다는 주장을 제기했다. 정부는 이 주장을 받아들여 2013년 사후처리충당금을 대폭 증가시켰다. 따라서 산자부는 2년에 한 번씩 사후처리충당금의 적정성을 검토하여 재산정한 후 이를 공개하고 있다.

중저준위폐기물 처리비용은 2016년 현재 200리터 드럼당 약 1,300만 원이다. 한수원은 원자력환경공단(경주방폐장)으로 드럼을 보낼 때마다 이 비용을 지불하고 있다. 사용후핵연료에 대해서는 한 다발당 약 3억 원 정도를 산자부에 제출해 기금으로 적립하고 있다. 원전 해체비용으로는 한수원이 호기당 약 7,000억 원을 자체 적립하고 있다. 이러한 비용이 원전 발전단가에 모두 포함된다.

원자력은 신규 원전 부지나 중저준위방폐장 부지를 구하려 할 때마다 격렬한 반대에 부딪쳤다. 시위는 점점 과격해졌기에 대중은 원자력의 위험에 대해 과장된 인식을 갖게 되었다. 이러한 인식이 사용후핵연료 중간저장시설 부지를 구하는데 큰 영향을 끼친 것으로 보인다.

지난 40년간 우리나라가 운영한 원자력발전소에서 발생한 사용후핵연료는 1만 5,000여 톤이다. 같은 기간 같은 양의 전력을 석탄발전으로 얻으려 했다면 12억 톤의 석탄을 사용하여 2억 2,000만 톤의 석탄재를 발생시켰어야 한다. 나머지 9억 8,000만 톤의 석탄은 분해가 돼 굴뚝을 통해 대기 중으로 흩어졌을 것이다. 1만 5,000톤의 사용후핵연료는 학교 운동장에다 쌓아둘 수 있는 양에 불과하다.

인류는 태양, 바람, 가축, 나무, 석탄, 석유, 액화가스, 원자력 순으로 에너지 밀도가 높은 쪽으로 연료를 선택해왔다. 현대문명은 에너지 수요에도 혁명적인 영향을 끼치고 있다. 일상적으로 사용하는 휴대폰의 경우 데이터센터가 사용하는 에너지를 고려하면, 휴대폰 한 대가 사용하는 에너지는 냉장고 한 대가 사용하는 에너지와 비슷하다고 한다.

현대문명은 많은 에너지를 사용한다. 에너지원이 이러한 수요에 부응하는 방향으로 '오히려' 발전해왔다. 4차 산업혁명의 시대가 온다면 더 많은 에너지를 필요로 하게 될 것이다. 이러한 에너지를 햇빛을 모으거나 바람개비를 돌려서 얻으려 한다면 어머어마한 땅을 징발해야 할 것이다.

현대의 인구가 얼마나 많은가. 그러나 지구 면적은 늘어난 적이 없다. 그런데도 이들을 먹여 살릴 수 있게 된 것은 농약과 비료, 유전자 개량을 한 종자가 있었기 때문이다. 유기농도 좋지만 농약과 비료, 유전자 조작식품도 없어서는 안 된다는 것을 우리는 알아야 한다.

에너지원도 마찬가지이다. 고밀도의 에너지원은 여러 가지 문제를 야기한다. 온(溫)배수의 배출이 대표적이다. 대용량 송전선을 건설하는 것도 비슷하다. 그러나 저밀도 에너지원에서도 여러 문제가 일어난다. 이들이 생산한 전기를 일일이 그리드에 물리고 동일 주파수로 동기화하는데 상당한 비용이 들어간다. 제발 한쪽만 보고 주장하지 말자.

환경에 대한 우리의 생각은 다분히 감정적이다. 개발의 반대개념으로 보고 있다. 수력발전소 건설도 지역의 기후변화를 야기한다는 이유로 반대한다. 환경론자들이 하자는 대로 사는 것이 옳은 것일까? 20세기 후반 환경운동을 해온 많은 사람들이 기존 환경운동이 옳지 않다는 것을 깨닫게 되었다.

대표적인 인물이 덴마크 오르후스 대학의 비외른 롬보르다. 그는『회의적 환경주의자』란 저서를 통해 기존 환경론의 한계를 지적했다. 마이클 쉘렌버거(Michael Shellenberger)는 '원자력에 대한 두려움이 환경을 얼마나 다치게 하는가?'(How fear of nuclear power is hurting the environment)'란 동영상을 찍었고, 그린피스를 만든 패트릭 무어도 탈원전은 실수라고 말한 적이 있었다. '가이아 이론'을 창시한 영국의 생태주의 과학자 제임스 러브록(James Lovelock)은 2004년 "지구 온난화를 막기 위해서는 원자력발전을 대규모로 확충해야 한다"고 주장했었다.

최근 수년간 산자부의 전력수급계획과 에너지기본계획에 동일한 문구가 삽입되고 있다. '공급 위주의 정책에서 수요관리 위주의 정책으로 전환한다'가 그것이다. 이 주장에는 수요관리가 좋은 것이라는 전제가 깔려있다. 에너지 낭비를 줄이고 아껴쓸 수 있다면 그렇게 하는 것이 좋다.

그런데 수요관리가 사무실의 냉방온도를 28도로 제한하는 것이라면 다시 생각해보아야 한다. 사무실 온도가 28도라면 일할 수 있는 조건이 아니기 때문이다. 컴퓨터와 프린터, 선풍기가 뿜어내는 열기는 정신을 멍하게 만들어 업무 효율을 떨어뜨린다. 사무실에서 일하는 사람들의 연봉을 생각한다면 냉방기를 가동해 업무 효율을 높이는 것이 훨씬 이득이 크다.

전력수급의 목표는 첨두부하 시기에 전력을 공급할 수 있도록 하는 것이다. 이를 위해 발전소를 지어놓으면, 첨두부하 시기를 제외한 때엔 전력이 남아돌 게 된다. 그러할 때 전력회사들은 교대로 발전소를 세워 정비작업 등을 한다. 이렇게 남아도는 발전소가 아깝다고 짓지 않으면, 첨두부하를 감당하지 못해 대규모 정전이 발생한다.

이러한 첨두부하를 수요관리를 통해 줄일 수 있다고 보는 것이 문재인 정부의 산자부의 시각인 것이다. 그러나 이는 비현실적이다. 첨두부하는 사람들이 필요에 따라 순간적으로 하는 행동으로 일어나는 현상이기 때문이다. 첨두수요를 감당하지 못 하면 다른 방안을 택해 대응할 수도 있다. 대규모 수용가인 공장을 세우는 것이다. 이를 위해 정부는 보조금을 지급한다.

정부는 기업에게 정부가 필요하다고 판단할 때 공장을 세우라는 지시를 할 수 있다는 약속을 맺고, 그 지시를 따르면 돈을 주는 것이다. 기업은 공장을 돌리는 것과 보조금을 받는 것 사이에서 손익을 따져 유리하다고 판단되는 것을 선택하면 된다.

첨두수요가 발생했을 때 공장을 세우기 위해 정부가 주는 돈은 국민 세금에서 나온다. 그 돈으로 발전소를 지었으면 보조금을 주지 않고 공장도 돌렸을 터인데,

엉뚱하게 낭비를 하고 있는 것이다.

절약은 사치스러운 것을 줄이는 것이지, 필수적인 것을 없애는 것이 아니다. 그러한 절약을 하면 오히려 손해가 커진다. 환경은 주체를 둘러싼 객체이고, 그렇게 취급되어야 한다. 객체가 주체인 인간을 결정하는 것은 개의 꼬리가 개의 몸통을 흔들어 버리는 '왜그 더 독(Wag the Dog)'과 같다. 본말이 전도된 세상은 결코 올바르지 않다는 것을 알았으면 한다

원전 해체비용이 비싸다고?

서수현 에스에스티코퍼레이션 대표이사

원자로 격납건물 등 원전 구조물을 해체하는 모습. 원전 해체는
문재인 대통령이 주장했듯이 수익이 큰 사업은 아니다.

2017년 6월 19일 고리 1호기를 영구 정지함에 따라 원전 해체가 눈앞에 다가오
게 되었다. 그런데 탈원전 추진 논의 과정에서 원전 해체 비용을 지나치게 부풀려
놓아 문제이다. 원전 해체 비용이 매우 높을 것으로 인식했으니 이 비용을 포함시
키면 원전의 발전원가는 신재생보다 비싸게 된다는 주장이 나온다.

그러나 이는 근거 없는 주장으로 전혀 사실이 아니다. 원전 해체 비용을 지나
치게 부풀리는 것은 탈원전 주장을 정당화하려는 의도일 가능성이 매우 높다. 우
리나라 에너지정책을 왜곡시키려는 잘못된 이정표일 수 있는 것이다.

원전 해체 비용은 국가의 정책과 사회문화적 상황, 원자로의 형식과 해체 전략
등에 따라 달라지니 일반화할 수는 없다. 영국은 가스를 냉각재로 하고 흑연으로
중성자를 감속하는 형식의 원자로를 채택했는데, 방사능에 오염된 흑연 처리는

233

매우 어렵기에 어려움을 겪고 있다.

반면 우리나라 원전은 대부분 물을 냉각재로 사용하는 경수로이다. 경수로는 가장 많은 원자로를 가동한 미국에서 개발된 것인데, 미국은 20년 이상 경수로를 해체해왔다. 때문에 경험이 많아, 비용을 줄이고 해체 공사기간을 단축하는 성과를 쌓아 왔다. 최적의 사업모델을 개발해 내게 된 것이다.

원전해체는 방사성물질이 원전 안 어느 곳에 얼마나 분포되어 있는지 파악 하는 것으로 시작된다. 파악이 끝나면 폐기해야 하는 방사성물질을 분류하고, 준위가 낮은 것들은 부피를 줄일 수 있도록 현장에서 설비를 이용해 '제거' 한다(제거). 준위가 높은 것들은 작업자의 안전을 고려하며 제거하는 '제염'을 한다(제염). 그리고 구조물을 해체하는데, 제염을 한 구조물의 준위는 높지 않으니, 해체된 구조물을 경주에 있는 중저준위방폐장으로 보내는 것으로 마무리한다(처분).

이러한 작업을 할 때 가장 중요한 것이 환경과 작업자 등에 대한 안전성 확보이다. 그리고 비용 최소화를 적극적으로 추진해야 한다. 발전회사는 가장 적은 비용으로 가장 안전하게 원자로를 해체해야 하는 것이다. 미국, 영국, 독일 등 이미 원전을 해체해 본 나라에서는 민간 기업들이 이 일을 하고 있다. 이들은 최소 비용으로 최대 효과를 거두기 위해 경험을 쌓고 관련된 기술을 개발해오고 있다.

우리나라는 미국에서 도입한 두 번째 연구용 원자로인 트리가 마크-Ⅲ를 해체한 경험이 있다. 방사성폐기물을 처리·제염·처분을 해본 것인데, 민간 기업이 아니라 국책연구소(원자력연구원)가 중심이 돼 해체한 것이 특징이다. 원전 해체는 통상 다음과 같은 다섯 단계로 진행된다.

제1단계 안전관리: 영구 정지를 한 원자로에서 꺼내 발전소 안의 수조에 넣어두었던 사용후핵연료를 일정기간 더 냉각시킨 뒤 다른 수조로 옮긴다. 그리고 해체작업을 위한 인·허가를 받을 준비를 한다. 영구 정지한 발전소는 물론이고 이 발전소에서 꺼낸 사용후핵연료를 완벽히 보안할 수 있는 방안을 마련하고 이 발전소 주변의 방사선을 조사할 절차를 수립한다. 발전소 건물과 기기설비에 대한 관리 절차를 만든다.

제2단계 해체 준비: 발전소 안에 있는 건물은 물론이고 부지의 방사성 특성을 조사한다. 해체하게 되는 발전소에서 나올 방사성폐기물을 저장했다가(처분장까지) 운송하는 절차를 수립한다. 방사성폐기물을 담을 용기와 이 용기를 싣고 처분장으로 갈 물류장비(수송 차량)를 준비한다. 용기와 물류장비는 규제기관으로부터 인·허가를 받아야 하니 관련 작업을 추진한다.

제3단계 사용후핵연료의 이송: 처분해야 할 방사성폐기물에는 해체할 원전에서 나온 사용후핵연료도 포함된다. 임시저장소인 수조에 담아놓은 사용후핵연료들은 규제기관으로부터 인·허가 받은 용기에 담고 역시 인·허가를 받은 물류장비에 실어 중간저장소 같은 곳으로 수송한다. 중간저장소가 마련되지 못했다면 그 발전소 안에 구축한 건식 저장설비 등으로 옮긴다. 그리고 이 시설들이 안전하게 유지 되도록 보안(保安) 작업을 한다.

제4단계 해체작업과 인허가 말소: 원자로를 둘러싸고 있는 원자로 격납건물 등 구조물에 붙어 있는 방사성물질을 제거하는 제염(除染) 작업을 한다. 이것이 완료되면 구조물을 해체해 포장한 다음 처분장으로 보낸다. 원자로도 같은 방식으로 제거한다. 이 작업이 완료된 다음에는 원자로와 구조물 해체를 위해 취득했던 인·허가를 말소하는 작업을 한다.

제5단계 부지 복원: 4단계 사업의 종료로 원전 시설은 완전히 사라진다. 이러한 부지가 일반 부지와 똑같이 되도록 식생(植生)을 하는 등 복원 사업을 펼친다.

이 프로그램의 핵심은 안전성과 경제성이다. 때문에 경험을 통해 축적된 많은 기술을 사용하는데, 이 기술들이 바로 '지적(知的) 재산'에 해당한다. 따라서 우수한 지적재산을 많이 갖고 있고, 이 기술을 사용할 숙련된 기술자를 다수 확보한 기업이 보다 경제적이고 안전한 해체를 하게 된다.

참고로 이미 나와 있는 자료를 근거로 100만 킬로와트(1,000MWe) 원전 한 기를 해체하는 비용을 밝혀본다. 이는 나라마다 그리고 노형마다 다르지만 평균을 내보면 미국에서는 7,800억 원, 일본에서는 9,590억 원, 프랑스에서는 4,856억 원, 독일에서는 8,590억 원이 나온 것으로 알려져 있다. 이러한 수치는 원전 해체가

'노다지 사업'이 아니라는 것을 보여준다.

프랑스는 비용이 매우 적게 나왔는데, 이는 프랑스 원전의 입지조건과 발전사업자의 참여도, 계약조건, 그리고 원전이 들어선 지역의 환경 관계법이 다른 나라와 많이 달랐기 때문이다. 따라서 동일한 출력의 원전 해체 비용의 비교는 이러한 조건마저도 같은 상태로 해놓고 따져 보아야 제대로 알 수가 있다.

미국은 1990년대 중반 이후 열 다섯 기의 원전을 해체하였다. 완전 제거가 됐기에 이들이 있던 땅은 원래 상태로 복원돼 다른 목적으로 활용되고 있다. 그리고 몇 개의 원전이 해체 과정에 있다.

초기에 해체에 참여했던 미국의 기업들은 경험이 부족했기에 공기(工期)와 비용을 초과하는 실수를 범했다. 발전회사나 이들로부터 위임받은 기관이 건설공사나 운전의 일환으로 간주하며 해체를 했기때문이다. 미국원자력안전위원회는 안전성 확보를 위해 해체는 건설 및 운전과 마찬가지로 철저하게 감독하였다.

시행착오를 통해 기업들은 방사성폐기물 처리·처분을 하는데 있어 최선의 방법을 찾아냄으로써 안정성뿐만 아니라 경제성을 확보하게 되었다. 시카고 북쪽 자동차로 1시간쯤 거리에 있는 자이언 원전은 1998년 영구 정지에 들어갔다. 그리고 2013년, 2032년 완료를 목표로 해체에 들어갔으나 경험을 통해 찾아낸 최적의 기술 덕분에 2020년 해체를 완료할 예정에 있다. 그런데 지금까지의 공정으로 보면 기간은 1, 2년 더 줄어들 것 같다. 이것이 미국에서는 최소한의 공기와 최소한의 비용으로 이뤄지는 해체사업이 될 전망이다.

해체를 시작했던 초기에는 발전회사들은 예상보다 많은 시간과 비용을 지불해야 했으나 곧 '선(善)순환 구조'를 만들어 극복해내게 된 것이다. 이러한 사례가 이제 원전 해체를 하려는 한국에 참고가 될 것으로 보인다.

지금 한국의 자치단체들은 너도나도 해체 관련 기관을 유치하려고 하는데, 원전 해체는 결코 '황금알을 낳는 거위'가 아니라는 것을 알아야 한다. 해체는 규모가 큰 사업도 아니다. 경험을 쌓고 기술을 축적해야 흑자 사업이 될 수가 있다. 선

순환 구조를 만들 때까지는 혹독한 수련의 기간이 필요하다.

발전사업자들이 최소화하고 하는 원전해체 비용에 대해 더 알아보기로 하자. 해체비용은 해체과정에서 발생하는 방사성폐기물의 제염·처리·처분 비용, 사용후핵연료의 안전관리를 위한 비용·해체 프로그램을 종합적으로 관리하는 비용·해체작업에 참여하는 이들을 위한 노무비와 기타 등으로 구성된다.

원전 해체는 원전 건설처럼 다수의 근로자를 채용한다. 100만 킬로와트 원전 두 기로 구성된 자이언발전소 해체 사업을 위해 고용하게 된 연 인원은 1,570명 이었다.

한국이 네 기로 구성된 아랍에미리트 수출 원전을 짓기 위해 투입한 인력은 1만 6,000명이다. 100만 킬로와트 원전 두 기(자이언)와 140만 킬로와트 원전 네 기(UAE)를 바로 비교하는 것은 문제이지만, 해체에 투입되는 인력은 원전 건설에 동원되는 인력의 10%에도 미치지 못함을 알 수 있다.

자이언원전 해체 사업에 참여한 인원에게 10년의 해체 사업 기간 동안 지불할 임금은 총 4,500억 원일 것으로 추정한다. 각종 장비와 물자도 동원하니 해체 사업이 진행되는 주변 지역에는 1조3천억 원이 풀려나갈 것으로 보인다. 원전 해체에 참여했던 인력은 숙련된 노동자이니 이 사업이 끝나면 같거나 유사한 분야에서 다시 일할 수 있다. 새로운 창출이 일어나는 것이다.

다행인 것은 우리나라 원전의 다수는 원전 선진국인 미국과 프랑스 등이 많이 보유했고 해체 경험도 해본 경수로라는 점이다.

한국은 트리가 마크-III를 해체한 적이 있으니 기술 습득이 빠를 것으로 보인다. 우리나라는 원전 해체 비용을 추산 하기 어려웠던 초기 시절부터 원전의 발전(發電) 단가에 해체 비용을 반영해 놓아 필요 자금이 축적돼 있어 어렵지 않게 해체 사업을 추진할 수 있을 것이다.

해체사업에 대한 이해 부족 때문에 탈원전을 논의하는 과정에서 부풀려진 해체 비용이 관심을 끌었다. 이 때문에 원전을 짓지 말고 신재생을 해야 한다는 주장까지 나오게 되었다. 영화 '판도라'처럼 원전 운영을 '위험 그 자체'로 보는 것과 더불어 원전 해체를 '고비용 그 자체'로 보는 것이 원자력 기술을 발전시켜야 하는 우리의 발목을 잡는다. 공포의 조장만큼 우리를 위험한 길로 몰아넣는 감정도 없는 것 같다.

06
국민여러분!
속지 마십시오

8차 전력수급계획, 탁상공론이 아닌가

무명씨 3

8차 전력수급 기본계획에 대한 국회토론회. 산업통상자원부는 문재인 대통령의 요구에 맞추기 위해 황급히 8차 계획을 만든 것은 아닌가

　문재인 정부가 원자력발전과 석탄발전은 대폭으로 줄이고 신재생발전과 가스발전은 확대하겠다는 에너지전환 정책을 추진하고 있다. 신재생에너지 발전은 2030년까지 그 비율을 20%까지 높이고 가스발전도 확대하나, 원자력과 석탄발전은 신규 발전소를 짓지 못하게 함으로써 그 비중을 줄여나가겠다는 것이다.

　문재인 정부는 이러한 의지를 반영한 8차 전력수급계획의 시안(試案)을 2017년 8월 발표하였다. 그리고 원자력과 석탄발전을 포기하겠다는 문재인 정부의 정책을 놓고 격렬한 논란이 이어지고 있다. 문 정부의 에너지 전환정책은 과연 올바른 것인가?

　미래의 전원(電源) 비중을 결정할 때는 전력수요에 대한 전망과 전원들의 경제적 측면 그리고 기술적인 특성을 동시에 고려해야 한다. 현재 운영되고 있는 발전원(發電源)의 구성과 폐지계획을 반영해야 함은 물론이다. 환경과 안전, 에너지안보, 송전선로의 제약, 전기품질의 유지 등도 생각하여야 한다.

전력수급계획의 수립은 전력수요를 예측해 수요관리 목표를 설정하고 이를 반영한 목표수요를 도출한 후, 적정 수준의 예비전력을 반영해 설비를 최적으로 구성하는 과정이다. 그리고 각 단계에서의 전망과 기준에 대한 의사결정을 핵심으로 한다.

이러한 이해를 토대로 8차 전력수급계획의 설비분야 초안과 전원의 경제성 문제를 살펴보기로 한다.

8차 전력수급계획에서 전력수요 전망은 크게 변화했다. 2030년의 전력수요는 2년 전에 예측한 것에 비해 80테라와트시(TWh 12.1%) 감소한 664테라와트시로, 최대전력은 11기가와트 (9.6%) 감소한 102기가와트로 전망되었다. 연평균 증가율은 전력수요가 1.1%, 최대전력이 1.3%로 보았다. 전력수요 전망을 감소시킨 이유로는 2030년까지의 경제성장 전망치가 7차 때는 연평균 3.4%였는데, 8차에서는 2.5%로 낮아질 것으로 전제되었기 때문이라고 설명했다. 불과 2년 만에 경제성장 전망치가 0.9% 포인트 감소한 것은 의외이지만, 경제성장과 수요예측 관계는 사실 설명하기 어렵다.

전력수요를 설명하는 관계식 중의 하나가 전력수요의 GDP 탄성치이다. GDP가 1% 성장할 때 전력수요는 몇 %가 증가하는가가 GDP 탄성치이다. 7차 수급계획의 연평균 GDP 성장 전망은 3.4%이었고 목표수요의 연평균 증가율은 2.1%이었으므로, 탄성치는 0.6이었다.

8차의 탄성치는 1.1%와 2.5%의 관계식이 되므로 0.4가 된다. GDP가 1% 성장할 때 전력수요는 0.4% 증가할 것이라는 전망이 되는 것이다. 8차 수요예측은 수요예측의 전제인 경제성장의 전망이 낮아졌을 뿐만 아니라 GDP의 탄성치도 낮아질 것으로 예측한 것이다.

이러한 예측은 우리나라의 산업구조가 고부가가치 산업으로 전환하거나 에너지 다소비산업의 비중이 축소된다는 것을 의미한다. 그런데 예측 전제에서는 그러한 증거를 찾아보기 어려웠다. 기준수요를 예측한 후 목표수요를 결정하는 수요관리량(목표) 역시 아직은 알 수가 없다.

지난 2년간 전력소비의 구조적 변화를 입증하는 어떤 확증도 찾을 수 없기 때문이었다. 여기에 2016년 9월부터 적용된 주택용 전기요금에 대한 누진제의 대폭 완화와 향후 5년간 전기요금 인상은 없다는 정부의 약속까지 고려한다면 전력 수요의 탄성치는 낮아질 수가 없다.

예측된 최대전력 수요를 공급하기 위한 발전설비 규모는 최대전력에 적정 수준의 예비율을 반영해 결정한다. 7차 수급계획에서는 발전기의 고장 등에 대비한 최소 예비율을 15%로 보고, 수요와 공급의 불확실성까지 감안해 설비 예비율 목표를 22%로 설정했다.

그런데 8차 수급계획에서는 적정 예비율 수준을 2% 포인트 하향해 20~22%로 조정했다. 그리고 "예비율이 1% 포인트 하락하면 1000메가와트 발전소 한 기를 건설하지 않아도 되며, 예비율이 낮아지면 노는 발전소가 줄고 송·변전설비의 건설도 최소화할 수 있다"고 강조했다.

예비율을 낮출 수 있는 이유로는 원전은 예방정비와 고장정지 때문에 1년의 20%인 76일을 가동정지 하지만, 가스발전은 1년의 12%인 44일을 가동 정지하므로 원전을 축소하고 가스발전을 확대하면 목표 예비율을 감소시켜도 된다고 설명했다.

전력은 매 순간 수요와 공급이 일치해야 하므로, 발전기의 고장과 정비 그리고 수요와 공급설비의 불확실성에 대비하기 위해서는 수급계획을 세울 때 반드시 예비율을 반영해야 한다. 아직은 대용량의 경제적인 저장수단(ESS)이 없기 때문이다.

원자력발전소 대신에 가스발전소를 지으면 가동 일수가 늘어나 예비율을 낮출 수 있다는 설명은 한쪽 측면만 강조한 것이 확실하다. 이 설명은 원전의 발전단가가 가스의 발전단가보다 현저히 싸다는 것을 간과하고 있기 때문이다. 원전은 발전단가가 저렴하니 다소 예비율이 높아지더라도 가스발전소 대신 원전을 건설해 전체 공급비용을 낮출 수 있다면 원전을 건설하는 것이 더 유리하다.

원전의 발전단가가 저렴하다는 사실은 저유가 시기인 지금에도 여전히 유효하다. 우리나라는 기저설비의 용량이 부족한 상황이니, 기저부하를 담당하는 원전을 늘이는 것이 훨씬 경제적이다. 가스발전소를 늘였다가 석유와 연동된 가스값이 올라 전기요금을 올려야 했던 것이 불과 수년 전의 일이란 것을 잊어서는 안 된다.

미래의 불확실성이 7차에 비해 8차 때 축소했다고도 보기 어렵다. 8차 계획에서는 2030년까지 신재생에너지 발전(發電) 비중을 7차의 약 2배 수준인 20%로 늘리겠다고 해놓았다. 그런데 신재생에너지발전의 80%를 급전(給電)이 불가능한 태양광과 풍력발전으로 감당하겠다고 해놓았다.

그리고 "설비용량은 피크 기여도(태양광 15%, 풍력 2%) 만큼만 반영할 계획"이라고 덧붙여 놓았다. 그러나 급전이 불가능한 설비는 비중이 늘어날수록 예비율을 더 높여야 한다는 것을 알아야 한다. 예비율을 높이지 않으려면 고가의 전력저장장치(ESS)를 대규모로 갖춰야 한다.

신재생에너지 발전 비율이 높은 나라에서는 수급조절(balancing)에 대한 연구가 활발하다. 신재생발전으로는 급전이 제대로 이뤄지지 않기에 그 타개책을 찾기 위한 노력이 펼쳐지고 있는 것이다. 이러한 시도도 비용을 필요로 한다. 신재생발전 설비를 늘이겠다고 했다면 당연히 이러한 비용도 반영시켜야 한다.

우리는 '저탄소 녹색성장'이라는 이명박 정부가 제시한 국가비전을 기억한다. 그동안 신재생 확대 정책은 꾸준히 추진되어 왔다. 많은 노력과 비용이 투입되었지만 지난해까지 신재생발전의 비중은 4.8%를 차지하는 것에 그쳤다.

8차 전력수급계획은 2030년 신재생발전(發電)의 전체용량은 62.6기가와트인데, 이중 변동성 전원(태양광과 풍력)의 용량은 48.6기가와트가 된다고 전망해 놓았다. 2030년의 신재생발전 목표 설비용량인 62.6기가와트는 지금 설비용량의 3.6배나 된다. 이러한 목표를 13년 만에 도달하려면 매년 10.4%씩 증가시켜야 한다.

변동성 전원인 태양광과 풍력발전 설비는 2030년까지 일곱 배 가까이 증가시켜야 하는데, 이를 위해서는 연평균 16.1%씩 설비를 늘려나가야 한다. 기술적인 잠재능력은 있다고 해도, 이것이 실현가능한 목표인가는 매우 불확실하다.

변동성 전원이 태양광과 풍력으로만 구성돼 있고, 그 비중이 각각 50%라면 변동성 전원의 피크 기여 용량은 4.1기가와트이다. 변동성 전원이 아닌 신재생발전의 피크 기여율이 100%라면, 신재생발전 용량 63기가와트가 피크 발생시 기여할 수 있는 용량은 전체 정격용량의 29%인 18기가와트에 불과하다.

정격용량 대비 피크 기여용량 감소 비율은 태양광이나 풍력과 같은 변동성 전원의 비중이 커질수록 증가한다. 여기에 태양광과 풍력은 날씨와 영향을 받으니 급전(給電)이 불가능할 수 있다는 점을 고려한다면, 전력시스템 운영자의 입장에서 신재생에너지는 발전원으로 믿음직하지 못하다는 판단이 나오게 된다.

변동성 전원이 예상보다 많은 발전을 하거나 피크 기여를 하는 것도 문제다. 그렇게 되면 가동 중이던 발전기의 출력을 줄이거나 변동성 전원의 발전을 중지시켜야 한다. 이는 급전가능 발전기를 제약하는 것이고 비(非)급전 또는 변동성 전원을 차단(curtailment)하는 것인데, 이러한 제약과 차단은 전력시장 (전기 소비자)의 부담을 증가시킨다.

신재생발전의 대규모 개발은 송전선로의 신규 건설을 요구한다. 독일의 경우 북동부의 풍력발전을 남쪽으로 보내기 위해 총 3,000km의 고압직류송전선로(HVDC) 건설을 계획하고 있다. 그런데 송전선로 경과지역 주민들의 반대로 그 중 1,000km는 지중화(地中化)를 검토하고 있다.

우리나라가 대규모로 풍력을 한다면 해상풍력일 수밖에 없는데, 해상풍력발전소를 대규모로 건설하면 역시 대규모 송전선로를 신설해야 한다. 그렇게 된다면 독일에서와 같은 문제가 발생한다. 이처럼 신재생 전원을 대폭 확대하면 수급 조절(balancing)과 백업, 송전선로 신설 등을 해야 하는데 큰 비용 증가가 동반된다.

문재인 정부의 신재생발전 비용 추정에는 이러한 비용들이 제외돼 있다. 이러한 요소들을 고려하면 전기요금은 가파르게 오를 수밖에 없는데, 문 정부의 8차계획은 이 비용들을 반영하지 않음으로써 전기요금 인상 문제를 회피해가고 있다.

신재생의 확대는 비용 증가를 동반하며 전기요금의 인상을 초래할 수밖에 없다. 따라서 문재인 정부처럼 신재생을 확대하려는 정권은 '반드시' 그러한 사실을 밝혀 전기소비자의 동의를 구해야 한다. 그러한 동의 없이 신재생을 확대하는 것은 이념적이고 무책임한 행동이 된다.

전력수급계획을 수립할 때는 경제성 외의 여러 측면을 동시에 고려해야 한다는 것은 이미 언급했다. 그럼에도 불구하고 경제성은 미래의 전원구성을 결정할 때 중요한 고려사항이 된다.

전원의 경제성 분석에 적용되는 개념은 개별 발전소의 발전비용과 시스템비용이다. 개별 발전소의 발전비용을 평가하는 도구로 자주 쓰이는 것이 균등화발전비용(LCOE: levelized cost of electricity)이다.

LCOE는 수명기간이나 이용률처럼 전원별로 다른 경제적 전제조건에 따라 변하는 발전비용 비교의 혼란을 피하기 위해 마련되었다. 동등한 조건에서 발전원간 경제성을 비교하기 위해 성립된 계산법이다.

그러나 미래의 전원을 선택할 때는 경제성 측면만 고려해서는 안 된다. 미래 전력수요의 행태, 투입될 후보전원들의 경제적 측면과 기술적인 특성(최소/최대 출력, 효율, ramprate 등) 등을 동시에 고려해야 한다. 환경과 안전, 에너지 안보, 송전선로의 제약, 전기품질의 유지 등도 동시에 고려한다.

그렇게 해야 비로소 시스템적 고려가 됐다고 볼 수 있다. 이러한 측면을 고려한 비용이 시스템비용이다. 전력수급계획을 세울 때는 시스템비용을 산정해 미래의 전원구성을 결정하는 것이 옳다. 앞에서 예비율 축소가 꼭 신규 발전소 건설 감축이 아니라고 했던 것은 시스템 비용의 개념을 도입하면 해석이 달라질 수 있기 때문이다.

몇 가지 문제점에도 불구하고 발전원의 경제성 평가에 있어서 LCOE는 유용하다. 다음은 LCOE 산식(算式)을 간략화한 것이다. 비용의 구성요소는 건설비, 운전유지비, 연료비이다. 이밖에 발전소 운영기간, 발전량(이용률), 할인율 등이 LCOE를 결정하는 요소들이다.

국회 예산정책처가 발행한 2015년도 공공기관 결산평가 보고서에는 킬로와트 아우어(kWh)당 발전비용이 원자력은 49.58원, 가스는 147.41원, 신재생에너지를 포함한 기타 전원은 221.28원으로 돼 있다. 7차 전력수급계획을 만들 때 입력했던 전력거래소의 균등화 발전비용도 이와 크게 다르지 않다.

최근 자주 인용된 미국에너지부에너지정보국(DOE/EIA)과 영국산업부 보고서에는 원전의 LCOE가 가장 높게 나타나고 있다. 원전 건설비는 발전비용의 73.6%(EIA)와 69.5%(영국)을 차지한 것으로 나온 것이다. 그러나 우리는 40% 수준이다.

미국과 영국의 원전 건설비가 높은 이유는 우리에 비해 건설기간이 길고, 금융비용이 높기 때문이다. 미국과 영국은 민간 기업이 원전사업을 하므로 금융 비용이 매우 높다. 또 오랫동안 원전을 짓지 않았기에 공급망(supply chain)을 갖추지 못하고 있다.

서방의 에너지 사업자들이 우리가 건설하는 UAE 원전에 주목하는 이유는 예정한 기간에 예정된 비용으로 공사를 끝내 가고 있기 때문이다. 우리는 원전을 계속 지어왔기에 공급망이 살아 있어 적기에 공사를 할 수 있다.

미국의 재생에너지 발전이용률은 태양광 25%, 풍력 41%로, 우리의 두 배 수준인데 이는 지역적 차이 때문이다. 우리는 주택가에 설치한 태양광집열판을 설치해야 하지만 미국은 사막에 세울 수 있다. 미국의 바람과 한국의 바람도 같지 않다.

땅이 넓어 불모지가 많은 미국은, 바람이 많은 불모지를 골라 풍력발전기를 세울 수 있다. 그러나 그렇지 못한 곳에 풍력발전기를 건설하는 우리보다 이용률이 높을 수밖에 없다. 태양광과 풍력의 발전비용은 고정비(건설비와 운전유지비)가 100%이므로, 이용률이 반으로 감소되면 발전비용은 두 배로 증가된다.

이렇게 지역별로 비용편차가 크게 발생하니 미국과 영국보고서를 그대로 인용하는 것은 부적절하다. 두 나라는 이를 알기에 "LCOE는 예상 이용률, 기존 전원믹스, 급전가능 또는 급전불가능 전원 등에 대한 지역별 편차가 크므로 직접적인 비교는 오해의 소지와 문제가 있을 수 있다"고 보고서에 명시까지 해놓았다.

미래 전원구성의 고려사항

전력수급계획에서는 불확실한 미래를 예측해 그 결과를 반영하는 일은 하지 않는다. 우리에게 있어서 불확실한 미래는 통일이나 이웃 나라와 전력망·가스망을 연결하는 것 등이다. 2030년에는 스마트 그리드가 완성되고, ESS 기술도 상용화돼 대량 공급될 것이라는 전제도 불확실한 미래에 속한다.

이러한 사항들은 확실히 일어날 수 있을 때만 반영시켜야 한다. 그래서 전력수급계획은 주기적으로 재검토한다. 전원의 경제성도 마찬가지다. 신재생에너지의 발전단가가 화석에너지의 발전단가와 같아지는 그리드패리티(grid parity)에 도달해 신재생에너지가 경쟁력을 갖추게 된다는 전망도 그러하다. 그러한 전망은 일어나거나 일어날 가능성이 농후해야 반영하는 것이지, 일어나지도 않았는데 반영해서는 안 된다.

정치적 목표 때문에 신재생에너지의 발전비중을 20%로 하기로 했다면, 나머지 80%는 무엇으로 어떻게 구성해야 하는가도 고민해야 한다. 이는 신재생에너지를 확대화하기 위해 무조건적으로 탈원자력이나 탈석탄발전을 하지 말라는 지적이다. 나머지 80%는 경제적으로 구성해야 하니 발전단가가 낮은 원자력발전과 석탄발전도 당당히 집어넣어야 한다.

신재생을 확대하고 있는 독일이 석탄발전을 유지하고 있고, 신재생 확대에 노력했던 영국이 원전을 늘이려고 한다는 것에 우리는 주목해야 한다. 일본 역시 2030년 신재생에너지의 비율을 22~24%로 확대한다는 목표를 세웠지만, 원전, 화력발전의 비중은 약간만 조정하는 에너지정책을 펼치고 있다.

미국은 값싼 셰일가스 덕분에 가스발전이 원자력발전에 비해 경제적이 되었다. 그럼에도 불구하고 미국의 뉴욕 주와 일리노이 주는 원전을 계속 가동 시키기 위해 지역 원자력발전소에 보조금(zero emission credit)을 주기로 결정했다. 이에 대해 원전에 대한 보조금 지급은 부당하다는 소송이 제기됐지만 기각되었다.

8차 전력수급계획이 유지될 경우 전력수급에서 문제가 발생하는 시기는 빨라야 2020년대 중반이 될 것이다. 그때 전력이 부족해 발전소를 지으려 하면 우리는 건설공기가 짧은 가스발전소를 집중 건설하게 된다. 원전은 물론이고 석탄발전소는 공기가 길기에 전력 부족에 긴급히 대처할 수 없기 때문이다.

그리하여 가스발전소가 늘어나면 전기요금은 올라간다. 가스는 가격 변동이 심한데 가스 가격이 변화하면 전기요금도 따라서 춤을 추게 된다. 가스발전은 원전과 달리 상당한 미세먼지를 발생시켜 파리기후협약도 지키기 어려워질 것이고 가스는 전량 수입을 해야하니 에너지안보도 위태로워질 것이다.

7차 전력수급계획이 공급의 안정성과 경제성, 환경과 안전의 조화를 추구한 것이었다면 8차 계획은 공급 안전성과 경제성의 손실을 감수하고 환경과 안전으로 중심을 옮기자는 것이다. 이러한 중심이동에 대해서는 다양한 의견이 나올 수 있다.

그러나 에너지정책의 방향 선회는 장기간이 소요된다는 것을 알아야 한다. 경제적인 파급효과도 크기 때문에 오랜 검토와 토론, 국민적 합의도 필요로 한다. 실현 가능성도 문제지만 국민이 감내할 수 있는 경제적인 부담이 어느 정도인가부터 파악하는 것이 중요하다.

국민이 견디지 못할 정책을 추진하면 그 저항이 아주 강력할 것이기 때문이다. 반발이 예상되는데도 '정치적'인 이유로 정책을 밀어붙이는 것은 '무리'다. 그런 점에서 정책담당자는 보다 솔직해져야 한다.

"2014년 대비 전기요금 3.3배 폭등"

황일순 서울대학교 에너지시스템공학부 교수

전력설비 시설을 둘러보는 백운규 장관을 비롯한 문재인 정부의
산업통상자원부 대표들. 이들은 전기요금 인상 없는 신재생에너
지원 확대에 성공할 것인가.

　지난 60년간 우리나라는 '두뇌에서 캐내는 에너지'인 원자력발전으로 세계 최
고의 산업경쟁력을 확보하고 미래의 에너지 종주국 자리를 겨냥해왔다. 원전기술
국산화에 성공하며 24기의 원전을 가동해 전력의 30%를 생산한 덕에, 어느 나
라보다도 안정적이고 경제적인 전력공급 체계를 구축해왔다. 그런데 문재인 정부
가 독일 사례에 따라 에너지 자원의 기반을 풍력과 태양광으로 옮기는 탈원전 정
책을 펼치려 해 원자력학계와 산업계는 긴장하고 있다.

　3차 산업혁명을 예측한 앨빈 토플러는 IMF 위기 직후 한국을 방문해 110쪽의
보고서를 내놓은 바 있다. 그 중 오늘날에도 유효한 구절이 '한국은 지식사회로 옮
겨가는데 노력하지 않으면 실업률이 증가하고 빈부차이가 심해진다'는 것이었다.
4차 산업혁명 시대가 도래하면 지식산업을 더 개발해야하는데, 문재인 정부는

249

'두뇌에서 캐내는 에너지산업'을 폐기하고, 1차 산업방식인 신재생에너지 생산체계로 가겠다고 하니 답답하지 않을 수 없다.

제2차 세계대전에서 패한 독일국민의 마음속에는 반미와 반(反)원폭이 숨어 있었던 것 같은데, 이것이 체르노빌 사고로 표출되었다고 본다. 반핵의 정서는 스웨덴과 스위스·이탈리아·벨기에로 확산됐는데 벨기에를 제외한 네 나라는 수력과 석탄 등이 많아 원전이 없어도 견딜 수 있다. 유럽은 전력망이 거미줄처럼 연결돼 있어 전기의 수출입도 용이하다. 태양광이나 풍력처럼 간헐적이고 돌변 가능성이 큰 신재생에너지를 확대해도 유럽은 전력대란이 일어날 확률이 적은 것이다 .

그러나 우리나라는 에너지자원이 적고 전력망이 고립돼 있어 신재생에너지에 의존할 경우 대정전의 위험은 물론이고 전기료 급등에 직면한다. 유럽과 우리는 조건이 다른데 문재인 정부는 원자력발전소를 더 짓지 않겠다는 선언을 하였다.

현대사회를 지탱하며 발전시키는 '피'는 에너지이고 그 피를 돌려주는 '심장'이 발전소이다. 현대사회의 성장에 따라 에너지의 소비도 증가해, 세계 에너지산업은 연 매출액이 1경 5,000조 원에 이르는 세계 최대의 산업이 되었다. 기름 한 방울 나지 않는 우리나라는 국가 총 수입액의 3분의 1을 에너지 수입에 쓰고 있다.

문재인 정부는 2030년까지 신재생에너지를 현재의 4배로 확대하며 LNG발전을 2배 증가시키겠다고 했다. 그렇게 하여도 2022년까지는 전기료가 오르지 않는다고 발표했다. 반면 한국에너지경제연구원과 산업자원부장관을 지낸 윤상직 국회의원은 2030년까지 각각 21%와 40% 정도의 전기료 상승을 전망하였다.

과일은 낮게 달린 것부터 수확한다. 나무에 낮게 달린 과일을 따는데는 큰 비용이 들지 않지만, 높게 달린 과일을 따는데는 많은 비용이 들어간다. 따라서 초기에 과일을 따는 비용으로 전체 과일을 따는 비용을 계산한다면, 이는 틀린 계산이 될 수밖에 없다. 탈원전 시 전기료 상승폭이 크지 않다는 의견도 이와 비슷한 논리다.

탈원전 정책대로 간다면 2030년에는 간헐성 신재생에너지원인 풍력과 태양광 발전이 크게 늘어난다. 현재 총발전량의 0.7% 밖에 되지 않는 이들이 2030년에는

12.6%(신재생에너지원의 총 목표는 20%)까지 올라가는 것이다. 우리나라처럼 인구밀도가 높고 험한 지형에서 풍력과 태양광발전을 이렇게 늘리려면, 지금과는 전혀 다른 운영체제로 옮겨가야 한다. 당연히 비용도 눈덩이처럼 불어나 전기료는 폭등할 수밖에 없다.

유럽에서도 간헐성 신재생에너지의 비용이 초기 시범단계보다 훨씬 커진다는 사실을 확인하고 친원전정책으로 선회하는 나라가 늘고 있다. 신재생에너지 생산을 할 수 있는 환경이 열악한 우리나라에서 수많은 개인사업자들이 경제성이 없는 소(小)용량의 태양광집열판을 지붕이나 텃밭에까지 설치하는데는 유럽보다도 더 많은 재원이 들어갈 것이 분명하다.

농업에 비유한다면 저수지와 지하수망으로 안정돼 있는 농법을 버리고 천수답(天水畓)으로 되돌아가는 것과 같다. 4차 산업혁명으로 전력수요가 증대하는데, 영세한 태양광이나 풍력발전을 늘인 탓에 전력대란에 직면하게 되는 것이다. 경제적인 충격과 환경 훼손같은 문제에도 부딪친다. 정부 역점사업이라는 미명 아래 농지와 숲을 훼손해가며 경제성 없는 태양광발전소와 풍력발전소를 짓는 것이 과연 국민을 위한 것인지 곰곰이 생각해보아야 할 것이다.

탈원전을 선택한 독일은 전기료의 상승으로 에너지 빈곤층이 크게 늘어나고 이산화탄소 절감에도 실패한 것으로 나타났다. 태양광과 풍력으로 대표되는 신재생에너지를 무리하게 확대할 경우 간헐성과 돌변성, 저출력, 분산성, 보안 취약성 및 탄소세의 여섯 가지 이유로 전기료가 폭등할 수 있다는 점을 강조하고자 한다.

1. 간헐성: 태양광과 풍력은 그날의 날씨에 좌우되므로 전력 생산이 간헐적이 된다. 가동률은 하루 24시간 중에서 실제 발전되는 시간으로 결정된다. 독일의 육상 풍력은 가동률이 40%까지 올라갈 때도 있었다. 독일은 국토의 대부분이 평지이지만, 우리나라는 산지가 매우 많아 풍력발전기의 가동률은 20%를 넘기 어렵다.

2030년 태양광과 풍력의 발전량 목표는 12.6%인데, 이는 2014년 실적의 약

18배에 달한다. 이들의 평균 가동률을 20%로 잡아 목표 발전량을 채우려 한다면 정격용량의 5배에 해당하는 설비를 건설해야 한다. 초기에는 최적의 위치에 태양광과 풍력발전을 설치하겠지만 그 비율이 늘어나면 일조량과 풍력이 약한 부지에도 설치할 것이니, 가동률은 지속적으로 떨어질 것이다.

수많은 투자자들을 끌어들여 2030년 목표를 달성하려고 한다면 채산성이 떨어져도 모두 보전해 주는 유럽식 발전차액지원제도(FIT, Feed-In-Tariff)를 도입해야 한다. 2000년 이 제도를 도입한 후 독일은 전기료가 가파르게 상승했다. 프랑스도 최근 신재생 확대를 위한 FIT를 적용해 전기료가 오르고 있다. 우리도 이 제도를 도입했었으나 부담이 너무 커져 신재생의무할당제(RPS)로 전환한 적이 있다.

2. 돌변성: 독일보다 우리나라에서 더 심각한 비용 발생요인이 되는 것이 신재생에너지의 돌변성이다. 구름이 덮거나 바람이 멎으면 신재생에너지의 출력은 100%에서 바로 0%로 급감해 버릴 수 있다. 그로 인해 교류전기의 주파수가 0.3% 이상 변동해버리면 산업적인 피해가 발생한다. 따라서 곧바로 보충해줄 수 있는 대체전력을 준비해놓아야 한다.

주변국과 전력망이 잘 연결돼 있는 독일은 즉각적으로 전력을 수입해 이에 대처할 수 있다. 그러나 우리처럼 고립된 나라는 '전력저장장치(ESS)'나 대체발전기를 써야 한다. 우리나라는 해를 볼 수 없는 장마가 길고 태양열판을 덮는 폭설도 내린다. 장기간 태양광발전을 할 수 없는 경우가 적지 않은데 그러한 때에도 안정적으로 전기를 저장해 놓을 배터리(ESS)를 개발하려면 그 비용은 천문학적으로 치솟을 것이다.

이것이 불가능하기에 급속히 가동시킬 수 있는 발전시설을 대기시켜 놓아야 한다. 신재생에너지 전체 용량을 감당하는 LNG발전소를 대체발선소로 대기시켜 놓으면 전력설비 예비율이 매우 높아진다. 다른 나라의 전력망과 잘 연결돼 있는 독일과 스페인조차도 설비예비율이 100%와 150%정도이다. 그로 인해 전기요금이 올라가 버렸다.

3. 저출력: 태양광과 풍력은 에너지 밀도가 낮다. 같은 전력을 생산하는데 태양

광은 원자력발전소 부지의 약 70배, 풍력은 약 350~500배의 땅을 필요로 한다. 『에너지혁명 2030』의 저자이자 탈핵을 주장하는 이들이 곧잘 인용하는 토니 세바의 말에 의하면 한국 도시의 모든 빌딩 옥상을 태양광판으로 덮으면 부지문제를 해결할 수 있다고 하였다. 그러나 최근 『네이처』지에 게재된 연구에 의하면 도시에 태양광집열판을 대규모로 설치하면, 열흡수로 여름철에는 온도가 3~4도 상승하고 열대야가 크게 늘어날 것이라고 한다.

한 국가의 총 인구를 농산물 경작이 가능한 면적으로 나눈 것을 '실질 인구밀도 (Real Population Density)'라고 한다. 한국의 실질 인구밀도는 평방킬로미터 당 약 3,000여 명인데, 이는 독일의 4배에 해당한다. 한국은 초고밀도 국가인 것이다. 유럽 각 나라의 풍력과 태양광발전량은 실질 인구밀도가 증가하면 낮아지는 경향을 보인다. 유럽의 2014년 데이터의 상한을 보여주는 포괄곡선(envelop curve)을 보태보면, 우리나라의 풍력과 태양광발전량 합은 10%도 넘기 어려울 것으로 보인다.

식량 자급률을 더 줄여서는 안 되는 우리나라가 신재생에너지를 4배 늘이는 목표를 달성하고자 한다면, 태양광발전과 농산물 경작을 병행할 수 있도록 간격과 지상 층고를 높인 겸용설비를 설치해야 한다. 이 설비는 농산물에 최소의 일조량을 보장해주고 경운기를 비롯한 농기계가 들어갈 수 있어야 하니 넓은 부지를 요구한다. 그러한 부지 위에 있는 농작물이 태양빛을 받을 수 있도록 하려면 태양광 시설은 매우 높게 설치돼야 한다. 여기에 많은 비용이 들어간다.

풍력발전기를 설치한다면 소음과 화재, 그리고 날개가 이탈하는 위험을 감수해야 한다. 그래서 유럽 국가들은 내륙이 아닌 바다에 풍력발전기를 설치한다. 우리나라에서는 서해안에 설치할 수 있는데, 서해안에 설치한 풍력발전기는 우리 군의 레이더를 교란시킬 수 있다. 이를 피하려면 설치 밀도를 유럽보다 현저히 낮춰야 하는데, 그렇게 하면 설치비와 유지 보수비가 늘어나 더욱 비경제적이 된다.

4. 분산성: 우리 국토에서 재생에너지 목표를 달성하려면, 가용 부지를 모두 활용할 수밖에 없다. 소규모 농지까지도 이용해야 하는 것이다. 미국 재생에너지

연구소의 발표에 의하면 소규모 태양광발전은 대규모에 비해 두 배 이상, 소규모 풍력은 대규모에 비해 네 배까지 발전단가가 상승한다.

농촌에 농산물 집산장이 필요하듯이, 태양광과 풍력발전을 늘이면 곳곳에 전력집산장과 송전설비를 갖춰야 한다. 기존 송·배전선로는 일방통행을 한다. 그러나 신재생에너지 발전이 확산되면 양방향 통행을 하게 되는데, 이를 위해서는 스마트 계량기와 계통 안정화장치를 갖춰야 한다. 신재생에너지원을 많이 설치한 독일은 신재생에너지원이 생산한 전력을 집산(integration)하는데 발전단가에 맞먹는 비용을 들이고 있다.

5. 보안취약성: 신재생에너지가 확대되면 집산과 통제를 위한 스마트 그리드 (Smart Grid)라는 전산 기반 운영체제를 사용할 수밖에 없다. 그리고 신재생에너지의 생산과 전력 소비를 동시에 하는 프로슈머가 늘어나게 되는데 이들이 스마트 그리드체제를 파악하게 되면 사이버 테러를 할 수 있는 가능성이 심각한 문제로 대두될 것이다.

스마트 그리드를 시범 적용한 미국 콜로라도 주의 볼더(Boulder)시는 해커들의 공격에 대비하기 위하여 운영체제의 지속적인 변신이 불가피하다는 결론을 내리고 이를 준비하고 있다. 우리나라의 송전과 배전은 일방통행이기에 사이버 공격이 불가능했는데, 양방향이 된다면 전력대란을 일으킬 수 있는 사이버테러에 대응해야만 한다. 여기에 상당한 비용이 추가될 것이다.

6. 탄소세: 탈원자력·탈석탄발전 이후 신재생을 확대하면서 전력부족분은 LNG(액화가스)발전으로 대체하겠다는 것이 문재인 정부의 기본적인 계획이다. 그런데 LNG발전의 확대는 지구온난화를 피하기 위한 파리기후협약 정신에 어긋난다. LNG의 연소 시 이산화탄소의 배출량은 석탄 연소 시의 절반에 달한다.

LNG는 그 자체가 누설될 수도 있다. LNG가스 누출은 같은 양의 석탄을 태웠을 때보다 34배 많은 지구온난화 효과를 추가시킨다. LNG발전소에서 LNG가스가 누설되지 않는다고 누가 장담할 수 있겠는가. 따라서 완벽한 누설방지 기술을 도입하지 않으면 LNG발전소도 석탄화력발전소와 다를 바 없는 수준의 탄소세를 부담시키게 된다. 이는 지극히 친환경적이지 않은 정책이다.

문재인 정부는 신재생에너지원과 LNG발전 증가가 초래할 문제를 보지 않고 탈원자력·탈석탄발전을 추진하고 있는 것이다. 문재인 정부가 제대로 예상하지 못하고 있는 이러한 문제점이 드러나면 전기요금은 오를 수밖에 없다.

탈원전 정책으로 초래될 전기요금 인상을 제대로 예측하고 싶다면 유럽의 경험자료를 활용하는 것이 타당하다. 우리나라에서는 제대로 예측할 수 있는 데이터가 충분히 생산되지 않았기 때문이다.

그래서 2014년 기준으로 발표된 유럽 각국의 가정용 전기료가 국민 1인당 풍력 및 태양광발전 시설용량에 비례한다는 해외 전문가들의 연구결과를 이용하였다.

다음의 〈그림〉은 인구밀도가 유럽과 비슷한 미국 동부의 뉴욕, 뉴저지, 매사추세츠 주와 일본의 자료도 추가해 본 것인데 역시 같은 경향이 발견되었다.

우리나라는 전력계통이 우수했기에 전기료가 신재생에너지원을 도입하기 전의 유럽 국가나 일본보다 낮았다. 2000년 이후 독일을 선두로 신재생 바람이 불면서 유럽 국가들의 전기료는 풍력과 태양광 설치용량에 비례하여 꾸준히 상승하였다.

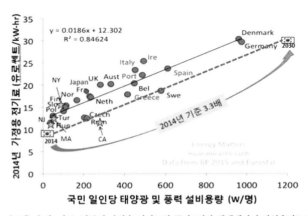

〈그림〉 유럽, 미국, 일본의 가정용 전기료와 국민 1인당 재생에너지 시설용량(2014년)

255

정부가 추진하는 탈원전정책이 전기료에 끼치게 되는 영향을 예측해보기 위해 〈그림〉에서는 유럽의 경향선에 평행하게 2014년 가격을 기점으로 한 한국의 상황을 점선으로 표시해 보았다. 2030년 간헐성 신재생에너지 발전량 목표인 12.6%를 달성하려면 우리나라가 건설해야 할 국민 1인당 태양광 및 풍력의 시설 용량은 2014년의 독일과 덴마크보다 20% 더 높은 값이 되어야 한다. 이유는 우리나라의 간헐성 신재생에너지의 가동률이 독일보다 낮기 때문이다.

따라서 문재인 정부의 의도대로 탈원전정책을 추진한다면 2030년 우리나라의 가정용 전기료는 2014년 대비 약 3.3배 폭등할 것으로 보인다. 전기요금이 이렇게 올라가면 전기를 쓰지 못하는 에너지 빈곤층이 확대되어 사회적 문제가 되고 기업들은 해외로 탈출할 것이다.

체르노빌 사고 후 독일은 미래에너지 산업에서 풍력·태양광으로 주도권을 잡으려고 탈원전정책을 추진했다. 그러나 지금 전기료 폭등과 에너지 빈곤층의 급증 그리고 이산화탄소 감축 실패로 흔들리고 있다. 2011년에 후쿠시마 사고가 발생하지 않았더라면 독일은 조용히 에너지 전환정책을 접고 원자력으로 돌아왔을 것이라는 점은 잘 알려진 사실이다.

풍부한 풍력과 주변국과 전력망이 연결되고 실질인구밀도가 우리보다 4배 낮은 독일조차 신재생에너지의 확장에 한계를 느끼고 최근 FIT를 줄임으로써 전기료가 더 상승하는 것을 막고 있다. 전문가들은 이구동성으로 원전 없이 독일은 탄소저감 목표를 달성할 수 없을 것으로 전망하고 있다.

우리나라나 일본처럼 인구 고밀국의 신재생에너지는 보조수단이 될 수밖에 없다. 무리하게 확대할 경우 전기료 폭등은 불가피하다. 따라서 원자력 안전과 폐기물처리기술을 더 개발해 '두뇌에서 캐내는 에너지'를 확충해가는 것이 국가를 발전시키고 지구 온난화를 줄이는 해법임을 다시 한번 강조하고자 한다.

전원믹스를 시장에 맡기려면 확실히 맡겨라

무명씨 4

온실가스 배출을 강력히 규제하기로 한 2016년의 파리기후협약
회의. 경제성과 친환경을 갖춘 전원은 원자력발전 뿐이다.

에너지(전력)는 국가 경제발전의 기반이다. 대동맥을 비롯한 혈관에 비유되기
도 한다. 그런데 에너지로 활용될 수 있는 자원은 지역적·국가적으로 편재돼 있어
문제를 일으킨다.

오랫동안 세계는 석탄을, 이어 석유와 가스를, 제2차 세계대전 뒤에는 원자력
을 에너지원으로 추가해왔다. 그로 인해 지구온난화 위험이 일어나자 1992년 리
우 회의를 시작으로 2005년 교토의정서, 2016년 발효된 파리기후협약으로 화석
연료 사용에 제한을 가하게 되었다.

화석연료 사용에 부과되는 탄소배출권은 새로운 시장을 만들고 있으며 신재
생에너지의 개발을 촉진하게 되었다. 우리나라는 일부 수력자원을 제외한 모든
1차 에너지를 수입하고 있다. 1차 에너지의 수입 의존도는 97% 수준으로 심각한

257

지경이다.

1960년대 우리나라는 경제개발 5개년계획과 함께 전원개발 5개년계획을 추진했다. 저렴하고 구입이 쉬웠던 석유를 수입해 전원을 개발해가다 1970년대 1·2차 오일쇼크를 겪으며 큰 위기를 맞았다. 에너지 자원국이 에너지 자원의 무기화 때문에 고전하게 된 것이다.

자원 빈국인 우리나라가 석유에 많이 의존한 것이 원인이라는 판단이 내려지면서 전원 믹스의 필요성이 제기되었다. 때마침 우리나라는 원자력을 에너지원으로 하는 정책을 추진하고 있었다. 1978년 가동에 들어간 고리 1호기는 오일 쇼크 극복에 큰 기여를 했다.

1980년대 초에는 비싸지만 환경친화적인 가스를 도입하기 위해 가스공사를 설립하였다. 초기에는 가스 도입이 미미했으나, 88서울올림픽을 전후해 전력수요가 폭증하자 단기간에 지을 수 있는 가스발전소를 분당·일산·평촌 등지에 건설했다. 때문에 원자력발전에 대비한 발전원가가 두 배가 넘는 가스발전 시대도 맞이했다.

이러한 경험이 전원 믹스의 필요성을 제기했다. 미래가 필요로 하는 전원 수요를 과소하게 예측해 전기요금 인상을 겪었으니 여러 전원을 배합해 피크타임 같은 최대 수요 때도 대처하며 평시에는 저렴하게 전기를 공급하는 방안을 진지하게 생각하게 된 것이다.

그리하여 원자력발전과 석탄발전, 가스발전을 기저·중간·첨두부하로 배치하는 합리적인 배합 구도를 만들었다. 그리고 1997년 말 뼈아픈 IMF 외환 위기에 직면했다. 보유 외환이 바닥나 환율이 치솟자 전량 수입에 의존하던 석탄과 가스 대금을 결재하지 못하는 지경에 이른 것이다.

그런데 수입하는 연료의 비중이 매우 적은 원자력발전이 상당한 비중을 차지하고 있었기에, 우리나라는 전력 공급이 중단되는 결정적인 위기를 겪지 않았다. 원전은 외환 변동에 흔들리지 않고 여전히 저렴한 가격에 전력을 공급해줌으로써 IMF 경제위기를 극복하게 하는데 1등 공신 역할을 했다.

2000년대 들어 지구온 난화를 타개하기 위한 방안으로 교토의정서 체결 등이 이뤄지면서 이산화탄소 배출 감축이 세계적인 화두가 되었다. 경제성장을 거듭하면서도 환경을 지키는 지속가능성이 부각된 것인데, 원자력발전은 이산화탄소를 배출하지 않으면서 막대한 전력을 생산할 수 있다는 장점이 있었다.

우리나라의 1인당 이산화탄소 발생량은 세계 최고 수준이다. 따라서 이산화탄소를 포함한 온실가스 저감이 국제적인 목표가 될 경우 우리나라의 에너지(전력) 공급체계는 매우 불안정해질 수 있다. 하지만 적잖은 원전을 가동하고 있으니 극복할 수 있다는 가능성은 갖고 있었다.

원자력발전은 석탄발전과 함께 신재생에너지원 개발을 촉진하는 역할도 한다. 두 발전의 원가는 전체전력 원가보다도 저렴한데, 정부는 두 발전에서 얻은 이익을 신재생에너지 개발에 필요한 재원으로 투자하고 있다. 신재생에너지 개발과 활용에 관계된 각종 보조금 지원이 바로 그것이다.

환경문제에 대처하면서 경제적으로 에너지를 제공하려면 최적의 전원 믹스(Optimal Plant Best Mix)가 절실해진다. 이러한 믹스는 미래의 위험을 분산(Risk Hedging)하는데도 유리한 전략이 된다. 현실세계에서 탄소를 배출하지 않으면서 가장 저렴하게 전기를 생산하는 것은 원자력발전이니, 이는 원자력발전을 어떻게 할 것인가란 문제가 될 가능성이 매우 높다. 그런데 문재인 정부는 탈원전을 추진하겠다고 밝혀, 관계자들을 당황하게 만들었다.

발전사업자 등을 분리하는 2001년 4월 2일의 전력산업구조 개편 이전에는 독점사업자인 한국전력이 전원개발계획을 세워 전원믹스를 확정하고 전원별 발전소 건설을 담당하였다. 그러나 전력산업구조 개편 이후에는 발전 분야에서의 경쟁이 허용됐기에, 한전을 내세운 정부가 전원믹스를 독점적으로 결정할 수 없게 되었다.

한전에서 분리된 한국수력원자력 등 6개 발전 자회사가 한전의 자회사인 공기업체제로 운영되고 있기에 정부는 여전히 전원믹스에 상당한 영향력을 미칠 수 있지만, 민간기업이 발전소를 건설하겠다는 것은 막을 수 없게 된 것이다. 민간기업은 정부의 전원믹스와 관계없이 이익을 바라며 전원개발에 참여할 수 있게 된 것이다.

한전의 자회사인 6개 공기업 발전회사는 석탄화력발전소와 원자력발전소 위주로 건설을 하고 운영을 해왔다. 이 발전소들은 중간(석탄)과 기저(원자력)부하를 주로 담당한다. 전력산업구조 개편으로 발전사업에 뛰어든 민간사업자들은 투자 부담이 적은 가스발전소를 주로 건설했는데, 가스발전은 첨두부하를 담당한다.

전기가 부족하던 시기 가스발전소의 급증은 원자력발전과 석탄발전 시장이 축소되는 결과를 가져왔다. 그러나 원자력발전소와 석탄화력발전소 건설로 전력부족 문제가 풀리자 값비싼 가스발전은 덜 활용되면서 원자력과 석탄화력발전소의 비율이 올라갔다. 전력이 부족할 때 가스발전소를 지어 재미를 보았던 민간사업자들은 설비 과잉으로 손해를 보게 된 것이다.

이러한 변화는 전원믹스의 성패를 정부가 지던 것에서 시장이 결정하게 했기에 일어난 일이다. 시장은 법제에 의해 움직이기도 하지만 전원 믹스를 놓고 기저와 중간부하를 담당하는 공기업과 첨단을 맡고 있는 민간기업간의 다툼에 의해 변화가 일어날 수도 있다. 전원 믹스정책을 결정하는 정부와 국회를 무대로 두 세력은 갈등하게 된 것이다.

필자는 여기에서 이상적인 전원믹스부터 설명하고자 한다. 전원믹스를 할 때 먼저 고려해야 할 것은 정확한 미래의 전력수요 예측이다. 미래가 필요로 하는 전력수요를 결정하면 적정 예비율을 고려해 필요한 발전소 용량을 산정한다. 그리고 전원믹스를 고려한다. 대체적으로 기저와 중간, 첨두를 4대 4대 2로 보고 전원을 배합한다.

전원믹스를 결정할 때는 계량요소와 비계량 요소(정책적 감안)를 모두 검토한다. 계량요소는 경제성과 환경성, 기술성으로 나눠 살펴보아야 한다. 계량영역의 대표인 경제성 측면에서 본 전원믹스는 기저영역에서는 원자력발전, 중간영역에서는 석탄발전, 첨두영역에서는 가스발전을 배치하는 것이 가장 좋은 것이다. 그렇게 해야 최대 전력수요 시기를 포함한 전체 시기에 전력 생산 비용이 최소화된다.

환경적 측면은 이산화탄소와 미세먼지 배출을 최소화하는 것이다. 여기에서는 석탄발전이 가스발전보다 못한 것으로 나온다. 그러나 가스발전도 원자력발전에는 상대가 되지 못한다. 원자력발전은 이산화탄소와 미세먼지를 '제로'라고 할 정도로 거의 발생시키지 않기 때문이다. 문제는 사용후핵연료를 포함해 방사성폐기물을 배출한다는 것인데, 그 양은 석탄이나 가스발전의 배출물에 비하면 현저히 적다.

방사성 폐기물의 처리·처분에 대해서는 다양한 연구가 이뤄지고 있으니 조만간 고준위 방폐물을 크게 줄이는 방안이 마련될 것으로 보인다. 이러한 성과까지 고려한다면 환경적 측면에서도 원자력발전은 매우 좋다는 평가를 받을 수밖에 없다. 이산화탄소의 배출 억제가 국제적인 규제가 되면 석탄과 가스발전은 상당한 제약을 받게 될 것이다.

고용과 외환, 전기요금 같은 경제적 측면에서 보아도 원자력발전은 매우 우월한 지위를 갖는다. 원자력발전소의 건설단가는 가스발전소의 두 배가 넘는데, 이는 내진(耐震) 조건 강화 등 안전성 확보를 위한 지출이 많기 때문이다. 그렇게 높은 건설단가를 지불했음에도 원자력의 발전단가는 저렴하니 원전의 효용은 더욱 높아진다.

발전단가에서 원전은 절대적인 우위에 있으니 전기요금 분야는 논할 것도 없다. 고용은 발전원에 따라 큰 차이가 없어서 원전이 특별히 못하다고 평가할 수는 없다. 그렇다면 계량요소에 따른 평가에서 원자력발전은 절대적으로 우수하다는 평가를 내릴 수밖에 없다.

그러나 비계량 요소인 정책분야로 들어가면 이야기가 달라진다. 폐기물 배출이 없는 신재생에너지원 개발을 지지하는 정치인과 국민들이 많은 것이다. 하지만 신재생에너지원에는 공급의 불안정성이 존재한다. 밤이나 날이 흐리면 태양광발전은 하지 못하고, 바람이 없으면 풍력발전을 하지 못한다.

따라서 이들이 가동하지 못할 때를 대비해 대체발전소를 갖춰야 한다. 신재생에너지원이 생산하는 전기의 단가는 매우 높다. 여기에 대체발전소의 건설과 운용 비용을 보태면 신재생에너지의 발전단가는 다락같이 올라갔다. 대체발전소 건설·운영비를 빼고 계산해도 신재생에너지원은 원자력발전이나 석탄발전보다 네 배 이상 비싸다. 그런데도 이를 선호하는 정치인과 국민이 적지 않다.

그러므로 신재생에너지의 발전단가를 석탄발전이나 원자력발전까지 낮출 뿐만 아니라 대체발전소 없이 지금의 원자력발전소나 석탄화력발전소처럼 가동시킬 수 있는 기술을 하루빨리 개발해내야 한다. 이러한 문제를 해결하지 못하면 우리나라는 경제성을 중시하는 국민과 신재생에너원을 선호하는 국민으로 갈려 다툴 가능성이 높다.

첨두를 담당해야 하는 가스발전이 중간이나 기저영역까지 담당하게 한다면 경제적인 측면에서는 실패할 가능성이 매우 높아진다. 전원믹스의 성패를 시장에 맡기기로 했으면 정부는 정책적 판단을 한다는 이유로 개입하지 않는 것이 낫다. 정부의 개입이 오히려 시장의 왜곡을 낳을 것이기 때문이다.

우리나라와 가장 유사한 경제구조를 가진 국가는 이웃 일본일 것이다. 일본도 원자력발전과 석탄발전, 가스발전을 3대 축으로 운영해왔다. 그러나 후쿠시마 사고를 당한 후 모든 원전을 세웠기에 석탄과 가스발전만으로 수요에 대처했다.

원전 가동 중지로 인한 전기요금 인상은 바로 나타났다. 석탄과 가스의 도입이 늘어나자 그것들의 가격도 상승해 전기요금이 더욱 인상됐다. 원전 가동 중지로 인한 전력부족과 전기요금 상승이라는 이중 부담을 맞게 된 것이다. 때문에 일본은 철저한 검사를 통해 이상이 없는 원전 42기의 재가동에 착수했다. 일본은 원전을 제외하면 경제적 측면에서 어려움을 극복할 방안이 없었던 것이다.

프랑스를 비롯한 유럽 국가들은 러시아로부터 파이프라인을 통해 풍부한 가스(PNG)를 공급받고 있음에도 에너지안보 차원에서 대비를 하고 있다. PNG 공급이 중단되는 사태에 대비하는 것이다. 프랑스는 전체 전기의 70% 이상을 원자력발전으로 생산해 남는 것은 독일이나 이탈리아 등에 판매하고 있다. 유사시가 되면 수출을 끊고 자국 사용으로 전환할 것이다.

석유와 가스 등 화석연료가 풍부한 중동국가들도 원전 건설을 추진하고 있다. 잘 알다시피 아랍에미리트에서는 140만 킬로와트급 한국형 원전 네 기를 건설하고 있다. 사우디아라비아도 석유자원이 고갈될 것에 대비해 1,760만 킬로와트 규모의 원전 단지를 짓는다는 계획을 검토하고 있다. 초기 단계로 한국원자력연구소에서 개발한 10만 킬로와트급 소형원자로인 스마트를 건설하기 위해 우리와 공동설계를 하고 있다.

석유와 가스 등 자원이 풍부하고 체르노빌 사고를 당했던 러시아는 일곱 기의 원전을 짓고 있고, 열 여섯 기를 더 지을 계획을 검토하고 있다. 셰일가스 매장량 세계 1위국이며 석유와 석탄 자원도 풍부한 중국은 스물 기의 원전을 짓고 있고, 스물 다섯기를 더 짓는 계획을 검토하고 있다. 셰일가스 매장량 세계 2위국인 미국은 이산화탄소 배출을 줄이기 위해 노후 석탄화력발전소를 대신할 네 기의 원전을 짓고 있고, 다섯 기의 추가 건설을 검토하고 있다.

탈핵을 선언한 독일은 전기요금 상승으로 고심을 하고 있다. 그러나 아직까지는 열 여덟기의 원전이 가동되고 있기에 버틸 수 있다. 하지만 원전이 모두 정지한 다음에도 확실한 대안을 찾지 못한다면 독일은 상당한 어려움에 직면할 수도 있다.

군사안보만큼 중요한 것이 에너지안보다. 그러한 에너지원을 어떻게 확보하느냐에 따라 경제성장은 물론이고 환경이 결정된다. 가장 경제적이면서도 친환경적이 되도록 전원을 배합한 나라가 발전하게 되는 것이다.

전원 믹스를 시장에 맡기기로 했으면 확실히 맡기는 것이 낫다. 이념으로 전원을 믹스하면 반드시 부작용이 일어난다. 2001년 전력산업구조를 개편한 것과 궤를 같이 하는 정권이 탈원전을 추진하는 것이 흥미롭다. 언젠가는 탈원전을 벗어던지는 '탈(脫) 탈원전'을 해야 하는 날이 올 지도 모르기 때문이다.

원자력과 가스의 불편한 동행(同行)

무명씨 5

김대중 정부가 추진한 전력산업구조 개편으로 민간기업들은
대거 가스발전소를 지었다. 이것이 문재인 정부에서 탈원전을
결정한 숨은 이유일 수 있다.

원자력과 가스에 대한 평가는 수요자와 공급자 두 가지 측면으로 보아야 한다.
수요자 측면에서는 본다면 둘은 편리한 자원이라는 공통점이 있다. 그러나 공급
자 측면에서 보면 시장을 놓고 경쟁한다. 기저영역을 담당하는 원자력발전이
줄어들면 첨두는 물론이고 중간영역에서도 가스발전의 영역이 커지기 때문이다.

그렇다면 소비자는 최적의 소비패턴을 만들어야 한다. 그때는 최소 비용으로
최대 효과를 올려야 하니 원자력이 절대적으로 유리해진다. 그러나 원전은 고장
등으로 불시에 정지될 수 있는데, 그때 다른 원전은 즉각 가동되지 못한다.

석탄이나 석유발전도 가동에 시간이 걸린다. 예열은 해야 하기 때문이다. 따라
서 분초를 다툴 때는 가스발전소를 돌려 부족한 전기를 만들어주어야 한다. 이런
점에서 둘은 보완적 관계가 된다.

그런데 가스발전은 비싸다는 것이 문제다. 액화(液化) 시설을 갖춘 LNG선에 실려 수송된 가스의 가격은 LNG선에 실리기 전보다 세 배 정도 높아진다. 최근 수압파쇄 수평정(horizontal hydraulic fracturing) 공정의 도입으로 셰일가스 생산이 보다 쉬워져 가스 가격이 인하될 것이라는 전망이 많다. 그러나 석유값도 낮아지고 있어 쉽게 시장을 늘이지는 못하고 있다.

국제 3대 가스시장은 아시아·태평양과 유럽, 북미다. 중국·일본·한국·대만 등이 중심이 된 아시아·태평양 시장은 가스 생산지로부터 멀리 떨어져 있어 LNG 형태로 수송해올 수밖에 없다. 때문에 물량의 안정적인 확보와 가격 유지를 위해 유가(油價)에 연동한 방식으로 가격을 정해 중장기 계약으로 수입해오고 있다.

유럽은 러시아로부터 파이프라인(PNG)으로 필요한 가스의 30% 정도를 수입한다. 그러나 러시아에 대한 가스 의존도가 높다고 판단해 중동과 아프리카 지역에서 LNG 도입을 확대하는 것을 검토하고 있다. 유럽의 LNG 가격은 유가나 중유 등 대체연료 바스켓에 따라 변동된다.

일반적으로 기저부하는 최대 부하의 40% 수준으로 본다. 기저영역에서는 발전원가가 제일 낮은 원자력으로 발전하는 것이 유리하다. 중간영역에서는 석탄발전을, 첨두영역에서는 가스발전을 하는 것이 타당하다.

원자력발전소에 대비한 석탄화력발전소의 이용률은 80%, 석탄화력발전소에 대비한 가스발전소의 이용률은 20%가 되게 하는 것이 전체 전력생산비용을 최소화할 수 있는 전원 믹스로 본다.

2015년 에너지경제연구원이 발표한 자료에 따르면, 각국의 1메가와트 당 원전 균등화발전단가는 한국이 40.4달러, 미국이 77.7달러, 영국이 100.8달러, 일본이 87.6달러로 우리나라가 가장 낮았다. 한국이 낮은 것은 기술자립과 반복된 원전 건설에 따른 효과이다.

가스발전소의 건설비는 원전이나 석탄화력발전소에 비하면 현저히 낮은 킬로와트 당 100만~130만 원이었다. 기술발전 덕택에 최근에는 1차 열출력 대비 전기출력 비율이 50% 초반까지 올라갔다. 하지만 연료비의 비중은 여전히 높다.

저렴한 PNG(파이프라인 가스)가 아닌 LNG(액화 가스)를 사용하는 우리나라에서는 발전원가가 더욱 높아져 첨두부하에만 주로 투입된다.

대도시 인근에서는 원자력발전소와 석탄화력발전소를 짓는데 대한 저항이 크다. 가스발전소 건설은 저항이 적은데 가스발전소는 전기 생산뿐만 아니라 지역난방도 펼칠 수 있기 때문일 것이다. 수요처 근처에 건설됐으니 송전선 건설 부담을 완화할 수도 있다. 따라서 가스발전은 대도시가 갑자기 요구하는 첨두부하와 지역난방용으로 활용하는 것이 낫다.

현재 논의되고 있는 추가 외부비용 중에 탄소배출권이 있다. 파리기후협약에 따른 규제는 강화되는 추세이므로 탄소배출권 가격은 계속 상승할 것으로 예측된다. 이는 가스발전에 불리한 요소가 된다.

후쿠시마 같은 잠재적인 사고비용을 반영하고자 하는 주장에 대하여는 아직 국제 기준이 만들어지지 않았다. 후쿠시마 등에서 일어난 사고를 다른 원전에 적용하는 것은 무리라는 지적도 많다.

가스는 발전소뿐만 아니라 가정에도 많이 보급되어 있다. 때문에 크고 작은 가스 누출사고가 일어난다. 황산화 화합물과 질산화 화합물, 미세먼지 등을 발생시킨다. 이러한 오염이 인체와 자연에 미치는 영향도 제대로 평가돼 있지 않다. 잠재적인 사고 비용은 가스 사용에도 적용해야 하는데, 이것 역시 마땅히 평가할 방법이 없다.

파리기후협약에 대처하고, 지속가능한 성장을 하며 경제성을 찾으려면 원전을 지어야 하는데, 문재인 정부는 탈원전으로 가려고 한다. 신재생에너지원을 크게 늘이겠다고도 했다. 그러나 신재생에너지는 비효율적이니 문재인 정부의 탈원자력·탈석탄발전 정책은 가스발전을 늘이게 될 것으로 보인다. 첨두부하를 담당해야 하는 가스발전이 중간부하까지 담당하게 되면 전기요금의 인상은 불가피해진다. 파리기후협약을 지키는 것도 어려워질 것이다.

문재인 정부가 탈원전정책을 선택한 것은 이념 때문인 이유도 있지만 또한 과거 전력이 부족할 때 우리나라는 급히 발전량을 늘이기 위해 가스 발전소를 많이 지은 것과도 상관이 있다. 가스발전소를 늘어놓은 후 원전 건설도 시작했는데 그 원전들이 준공되면서 가스발전소의 가동률이 하락했다. 가스발전소를 운영하는 민간기업들은 비상이 걸린 것이다.

　이들은 자구책을 마련해야만 하는데 이를 위해서는 원전 건설을 억제시키는 것이 한 방법이 된다. 이렇게 원자력발전과 가스발전은 불편한 동거 관계에 있다. 중요한 것은 전원믹스인데 그것이 정부의 이념과 정책에 따라 춤을 추니 둘은 '불편한 동반자' 관계에 놓이게 된 것이다. 시장에 맡기기로 했으면 끝까지 맡겨라. 국민을 위해.

07
나는
나를 대표한다

편집자 주

이글은 문재인 정부의 신고리 5·6호기 건설 중지에 항의하고
반대한 글들이다.
신고리 5·6호기 공사는 재개하기로 결정됐지만, 우리 사회에
는 원자력 건설을 지지하는 침묵해온 다수가 있다는 것을 보여
주기 위해 그대로 게재한다.

"서생면은 끝까지 투쟁한다"

이상대 신고리 5·6호기 건설중단 반대 범군민(郡民)대책위원회 위원장

신고리 5·6호기 공사 중단에 반대해 시위를 하는 울주군 서생면
주민들

    우리는 40년간 원전을 바라보며 살아온 울주군 서생면의 주민들입니다. 국가정책이라고 하여 우리 고장에 원전을 짓겠다고 밀고 들어오면, 우리 주민들은 반대를 하였습니다. 그렇게 세월이 지나 한 기 한 기 들어오더니 지금은 고리 2·3·4호기, 신고리 1·2·3·4호기를 더해서 모두 일곱 기의 원전이 돌아가게 되었습니다. 본래는 여덟 기인데 고리 1호기는 영구 정지를 해서 한 기가 줄어들었습니다.

    원전이 들어올 때 보상은 없었습니다. 우리는 희생을 하며 살아온 것입니다. 국민들이 위험하다고 보는 시설물을 우리 주민들은 40년간 안고 살아왔다는 말입니다. 국민들이 위험하다고 보는 원전이 가동되고 있음에도 우리 서생지역 주민들은 '아들 낳고 딸 낳고' 잘 살아 왔습니다.

    그런데 문재인 정부는 국책사업으로 진행해 오던 원전 가동과 건설을 위험

하다는 이유로 탈원전하겠다고 하고, 건설 중에 있는 신고리 5·6호기 건설을 일시 중단하는 사태를 만들었습니다. 우리는 위험하다고 하는 것을 감내하면서 잘 살아왔고, 원전 건설로 인해 생업을 유지하고 있는데 말입니다.

적잖은 국민들이 위험하다고 하는 것을 알면서도 우리가 자율유치를 했던 것을 문재인 정부는 공사를 중단하게 한 것입니다. 참으로 '우롱' 당하는 것 같아 끓어 오르는 분노를 참을 수가 없습니다.

그리고 이 중대한 국가 에너지안보 정책을 비전문가에게 맡겨 심의하게 하겠다는데 대해 또 한번 분노하지 않을 수 없습니다. 이것은 현 정부가 책임을 회피하려는 꼼수입니다. 신고리 5·6호기 건설을 중단했을 경우 생길 온갖 법적 책임을 공론화위원회에 떠넘기고 회피하려는 것입니다. 반대로 건설을 계속해야 한다는 결론이 나오면 이는 공론화위원회가 결정한 것일 뿐 문 정부의 탈원전정책과는 무관하다는 주장을 하기 위한 것으로 보입니다.

원전까지 수출하게 된 세계 최고의 원전국가가 대한민국입니다. 그러한 나라를 만들어준 전문가들을 배제하고 몇명의 일반인들에게 원전을 계속 지을 것이냐를 묻겠다는 것이 말이 되는 소리입니까. 국민을 대신해서 일을 하라고 국회의원을 뽑아 놓았는데, 왜 국민도, 국회의원도, 전문가도 배제하고 그야말로 몇 명의 일 반인들에게 묻는단 말입니까?

그렇게 하려면 원전 건설뿐만 아니라 앞으로 모든 것을 일일히 국민투표를 실시해서 물어야 합니다. 그렇게 모든 것을 국민에게 물으려면 왜 정부를 만들고 국민의 대표인 국회의원을 뽑아 놓았으며, 그렇게 많은 돈을 들여 전문가를 양성했습니까?

시민 배심원으로 뽑힐 수 있는 국민들을 현혹하기 위해 현 정부는 언론이나 여론을 조작하고 있는 것 같습니다. 탈원전을 해도 5년 동안은 전기요금은 오르지 않는다고 발표한 것이 그것입니다. 문 정부는 작년(2016년)에 대비해 최대 전력 수요는 늘었지만 예비율은 오히려 높아졌다는 앞뒤가 안 맞는 말을 하고 있습니다. 국민들을 정말 우습게 보는 행동입니다. 국정농단, 국민우롱이 아니면 무엇입니까.

　전력생산 단가가 비싸지면 당연히 전기요금은 오를 것인데, 이를 인정하지 않는 것은 무슨 소리입니까. 현 정부에서 전기요금을 올리지 않고 다음 정권에서 전기요금을 올리게 되면, 현 정부는 책임이 없다는 말입니까?

　국가정책에 의해 피해를 받아온 우리와 같은 소수의 원전지역 주민들과 세계 정상의 원전 기술을 만들기 위해 노력한 전문가와 노동자들의 땀방울을 헛되게 하지 마십시오. 그래서 우리는 이렇게 말합니다.

　하나. 우리는 국가가 바로 서야 국민이 바로 선다는 신념으로, 법적 근거도 없이 자행되는 초(탈)법적인 국가행위를 바로잡기 위해 끝까지 투쟁할 것이다.

　둘. 우리는 제왕적 권력을 행사하는 현 정부와 그 주변세력이 국정농단을 하지 못하도록 끝까지 저지할 것이다.

　셋. 우리는 잘못된 원전 인식을 바로 잡아, 안전하고 건전한 국가를 만드는데 동참할 것이다.

　넷. 우리는 원전의 건설을 중단함으로써 발생하는 원전 매몰비용과 엄청난 신재생에너지 건설비용, 급상승하는 전기요금 등 모든 비용을 국민 세금에 전가하려는 현 정부를 강력히 규탄한다. 이는 국민에게 세금 폭탄을 안기는 조치이기 때문이다. 문재인 정부는 잘못된 정책을 인정하고 국민과 소통할 수 있어야 한다.

　다섯. 우리는 신고리 5·6호기 건설이 재개되는 그날까지 모든 수단과 방법을 가리지 않고 끝까지 투쟁할 것이다.

'원전보국' 우리는 충분한 공론화 요구한다

김병기 한국수력원자력 중앙노조위원장

신고리 5·6호기의 공사 계속을 촉구하
는 시위를 알리는 포스터

  수많은 법적 근거 위에 세워지는 원자력발전소를 대통령 말 한마디에 허무는
것은 국가 존립의 근간인 국민과의 신뢰를 저버리는 행위입니다.

  정부는 2030년까지 신재생에너지 비율을 20%까지 늘이겠다고 했습니다. 신재
생에너지(태양광 및 풍력)가 전체 발전량에서 차지하는 비율이 1.1%인 상황에서 20%
로 늘이면, 태양광발전소는 서울면적의 146.5%(886.9㎢), 풍력발전소는 서울면적의
9.4%(57.1㎢)가 필요합니다. 환경영향평가와 관련 입법의 정비 및 제정, 주민의 반대
등 고려하면 기간 내에 건설을 완료하기 어려울뿐만 아니라 우리나라의 기후(氣候)
등을 고려할 때 전력생산 효율이 얼마나 될지 알 수 없으니 충분한 검토가 전제되
어야 합니다. 이는 국민이 떠안아야 할 전기료 인상부담과 산업전반에 미치는 영
향을 간과한 결정이라 생각하지 않을 수 없습니다.

산업전반이 어려운 이때에 신고리 5·6호기 공사를 중단하면, 건설 관련 1700여개 중소업체와 1일 최대 3,000명의 근로자들(연 인원 600만 명)은 갈 곳이 없어집니다. 청년실업자를 자식으로 껴안고 있는 가장(家長)들이 절반인데 그들의 충격과 고통은 어찌하시렵니까? 정부의 실업대책이 현재를 버리고 새로 만들어지는 거라면 무슨 소용이 있겠습니까?

전력망이 여러 나라에 걸쳐 있어 언제든지 전기를 공급(구매) 받을 수 있는 유럽과 달리 우리나라는 고립된 섬과 마찬가지입니다. 국가재난 시는 물론이고 통일에 대비하여 여유를 갖고 국가 전반을 살펴봐야 합니다. 어느 발전소든 하루 아침에 세워지는 것이 아니기 때문입니다.

신고리 5·6호기의 매몰비용 1조 5,000억 원과 관련업체와의 계약 해지로 인한 위약금 및 부대비용만 합쳐도 직접비용이 2조 5000억 원에 육박하고 사회간접유발 효과까지 계산하면 5~6조 원에 이릅니다. 국가재정과 국민복지 등을 생각하면 어느 하나 마음편한 곳이 없는 이때에, 이렇게 국민혈세를 낭비해도 되는지 되묻지 않을 수가 없습니다.

1년 순이익이 수천만 원도 안되는 중소기업과 줄줄이 문을 닫는 자영업자, 갈 곳이 없어 거리를 헤매는 청년들이 수두룩한 현실인데 국가가 국민에게 허탈감과 분노를 안겨줘서는 안된다고 생각합니다. 따라서 막대한 재정이 투입된 신고리 원자력 5·6호기 건설은 계속 추진되어야 합니다.

1958년 원자력법이 처음 제정되고 수십 년 노력 끝에 건설한 고리원자력 1호기(1978년) 발전을 필두로 원자력발전소가 우리나라의 산업전반에 안정적인 전력을 공급하여 온 것은 국민 모두가 다 아는 사실입니다. 선진기술을 전수 받기 위해 밤잠을 설쳐가며 노력한 선배들의 땀과 눈물의 결과가 오늘날의 원자력 강국을 만들었다는 사실을 잊어서는 안 될 것입니다.

우리는 현재 세계 4위의 원자력기술 강국으로서 자체고유의 모델(APR-1400)을 개발해 중동의 산유국인 아랍에미리트에 건설·운영 포함 21조 원(경제유발 효과 77조 원)을 수출하였습니다. 외화 획득을 통한 국가경제에 기여하면서 지금도 끊임

없는 기술개발에 매진하고 있습니다. 이러한 과정을 거쳐 축적된 세계 최고의 기술을 사장(死藏) 시킬 수는 없지 않습니까

원전기술의 강국은 하루아침에 이루어진 것이 아닙니다. 계속하여 진화하는 원전기술은 한 번 중단하면 쉽게 재건되지 못합니다. 지난 반세기 동안 우리 민족의 피와 눈물로 이룩한 원전의 첨단기술이 사장(死藏)되지 않게, 국민 여러분들의 관심과 현명한 판단이 요구됩니다.

작년(2016년) 여름 폭염으로 인한 전력사용 증가로 국민 부담이 가중되어 사회적으로 큰 문제를 일으켰습니다. 신규 원전 및 기존 원전을 중단한 미국, 영국, 일본, 대만 등도 전력수급의 차질과 치솟는 전기요금 부담을 견디기 어려워 원자력발전소 건설을 재추진키로 결정하거나 가동이 중지된 발전소를 재가동 하고 있습니다.

문재인 정부가 모델로 삼고 있는 독일(신재생에너지 30%임)은 지난 2000년 부터 2014년까지 전기요금이 226% 인상되어 OECD 평균의 약 2.3배, 우리나라 전기요금의 약 3.6배입니다. 독일 중소기업의 75%가 경영의 주요 위험(Risk) 요소로 비싼 전기요금을 지적하고 있는 실정입니다.

나날이 심각해지는 미세먼지와 공해에 대비하면서 안정적인 전력공급을 하는데 아직까지 원자력발전소만큼 완벽한 시스템은 없습니다. 원자력발전소는 필요가치에 비해 역기능적인 측면이 있다는 사실도 잘 알고 있습니다.

구 소련의 체르노빌, 일본의 후쿠시마 발전소의 사고는 엄청난 인류의 재앙이었습니다. 그러나 사고원인을 짚어보면 발전소 자체의 신뢰도, 조직, 경영, 지정학적 위치를 고려할 때, 그들은 우리와 판이하게 다름을 알게 됩니다. 우리가 우려하는 지진으로 인한 원자력발전소 사고는 전 세계적으로 한 건도 발생한 적이 없었습니다. 일본의 후쿠시마 사태는 지진이 직접적으로 발전소에 충격을 준 것이 아니라 쓰나미로 인한 비상발전기 고장으로 일어난 것입니다.

전력산업은 공기와 같아서 국민 개개인과 사회전반에 그 영향이 직접적으

로 미칩니다. 전력은 모든 산업의 에너지원으로 필요불가결한 것입니다.

신고리 5·6호기 건설을 일시 중단하고 공사재개 여부를 3개월의 짧은 시간에 토론을 통한 배심원단의 결정에 맡기겠다는 것은 정부의 부담회피와 짜맞춘 듯한 요식 행위에 불과합니다. 이렇게 벼락치듯이 결정해서는 절대 안될 일입니다.

국가 주요정책이 변경될 때에는 막대한 국가재정과 사회적 비용이 투입됩니다. 그럼에도 불구하고 후유증이 동반되니 충분한 여유를 갖고 공론화를 통해 국민적 합의를 도출한 뒤 정책 변경은 이루어져야 합니다.

원전산업 종사자들은 지난 날 몇몇 소수인원이 연루된 부패사건으로 국민의 지탄을 받았습니다. 그 여파로 원전감독법(가중처벌)이 제정되고 원안위에 사법권이 부여되었습니다. 그동안 원전 종사자들은 '원전마피아'라는 범죄집단으로 매도를 당해왔습니다.

그러나 나의 시신을 화장해 고리 1호기 취수구에 뿌려달라는 원전기술 1세대 선배의 유언처럼 대다수의 저희 원전 종사자들은 위험한 작업도 마다하지 않고 '원전보국(原電報國)'이라는 사명감 하나로 안전한 원전운영과 기술향상을 위해 피나는 노력을 기울여 왔습니다.

그 결과 적정 예비율을 상회할 정도로 안정적인 전력공급에 큰 일익을 담당하였뿐만 아니라 세계 4위의 원전 기술강국을 만들어냈습니다. 이러한 대업(大業)을 짧은 시간의 여론쏠림과 책임 없는 비전문가의 판단에 맡겨 오도할 것이 아니라 긴 안목으로 충분한 공론화 작업을 통한 국민적 합의가 이루어지게 한다면 어떤 결정이든 우리 원전 종사자들은 겸허히 수용할 것을 국민 여러분에게 약속드립니다.

세계 1등 기술을 개발했는데…

조성은 무진기연 대표

수많은 중소기업이 참여한 신고리 5·6호기 현장. 탈원전정책을
고집하게 되면 일류기술을 개발한 중소기업들은 줄도산 한다.

무진기연은 지방의 중소기업이다. 26년 전 항공우주산업과 원자력산업을 놓고
고심하다가 원자력산업이 폭넓은 시장이라고 판단돼 원자력 분야에만 매진해 왔
다. 그런데 갑작스런 탈원전 선언으로 신규 원전건설이 임시 중단돼 존망 자체가
불투명한 상황에 이르고 말았다.

창사 이래 우리는 기술개발과 전문인력 양성을 최우선 모토로 삼고 국산화되
지 못한 설비들을 개발하는데 주력하였다. 그 결과 원자력 설비의 검사 및 유지
보수용 핵심설비와 중수로용 사용후핵연료 건식저장설비 등을 개발하였다. 사용
후핵연료 건식저장설비는 우리 회사가 세계 제일임을 내세울 수 있는 품목이다.
중소기업임에도 불구하고 대만의 진산(金山)원전과 루마니아의 체르나보다 원전에
수출하였기 때문이다.

그래서 세계 핵연료 취급 제품 시장을 독점하다시피 하는 미국의 홀텍이 최근까지 우리와 협력관계를 유지했다. 지금은 잠재적 경쟁자로 판단했는지 우리를 견제하게 됐지만, 이것도 우리가 확보한 독보적인 기술력 때문일 것이다.

우리의 기술개발 성공사례로는 원자로용 초고압 싱글스터드텐셔너(SST)를 들 수 있다. 40여 년 동안 전적으로 수입해온 원자력발전소 운영의 필수 설비 중 하나다. 고가에 수입되던 그것을 국산화해 국내 원전에 적용하였기에 우리는 국부 유출을 막고 국내 원전 운영단가를 낮추는데 일조했다고 자부한다. 지금은 아랍에미리트에 건설 중인 바라카 원전에 수출해 외화 획득도 하게 되었다.

운이 좋아서 국산화를 해낸 것은 아니다. 외국제품의 문제점을 조사하고 이를 해결할 수 있는 방안을 찾는데 심혈을 기울여야 했다. 중소기업으로서는 두렵기 그지없는 11억 원의 개발비와 10년이 넘는 세월, 그리고 많은 인력을 투입했다. 그 결과 2500바(bar)의 초고압에서도 안정적으로 작동되는 제품을 만들어냈을 때 비로소 웃을 수 있었다. 이것 역시 아랍에미리트 바라카 원전에 수출하였다.

신고리 5·6호기의 건설이 영원히 중단된다면 우리는 피땀 흘려 쌓아온 목숨보다 소중한 세계적인 기술을 물거품으로 날릴 위기에 처하게 된다. 기술만이 아니다. 일본·미국·캐나다 등의 원자력 회사를 만나고, 국제 전시회에도 참여해 홍보와 마케팅에도 최선을 다해왔는데, 그러한 노력도 날려야 하는 것이다. 지난 시간과 직원들의 열정을 생각하면 가슴이 미어지는 심정이다.

우리는 매년 매출액의 7% 정도를 연구개발에 투자해왔다. 그 결과 중소기업으로서는 유일하게 원자력설비 천만 불 수출을 달성하였다. 그러나 여느 중소기업이 그러하듯이 경영능력은 정교하지 못하기에, 자금이나 인력 등 여러 면에서 어려움에 직면해 있는 것도 사실이다. 하지만 지적 재산권을 보유한 회사이기에 사명감과 소명의식으로 임해왔고, 2010년 45명이던 직원을 현재는 70명으로 늘이게 되었다.

본격적으로 성장의 국면에 들어가려고 하는데 신규원전 건설이 완전 중단된다면 우리는 사활 문제에 부딪히게 된다. 우리는 한 분야에 전력해왔기에 사업 전환을 하는데 최소 3년 이상이 걸릴 것이다. 우리는 그렇게 오랜 시간을 견뎌낼 수가 없다. 도산할 수밖에 없는 것이다.

99%의 원전 관련 제품은 다품종 소량생산을 해야 한다. 기술집약적인 중소기업이 해야 하는 분야인 것이다. 신고리 5·6호기 건설에는 한수원이 직접 발주하는 두산중공업과 삼성물산, 한화 등 95개의 설계 및 시공 회사와 그들로부터 하도급을 받는 협력회사 512개사 등 총 700여 회사가 참여한다. 이러한 협력 회사의 대부분이 중소기업인데, 이들은 한분야만 해왔기에 신고리 5·6호기 공사가 중단되면 쉽게 사업 전환을 하기 어려울 것으로 보인다.

아랍에미리트의 바라카원전 건설은 우리나라가 수행하고 있지만 감리와 품질관리, 안전 등은 외국 회사가 담당한다. 당사처럼 바라카에 수출한 중소기업들은 외국기업이 제시한 조건을 만족시키고 있다. 우리나라가 외국에서 수주한 해양플랜트나 화공플랜트, 산업플랜트의 주요 기자재는 독일, 미국, 일본 등지에서 제작한 것이 많다. 그러나 원자력 기술만큼은 99%가 자립돼 있어 우리의 기자재가 들어간다. 그런데 이 산업을 사장시킨다고 하니 정말 안타까운 일이 아닐 수 없다.

우리 회사는 광주·전남을 대표하는 기업이 되고자, 10년 내 매출 3천억 원을 달성하자는 목표를 내걸고 정진해 왔다. 원전사업이 완전 중단되면 우리는 신고리 5·6호기와 관련된 확정 수주분을 포함해 2017년은 70여억 원, 2018년과 2019년에는 각각 200억 원의 매출을 잃게 된다. 꿈을 이루기 어려워지는 것이다.

중소기업의 사장으로서 열심히 기술을 개발하고 경영만 잘하면 될 줄 알았다. 그러나 성급하고 잘못된 결정으로 이 노력이 물거품이 될 것으로 생각하니 억울하고 한스럽다. 우리는 4차산업시대를 준비하려고 했는데…. 과거의 원전보다 60배나 안전하고 효율이 뛰어난 신고리 5·6호기와 신규원전 건설이 지속될 수 있기를 간절히 바라는 바이다.

학회는 안전을 해결할 합리적 대안을 제시하겠다

김학노 한국원자력학회 회장

문재인 정부의 탈원전 정책에 반대하는 성명을 발표한 한국원자력학회 대표들

한국원자력학회는 원자력의 평화적이고 안전한 이용을 위하여 학문적 진보와 혁신을 추구하는 전문가 단체로서, 현 정부의 대안 없는 탈원전 주장을 심각하게 우려한다. 원자력을 악(惡)으로 선동하고 있는 환경단체를 비롯한 탈핵집단의 주장과 국민 모두의 행복을 추구해야 할 정부의 입장에는 차이가 있어야 한다. 그러나 현 정부의 원전 정책은 탈핵집단의 주장을 거의 100% 인용하고 있다고 해도 과언이 아니다.

에너지 자원이 빈약한 우리나라로서는 원자력에너지의 활용은 선택이 아닌 필수였다. 지난(2017년) 6월 19일 40년의 수명을 다한 고리 1호기는 비록 미국의 기술로 만들어졌지만 우리 기술진의 손으로 안전하게 운영·관리되면서 국가산업 발전에 크게 기여하였다.

고리 1호기의 도입을 기점으로 우리나라 원자력계는 기술자립의 기치 하에 차근차근 선진기술을 국산화하였고, 현재는 OPR-1000, APR-1400, APR⁺, SMART 등 소형에서 대형에 이르는 원전 라인업을 구축하고 있다. 이와 같은 기술 확립은 원자력을 새로 도입하려는 국가의 롤모델이 되었으며, 우리에게 기술을 제공했던 선진국의 부러움을 사게 되었다. 기술 자립의 성공은 학계, 연구계, 산업계 모두가 오랜 시간 동안 힘을 합쳐 이루어 낸 성과였다.

원자력 전기는 국가 산업발전과 수출경쟁력 제고에 기여하는 한편, 서민층도 값싸게 쓸 수 있도록 함으로써 에너지 복지의 기틀을 마련하였다. 2009년 아랍에미리트와 맺은 APR-1400 네 기 수출 계약은 양질의 일자리 창출은 물론이고 대한민국의 국격을 높이는 계기가 되었다. 뒤이은 요르단과의 연구용원자로 수출계약은 우리나라를 세계 원자력계의 관심과 경계의 대상이 되게 만들었다.

이러한 개가는 1950년대 말부터 차근차근 키워낸 전문인력이 없었다면 꿈도 꾸지 못했을 것이다. 기술 자립에 대한 정부의 강력한 의지가 없었다면 불가능한 일이었다. 우리나라가 파리기후협약에서 약속한 이산화탄소 감축목표를 달성하기 위해서라도 탈원전 정책은 비현실적이다. 미세먼지 문제를 해결하기 위해서라도 원전의 가치는 훼손되어서는 안 된다.

우리나라도 후쿠시마 원전사고와 경주지진 등으로 원전 안전성에 대한 국민들의 우려를 무겁게 받아들여 비상 대응 설비를 보강하고 내진성능을 강화하는 등 원전의 안전성 향상에 역량을 집중하고 있다. 얼마 전 상영된 '판도라'라는 영화는 일본 후쿠시마 원전사고에 영화적인 요소를 가미해서 관객으로 하여금 재미를 느낄 수 있도록 인위적인 요소를 극대화한, 그야말로 영화일 뿐이다.

일반 국민들은 영화를 보고 상당한 공포감을 느꼈을 수도 있지만 전문가 단체인 한국원자력학회는 우리나라에서는 절대로 일어날 수 없는 상황이라고 확신한다. 후쿠시마 사고는 쓰나미에 대응하지 못해 일어난 사고이며, 방사선에 의한 인적 피해는 없었다.

탈핵집단은 원전을 대체할 에너지원의 장단점에 대해서 얼마만큼 심각하게 고민하고 탈원전 주장을 하는지 되묻고 싶다. 그들의 주장에 대해 정부는 얼마만큼 분석·평가하고 이를 수용한 것인지 물어보고 싶다. 에너지는 국가 안보의 가장 중요한 축이며 국가의 백년대계로 설계되어야 한다. 국제에너지기구에 따르면 에너지안보는 환경과 안전, 공급 안정성과 가격변동성, 경제성 등 3중 딜레마를 슬기롭게 극복하는 에너지믹스를 선택하는 문제다.

원전을 모두 없애고 가스발전과 신재생에너지로 대체한다면 우리에겐 어떤 변화가 다가올까? 우선 전기요금이 급등하여 국민에게, 특히 서민층에게 큰 부담이 될 것이다. 대기업보다는 중소기업에게 치명타가 될 것이다. 공들여 육성해 놓은 원전산업 경쟁력은 물거품처럼 사라지게 될 것이다. 10만 여 국내 원전산업 종사자의 일자리와 국가 기술자산에는 심각한 위기가 발생할 것이 분명하다. 기술은 쌓을 때엔 오랜 시간이 걸리지만, 없애는 것은 순식간이다. 탈원전 정책이 실행되면, 국내 기술진의 중국 등 해외로의 유출은 충분히 예견된다.

원전 정책은 객관적이고 과학기술적인 자료에 근거해야 한다. 원전의 기여도와 위험도 등을 정밀 분석한 뒤, 국민과 함께 우리 사회의 전체적인 손익을 평가해 설정하는 것이 합리적이고 올바른 방향이다. 에너지정책을 이끌어갈 정치인과 관료들은 편향된 신념에 대한 집착을 버리고 국가와 국민에게 책임지는 정책이 무엇인지 정확히 직시해줄 것을 촉구한다.

우리 한국원자력학회는 전문가 단체로서 원자력의 안전문제, 사용후핵연료 관리문제 등에 대한 합리적 대안을 제시할 것을 약속한다. 또한 원자력계가 국민의 신뢰를 회복하는 날까지 자체 혁신을 지속적으로 추진하겠다.

문 정부의 탈핵 '뒤끝'에 대한 지역 의견

신규원전 건설이 중단된 울진, 영덕, 월성지역의 주민들이 국회
에서 '탈원전 정책에 따른 지역경제 피해 대책마련'을 요구하는
세미나를 하고 있다.

편집자 주

공론화위원회의 신고리 5·6호기 공사 재개 결정에도 불구하고 문재인 정부는
경북 울진에 짓기로 한 신울진 3·4호기와 경북 영덕의 천지 1·2호기 공사를 착수
하지 않겠다고 했다. 계속운전 기간이 남아 있는 월성 1호기도 2018년에 조기
폐쇄하겠다는 발표도 했다. 공론화위원회는 본래 임무와 관계없는 별도의 여론
조사를 통해 탈원전 지지 의견이 많았다며 '탈원전은 계속해야 한다'는 건의를 했
는데, 문 정부는 이러한 것 등을 근거로 강력한 '뒤끝'을 발휘한 것이다.

이에 대해 적잖은 지역 주민들은 강력히 반발한다. 문재인 정부가 만든 공론화위
원회가 신고리 5·6호기의 공사 재개를 결정한 것은 문재인 정부의 탈원전 정책이
국민들로부터 거부됐다는 뜻인데, 왜 대통령 공약이라는 이유만으로 탈원전을
고집하느냐는 지적인 것이다. 평소에는 반핵에 갇혀 듣기 어려운 지역의 목소리
를 들어보기로 한다. 원전의 필요성을 주장하는 이들의 거친 목소리를 상당부분
순화해 게재한다.

신규 원전만 중지시키는 것이 탈원전이냐?

이희국 울진 탈원전정부정책반대 범대책위 공동대표

한울원자력은 1988년도에 시운전되었기에, 울진 주민들은 지난 30여 년 동안 방사능이 누출되지 않을까 하는 두려움 속에서 살아왔습니다. 습식으로 보관해 놓은 사용후핵연료가 지진이나 해일로 유출되지 않을까 하는 걱정 속에서도 살고 있는 실정입니다. 원전 주변의 앞과 뒤로 거미줄 같이 처진 고압 송전선 밑에서 살면서 국가전력 사업에 적극적으로 헌신하며 살아왔습니다.

그런데 갑자기 촛불정부가 들어서더니 많은 변화가 일어났습니다. 원전 주변 지역의 의견은 들어보지도 않고 대통령의 선거공약이라며, 또 지진 때문에 불안하다며 국무총리령으로 공론화위원회를 만들어 신고리 5·6호기 공사 여부를 묻는 공론화에 들어간 것입니다. 그러나 원자력에 대한 지식이 없는 시민참여단으로 공론화위원회를 구성한 것은 원자력발전을 축소하자는 어린애 장난이 분명해 보였습니다.

공론화위원회를 만들어 국민 의견을 물어 정치할 생각이라면 앞으론 국회의원을 뽑지도 말아야 합니다. 국가의 에너지정책은 매우 중요한 것인데 정권이 바뀔 때마다 공론화위원회 같은 것이나 만들어 장난을 친다면, 어느 국민이 대통령과 정부 정책을 신뢰할 수 있겠습니까?

문재인 정부는 고리 1호기를 영구 정지시키며 탈원전하겠다고 했지만 공론화위원회는 신고 5·6호기 공사 재개를 결정했으니, 그는 공약을 지키지 못한 꼴이 되어버렸습니다. 그런데도 15% 가량 진행된 신울진 3·4호기와 영덕의 천지 원전은 만만하게 보였는지 짓지 않겠다고 선언했습니다. 우리는 반핵단체에 휘둘리면서도 지역발전을 위해 원자력발전소를 유치했습니다. 그런데 문재인 정부는 탈원전을 한다고 하니 이게 웬 말입니까.

탈원전을 하려면 원전이 가동되고 있는 지역의 모든 국민을 안전한 곳으로 이주시키고, 가동 중인 원전을 모두 세워야 합니다. 가동 중인 원전은 그대로 두고 신규 원전만을 상대로 탈원전하는 것은 탈원전이 아닙니다.

제8차 전력수급계획에 빠진 신울진3·4호기 공사는 예정대로 진행되어야 합니다. 우리 울진 군민들은 신울진 3·4호기 건설이 관철될 때까지 계속적으로 물리적 대응을 할 것입니다. 정부의 에너지수급 정책이 잘못 가고 있는데도 여야 의원들은 왜 꿀 먹은 벙어리처럼 있는 것입니까. 그들에게 묻고 싶습니다. 장마 철에 태양광발전소가 전기를 생산할 수 있는지를.

원전을 짓지 않으면 전기 요금이 오를 것이 분명한데도 촛불정부는 5년간 전기요금을 올리지 않는다는 주장을 하고 있습니다. 5년 간은 기존 원전이 있으니 문제가 없고, 그 다음은 새로운 원전이 없어 문제가 일어난다는 것을 국민들이 모르는 줄 압니까.

백운규 산자부장관은 국내에서는 탈원전을 하면서 해외에서는 원전을 수출하겠다고 하고 있습니다. 영국에 21조 원의 나랏돈을 들어 원전을 지어준 후 수익을 올리겠다는 것인데 탈원전을 한다는 나라가 왜 이런 짓을 합니까. 이는 생색내기 쇼에 불과합니다.

어떠한 정부가 들어서더라도 대한민국은 영속성이 있어야 합니다. 현 정부는 탈원전했는데 다음 정부는 전력이 모자라서 원전을 건설한다는 식으로 오락가락하면, 어느 지역이 원자력발전소를 지으라고 허락해주겠습니까. 왔다갔다 할수록 원전은 더욱 짓기 어려워질 것입니다.

문재인 정부가 국가중요사업인 전력수급을 탈원전이 선거공약이었다는 이유로 변경시킨다면 또 한번 탄핵 사태가 나올 수 있다는 것을 지적합니다. 저희는 신규 원전 건설을 계획대로 추진할 것을 목소리 높여 호소하는 바입니다.

중지할 때는 주민 동의도 받지 않느냐?

손석호 경북 영덕 생존권대책위 대표

지난 여름, 문 정부는 원전 중시의 발전정책을 폐기하고 탈핵 시대를 지향하겠다며 신규원전 건설을 중지시켰습니다. 천지원전 건설 확정지역인 석리와 인근 지역의 주민들은 원전을 건설한다는 고시가 있은 후 아무런 개발 사업을 하지 못했습니다. 정부의 에너지정책에 협조하며 수년간 참고 기다려 왔는데, 현 정부는 아무 설명도 없이 우리의 동의도 받지 않고, 대통령의 공약이라는 이유만으로 원전 건설을 백지화해 버렸습니다.

우리 지역 주민들을 허탈감과 공황에 빠지게 했습니다. 우리 주민들은 이러한 현실을 받아들이지 못하고 있습니다. 소통을 중요시한다는 것이 문재인 정부인데, 왜 원전 정책에서는 소통을 찾아볼 수가 없습니까.

언론도 문제입니다. 언론은 근거 없는 추측성 기사로 원자력에 대한 공포감을 조장해왔습니다. 세계 원전동향 등을 왜곡 보도함으로써 원자력의 장점에 대해 국민들의 눈과 귀를 닫게 하였습니다. 원전 관리기술은 한국이 가장 고도화돼 있고 세계적으로도 가장 앞서 있는데도 이를 외면해왔습니다.

언제부터인가 LNG 같은 것이 친환경적인 에너지원으로 소개되면서 원전을 그만하자는 분위기가 조성되었습니다. 문재인 정부가 신고리 5·6호기 공론화위원회를 만들어 국민들에게 탈원전정책에 대한 판단을 맡겨본 것은, 그러한 분위기가 만들어준 자신감 때문일 것입니다. 그러나 신고리 5·6호기 공론화위원회는 건설재개 결정을 내림으로써, 다수의 국민들은 문 정부의 탈원전 정책에 반대한다는 것을 여실히 보여주었습니다. 그런데도 문 정부는 탈원전을 고집하고 있습니다.

저희처럼 원전 건설을 수용한 주민 입장은 들어보지도 않고 일방적으로 원전 건설 계획을 취소해 버린 것입니다. 이는 막무가내 식 행정편의주의가 아닐 수 없습니다. 이러한 결정을 내릴려면 당사자인 지역 주민의 의견을 들어보는 과정이 있었어야 합니다. 원전 건설을 계획할 때는 주민 동의를 구하더니 탈원전을 하겠다는 지금은 주민 의견을 묵살하고 외면하는 게 옳은 행동입니까.

정부와 한국수력원자력은 지역 주민들의 어려움에 등 돌리고 있습니다. 공사 중지로 인한 피해는 지역 주민들만 고스란히 떠안게 됐는데도 말입니다. 왜 지역주민들만 희생양이 되어야 합니까? 우리 지역에 대한 어떠한 계획도 없이 일방적인 탈원전은 수용할 수 없습니다. 대한민국의 에너지 수급의 안정과 지역 경제 활성화를 위해서라도 천지원전 건설을 강력히 요구하는 바입니다.

주민 동의 없는 원전 건설 백지화를 철회하라.

월성1호기 조기폐쇄에 대한 전면 재검토를 요구한다

신수철 경주, 월성 원전 주변지역발전협의회 감포대표

이해 당사자인 원전 지역 주민을 배제한 채 추진되는 정부 에너지전환 정책의 전면 재검토를 요구한다.

원전 주변지역 주민들은 국가 산업발전을 이유로 일방적으로 추진된 원전 정책으로 인해 지속적인 희생을 강요당해 왔다. 그리고 대안으로 제시된 지역 상생 방안을 검토 수용하며 지역을 발전시키기 위해 안간힘을 써왔다. 따라서 원전 관련 정책 수립 시엔 지역주민의 의견을 최우선으로 반영하여야 한다.

지난 9월 12일 산업통상부 장관은 주민들을 만난 자리에서 탈원전 정책 수립 시 지역주민 의견을 반영하겠다고 말했다. 그러나 겨우 한달이 지난 10월 24일 제45차 국무회의는 이 약속을 헌신짝처럼 버리고 월성 1호기 조기 폐쇄와 계속운전 금지를 포함한 에너지전환 로드맵을 일방적으로 의결했다.

이에 정부는 지역주민 의견을 반영하여 탈원전정책을 전면 재검토해 줄 것을 강력히 촉구한다. 월성원전 지역은 탈원전으로 인한 지원금 감소와 지역 공동화로 인한 경제 파탄 등 피해가 심각할 것인데도 그에 대한 대책 마련도 없이 추진되는 탈원전 정책에 우리는 강력히 반대한다. 주민 합의로 운영 중인 월성1호기의 일방적인 조기폐쇄에도 반대한다. 곧 포화가 예상되는 월성 원전의 사용후핵연료에 대해 언제·어떻게 처리할 것인지를 담은 구체적인 계획을 내놓아야 한다. 2016년 사용후핵연료를 가지고 나가겠다고 한 약속을 지키지 못하고 우리 지역에 그대로 두고 있는 사용후핵연료에 대한 대책을 조속히 마련해 줄 것을 촉구한다.

08
국산화에 매진한
애국 중소기업들

천근영 에너지경제신문 부국장
전지성 기자

피동형 수소제거기의 강자
한국원자력기술

피동형 수소재결합기

한국원자력기술은 산업현장과 연구기관에서 안전과 체계설계 분야의 경험을 가진 기술자들이 1998년 9월 25일 모여 만든 전문기업이다.

원전용 보조기기를 개발해 납품하는 회사로, 지속적인 연구개발을 통해 수입에 의존해 왔던 방사선 차폐용기, 핵연료 검사장비, 방사선 제염장비, 피동형 재결합기 등을 국산화했다. 수소 제거장비에서는 독보적인 기술을 보유하고 있다.

사용후핵연료 검사장비와 제염장비도 빠르게 성장시켜 왔다. 환경시험을 포함한 기기 검증, 노화 해석 등의 엔지니어링 업무도 수행하고 있다. 핵연료 검사 장비와 제염장비는 원전 해체사업에도 쓰일 수 있는 기술과 제품들이다.

한수원 유자격공급자 등록증(N221, N227, N229, N228)과 △한전 공급업체 등록증(N221, N229, N228)과 KS Q ISO 9001:2009 등 다수의 인증서를 획득해 기술력을 입증했다.

◇ 주력 제품

대표제품인 피동형 자동촉매 재결합기(Passive Autocatalytic Recombiners, PAR)는 국내 최초의 국산화 제품이다. 현재까지 179세트가 국내외 원전에 납품돼 운용되고 있다. 신울진 1·2호기와 아랍에미리트 바라카 1∼4호기에도 공급되고 있고, 공급 예정에 있다.

피동형 수소재결합기는 원전의 대표적인 사고환경인 설계기준사고(DBA)와 초과설계기준사고(BDBA) 시 발생할 수 있는 수소를 제거한다. 수소폭발로 인해 발생하는 원자로 격납건물과 원자로의 훼손을 막는데 사용된다. 촉매작용을 통해 발생하는 수소를 공기 중의 산소와 결합시켜 물로 만들어 버림으로써 수소폭발을 없애 버리는 것이다.

수소-산소 촉매작용은 피동형 수소재결합기가 설치된 구조물의 온도 상승을 수반하는 발열 작용이며 연속적인 대류 흐름을 수반한다. 따라서 외부 전원이나 동력 없이 대류 흐름에 의해 연속적으로 작동할 수 있다.

또 다른 주력제품인 수소점화기(Hydrogen Igniters, HI)는 원자력발전소의 사고환경에서 발생할 수 있는 수소를 강제로 발화시켜 제거하는 장비다. 원전의 중대사고인 노심훼손 환경에서 사용된다.

이외에도 △운영중인 원전에서 방사능에 오염된 공구를 세정하는 초음파 원자력 오염제거장비(Ultrasonic Decontamination Equipment) △사용후핵연료 연료봉 피복관의 결함 여부를 육안과 초음파로 검사하는 연료검사 장비(Fuel Inspection Equipment), △원자력발전소 초기 기동에 필요한 원자로 노심에서 미임계 중성자속을 발생 시키는 중성자원 집합체(Neutron Source Assembly) 등이 있다.

중국·미국·인도·러시아 등에도 수요가 있고, 기술력과 가격 경쟁력도 충분해 수출을 추진하고 있다.

계측제어 설비의 1인자
우리기술

원전용 분산제어시스템

우리기술(대표 노갑선)은 1993년 원전 계측제어설비 국산화를 목표로 설립된 회사이다. 원전 계측제어설비는 물론이고 감시경보 설비의 100% 국산화를 일궈 냈다. 주요 사업분야는 원전사업과 플랜트사업, 철도사업, 정비용역사업 등이다. 분산제어시스템(DCS)도 개발해 해양플랜트 분야로 진입하기 위한 기반도 구축하고 있다.

우리기술은 원전의 운전·제어·감시 및 경보를 위한 시스템을 개발했다. 신한 울 1·2호기의 발전소 제어계통 계측제어시스템(MMIS)과 비안전계통의 제어설비를 공급하고 있다. 이 설비는 한국의 3대 미확보 핵심기술 중의 하나로 국산화가 절 실했던 부분이었다.

우리기술은 비안전계통에 적용되는 제어설비를 국내 최초로 개발하고 이를 분산제어시스템(DCS, Distributed Control System)으로 공급했다. 해외 선진 기업들과 어깨를 견줄 수 있는 쾌거를 일궈낸 것이다. 1996년에는 '원전 디지털 경보시스템', 2015년에는 '원전용 분산제어시스템(OPERASYSTEM-1400)'으로 IR52 장영실상을 두 차례 받았다. 2017년 7월에는 서울지방중소기업청장으로부터 감시·경보·분산제어시스템, 플랫폼 스크린도어 품목에 대한 '수출유망 중소기업 지정'을 받아 수출을 위한 기반을 마련했다. 우리기술은 시스템설계·하드웨어·소프트웨어·네트워크·확인 및 검증(V&V) 기술도 보유하고 있다.

◇ 주력 제품

우리기술의 주력 제품은 원전 감시·경보 시스템, 원전 제어 및 보호설비, 원전용 수(水)처리 제어설비(DCS), 원전용 디지털 삼중화 터빈보호설비, 발전소 내 주전산기, 금속파편 감시설비, 지진 감시설비, 전류식 스위치, 신호 격리기, 신호격리 분배기, 발전소 보호계통 I/O 시뮬레이터, 원자로 냉각재펌프 진동분석장비 등으로 다양하다.

화력발전소의 석탄취급설비 제어반, 석탄건조설비 제어반 등도 제작한다. 일반 플랜트·환경·수처리 분야의 DCS 플랫폼이 있으며 철도용 제어기 등도 만들 수 있다. 이 가운데 핵심은 분산제어시스템이다. '오페라시스템'으로 알려진 이 분산제어시스템에는 산업표준 기반의 하드웨어를 채택했다. 그리고 고속의 중앙처리장치를 탑재해 최고 10m/sec의 고속제어를 실행한다. 주요 부분의 이중화로 신뢰성이 높은 성능을 발휘한다. 플랜트 규모에 따라 자유롭게 구성하며 다른 기종이나 시스템과의 유연한 인터페이스를 고려한 다목적, 다기능의 개방형 시스템이 가능토록 설계했다.

철도 플랫폼 스크린도어(PSD)를 제어하는 제어시스템과 열차의 간격을 정밀하게 제어하는 철도신호시스템(CBTC)도 우리기술의 주력 제품 중 하나다.

우리기술은 해양플랜트에 DCS 적용하기 위한 정부 R&D 과제에 참여해 선박 해양플랜트에 적합한 제어시스템도 개발하고 있다.

원전 계측기 우리가 책임진다
우진

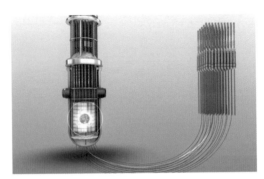

원자로 내 핵분열 상태를 측정하는 핵 계측기

우진은 1980년 포스코와 일본 OSK산소가 공동으로 출자해 만든 회사다. 철강재의 고급화 및 대량생산 그리고 국산화를 통해 철강산업 발전에 일익을 담당하고 있다. 국산화를 통해 수입대체효과와 국가의 기술자립에 기여하겠다는 포부로 시작해 원전 계측기와 핵심 소재 개발에 노력해 왔다.

1987년에는 원전 계측기를 국산화하겠다는 목적으로 부설연구소를 설립 했다. 쇳물 속의 정보(온도, 산소, 화학적 성분 등)를 신속하게 파악해 공정제어를 최적상태로 만들었고, 초정밀 계측기술의 산물인 각종 용융금속 전용 센서를 개발하기 위한 투자도 아끼지 않았다.

우진의 노력은 결실을 맺었다. 수입에 의존하던 원전의 핵심 4대 계측기인 △원자로 내 핵계측기(ICI) △제어봉 위치전송기(RSPT) △원자로 수위 감시용 열전대(H

JTC) △속응성 측온저항체(Fast Respond RTD)를 국산화했다. 전량 수입에 의존하던 원전 계측기의 기술자립과 원전 운영의 자립에 기여한 것이다.

개발성과는 수주로 이어졌다. 국내 원전에 개발 제품 전량을 공급한 우진은 아랍에미리트 바라카 원전에도 제품을 탑재하는 쾌거를 일구어 냈다.

◇ 주력 제품

원자로 내 핵계측기(ICI, In-core Instrument)는 원자로를 제어할 수 있는 핵심 센서다. 원자로 내의 중성자 양을 측정해 핵분열 양을 가늠할 수 있는 정보를 제공한다. 이 핵계측기는 품질 및 신뢰성에 대한 우수성을 인정받았다(2005년 NeP 신기술 인증 원전 노내 중성자 검출기 집합체). 그리고 한국수력원자력에 수입가격의 약 70%로 이 제품을 공급했다.

제어봉 위치전송기(RSPT), 원자로 수위 감시용 열전대(HJTC), 속응성 측온저항체(Fast Respond RTD)와 함께 연간 200억 원 가량의 매출을 기록하고 있다. 누적한 수입대체 효과는 1,000억 원 이상이다.

계측기는 원전 외에도 반도체, 조선, 석유화학 등 다양한 산업현장에 쓰일 수 있다. 최근 중요성이 높아지고 있는 물·가스·석유 등에 대한 고품질 유량 계측기술도 보유하고 있다. 설비진단 시스템 사업에도 주력해 현장에서 돌발적으로 발생하는 설비사고를 사전에 인지해 예방하고 있다.

우진의 고객은 포스코·한수원·두산·현대제철·한국가스공사·대림 등 굴지의 기업들이다. 한국은 물론 미국·일본·중국 등 여러 국가에 출원한 산업재산권 건수가 378건이고 등록 건수도 309건에 이르고 있다.

기계와 대화하는
나다

회전체의 진동을 측정·감시하는 시스템

1997년 창립한 나다는 회전체 진동분야의 전문기업이다. 진동 센서·휴대용 진동분석기·컨디션 모니터링 시스템·터빈감시기구(Turbine Supervisory Instrumentation) 등을 개발했다.

산업현장의 풍부한 진단 경험으로 설비 감시 및 진단 대행 서비스, 설비진단사 양성 교육, 현장 장해추구(Trouble Shooting) 사업을 진행하고 있다. 전력·원자력·수자원·교통·석유·화학·플랜트 등 대형산업 제어시스템 분야에서 보안위협이나 보안위험 없이 제어망 데이터를 외부에서 실시간 모니터링할 수 있도록 지원해 주고 있다.

나다는 '기계와의 대화'라는 슬로건 아래 설비 상태감시 시스템 구축, 설비 진단 컨설팅, 설비 진단교육을 제공한다. 최근에는 미국 OSI Soft사와 협업해 빅 데이터를 활용한 스마트 팩토리(Smart Factory)로 사업영역을 확대하고 있다. 하드웨어 기반의 물리적 단방향 보안 게이트웨이도 공급하고 있다.

◇ 주력 제품

진동 측정·감시 시스템은 현장 설비상태를 오프라인(Off-line)이나 온라인 모니터링(On-line Monitoring)으로 감시하고 진단해 예기치 않게 발생하는 설비 고장을 미연에 방지하고 효율적으로 운용할 수 있도록 한다.

예지 보전(Predictive Maintenance) 기술로 객관적인 설비 관리가 요구되는 고난이도 현장에 대한 상태감시와 진단 대행 용역도 제공한다. 다년간 훈련된 자격 있는 전문가의 파견과 검증된 형식을 갖춘 진동 측정 및 진단시스템을 지원한다. 터빈이나 보조기기 등 회전기기의 상태를 온라인으로 감시해 설비에서 발생할 수 있는 결함을 방지하고 가동률을 극대화하는 진동 감시 및 정밀분석시스템(VMS, Vibration Monitoring System)은 원자력 기술 국산화에 큰 보탬이 됐다고 평가받는다.

터빈 및 주요 회전기기의 진동 정밀감시 시스템(TSI)은 발전소의 주 터빈 및 주요 회전기기, 보조기기, 탈황설비, 석탄설비 등의 상태를 네트워크를 통한 원격제어로 감시해 중대 사고를 방지해준다. 또한 고장기기 예측 프로그램을 실시해 결함 원인을 스펙트럼에 의한 손쉬운 진단을 가능하게 했다.

나다는 신고리 5·6호기와 고리 3·4호기, 아랍에미리트 원전, 한국동서발전의 동해화력 1·2호기, 당진화력 1·4호기에 제품을 납품했다. 한전KPS의 대형 터빈 발전기, SH공사의 열병합발전소 터빈 발전기에도 제품과 시스템을 공급했다.

설비 상태 감시시스템(CMS)은 일반 산업기계를 모니터링해 정량적으로 평가·관리함으로써 고장 방지는 물론이고 생산계획과 연계된 예방정비를 담당한다. 설비 품질 관리시스템(QMS)은 자동차용 변속기·압축기·모터·각종 펌프 등 회전체에서 발생되는 고장원인을 분석해 양호와 불량을 판정해 주고 출고제품의 품질관리 서비스를 제공한다.

원전 액체 폐기물은 나에게
이엔이

방사성 폐액 처리설비

이엔이는 1999년 설립된 슈퍼막(SueprMak) 생산과 폐수처리설비를 공급하는 수질환경 전문업체다. 원전에서 발생되는 방사성 액체폐기물 처리 장비를 공급하는 중소기업이기도 하다.

이엔이 설립 당시 국내 기업은 원전에 부품이나 장비를 납품하기 어려웠다. 방사성 물질을 취급하는 장비는 반드시 방사성 물질을 사용해 그 성능을 입증해야 하는데, 국내 기업은 그 성능을 입증할 방법이 없었기 때문이다.

이엔이는 방사성 액체폐기물의 처리가 잘되지 않는 공정을 개선하는 프로그램에 참여했다. 그리고 독자적으로 개발한 특허 제품을 시험 적용하는 방법으로 방사성 물질에 탁월한 제품임을 입증할 기회를 얻었다.

◇ 주력 제품

원전을 운전하게 되면 기체·액체·고체 형태로 방사성폐기물이 발생한다. 이 폐기물은 적절한 처리설비로 처리하고 발전소 외부로 유출되지 않도록 완벽하게 차단해야 한다. 이엔이는 국내 유일의 방사성 액체폐기물처리 플랜트설계 제작 회사인데, 세계적으로도 이런 기술을 가진 회사는 흔치 않다.

이엔이는 외국업체의 경쟁입찰을 통해 신고리 5·6호기 등에 방사성 액체폐기물처리 플랜트 공급 계약권을 획득했다. 외국 업체가 공급했던 금액의 절반 수준으로 응찰한 결과였다. 주어진 기회를 놓치지 않기 위해 취한 방법이기도 했다.

원자력 플랜트 참여업체들은 계약 후 설계 도면을 상세히 작성해 한국전력기술의 합격 승인을 받아야 제작에 들어갈 수 있다. 제작 과정에서도 원자재 구입 후에 구입한 자재에 대한 자재 성적서와 도면이 일치하는지의 여부를 살펴보게 하기 위해 검사기관에 보내 검사를 받게 해야 한다.

제작은 자재 검사, 자재 절단, 가(假) 용접, 본 용접, 비파괴검사, 성능 검사 등의 과정을 거친다. 매 순서마다 검사 요원이 입회해 확인하는데, 그때 도면과의 일치 여부를 확인받아야 다음 과정이 진행된다. 모든 절차가 이런 순서로 진행되므로 장비 제작에 1년 내지 2년이 소요된다.

방사성 액체폐기물처리 플랜트는 원전의 제일 밑바닥에 설치된다. 따라서 바닥 콘크리트가 타설되면 바로 설치한다. 그렇게 하는 이유는 모든 액체폐기물은 아래로 흐르고 장비가 너무 커 건물 완공 후에는 바닥에 설치할 수 없기 때문이기도 하다.

이엔이는 이러한 장비를 제작하고 설치하는 최고의 업체로 성장하고 있다.

꽉꽉 막아주는 실링과 패킹 업체
아이넴

원전용 실링·패킹제 다이어프램

2011년 1월 설립한 아이넴(대표이사 김현섭)은 국내 최초로 원전용 내(耐)방사선 및 고(高)기능성 실링 패킹제를 개발한 기업이다.

아이넴의 개발품 '원전용 실링·패킹제'는 기술력을 검증 받아 한빛원자력발전소의 터빈 계통, 차징 펌프계통 등에 설치된 후 여러 원전에 적용되었다. 해외 제품에 비해 세 배 이상 긴수명과 교체주기 연장으로 발전소 효율을 높여 우수성을 입증했기 때문이다. 때문에 한수원의 1차 벤더기업인 용성전기는 제품실증 시험(EQ-TEST)을 통해 고리원전과 신고리원전에 아이넴에서 개발한 원전용 실링·패킹제를 적용하게 되었다.

아이넴이 개발한 '원전용 실링·패킹제는 나노파티클(nano particle) 기술을 접목해 원자력 기기의 내부에서 에너지를 효과적으로 분산시킨다. 방사선에 기기의 부품이 노출되더라도 고무의 탄성이 그대로 유지되는 설계 방법을 적용해 제품의 차별화를 이뤘다.

◇ 주력 제품

아이넴은 동종 글로벌 기업이 생산한 제품에 비해 방사선에 견디는 강도를 22배 끌어 올리는 기술력을 확보했다. 때문에 노출정도에 따라 4가지 상품 시리즈를 선보이게 되었다.

이들 제품은 한국원자력연구원 정읍 방사선과학연구소에서 한 기본물성 테스트인 방사선 노출 시험은 물론이고 한국기계연구원과 한국화학시험연구원에서 실시한 노화 및 수명 평가는 물론이고 각종 기계적·화학적 물성 테스트에서도 인정받아 주목 받게 됐다.

김현섭 아이넴 대표는 "그동안 수입된 고가의 외국 제품은 정기, 정비주기에 무조건 교체해야 했다. 다른 제품으로 바꾸지도 못해 외화 낭비가 심했다"며 "아이넴이 순수 기술로 개발한 토종 원전용 실링과 패킹제는 해외 제품보다 경도가 좋고 연신율과 인장 강도의 변화가 적어 실링과 패킹역할을 뛰어나게 유지할 수 있다"고 강조했다.

아이넴 제품들은 품질과 성능이 우수하면서도 가격은 수입품의 70% 수준에 불과해 외화 절감에도 기여하고 있다. 실링·패킹제는 규격 제품도 존재하지만 비규격 제품의 비중이 크기 때문에 실무 담당자와의 원활한 소통이 중요하다. 빠른 납기도 생명인데, 아이넴은 긴급상황 발생 시 즉각 대처 능력이 뛰어나다.

지진 피해는 우리가 막는다
유니슨이테크

지진 피해를 막아주는 납 면진체

1984년 설립된 유니슨이테크(대표 구본광)는 30년 이상 발전소와 플랜트에 쓰이는 지진 방재를 비롯한 안전장치를 시공해온 금속 구조물공사 전문건설업체다.

2005년 유니슨이테크는 금속구조물 면허를 취득하면서 국·내외 건설시장에 진입해 이름을 알리기 시작했다. 뛰어난 지진 방재 기술로 국가 기간산업인 원자력발전소와 화력발전소, 기초 산업시설인 석유화학 플랜트·제철·LNG저장 탱크, 고부가가치 산업인 FPSO(해상 LNG 가스 생산, 저장설비)시설에 배관 지지물과 신축 이음관을 설계·제조·공급해 왔다.

◇ 주력 제품

동일본 대지진 이후 원전 같은 중요시설 뿐만 아니라 공공 건물과 학교 등 교육시설도 내진설계를 넘어선 면진(免震) 설계가 들어가야 한다는 의견이 나왔다.

유니슨이테크의 대표 제품은 적층(積層)고무와 납으로 구성된 면진제품인 '납 면진체(LRB)'다. 상부에서 내려오는 수직 하중을 받쳐주고 수평 하중도 어느 정도 제어함으로써 리히터규모 7.5의 지진에도 건축물·교량을 완벽하게 보존한다. 사람으로 치면 뼈와 뼈를 이어주는 연골 역할을 제대로 하게 하는 것이다.

최근에는 LRB(납 면진체)의 면진능력을 세계 수준까지 끌어올려, 원전에 특화된 면진 장치로 고무계 LRB 제품을 개발해 냈다. 이 제품은 국책과제 평가에서 최고 등급인 '혁신성과' 판정을 받았다.

구본광 대표는 "더 이상 대한민국이 지진으로부터 안전한 곳이 아닌데도 국민들은 지진에 대해 큰 위기의식을 못 느끼고 있다"며 "건설에 대한 규제가 강화돼 학교, 공공건축물, 박물관 등에 면진설계가 적용됐으면 한다"라고 밝혔다.

업계최초로 ISO 9001을 획득했으며 ISO 14001, OHSAS 18001, 미국 기계학회(ASME-NS, NPT) 및 대한전기협회(KEPIC-MN) 인증서도 획득하는 등 최상의 품질을 자랑한다.

익스펜션 조인트(Expansion Joint)는 배관의 움직임과 온도변화에 따른 팽창, 수축, 진동 및 풍압, 지진, 지반 침하로 인한 배관의 위치 이동과 파손, 과도한 응력까지 흡수해 사고를 방지하고 소음을 감소시킨다. 각 배관에서 요구하는 신축량, 진도, 유체, 온도 등의 설계조건을 최적화해 공급하고 있다.

유니슨이테크의 제품은 한국무역협회로부터 우수 수출상품으로 지정됐고 조달청으로부터는 우수제품에 선정됐다. 유니슨이테크가 개발한 특허상품은 총 15개로 일체형 탄성받침, 내진 신축이음장치, 건축용 면진받침 등이 있다.

마찰형 포트받침을 이용한 지진격리 시스템, 자체 반력 대형 면진받침, 프리셋팅 장치, 방음벽 상단용 간섭장치 등은 국토교통부의 건설 신기술로 지정되기도 했다. 10년 연속 품질경쟁력 우수기업으로 선정됐고, 대통령 표창·토목대상·한국품질 대상 등도 수상했다.

모든 방법은 기술 뒤에 있다
리얼게인

제어봉 제어계통 고장 진단 장비

리얼게인(대표 이홍직)은 원자력발전소 제어봉 제어계통의 정비용역을 제공하는 기업이다.

원자력 산업은 아직 미개발된 분야가 많아 말 그대로 '기술'이 뛰어난 업체만 활약할 수 있다. 리얼게인은 1990년대 서울대학교 제어계측연구센터에서 이공학 소프트 웨어의 국산화를 시도하며 출범했다. 1999년 법인 설립 이후에는 제어계측 및 IT 기반 기술을 활용한 원자력발전소의 계측·제어·통신 분야에서 국산화에 매진해왔다.

알려지지 않은 분야에서 연구개발에 힘 쏟으며 우리나라 원전 산업계의 R&D 시장을 선도하고 있는 '원자력 전문기업'인 것이다. 꾸준한 연구개발 투자와 축적된 시스템 설계 기술력을 바탕으로 계측제어(I&C) 설비의 대부분을 공급했던 미국의 웨스팅하우스로부터 기술력을 인정받아 제품을 공급하고 있다.

이홍직 리얼게인 대표는 "리얼게인은 규모가 크지 않아 별도의 기술연구 조직을 갖추지 못하고 있다"며 "그러나 전 직원이 연구원이자 개발자, 생산자라는 마음가짐으로 임하고 있다"고 말했다.

◇ 주력 제품

리얼게인에서 제공하는 실시간 감시시스템·고장 예측 진단기·전자카드 슬롯 접촉 불량 예측 진단기 등은 정상 운전 중 고장을 일으키거나 발전소 출력에 영향을 미치는 인자를 사전에 발견해 예측정비할 수 있게 해주는 시험장비다.

표준형 원자력발전소 제어봉 제어계통은 발전소 운영 중 가장 많은 정보를 발생시킨다. 전류 모니터링 시스템(Current Monitoring System)을 통해 고장원인(혹은 고장 발생 부위)을 파악하고 있으나, 고장 발생 부위를 예측할 수 없는 한계를 가지고 있었다. 때문에 고장발생 시 경험에 의해 직관적으로 교체를 시행해 왔다.

리얼게인은 제어봉 제어계통 고장 진단장비(RG-2601)를 개발해 제어봉 제어계통의 모든 신호 흐름을 파악했다. 각 신호들의 상관관계를 비교 분석하고 제어봉 제어계통 전자카드의 입출력 관계를 도식화함으로써 입력 대비 출력의 적정성을 파악해 고장 발생부위를 쉽게 찾아내 발전소 안전 운전에 기여하게 되었다.

2009년에는 한수원의 현안 기술개발 과제인 '디지털 제어봉 위치 표시장치 국산화' 사업을 수주해 개발에 성공하고, 2014년 고리 4호기에 성공적으로 설치해 기술력을 인정받았다.

이 대표는 "리얼게인의 경영이념은 '모든 방법은 기술 뒤에 있다'이다. 안정적으로 확보된 기술력으로 꾸준한 성장을 할 수 있다는 생각에 매순간 최선을 다하고 있다"고 말했다.

리얼게인은 임직원 모두가 30~40대 초반인 젊은 기업이다. 리얼게인은 거래처를 원전에서 전력그룹사로 확장하고 있다. 2017년 4월 본사를 확장 이전했고, 5개 화력발전사업자의 정비 적격업체 자격도 취득하였다.

원전 비상발전기 우리가 책임진다

이투에스

발전기 이중화 자동전압조정기

벤처기업이라는 용어가 생소하던 1993년 설립된 이투에스(E2S, 대표 윤주형)는 산업용 콘트롤러와 시스템 개발 전문기업이다. 변함없는 벤처 정신으로 무장해 척박한 산업 토양 위에서 기술력만으로 승부해왔다.

진입장벽이 높은 원자력발전 산업에서 판로를 개척하게 된 것도 기술력에 대한 신뢰가 바탕이 됐기 때문이다. 원전 쪽은 제품 신뢰성에 대한 인증과 확신이 없으면 절대 받아들여지지 않기에 초기 진입 장벽이 높기로 유명하다.

이투에스는 끊임없는 제어기술 개발로 발전소의 감시·경보 및 제어장비, 방송 제어기기, 산업용 제어기기, VME·RTU 솔루션 등으로 사업영역을 넓혀왔다. 외국 장비 의존율이 높았던 발전소 감시·경보 제어기기와 검사시스템을 국산화함으로써 발전소 제어감시 시스템 기업으로 거듭나고 있다.

◇ 주력 제품

이투에스는 한전전력연구원, 한국전기연구원과 함께 전력계통 안정화장치를 개발했다. 전력계통 안정화장치는 전력계통에서 발생하는 저주파 동요를 억제하고, 발전기와 전력계통의 동요를 감지해 여자(勵磁)시스템에 안정화 신호를 공급한다.

이투에스는 이 제품을 2004년 한수원에 처음 납품했다. 비상디젤발전기(EDG) 여자시스템 검사와 시험장치도 한수원으로부터 개발 선정품으로 인정받아, 납품하고 있다. 이 장비는 여자시스템을 구성하는 각각의 카드시험을 수행해 개별 카드의 건전성을 검사한다. 여자시스템을 발전기와 분리한 상태에서 모의 신호를 주입해 여자시스템의 제어 및 보호기능을 시험할 수도 있다. 여자시스템은 발전기 출력전압을 제어하는 핵심 제어설비다.

원전에 설치된 EDG 제어시스템은 전량 외국산이었기에 고장이 나거나 정비를 해야 할 때 신속한 유지 보수가 이뤄지기 어려웠다. 하지만 이투에스의 개발로 여자시스템 기능을 국내에서도 저비용으로 재빨리 시험하고 관리할 수 있게 됐다.

원전 인버터 시험장치도 한수원과 공동개발한 품목이다. 이 장치는 인버터 출력전원 모의가 가능하며, 사고 파형이나 고장 유발 카드 등을 검출할 수 있다. 2010년 12월부터 2012년 4월까지 16개월간의 연구 끝에 개발했다. 한빛 3호기에 설치됐으며 신한울 제 2·3호기 등에도 적용될 예정이다.

이투에스 관계자는 "제어시스템 부문의 기술과 노하우가 있기 때문에 제품의 신뢰성과 건전성, 내환경성 등이 우수하다고 자부한다"며 "앞으로도 외국산에 견줘 기술과 가격면에서 경쟁력 있는 제품을 개발해 나가도록 노력하겠다"고 했다.

1999년 5월 부설연구소를 설립한 이투에스는 해마다 매출액의 20% 이상을 신기술과 신제품 개발에 투자하며 기술개발에 주력하고 있다. 성과급제 도입과 전문인력 양성을 위한 교육 시행으로 인재 개발·양성에도 힘쓰고 있다. 불량률 극소화 등 품질혁신운동을 통한 품질관리에도 만전을 기하고 있다.

밸브와 피팅은 우리가 최고
디케이락

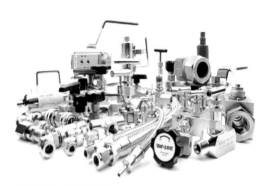

계측 장비용 피팅과 밸브

디케이락(DK-Lok)은 수력·화력·복합 사이클 발전과 가스터빈 그리고 해수담수발전 분야의 강자다.

1986년 1월 부산 반송동의 천막공장에서 3명의 직원과 함께 '대광닛불상사'로 시작해 오롯이 계측 장비용 피팅(Fittings)과 밸브(Valves) 생산에 주력해 왔다. 지속적인 성장 덕분에 2010년 코스닥에 상장하고 2013년 글로벌전문 후보기업에 선정되었다. 경남 도내 기업으로는 유일하게 '2015년 월드클래스 300 프로젝트 및 글로벌 전문기업 육성사업'에 뽑힌 바 있다.

해외 진출에도 적극적으로 나서 2002년 '100만불 수출탑'을 수상했다. 현재는 연매출 약 600억 원에 이르는 중견기업이자 글로벌 브랜드를 가진 기업으로 자리매김했다.

디케이락은 국내는 물론 미국·영국·독일·일본 등으로부터 50여 건의 인증서를 획득했다. 세계에서 두번 째, 국내에서는 처음으로 ASME(미국 기계기술자협회)의 원자력발전 주기자재 제작 및 생산 인증서인 N, NPT, NS STA MP를 획득했다. 기술력과 품질을 바탕으로 발전, 석유화학, 조선, 해양플랜트, 철도차량, CNG (Compressed Natural Gas, 압축액화가스)·NGV(CNG를 연료로 하는 차량), 반도체 등으로 영역을 넓히고 있다.

◇ 주력 제품

디케이락의 주력 제품은 계측 장비용 피팅(Fittings)과 밸브(Valves)다. 전체 매출액 중 70%는 피팅에서 발생되고 있으며 30%는 산업현장에서 사용되는 각종 밸브를 통해 창출되고 있다.

원자력발전소를 비롯한 정유 및 석유화학 플랜트, 조선소 등에서는 파이프로 유체(流體)를 흘려내다 방향을 바꿔야 한다. 그때 기체와 유체의 안정적인 흐름을 위해 피팅과 밸브가 필수적이다.

디케이락의 피팅과 밸브는 극심한 기상조건을 가진 Offshore(바다 위에 짓는 플랜트) & Onshore(해안에 짓는 플랜트) 산업분야와 원유 및 가스 탐사 등에도 사용된다. 조선과 해양엔진 산업용으로도 제작되고 있다. 많은 선박관계자들이 국제 조선 기준인 DNV, Llyods, GL, BV, NK, ABS 그리고 KR를 취득한 디케이락의 제품을 지 정해 사용하고 있다.

친환경 교통 수단으로 부각되고 있는 철도차량과 액화가스 차량, CNG 충전소 등에도 납품하고 있으며 ECE R110, ECE67, CGH2, ISO15500, ANSI/AGA 그리고 ANSI/IAS의 표준서와 규정을 가지고 있다.

디케이락은 '함께 성장하는 기업, 함께 도전하는 기업, 함께 나누는 기업'이라는 슬로건 아래 성장하고 있다. 임직원의 복지 및 사회 공헌 활동에도 적극적이다. 전직원을 정규직으로 채용하고 직원들이 상급학교에 진학하면 등록금 전액을 지원한다. 자녀 학자금도 지원하고 장학회를 통해 지역 소외계층 지원 등에도 힘쓰고 있다.

산업용 특수펌프업계 선두주자
청우 하이드로

원자력발전용 차징펌프

청우 하이드로(대표 안상구)는 국내 산업용 특수펌프업계에서 첫 손가락에 꼽히는 중견기업이다. 1967년 설립된 후 산업용 펌프를 제조해왔다. 1980년 소형 볼루트 펌프를 개발해 국내 최초로 KS인증을 받으면서 업계에 이름을 알렸다.

이후 상하분리형 다단 펌프가 신기술(NT) 마크를, 제지원료 펌프와 열매체유 고온수 펌프가 우수품질(EM) 마크를 획득하면서 입지를 굳혔다. 1997년에는 산자부가 선정한 '품질경쟁력 우수 100대 기업' 리스트에 이름을 올렸고, 2005년에는 한국산업기술진흥협회로부터 엔지니어상을 수상했다.

청우 하이드로의 대표적인 국산화 개발 실적으로는 2001년 5월 원자력발전소 압력용기 국산화를 비롯해 2002년 12월 원자력 차징펌프, 2007년 4월 서울화력 보일러 급수펌프 로터, 2007년 10월 평택화력발전소 배럴카바 개선, 2008년 8월 원자력 기동급수 펌프, 2009년 6월 보령화력 보일러 급수펌프 로터 등이 있다. 지금도 지속적인 연구·개발을 통해 국산화를 선도하고 있다.

◇ 주력 제품

이 회사의 간판제품은 '원자력발전용 차징 펌프(Charging Pump)'이다. 이 제품은 왕복동식 충전펌프로 2002년 한국수력원자력의 안전등급인 Q-Class 품질인증을 획득했다. 원자로 냉각재 계통(RCS) 내의 붕산수 농도조절과 원자로 냉각재펌프(RCP)에 밀봉수 공급을 하고 냉각재의 누설방지를 목적으로 하는 펌프다. 원전에서 사용하는 펌프 중 기술적 난이도가 가장 높은 핵심 설비다.

한국수력원자력과의 공동 개발로 국산화에 성공한 이 제품은 수입제품의 75%에 해당하는 합리적인 가격으로 신고리 3·4호기에 납품됐다.

청우하이드로는 케이싱 내 11개의 임펠러가 장착돼 고온에서 고압으로 운전되기에 발생되는 문제점을 방지할 수 있는 고온고압 펌프를 개발하는데도 성공했다. 이전까지 이 제품은 초정밀 가공 등의 첨단기술이 요구된다는 이유로 전량 수입에 의존해왔다. 청우하이드로는 2005년 높은 수준의 설계·제조기술로 보일러 급수펌프의 국산화에 성공하면서 천문학적 규모의 수입대체 효과를 얻을 수 있었다.

서울화력발전소는 독일·미국·일본 등지에서 수입해 썼던 BFP 인터널 어셈블리 파트를 청우하이드로 제품으로 바꿈으로서 비용을 75% 낮췄다. 5억 원 정도의 수입대체 효과를 거둔 것이다. 기술력에 힘입어 청우하이드로는 2016년 10월 우수자본재 개발유공자 동탑산업훈장을 받았다.

2017년의 성장은 전년 대비 50% 정도로 예상하고 있다. 수출액은 1,000만 달러가 될 전망이다. 중국과 인도 등에서 원전 투자가 많이 이뤄질 것으로 예상되는 만큼 새로운 수익을 창출하기 위해 내년 미국기계학회의 ASME 코드 인증 획득도 준비하고 있다.

09

남한만 탈핵하고
북한 탈핵은 못하겠다면…

탈원전 정책은 원잠 건조 막을 수 없다

문근식 국방안보포럼 대외협력실장, 예비역 해군 대령

세계 최초의 원잠인 노틸러스함. 한국도 공격원잠을 보유해야
북한의 SLBM 도발을 억제할 수 있다.

© 위키피디아

문재인 대통령은 후보 시절 신규 원전과 석탄화력발전소 건설의 전면 중단을
공약으로 내세웠다. 대통령에 당선되자 고리 1호기는 폐로하고, 신고리 5·6호기는
공론화위원회에 공사 중단 여부를 맡기겠다고 했다. 1.1%에 불과한 신재생에너
지의 비율을 2030년까지 20%로 끌어올린다는 계획도 밝혔다.

그리고 후보 시절부터 역설해 온 원자력추진잠수함(원잠)의 필요성을 강조했다.
필요시 미국과 원자력협정을 개정하겠다고 했고 휴가 중에는 잠수함부대를 방문
해 원잠의 필요성에 대한 현장 목소리를 듣기도 하였다. 트럼프 미국 대통령과 전
화통화에서도 원잠이 필요하다는 뜻을 밝히기도 했다.

이에 대해 '탈원전정책과 원잠 필요성은 상반된 것이 아니냐'는 의견이 나오고
있다. 원잠의 필요성과 원잠의 원자로 안전성은 원자력발전소의 원자로 안전성과

어떤 차이가 있는지 살펴보자. 이는 북한의 핵무기에 대응하기 위한 원잠 건조정책이 방사능 사고 방지를 위한 탈원전정책과 병행될 수 있는가를 보는 계기가 될 것이다.

핵무기의 운반 수단은 크게 세 가지다. 전략폭격기·ICBM(대륙간탄도미사일)·SLBM(잠수함발사탄도미사일)이 그것이다. SLBM은 가장 늦게 개발됐지만 가장 위협적인 무기로 알려져 있다. 전략폭격기와 ICBM은 비행 중 위치가 노출돼 요격될 수 있으나, SLBM을 실은 잠수함은 노출되지 않기 때문이다. 따라서 자국이 적의 핵무기로 공격 받은 후에도 물속에서 보복공격을 할 수 있다.

2016년 8월 24일 북한은 SLBM인 북극성-1형 시험발사에 성공했다. 500여 킬로미터를 비행시켜 세계를 놀라게 했다. 이를 어떻게 막아낼 것인가. 답은 강국의 잠수함 운용술을 들여다 봐야 찾아진다.

미국이나 러시아의 잠수함들은 SLBM을 탑재한 상대 잠수함이 출항할 때부터 추적·감시한다. 지상 핵무기를 인공위성으로 감시하다 유사시 공격하듯이, '물속에 있는 핵무기(SLBM 탑재 잠수함)'는 잠수함으로 추적·감시하다가 유사시 격침시킨다는 것이다. 냉전 시 들키지 않고 3주 이상 소련 잠수함을 추적한 미국 잠수함 함장이 미국 대통령의 표창을 받았을 정도로 SLBM을 실은 적 잠수함의 추적과 감시는 중요한 작전이다.

이를 위해서는 상대 잠수함보다 2~3배(최소 1.5배)의 속력을 끊임없이 낼 수 있는 잠수함이 있어야 한다. 우리가 보유하고 있는 디젤잠수함은 이러한 속력을 낼 수 없다. 원잠만이 할 수 있기 때문에 우리는 원잠을 반드시 갖춰야 하는 것이다.

1954년 세계 최초 원잠인 노틸러스함을 개발한 미국은 1958년부터는 디젤잠수함 생산을 중단하고 원잠만 건조해오고 있다. 그리고 러시아·영국·프랑스·중국 등 5대 강국이 원잠을 개발했다. 영국은 1990년대 초 디젤잠수함을 모두 캐나다에 매각했다. 프랑스도 2009년 디젤 잠수함을 말레이시아에 처분하고 원잠만 운용하고 있다.

인도는 2010년 러시아에서 임대한 아쿨라급 원잠을, 2012년에는 자체 개발한

아리한트급 원잠을 실전 배치했다. 브라질은 2025년을 목표로 원잠을 개발해 오고 있다. 어떤 매력을 갖고 있기에 강국들은 앞다퉈 원잠을 보유하려고 하는 것일까.

원잠은 현대와 미래 해전에서 임진왜란 때의 거북선 역할을 할 수 있다. 포클랜드 해전에서 영국 원잠 컨쿼러함이 거북선과 같은 능력을 보여주었다. 우수한 기동성과 은밀성으로 종횡무진 활약해 아르헨티나와의 전쟁을 승리로 이끌었다.

육상 원자로의 출력은 1,000메가와트이지만 7,000톤 이하 원잠 원자로의 출력은 그것의 40분의 1~20분의 1인 25~50메가와트 정도면 된다. 원잠 원자로에 장전하는 핵연료의 농축도(우라늄 235)는 상업용 원전 원자로의 핵연료보다 10배 정도로 높지만, 같은 비율로 늘어나는 것은 아니다. 우라늄에는 우라늄 235 이외에도 우라늄 234, 우라늄 238 등이 있는데 여기에도 방사능이 있기 때문이다.

원잠 원자로는 육상 원자로에는 없는 고밀도 다중 방벽인 충돌차폐(Collision Shielding) 체제를 갖춘다. 원잠은 기동 중 다른 선박과 충돌할 수 있는데, 그때에도 원자로가 파손되지 않도록 겹겹의 안전장치를 추가한 것이다. 화재나 정전, 그리고 침몰 시에도 자동으로 원자로가 정지되고 냉각되는 시스템을 갖춘다. 장전한 핵연료가 파손돼 방사능이 새어 나오는 것을 막기 위해 세라믹 형태가 아닌 지르코늄 합금체로 핵연료를 제작한다.

원잠 원자로에 채택된 가장 확실한 차폐체는 물과 폴리에틸렌이다. 원잠 원자로의 외곽은 물을 넣은 탱크로 둘러싸는데, 이 물이 누출된 핵물질을 차폐할 수 있다. 그리고 6인치의 납과 12인치 두께의 플라스틱 고형물질인 폴리에틸렌으로 이 원자로를 또 차폐하기에 원잠 승조원들은 어떤 경우에도 방사선에 피폭되지 않는다.

원자로 구역의 앞쪽 격벽에는 디젤 연료유 탱크가 위치한다. 이 탱크에 있던 디젤 연료유가 소진되면 원잠은 중심이 흔들리게 되니, 보상탱크는 바로 해수(海水)를 받아들여 균형을 잡는다. 보상탱크로 들어온 해수도 유사시 승조원을 위협할 방사능을 차폐하는 역할을 한다. 그래서 해저에 침몰해도 원잠의 원자로는 완벽히 차폐되는 것이다.

원자로 구역에는 차폐탱크 안의 중성자 수치를 측정하는 계기가 설치돼 있어 차폐 물질에서 이상이 발생하면 즉각 경보가 발생한다. 서방국가들은 이러한 경보장치를 계속 발전시켜왔다. 그러나 러시아는 능력 부족인지 아니면 안전 규정을 덜 지켰는지 많은 사고를 일으켰다.

현 정부가 탈원전정책을 내세운 원인 중 하나는 2011년 3월 일본에서 발생한 후쿠시마 원전사고일 것이다. 후쿠시마 원전은 규모 9.0의 대지진에도 불구하고 안전장치가 가동해 자동으로 정지했다. 그러나 이후 몰아닥친 거대한 쓰나미로 인해 문제가 발생했다. '물폭탄'으로 비상발전기가 멈춰버리자 냉각장치를 가동하지 못해, 정지한 원자로의 온도가 올라갔다. 그리고 원자로가 녹아내리면서 발생한 수소가 모여 있다가 큰 폭발을 일으켰다.

현재 우리나라의 원자력발전소는 수소폭발을 막을 수 있도록 설계되어 있다. 그와 마찬가지로 원잠의 원자로도 수소폭발을 막아낼 수 있다. 쓰나미 또한 전혀 염려하지 않는다. 아무리 높은 파도가 몰려와도 50미터 혹은 100미터 정도 잠항하면 그만이기 때문이다. 원잠에는 비상전력을 얻기 위해 디젤엔진과 축전지가 상시 구비돼 있다.

최근 유럽에서 개발되는 원잠은 보다 안전한 일체형 원자로를 쓰고 있다. 우리나라는 상업용 중소(中小)원자로로 일체형인 스마트(SMART: System integrated Modular Advanced ReacTor)를 개발해 놓았으니, 이를 응용하면 원잠을 위한 일체형 원자로를 어렵지 않게 설계할 수 있을 것으로 보인다.

스마트 원자로는 비상발전기마저 고장나서 냉각수 펌프를 돌리지 못하더라도 자연 대류현상을 이용해 냉각수를 20일 동안 넣어줄 수 있다. 20일 이후에는 수동으로 냉각수를 보충해 줄 수 있으니 원자로가 녹는 일은 충분히 피할 수 있다.

서방국인 미국과 영국·프랑스의 원잠에서는 한 번도 원자로 관련 사고나 방사능 유출사고가 일어나지 않았다. 이는 서방국가가 개발해온 안전시스템 때문이다. 서방국가가 개발한 원잠 원자로의 안전성은 확실하다.

살아 있는 원자로가 실린 잠수함이 바다속을 돌아다니며 안보를 책임지는 나라를 만들고자 한다면 육상에 고정돼 있는 원자로의 안전은 완전하게 이끌 수 있어야 한다. 그런 점에서 원잠 건조에 노력하면서 탈원전을 하겠다는 것은 모순이 된다. 반대로 육상의 원전이 안전해야 원잠의 원자로도 안전해진다. 둘은 불가분의 관계에 있는 것이다.

우리나라가 원잠을 제작해야 해야 하는 이유는 새로운 위협인 북한의 SLBM 도발을 막기 위해서다. 안전이 보장된 원잠으로 큰 위협을 제거하여야 한다. 국가 안보 없이는 국민의 안전도 없다는 것을 절대로 잊지 말아야 한다.

한국형 원잠은 반드시 개발되어야 한다. 우리 민족의 생존을 위해.

핵경보 울리면 무조건 지하실로 뛰어들라

장종화 한국원자력연구원 위촉연구원

1945년 8월 9일 미국이 일본 나가사키에 실전투하한 원폭. 미국은 '뚱보(FAT Man)'란 별명을 붙였는데 플루토늄으로 제작되었다.
© 위키피디아

북한은 1956년부터 과학자를 소련의 두브나에 있는 핵연구소로 파견해 핵기술을 습득하기 시작했다. 평화적 이용이란 목적을 빙자해 소련의 도움으로 1963년부터는 영변에 핵연구단지를 지어나갔다. 1980년 열출력 25메가와트, 전기출력 5메가와트 규모의 '마그녹스형 원자로'의 건설을 시작해 1986년 이 원자로를 가동시켰다.

마그녹스형 원자로의 대표는 영국이 서방 세계 최초로 만든 상업용 원자로인 콜더홀 원자로이다. 흑연을 감속재로, 이산화탄소를 냉각재로 하기에 '가스냉각로'로 분류된다. 마그녹스형이라는 이름은 마그네슘 합금인 마그녹스를 피복재로 한 연료봉에 천연우라늄을 넣어 핵분열을 시키는데서 나왔다.

이 원자로에서 나온 사용후핵연료는 재처리를 하면 쉽게 플루토늄을 얻을 수

319

있다. 1994년 북한은 미국과 제네바합의를 체결함에 따라 이 원자로의 가동을 중지했다. 하지만 제네바합의가 깨진 다음인 2003년부터 운전을 재개해, 연간 6킬로그램 정도의 고순도 플루토늄을 생산하고 있다. 2007년 6자회담이 재개됨에 따라 다시 운전을 중단하고, 2008년에는 이 원자로에 연결된 냉각탑을 폭파하였다.

그러나 2009년부터는 이 원자로에서 나온 사용후핵연료를 재처리하는 공장을 가동해 또 플루토늄을 추출하기 시작했다. 폭파해 버린 냉각탑을 대신하기 위해 인근의 구룡강 물을 끌어와 직접 냉각하는 방식으로 변환하는 작업을 펼쳐, 2013년부터는 이 원자로를 다시 가동시키게 되었다.

2009년에는 경수로를 개발한다는 이유로 우라늄 농축시설 건설도 시작했다. 파키스탄에서 도입한 기술로 만든 것으로 보이는 원심분리기 2,000여 개를 설치해 연간 40킬로그램 정도의 고농축 우라늄을 생산하고 있는 것으로 보인다. 지금은 5,000여 개의 원심분리기를 추가로 설치하는 작업을 하고 있다.

북한은 '뚜벅이 걸음'으로 끈질기게 핵과 미사일을 개발해 나가고 있는 것이다. 그러나 우리는 핵개발을 금지하는 각종 국제레짐(regime) 등에 가입해 있어 핵개발을 하지 못한다. 오로지 평화적인 목적으로만 핵을 활용하겠다고 약속하고 미국 등 선진국으로부터 기술을 받아들여 원자력발전 분야를 비약적으로 발전시켜왔다. 그런데 문재인 정부는 평화적인 원전 건설도 중단시켰다.

북한이 여섯 차례나 핵실험을 한 것은 잘 알려진 사실이다. 이는 핵탄두를 완성했다는 뜻이다. 최근에는 탄두를 대기권으로 재돌입시킬 수 있는 것으로 평가된 화성-14형과 화성-15형 대륙간탄도미사일(ICBM)과 화성-12형 중거리 탄도미사일(IRBM)시험 발사에도 성공했다. 이는 핵탄두를 실은 운반체 개발도 사실상 완료했다는 의미다.

그렇다면 우리도 대책을 세워야 한다. 적의 핵무기에 대해서는 역시 핵무기로 맞서는 '공포의 균형' 전략을 택하는 것이 현실적이지만, 세계와 한 약속 때문에 핵무기를 개발할 수 없다면, 북한 핵이 사용되었을 때 그 피해를 최소화하는 '피핵(避核) 준비'라도 하여야 한다. 그것이 국민을 위한 정치이고, 국민을 위한 정책이며, 국민을 위한 복지이다.

고순도 우라늄이나 플루토늄은 일정한 질량(무게)을 갖춰야 핵폭발이라고 하는 핵분열을 일으킨다. 고순도 우라늄이나 플루토늄이 핵폭발(핵분열)을 하는 질량을 '임계(臨界)질량'이라고 한다. 임계질량에 이르지 못하면 우라늄과 플루토늄은 제 아무리 순도가 높아도 핵분열하지 않는다. 핵분열을 하지 못하는 질량을 미(未)임계질량, 그 질량을 넘어서 핵분열할 수 있는 질량을 초(超)임계질량이라고 한다.

핵폭발을 시키려면 미(未)임계질량을 순간적으로 초(超) 임계질량으로 변화시켜야 한다. 이를 이루는 방법에는 '대포형(gun type)'과 '내폭형(implosion)'이 있다.

투수가 포수에게 공을 던지듯이, 한쪽에서 대포로 미임계질량 덩어리를 다른 미임계질량 덩어리가 있는 쪽으로 쏴 합체시킴으로써 초임계질량을 만들어 핵폭발을 일으키게 하는 것이 '대포형'이다. 둘은 잘 붙지 않기에 한쪽의 미임계질량을 다른 쪽의 미임계질량으로 쏴 줄때는 초음속의 속도를 내줘야 한다.

수십 개의 오각형 가죽을 꿰어 만든 것이 축구공이다. 그와 비슷하게 완전한 공(球)을 만들고, 그 위에 아주 작은 미임계질량 덩어리를 축구공의 오각형 가죽처럼 촘촘히 배치한다. 그리고 100만 기압 이상의 초고압으로 그 공을 압축시키면, 자잘한 미임계질량 덩어리들이 한가운데서 합쳐지며 초임계질량이 돼 핵폭발을 일으키는데, 이것이 바로 내폭형이다.

대포형과 내폭형은 모두 초임계질량을 이룰 때 핵분열을 가속화하기 위해 소량의 중성자를 쏴준다. 중성자를 쏴주면 핵분열이 보다 쉽게 일어나기 때문이다. 기술적으로는 내폭형이 대포형보다 어렵다. 하지만 폭발 효율은 내폭형이 월등히 좋다.

고농축 우라늄은 플루토늄보다 압축율이 낮기 때문에 대부분 대포형으로 설계 제조한다. 상대적으로 단순한 기술이므로 실패 확률이 낮아 이 기술로 만든 핵폭탄은 실험하지 않고도 바로 실전 배치할 수 있다.

플루토늄은 평소에도 미량의 자발(自發) 중성자를 내고 있기때문에 초(超)임계를 만드는 속도가 충분히 빠르지 않으면 제대로 폭파되지 않는다. 그래서 대포형보다 초임계를 이루는 속도가 훨씬 빠른 내폭형으로 설계 제작한다. 다행히도 플루토늄은 밀도가 낮은 고체상(delta phase)으로 존재할 수 있는데, 이러한 고체상에 미량의 칼륨을 섞어주면 더욱 안정된 상태가 된다. 사람이 다룰 수 있는 상태가 되는 것이다.

이 안정돼 있는 고체상의 플루토늄에 충격을 가하면 순식간에 밀도가 높은 플루토늄(alpha phase)으로 변환된다. 강한 압력이 가해져야 플루토늄은 핵폭발을 하는 것이다. 플루토늄 구체(球體)는 고밀도로 압축해야 하는데, 이 압축이 쉽지 않다. 초고도의 정밀성이 요구되는 것이다. 때문에 제작한 다음에는 설계할 때 기대한 핵폭발이 일어나는지 알아보기 위해 반드시 실험을 통해 확인해야 한다.

북한은 2006년 10월 9일 함경북도 길주군 풍계리에서 최초의 핵실험을 실시하였다. 이 핵실험의 위력은 0.7~2킬로톤으로 관측되어 통상적인 원자폭탄의 위력인 20킬로톤에 미달했다(1킬로톤은 TNT폭약 1천 톤의 폭발에너지이다). 2년 반 뒤 실시된 2차 핵실험에는 2~5.4킬로톤으로 약간 진전하였고, 2013년 2월 12일의 3차 핵실험에서는 6~16킬로톤으로 향상되었다.

3년이 지난 2016년 1월 6일 실시한 4차 핵실험에서는 7~10킬로톤이 관측돼 여전히 통상적인 원자폭탄 위력에 미달하였다. 2016년 9월 9일 실시한 5차 핵실험에서는 20~30킬로톤으로 관측돼 성공적인 원자폭탄 개발이 완료된 것으로 보았다. 2017년 9월 3일의 6차 핵실험에서는 70~280킬로톤의 위력이 나온 것으로 판단된다.

북한은 1차 핵실험을 지하 310미터쯤에서 실시했기에 우리는 미량이지만 방사성물질인 제논이 늘어난 것을 감지했으나, 그 후로는 훨씬 더 깊은 지하 1000여 미터까지 들어가 실험을 했기에 제논을 관측하지 못했다.

2016년 1월 6일의 4차 핵실험을 한 후 북한은 수소폭탄 시험에 성공했다고 주장했지만, 폭발위력이 작았기에 실패한 것으로 추정되었다. 수소폭탄은 적어도 수백 킬로톤의 폭발력을 얻는 무기이기 때문이다.

수소폭탄은 원자폭탄이 폭발할 때 발생시키는 감마선과 중성자를 이용하여 리튬중수소(LiD)을 초고온으로 가열해 핵융합시킴으로써 강력한 폭발력을 얻는 무기다. 6차 핵실험의 위력을 보면 북한은 수소폭탄 기술을 완성한 것으로 보인다. 수소폭탄은 기술적 제한없이 위력을 조절할 수 있다. 미사일 탑재중량을 고려하면 500킬로톤급을 실전배치할 것으로 예상된다.

도하 언론은 북한이 2017년 현재 최대 60개의 핵폭탄을 제조할 수 있는 양의 핵물질을 보유하고 있다고 보도했다. 그리고 핵무기를 목표지점까지 수송하는 미사일 개발도 꾸준히 추진해 화성-15형까지 개발해냈다. 화성-15형에 실리는 탄두가 대기권에 재진입할 수 있느냐에 대해서는 논란이 있겠지만, 우리는 재진입하는 상황까지 대비해야 한다.

이는 대한민국의 안보에 '빨간불'이 켜졌다는 신호다. 자체 핵무장은 하기 어렵고 미국의 전술핵 재배치도 현실화되기 어렵다면 우리는 핵무기로부터 우리를 지키는 '피핵' 훈련을 준비하고 연습해놓아야 한다.

적이 가하는 핵공격은 지상 목표물을 최대한 파괴하는 것을 목적으로 한 '지상 핵공격'과 상대가 운용하는 통신망과 무기체계를 무력화하기 위해 핵전자기 펄스 공격을 하는 '고공 핵폭발' 두 가지로 나눌 수 있다.

◇ 지상 핵공격

지상에 있는 건물과 시설을 파괴하는 것을 목표로 하는 지상 핵공격의 효과를 극대화하려면 핵폭탄을 지상에서가 아니라 지상 500미터 정도에서 폭발시켜야 한다. 원자폭탄의 피해는 폭발지점으로부터 반경 3킬로미터 이내가 가장 크다. 5킬로미터 바깥지역이라면 낙진을 제외하면 직접적인 피해를 받지 않을 수 있다.

폭발지점으로부터 3킬로미터 안쪽에 있더라도 1~2미터 두께의 콘크리트 뒤에 몸을 숨길 수 있다면 방사선 피해는 크게 줄일 수 있다. 원자폭탄 폭발 시 바로 발생하는 중성자와 감마선 등 초기 방사선은 1~2미터 두께의 콘크리트 벽을 통과 하지 못하기 때문이다. 이 두께의 콘크리트 벽은 1초쯤 뒤에 몰려오는 강력한 충격파도 막아줄 수 있다. 폭발과 함께 오는 복사열도 막아준다. 복사열은 알루미늄 호일이나 각 가정에서 많이 사용하는 창문 블라인드도 어느 정도는 막아준다.

그러나 충격파는 아파트나 건물의 유리를 깨뜨려 비산(飛散)시킬 것이니 몸을 최대한 낮춰 이를 피하도록 해야 한다. 충격파로 비산된 유리조각으로 인한 피해까지 피하는 최선의 선택은 핵폭발 경보가 울리면 즉시 지하철이나 건물의 지하실로 대피하는 것이다.

그리고 낙진 피해를 줄이는 방법을 찾아야 한다. 낙진은 폭발 1분 후 시작돼 수주일간 지속될 수 있다. 바람을 타고 먼 거리로 이동할 수 있으니, 방사선 피폭량을 줄이려면 낙진 예보에 귀를 기울여야 한다.

중요한 것은 옷과 모자·장갑·마스크 등으로 감싸 몸이 노출되는 것을 최대한 피하는 것이다. 비닐을 쓰고 있는 것도 좋은 방법이 된다. 대기에 노출되지 않은 음식과 물을 섭취하는 것도 매우 중요하다. 이렇게만 한다면 지상 핵공격에 따른 피해는 상당히 줄일 수 있다.

◇ 고공 핵폭발

핵폭발로 방출된 감마선은 주변에 있는 공기를 이온화시켜 전자기펄스(EMP)를 일으킨다. 지상 핵폭발 시에도 강력한 전자기펄스가 발생하지만 이 펄스는 상대적으로 단거리에만 미친다. 그러나 지상 30킬로미터 이상의 고공에서 핵무기를 폭발시키면 전자기펄스는 수백 킬로미터까지 영향을 끼친다. 차폐를 해놓지 않은 전자장비들은 전자소자가 파괴돼 고장나거나 일시적으로 오작동을 일으키게 된다.

핵전자기펄스는 폭발지점에서 남쪽 방향으로 큰 영향을 끼친다. 따라서 북한이 서울 30~40킬로미터 상공에서 핵무기를 폭발시켜 핵전자기펄스 공격을 펼치면, 북한은 거의 영향을 받지 않고 한국은 대부분의 지역이 피해를 입게 된다.

지상 100킬로미터쯤까지는 대기권으로 보는데, 발사된 탄두가 대기권으로 안정적으로 들어오게 하려면 고도의 기술이 필요하다. 그러나 EMP 공격은 대기권의 최상부에서 할 수도 있으니 대기권 재진입 기술을 요구하지 않는다.

이런 점에서 유의해서 보아야 할 것은 북한이 노동과 스커드 미사일을 반복해서 '고각(高角)'으로 발사하는 것이다. 북한은 핵탄두를 고공에서 폭발시켜 한국군과 한국 국민의 전자장비를 무력화하는 핵전자기펄스 공격을 한 후 재래식 무기로 전면 남침할 수도 있다. 이렇게 할 경우 북한이 쏜 핵무기는 우리 국민을 직접적으로 살상하지 않았으니, 국제사회로부터 덜 지탄받을 수 있다. 북한은 핵무기를 사용하지 않았다고 주장하며 남침할 수도 있는 것이다.

개봉된 음식은 먹지 말고 눈을 감고 무조건 엎드려라

북한의 핵공격에 대비할 때 가장 중요한 것이 공포심의 극복이다. 핵무기의 위력도 '유한(有限)'하다는 것을 알아야 한다. 지금 핵무기의 위력은 지나칠 정도로 과장돼 알려져 있다. 폭발지역으로부터 어느 정도 벗어나 있고 제대로만 대비하면 큰 피해를 입지 않을 수 있다.

20킬로톤급 원자폭탄의 예상 파괴범위는 반경 1,200미터쯤이다. 이러한 원폭보다 50배 위력이 큰 것이 1메가톤급 수소폭탄인데, 1메가톤급 수소폭탄의 파괴범위는 4,500미터 정도이다. 파괴면적은 13.5배 커질 뿐이다. 이는 1메가톤급 수소 폭탄의 위력이 대기로 많이 방출되기에 일어나는 현상이다. 폭탄의 위력은 공간으로 퍼져 나가니 지상 피해는 상대적으로 적어진다.

핵폭탄은 폭탄 주변의 반사체와 외피물질에 따라 방사선과 낙진의 성분이 달라진다. 외부에 코발트를 장착해 강한 방사능을 발생시키게 한 것이 코발트탄이고, 일반적인 감손 우라늄 반사체 대신 강철을 사용하면 중성자폭탄이 된다. 핵전자기 펄스 공격을 강화하기 위해 탄소섬유 외피를 사용하여 감마선이 많이 방출되도록 제작할 수도 있다. 이러한 변종 핵폭탄의 피해를 줄이려면, 정교한 정보활동으로 북한이 어떠한 핵무기를 만들고 있는 지부터 알아내야 한다.

정부는 북한 핵의 규모와 특징을 파악하고, 그러한 핵이 사용되었을 경우 우리의 인명 피해를 최소화할 수 있도록 국민을 상대로 대피 및 대처방법을 교육하고 훈련시켜야 한다. 수개월 동안 지속될 낙진 피해를 줄이기 위해 지역마다 핵계측 장비를 보급하고 핵계측 요원을 양성해 두어야 한다.

핵폭발 후에도 천기, 풍향, 풍속 등을 측정하는 일기예보가 가능한 체계를 구축해 놓아야 한다. 이러한 예보 체제가 있어야 낙진 예보를 제대로 할 수 있다.

낙진은 대기 중의 미세먼지로 부유하니 그것을 호흡하지 않기 위해 마스크 등을 보급해야 한다. 핵폭발 후 1~2주일 안에는 지상과 대기중에 갑상선암을 일으킬 수 있는 방사성 요오드가 많이 떠돌 것이니 안정화 요오드제도 미리 준비해 놓아야 한다.

북한은 핵전자기펄스 공격과 함께 전면적인 공격을 가할 수 있다. 그때 전자장비가 다운돼 있으면 우리 군은 막대한 피해를 입으니, 군과 민간의 기간 통신망과 통제시설에 대해서는 핵전자기펄스 차폐를 강화해야 한다. 다중 통신망과 발전(發電)시설도 구축해 놓아야 한다.

정부는 핵폭발 지점 5킬로미터 바깥에 있어 직접적인 피해를 입지 않는 지역의 주민을 구하는 방안을 마련하는데 최선을 다해야 한다. 마지막으로 민간인이 따라야 할 '원폭 대피 8개 원칙'을 소개한다. 이 원칙은 일반 폭탄이 투하되었을 때도 똑같이 적용할 수 있다.

첫째, 항상 창문과 문을 닫아라. 공습경보가 발령되면 모든 문과 창문을 닫고 블라인드를 내려라. 모든 점화용 불씨는 차단하고 난로와 연통의 문도 닫아라.

둘째, 피난처를 미리 마련해두라. 시간이 있을 때 건물 지하실이나 지하철로 가는 가장 빠른 방법을 찾아두라. 전기가 나간 한밤중에도 찾아갈 수 있도록 숙지해 놓으면 더 좋다. 경보가 너무 늦게 울려 그곳으로 피난갈 수 없다면, 침대나 책상, 테이블의 아래로 들어가라. 건물 밖에 나와 있는 상황이라면 인근 건물의 입구로 들어가고, 도랑 같은 곳이 있으면 그곳으로라도 달려가라. 그것도 없다면 바닥을 향해 엎드려라.

셋째, 항상 복부를 바닥과 평평하게 하라. 경보가 울리면 무조건 배를 바닥에 대고 엎드려야 한다. 그리고 두 팔로 눈과 귀를 가려야 한다. 설사 폭발하는 빛을 보았다고 하더라도 그 즉시 두 손으로 눈을 가려야 한다.

넷째, 항상 정부의 지시를 따르라. 라디오 등을 켜놓고 정부가 하는 방송을 듣고 지시하는 것을 정확히 따라야 한다.

다섯째, 절대로 올려다보지 마라. 폭발 섬광에 의한 실명(失明)을 피하려면 어떤 일이 일어나는지 보려고 하지 마라. 얼굴을 들면 실명 위험은 물론이고 폭발과 함께 날아오는 유리 파편에 크게 다칠 수 있다. 바닥이나 땅에 엎드렸으면 적어도 20초 동안은 두 팔로 얼굴을 감싸고 땅에 묻고 있어야 한다. 절대로 뭔가를 보려고 하지 마라. 적어도 20초 동안은.

여섯째, 공습 직후에는 절대 바깥으로 나가지 마라. 적의 공격은 1파로 끝나지 않는다. 2파, 3파가 이어지기 마련이다. 그러니 무슨 일이 일어났는지 알아보겠다고 지하철이나 건물의 바깥으로 나가지 마라. 핵공격이 있은 다음에는 낙진 피해가 이어진다. 차폐된 곳에 오래 있어야 낙진에 의한 방사선 피폭 위험을 줄인다.

일곱째, 음식이나 물을 조심하라. 개봉된 음식에는 잔류 방사능이 있을 가능성이 높으니 절대로 먹지 마라. 물도 마찬가지다. 열지 않은 통조림과 병에 든 음식, 밀폐된 냉장고나 공습이 있기 전에 닫아놓은 통과 항아리에 있는 음식과 물만 섭취하라.

여덟째, 소문을 퍼뜨리지 마라. 하나의 소문이 당신의 인생을 희생시키는 공황 상태를 일으킬 수 있다. 두려움에 놀라 만든 소문을 퍼뜨리지 마라. 당신뿐만 아니라 타인도 희생시킬 수 있다.

"경북이여, 감포원자력시티를 구축하라"

이정훈 동아일보 기자

대종천이 본격적으로 시작되는 계곡에 들어선 한수원 본사. 이곳에서부터 감포까지를 원자력 산업체가 모인 원자력뉴시티로 만들 수 없는가

　유럽과 미국 일본, 싱가포르를 다녀봐도 대한민국처럼 인터넷이 잘 되는 곳은 없다. 대한민국이 IT 강국이 될 수 있었던 것은 질 좋고 싼 전기가 있었기 때문이다. 원자력발전은 그러한 전기를 생산한 1등 공신이다. 화전(火電)에 비하면 비교도 안 되는 양의 폐기물(방사성 폐기물)을 배출하는데 문재인 정부는 원전을 거부하고 있다.

　원전 없는 대한민국은 생각할 수 없다. 중앙정부가 탈원전을 고집한다면 지방정부라도 이를 막아주어야 한다. 그런점에서 주목할 것이 경상북도가 추진하는 원자력 클러스터다. 세번 째 연임을 해온 경북도의 김관용 지사는 경북에 한국수력원자력본사와 월성원전본부·한울원자력본부, 한국원자력환경공단(경주방폐장)

등이 들어서게 된 것에 주목해, 경상북도에 원자력 시설과 기관을 집중시킨다는 원자력 클러스터 사업을 추진해 왔다.

3번 째 연임을 해왔기에 2018년 김 지사는 경북도를 떠나지만, 유력한 후임으로 거론되는 이들도 경북 원자력 클러스터 사업을 이어가려고 한다. 그렇다면 경북도는 대한민국 원자력의 새로운 심장으로 떠오를 수 있다. 경북도는 중앙정부를 대신해 대한민국 원자력산업을 이끌어 갈 수도 있는 것이다. 경북도는 어떻게 원자력 산업을 키울 수 있는지 검토해 보기로 한다.

석굴암을 비롯한 신라의 유적과 유물을 품은 경주시의 토함산은 멀지 않은 동해를 향해, 짧지만 여름에는 제법 큰물이 흐르는 하천을 만들어냈다. 상류에는 계곡을 흐르는 여러 지류로 있다가 합류한 다음에는 '대종천'으로 불리는 냇물이 그것이다. 한수원 본사는 여러 계곡의 물줄기가 모여져 비로소 대종천이 만들어지는 곳쯤에 있다.

토함산이 끝나고 평지가 시작되는 지점인지라 그곳에서부터는 대종천의 유속이 크게 줄어든다. 홍수기가 아니면 여느 시골에서 볼 수 있는 고여 있는 것 같은 물이 흐르는 하천이 되는 것이다. 그리고 들판은 바다를 향해 나팔꽃처럼 벌어져 있다. 토함산 쪽은 좁지만 감포항의 근처에서는 제법 큰 벌판을 만드는 것이다. 지금 그 벌판은 대부분 농토로 이용되고 있다.

어떠한 기관과 사람도 터전이 주는 영향에서 자유로울 수는 없다. 한국 원자력의 견인차인 한수원 본사는 산이 끝나고 벌판이 시작되는, 리조트나 만들어야 할 것 같은 곳에 홀로 서 있기에 '한수사(韓 水寺)'로 불리기도 한다. 한수사로 두는 것은 한국 원자력산업을 유배 보낸 것과 다를 바 없다고 본다.

한수원 본사가 경주시 양북면에서도 변방인 그곳에 위치하게 된 것은 '정치싸움' 때문이었다. 노무현 정부 때인 2005년 정부는 방폐장 유치 경쟁을 시켰다. 경주시는 양북면의 봉길리 일대를 후보지로 정해놓고 이 '랠리'에 참여, 우승해 여러 '부상'을 받게 됐는데, 그 중 하나가 한수원 본사의 이전이었다. 그러나 경주시는 승리에만 올인했기에 승리 이후의 전략을 만들지 못했다.

2017년 말 현재 24기의 원전을 가동하고 있는 한수원의 자산 규모는 52조 3,202

억 원이다. 2016년의 매출액은 11조 원을 상회했다. 공기업을 추가할 경우 2016년 자산으로 본 국내 기업 1위는 삼성전자(348조), 2위는 현대자동차(209조), 3위는 한국전력(208조), 4위는 한국토지주택공사(170조)가 된다. 그리고 10위가 60조 원의 한화, 11위가 52조 3,202억 원의 한수원, 12위는 52조 2,260억 원인 현대중공업 쯤이 된다.

한수원은 국내 11위이지만 세계에서는 최고의 원자력 기업이다. 일본 최고의 전력회사인 동경전력보다 자산이 많고, 세계 최대의 원전 그룹인 프랑스의 아레바보다 수익이 낮기 때문이다. 그러한 대기업이 들어온다면 경주시의 세수(稅收)는 급증할 수 있었다. 관련 산업도 일어난다. 삼성전자 공장을 품고 있는 수원시가 광역시급으로 성장한 것과 유사한 기회를 잡을 수 있으니 경주시는 전략을 짰어야 했다.

그런데 오히려 분란이 일어났다. 경주시는 사회간접 자본이 잘 갖춰져 있는 경주 시내에 한수원 본사를 두고자 했다. 반면 양북면은 양북면의 '희생'으로 한수원이 오게 됐으니, 한수원 본사는 양북면에 두어야 한다고 주장했다. 그리하여 최소한의 비용으로 최대의 수익을 얻고자 하는 경제의 논리가 아니라, '정치논리'로 한수원 본사 유치 싸움이 시작되었다. 이전하는 것은 기업인데 기업에게는 전혀 선택의 기회를 주지 않고, 주민들끼리 다툼을 벌인 것이다.

이는 한수원이 공기업이기 때문에 일어난 현상이다. 공기업이라면 정부가 가장 좋은 곳을 입지로 결정해야 하는데, '민주주의의 과잉' 때문에 그러한 일도 일어나지 못했다. 공기업은 종종 동네북이 된다. 이 경쟁에서 양북면이 승리했다. 방폐장을 양북면에 설치했으니 한수원도 양북면에 위치하게 된 것이다.

그런데 양북면은 기업하기 좋은 곳을 한수원 본사 터로 주지도 않았다. 도로를 비롯해 모든 것을 새로 지어야 하는 '절박한' 세곡 옆을 내주었다. 원자력을 발전시켜 양북과 경주와 경북을 발전시키자는 생각을 했다면, 이러한 결정은 절대로 하지 말았어야 한다. 그러나 직원들이 입주해 이미 일하고 있는 지금 한수원 본사 자리가 적절한 것이냐를 놓고 논쟁하는 것은 무의미하다.

기업을 하는 이들은 풍수지리를 따져 본사와 공장 자리를 정하곤 한다. 한수원 본사 터는 일반인이 보아도 결코 명당은 아닌 것이다. 그러나 풍수지리에는 흉지를 명당으로 바꿔주는 '비보(裨補)풍수'라는 것도 있으니 좌절할 필요는 없다.

산업화 이전의 문명은 지리적 조건을 갖춘 곳에 도시를 만들었으나 현대 문명은 그렇지 않은 곳에도 신도시를 건설해내고 있으니, 한수원 본사 터를 놓고 더 이상 왈가왈부 할 필요는 없다. 국내 11위 세계 최고의 원자력 기업을 유치했다면 그 일대를 원자력시티로 만들 수도 있기 때문이다.

한수원 주변에는 월성본부와 경주방폐장이 들어와 있으니 제법 도로가 구비돼 있다. 국내 원전에서 나온 중저준위 방폐물을 담은 드럼은 한진청정누리호라는 배에 실려 월성본부 안에 있는 작은 부두인 물양장(物揚場)에 내려진 다음 트레일러에 실려 경주방폐장으로 들어간다. 한수원 측과 협의해 이 물양장을 키운다면 경주는 제법 큰 항구를 가질 수도 있다. 감포는 해륙(海陸) 물류의 거점이 될 수 있는 것이다.

그렇다면 한수원 본사로 시작되는 감포 일대에 원자력 관련 기관과 시설 기업을 유치해, '(가칭) 감포원자력시티'로 만드는 것을 생각해 볼 수가 있다. 문재인 정부의 탈원전 정책 때문에 입을 닫고 있어서 그렇지 많은 사람들은 원자력 산업이 미래의 성장동력이 된다는 것을 잘 알고 있다. 따라서 경북이 감포원자력시티 조성에 들어 가면 다른 광역단체들도 경쟁적으로 원자력시티를 만드는 노력을 할 수도 있다. 2005년의 방폐장 유치랠리처럼 지역 경쟁이 일어나는 것이다. 이 경쟁에서 경북도가 승리하려면 선수를 쳐야 한다.

지금 한국 원자력계가 가장 고민하고 있는 것은 사용후핵연료 중간저장소 부지를 선정하는 것이다. 중간저장소 문제를 해결하기 위해 정부는 처음으로 공론화위원회를 만들었었다. 문재인 정부는 이 예에 따라 신고리 5·6호기 공론화위원회를 만들었다. 경북도가 원자력 클러스터를 할 의지가 있다면 중간저장소 유치를 선점하고 나가는 것도 방법이 된다.

원전에는 터빈과 발전기 등 돌아가는 것이 많지만 중간저장소에는 그러한 것이 거의 없다. 사용후핵연료를 담아두는 수조의 물을 순환시키는 펌프가 거의 유일한 동력체(動力體)이다. 물속에 들어가 있는 사용후핵연료는 물 밖으로는 방사선

331

을 내놓지 못한다. 그러나 잔열(殘熱)이라고는 하지만 사람이 느끼기에는 상당히 뜨거운 열을 계속 내놓고 있으니 물에 담가 냉각을 시켜주어야 한다.

중간저장소는 전국의 원전에서 발생한 사용후핵연료가 상당히 냉각될 때까지 수십 년간 물에 넣어 관리하는 곳이다. 수조가 깨져 물이 새나가거나, 펌프가 작동하지 않아 새로운 물이 공급되지 않으면 사용후핵연료는 잔열때문에 모든 물을 증발시켜버리고 그럼으로써 더욱 잔열을 식히지 못해 뜨거워지다 스스로 녹아내릴 수 있다.

녹아내린 사용후핵연료에너지는 다량의 수소가 발생하는데, 이 수소가 산소와 결합하면 수소폭발을 일으킨다. 후쿠시마 1발전소에서는 4호기의 사용후핵연료 수조가 물이 줄어들어 한때 수온이 84℃까지 치솟았다가 냉각수를 넣어줌으로써 위기를 넘긴 바 있다.

중간저장소는 원전에 비해 사고 가능성이 적은 곳이다. 이러한 중간저장소 보다 더 사고 가능성이 낮은 것이 중저준위 방폐장이다. 중저준위 방폐장은 화재가 나거나 물을 끓일 정도로 열을 내는 물질이 없으니 그냥 쌓아 놓으면 된다. 그러나 경주가 유치할 때까지 국내 어떤 지역도 중저준위 방폐물을 받아들이려 하지 않았다.

중저준위 방폐장을 유치함으로써 경주는 한수원 본사 유치, 양성자 가속기 건설, 그리고 3,000억 원의 특별지원금 등을 수령했다. 그리고 경주방폐장으로 중저준위방폐물이 들어오면 드럼당 47만 원 정도의 반입수수료도 받게 되었다. 이러한 것들은 한수원 본사로부터 받은 세수와는 별도의 수익이다.

때문에 사용후핵연료 중간저장소를 유치하면 훨씬 더 큰 지원금이 나올 것으로 보인다. 원전보다는 훨씬 안전한 중간저장소를 유치할 수 있다면 경주는 쉽게 원자력시티를 만들 수 있는 것이다.

우리나라는 파이로프로세싱 등 사용후핵연료를 가공하거나 사용후핵연료의 부피를 줄이는 연구를 하고자 한다. 따라서 중간저장소를 유치한 곳은 사용후핵연료를 연구할 제2원자력연구원이 들어서는 곳이 될 가능성이 높다. 제2원자력연구원이 들어선다면 감포는 한국 원자력의 중심이 될 수 있다.

경주방폐장을 유치한 덕분에 경주시는 2013년 건천읍 화천리에 한국원자력연구원 양성자가속기센터가 운용하는 양성자 가속기를 준공하게 되었다. 이 가속기의 용처(用處)는 무궁무진하다. 생물체의 정보는 DNA에 담겨 있는데, DNA는 너무 작기에 다루는 것이 쉽지 않다. 그러나 양성자 빔이 있으면 DNA의 나선 구조를 정확히 살펴보며 작업할 수 있다. DNA를 조작해 성질이 다른 생명체를 만드는 생명공학을 제대로 할 수 있는 것이다.

양성자 빔은 세밀한 것을 정확히 보게 해주는 '현미경'과 아주 작은 것의 구조를 변화시키는 '수술칼' 역할을 동시에 한다. 때문에 의료분야와 정밀공학 분야에서 쓰일 수 있다. 양성자 빔을 필요로 하는 곳은 매우 많은데 이 빔을 이용하려면 경주에 터를 잡는 것이 좋다. 경주는 원자력시티뿐만 아니라 첨단산업 도시도 될 수 있는 것이다.

한국원자력연구원 양성자가속기센터가 경주에 와 있다면 사용후핵연료 중간저장소 건설로 제2원자력연구원을 유치하는 더욱 쉬워질 수 있다. 경주시가 사용후핵연료 중간저장소를 유치하려고 할 경우 문제가 되는 것은 '중저준위 방폐장을 유치한 곳은 고준위 방폐물을 두지 못한다'고 한 방폐장특별법이다.

현행법상 사용후핵연료는 방폐물로 분류된다. 사용후핵연료를 고준위 방폐물로 본다면 경주는 중간저장소를 유치하지 못한다. 따라서 경주가 중간저장소를 유치해 원자력 중심지가 되고 싶다면 지금부터 관련법을 개정하는 노력을 해야 한다. 아니면 경주시 인근이 중간저장소를 유치해 경주시와 동반성장하는 전략을 택할 수도 있다. 이 경우 적잖은 시민들이 중간저장소를 혐오시설로 볼 수 있다는 것이 문제가 된다. 그러나 중저준위 방폐장 유치때보다 많은 지원이 주어진다면 이러한 여론은 약해질 수 있다.

감포원자력시티를 만든다고 할 때 가장 큰 피해를 입을 것으로 보이는 이들은 지역 주민들이다. 가장 큰 혜택을 입을 수 있는 사람도 그들이다. 이들은 그곳에 살고 있기에 그곳의 주인이 될 수 있다. 주인의 협조 없는 시티 구성이 불가능하니, 이들에 대한 충분한 배려와 예우를 해가면서 경북도는 비전을 추진해야 한다.

원자력시티를 만들 경우 핵심은 원자력 부품 공장을 유치할 공단의 조성이다. 이 공간에 여러 업체가 입주한다면 시너지 효과가 일어날 수 있다. 감포원자력 시티를 조성하게 된다면 이 시티를 관리할 기관을 만들어야 한다. 이 기관을 기관과 민간이 공동 출자해 제3섹터 방식으로 만들 것을 검토해보아야 한다.

이 기관을 만들 때 지역 주민에게 출자 기회를 주는 것이다. 제3섹터 방식으로 만든 관리기관은 업체와 기관을 유치하고 이들에 대한 각종 서비스를 제공하는 일을 한다. 청소에서부터 식당 운영까지 행정권을 뺀 감포원자력시티 시청 같은 역할을 하는 것이다. 이 기관의 구성원이 되는 기회를 지역주민에 우선권을 주는 것이다.

원전을 비롯한 원자력 관련 시설에서는 사건과 사고가 날 수 있다. 원전에서 일어난 사고는 '특별한 것'이기에 일반 경찰관이나 소방관들은 대처하기 어렵다. 방사선을 방호하며 작업할 줄 아는 특수한 요원들이 있어야 한다. 감포원자력 시티를 만든다면 각종 원자력 사고가 일어났을 때 대응할 수 있는 '방재(防災)기관' 을 반드시 설치해야 한다.

이 기관은 경북에 있는 월성과 한울본부는 물론이고 부산의 고리와 울산의 새울, 전남의 한빛본부 사고에도 대처할 책무를 준다. 이를 위해서는 신속한 이동능력이 필요하니 헬기와 헬기장을 확보한다. 이 국가방재기관은 행정안전부 재난안전본부 소속이어도 무방하다. 이들의 능력을 극대화한다면 가까운 일본에 서 일어난 원자력 사고에도 대처할 수 있다.

중국의 원전은 우리의 서해를 바라보는 해안에 있으니, 세 나라의 원전은 한반 도를 중심으로 몰려 있다고 해도 과언이 아니다. 따라서 세 나라가 공동으로 원자 력 안전에 관한 협정을 맺고 그 기관을 중앙에 있는 한국에 두고 항공기(헬기)로 대 처하게 한다면, 세 나라는 적은 비용으로 원전사고에 대처할 수 있다.

한국에 둔 3국 원전 사고 방재조직이 중국과 일본에서 일어난 사고에도 신속히 대처하게 하려면 이 기관은 반드시 항공기를 사용할 수 있어야 한다. 한국에서 일어난 원전 사고도 헬기를 이용해 대처해야 하니 이 기관은 헬기와 헬기장을 반드시 보유해야 한다. 이러한 기관을 감포원자력시티로 유치한다면 한국의 원자력 안전은 더욱 강화될 것이다.

그리고 추진할 것이 한수원의 민영화 혹은 반(半) 민영화다. 한수원을 공기업으로 두는 한, 한국 원자력산업은 계속 발전하기 어렵다. 문재인 정부처럼 탈원전을 추진하는 정부가 출범하면 한수원은 기업 활동을 제대로 할 수 없기 때문이다. 민영화 혹은 반(半) 민영화 한 한수원은 생존을 위해서라도 감포 일대를 원자력시티로 만드는데 앞장설 수 있다. 한수원 민영화는 중앙정부가 결정할 일이지만 경북이 선제적으로 주도할 수도 있다.

감포원자력시티를 만든다면 경주시는 역사 유적과 감포원자력시티라는 전혀 다른 두 문화를 가진 도시가 된다. 지금까지 원전본부와 방폐장에 만들어놓은 홍보관은 원자력 안전을 알리는데만 주력했다. 감포원자력시티를 만든다면 그곳에 원자력을 제대로 알리는 테마파크를 만들 수도 있다. 이 테마파크를 원자력 홍보관이 아니라 원자력이 만들어준 에너지를 이용해 즐기는 공간으로 만든다면 경주는 산업과 관광이 활성화된 도시가 될 수도 있다.

경북 원자력 클러스트로 만들려면 후방 기지부터 구축해야 한다. 가장 중요한 것이 인재 양성이다. 경북에는 대한민국 최고의 공과대학인 포스텍이 있다. 그런데 포스텍에는 대학원에서만 첨단원자력공학부가 있다. 학부에는 원자력공학 관련 학과가 없는 것이다. 경북을 대표하는 경북대에는 학부와 대학원에 아예 원자력 관련 학과가 없다. 경북 원자력 클러스터터를 조성하려면 두 대학의 학부 과정에 원자력 관련 학과를 설치해야 한다.

경북은 대한민국 원자력발전소의 절반 이상이 몰려 있다. 한국 최초의 원전인 고리 1호기가 있는 고리본부와 새울본부도 멀지 않은 곳에 있다. 고리와 새울본부를 합치면 4분의 3 이상을 거느리고 있다고 볼 수 있다. 이러한 경북이 관련 시설을 적극 유치해 한국 원자력의 중심이 된다면 원자력은 정치로부터 벗어날 수 있다. 주민들이 원자력을 지키며 육성해나갈 것이기 때문이다.

경북은 대한민국 정부를 대신해 한국 원자력의 새로운 심장부로 떠오를 수 있을 것인가?◎